Capital Layout

The Internationalization of Chinese Enterprises

资本如何布局

中国企业国际化之路

徐登峰 ◎ 著

中国法制出版社
CHINA LEGAL PUBLISHING HOUSE

序 言

本书作者徐登峰是我的学生，他1996年到1999年在清华大学攻读工商管理硕士学位时，我是他的导师。那时，我恰好担任清华大学经济管理学院党委书记。

今年国庆，他又出新著，请我作序。我的第一感觉，除了作为教师的荣耀，就是这个选题很有意义。为什么《资本如何布局——中国企业国际化之路》这个选题这么有意义呢?

首先，今年是中国改革开放40周年，也是中美贸易最不平凡的一年。习近平主席在博鳌亚洲论坛2018年年会开幕式上指出："40年来，中国人民始终敞开胸襟、拥抱世界，积极作出了中国贡献。"中国的改革开放不仅全面改变了中国，也深刻影响了世界。

在对外投资领域，这种改变可以体现在以下三个"八年"之中：1. 中国对外直接投资流量八年从百亿到千亿美元：2005年首破100亿美元，2013年达到1078.4亿美元。2. 中国对外直接投资存量八年从千亿到万亿美元：2007年中国对外直接投资存量首次超过1000亿美元，2015年达到10978.6亿美元。3. 中国的境外企业数量八年从一万家到三万家：2007年首次超一万家境外中资公司，2015年首次超过三万家。

近三年来，中国对外直接投资呈现出新的发展高潮和调整：1. 2015年，中国对外直接投资流量首次超过同期利用外资规模，这一年，中国利用外资1356亿美元（全球第一），对外直接投资流量1456.7亿美元（全球第二）。2. 2016年，中国对外直接投资流量1961.5亿美元，规模占全球外国直接投资规模的比重首次超过10%。一些中国企业在国际并购领域高歌猛进、频频出手，在房地产、酒店、影城、体育俱乐部领域出现了非理性对外投资风险。3. 2017年，中国对某些境外投资进行了必要的管制和收紧的同时，加大了在“一带一路”国家的投资。目前，100多个国家和国际组织以不同形式参与了“一带一路”建设，80多个国家及国际组织同中国签署了合作协议。中国正在努力构建新型全球化发展模式和路径，以及全球治理新思维、新模式。

近几十年来，经济全球化促进了全球投资、贸易与生产的蓬勃发展，也带来了冲突、分配不公和环境污染等问题。2008年国际金融危机爆发至今数十年，全球经济并没有迎来理想的复苏，相反却陷入持续的结构性低迷，贸易保护主义不断升级。席卷欧美的民粹主义甚至认为，现在需要封锁边境、强调民族主义，本国第一、管好自己，这实际上是一种“逆全球化”现象。

对所有国家而言，经济全球化都是一把双刃剑，利弊兼而有之。经济全球化确实带来了新问题，但我们不能就此把经济全球化一棍子打死，而是要适应和引导好经济全球化，消解经济全球化的负面影响，让它更好地惠及每个国家、每个民族。世界正在进入西方收缩经济全球化步伐的调整时期，当代的经济全球化进程将逐渐由新兴市场国家和发展中国家提供主要动力。平抑经济全球化逆动，防止当代西方错误思潮趁机对我们进行的强烈冲击，推动世界经济开放发展和更高水平的复苏，不仅是中国自身发展的需要，也是国际社会特别是发展中国家对中国的期待，是大国的责任担当。

因此，走好中国企业的国际化之路就显得更有必要。对外投资是规避贸易壁垒的有效方式之一，中国企业可以从提升企业海外投资水平，增强企业内生发展实力，处理好与东道国的关系以及选择多元化的被投资国几个方面着手进行有效应对，在全球经济环境动荡的过程中处于有利地位。未来，中国企业不仅要投资，更要会投资，更要善于提升资本海外布局的能力，娴熟国际规则，适应投资所在地的文化和传统，建立起互利共赢的理念和方式。

其次，资本如何布局是企业发展过程中普遍面临的问题。在“走出去”战略和“一带一路”倡议下，中国企业加速在境外，尤其是“一带一路”沿线国家投资布局。中国企业的国际化程度越来越高，境外资产存量、境外业务收入、境外利润以及境外人员所占比例越来越大，很多中国企业的经营和资产风险也逐步从国内移到国外。投资是企业最大的颠覆性风险，而项目选择决定了一个投资项目70%以上的风险。因此，如何进行资本布局，如何选择投资项目显得尤其重要。

最后，资本布局也是这一轮国有企业改革的关键词。2015年8月，中共中央、国务院印发的《中共中央、国务院关于深化国有企业改革的指导意见》明确提出，完善国有资产管理体制，以管资本为主推进国有资产监管机构职能转变、改革国有资本授权经营体制、推动国有资本合理流动优化配置、推进经营性国有资产集中统一监管。管资本为主是这轮国有企业改革的亮点和重要突破口。2016年12月，中央全面深化改革领导小组第三十次会议审议通过了《国务院国资委以管资本为主推进职能转变方案》等文件。会议强调，要按照以管资本为主加强国有资产监管，明确四项重点内容：管好国有资本布局、规范资本运作、提高资本回报、维护资本安全。国资委放权和从管人、管事、管资产转变为管资本是改革的核心议题，中国政府力图推进国有资本战略布局，经营权将更多地下放到企业，让企业成为独立的市场主体。

企业成为独立的市场主体，具有更多的话语权，意味着企业承担着越来越重要的决策职能和决策风险，更需要有高水平的投资能力。从这个角度，如何有效地进行境外资产布局，如何保证资产安全就成为每个“走出去”企业的重要话题。中国企业还存在投资行为非理性、投资战略不清晰、与中国企业自身主业缺乏协同、投前投后管理不健全等问题。令人欣慰的是，以上都是本书讨论的核心问题。

本书的主要内容是什么？有什么特点？

本书从国际化战略、国际化道路选择、投资时机选择、投资区域选择、投资进入模式选择、投资项目来源、投资项目初步选择标准、投资项目风险管理、中国企业境外布局的实际经验等角度系统诠释了中国企业资本布局之道，诠释了中国企业国际化发展之路。本书具有以下三个特点：其一，虚实结合。比如，“走出去”战略、“一带一路”倡议的分析落到境外产业园和经贸合作区的实处。比如，投资项目选择结合了公司战略管理理论。其二，通过案例提炼投资理念。比如，“小算盘、大算盘”“等，是一种智慧”“资本是如何进入一个新的行业”。目前，关于尽职调查、谈判等“术”层面的书逐渐多了起来，但是关于投资思想，尤其是境外投资思想的书还不多见。本书既有实战派的经验，也有学院派的功底，难能可贵。其三，兼顾各个类型的企业。本书既有大型企业的成功经验，也有小规模民营企业的漂亮案例。不仅抓住了国有企业的痛点，而且贴近了民营企业境外投资中的关切。不仅介绍了实业投资、贸易型企业的投资经验，也呈现了国际工程企业从垫资、融资到投资的产业转型故事。

长江后浪推前浪，江山代有才人出。

相对于如火如荼的中国国际经济合作的实践，中国“走出去”理论研究虽然也推出了一批优秀的研究成果，总体上已略显滞后。中国需要一批具有理论深度，又有实战经验的专家学者，研究国际经济合作理论、政策、形势、任务和发展战略，进行具有前瞻性、时效性的学术与经验交流，在实践中系统提炼总结，形成“中国特色”的全球化经营的知识体系和理论流派，为政府和企业建言献策。

本书作者徐登峰，是清华大学 MBA、中国人民大学技术经济及管理专业的管理学博士。现任某大型中央企业高级投资主管，兼任商务部主管的中国国际工程咨询协会对外投资专业委员会专家、中国国际经济合作学会学术委员会委员，大型中央企业投资评审委员会委员。作者从 2003 年开始就一直从事境外投资工作，既有深厚的理论功底，又有丰富的境外投资一线工作经验。像本书作者这样善于总结、勤于思考的专家型实战人才，不可多得。希望他能够在境外投资这片热土上继续深耕细作，继续推出有价值、有高度、接地气的好作品。

清华大学经济管理学院原党委书记：吴栋教授
二〇一八年十月十日于清华园

目 录 HOW CAPITAL LAYOUT

HOW CAPITAL LAYOUT

第一章 “一带一路”倡议下的境外经贸合作区和经济合作走廊

1994 年春天，我和我的师父闫宝旺高级技师一行，取道法兰克福前往阿尔及利亚君士坦丁，安装调试中国北方工业公司出口的轻工生产设备。一个多月后，完成任务经巴黎回北京。这是我第一次走出国门。幸运的是，这也应是中国北方工业公司最早期的民用国际工程项目。[①]14 年后的 2008 年，我已经在跨国并购一线奋斗了 5 年，因执行一个并购项目再次路过巴黎，写了一篇小诗《又见巴黎》。两次在巴黎的感觉形成鲜明的对照，中国人在国外今非昔比。在“世界屋脊，四季如春”的亚的斯亚贝巴机场，满眼都是中国人的身影。即使在欧洲的小角落都能看到中国的产品……

2015 年 3 月，习近平主席在博鳌亚洲论坛上指出：“未来 5 年，中国进口商品将超过 10 万亿美元，对外投资将超过 5000 亿美元，出境旅游人数将超过 5 亿人次[②]。”这是伟大的时代，这是巨变的时代，这是充满机遇的时代。在历史性的机遇面前，中国企业该如何进行境外资本布局呢？

第一节 “一带一路”倡议的制度形成

1978 年以来，“引进来”与“走出去”是我国对外投资制度的两项重要内容。在我国引进外资取得举世瞩目成就的同时，我国政府于 1998 年提出“走出

① 2001 年 7 月，笔者入职北方国际合作股份有限公司，任资本运营部主任，2006 年 7 月任中国万宝工程公司综合管理部副主任（主持部门工作）。2009 年，经与张爱光等老同志交流推测而来。

② 参见新华网 2015-03-29：《习近平主席在博鳌亚洲论坛 2015 年年会上的主旨演讲（全文）》，http://news.xinhuanet.com/politics/2015-03/29/c_127632707.htm，最后访问日期：2017 年 5 月 2 日。

去"发展战略，我国对外开放政策的重心也逐步从"引进来"向"走出去"转变，各类所有制企业积极参与经济全球化，开展对外投资和跨国经营。2013年，中国提出"一带一路"倡议；次年，中国对外投资流量首次超过吸引外资。

广义的"走出去"包括两个层次：第一层次是商品和劳务的对外输出，主要涉及货物贸易、服务贸易、技术贸易以及国际工程承包。第二层次是资本的对外输出，指对外直接投资。狭义的"走出去"仅包括对外直接投资。"走出去"战略和"一带一路"倡议的制度形成具有三个阶段。

一、1979~2002年"走出去"战略的酝酿

邓小平对外开放思想孕育了"走出去"战略，开创了中国改革开放的全新局面。邓小平指出，"经验证明，关起门来搞建设是不能成功的，中国的发展离不开世界"。1978年11月，党的十一届三中全会明确提出："在自力更生基础上，积极发展同世界各国平等互利的经济合作。"在这一重要方针指引下，我国企业开始勇敢地迈向世界。

1979年8月，国务院颁布的《关于经济改革的十五项措施》第一次把出国办企业、发展对外投资作为国家政策，奏响了中国企业"走出去"的序曲。1984年5月，外经贸部发布《关于在国外和港澳地区举办非贸易性合资经营企业审批权限和原则的通知》；次年7月，外经贸部又发布《关于在境外开办非贸易性企业的审批程序和管理办法的试行规定》，对外直接投资实现了从国务院个案审批到规范性审批转变。1989年，国家外汇管理局发布《境外投资外汇管理办法》，该办法和1997年颁布的《境外外汇账户管理规定》都是属于比较严格的外汇管理制度。1999年，《境外国有资产管理暂行办法》规定，财政部统一制定境外国有资产管理规章制度，各级财政（国有资产管理）部门负责对本级政府管辖的境外国有资产进行监督管理。

鉴于国际环境的复杂性，我国政府当时的对外投资政策较为谨慎。1991年国家计委发布《关于编制、审批境外投资项目的项目建议书和可行性研究报告的规定》，明确了海外投资的审批细则，从审批程序和投资规模上对中国

企业海外投资的自主权做出严格限制。尽管一些中央企业境外投资取得了一定的进展和成绩，但仍处于观望状态。这一时期，代表性的境外投资有：1983年中国水利电力对外公司对尼泊尔的投资，1987年中国航空技术国际控股有限公司对美国的投资，中国丝绸进出口总公司对阿联酋、德国和日本的投资，1991年中国第一汽车集团进出口公司对美国的投资，中国有色矿业集团有限公司对泰国的投资等。

1992年早春，邓小平南巡讲话，扭转了经济困局。这一年，中国GDP增长率达14.2%，经济过热，国有企业对外投资力度加大并形成这一阶段的一个小高峰，当年全国开办境外企业达到355家，中央企业成为对外投资的主要力量，如1992年中国有色金属建设股份有限公司对菲律宾和伊朗的投资等。这一年，江泽民同志在党的十四大报告中明确指出“积极扩大我国企业的对外投资和跨国经营”。

中央政府1993年开始宏观经济调控、紧缩银根，对境外企业也展开了一次全面的清理整顿。这一年，外经贸部起草的《境外企业管理条例》明确了政府各部门的外资管理职能：外经贸部负责对境外投资方针政策的制定和统一管理；国家计委负责审批项目建议书和可行性研究报告；其他部委及省一级外经贸厅（委）为其境外企业主办单位的政府主管部门；外经贸部授权驻外使（领）馆经商处（室）对中方在其所在国开办的各类企业实行统一协调管理。

1996年7月，财政部出台了《境外投资财务管理暂行办法》，成为我国第一个统一的境外投资财务管理制度。1997年东南亚金融危机爆发，中央企业抓住东南亚国家货币贬值的机会，加大了对外投资的力度，投资规模有所扩大。1998年2月，党的十五届二中全会上明确指出：“在积极扩大出口的同时，要有领导有步骤地组织和支持一批有实力有优势的国有企业‘走出去’，到国外去，主要是到非洲、中亚、中东、中欧、南美等地投资办厂。”这标志着“走出去”战略雏形的形成。

配合“走出去”战略的提出，1999年集中出台了一系列关于促进境外加工贸易的配套措施。这一年，全国进出口总额超过3500亿元，国家外汇储备接近2000亿美元[①]。与此同时，中央企业逐步具备了一定的对外投资、创办海外企业的实力和条件。

“走出去”战略的明确提出是在世纪之交的2000年。这一年10月，党的十五届五中全会审议通过的《中共中央关于制定国民经济和社会发展第十个五年计划的建议》首次明确提出“走出去”战略，该战略和西部大开发战略、城镇化战略、人才战略并称为四大新战略，对中国产生了深远的影响。2001年3月，“走出去”战略正式写入全国人大九届四次会议通过的《国民经济和社会发展第十个五年计划纲要》，标志着“走出去”战略的正式提出。

2002年12月，胡锦涛当选为中国共产党第十六届中央委员会总书记。

从1979~2002的23年间，我国对外投资制度建设主要在行政审批和外汇管理上，“走出去”的企业并不多，规模也不大。值得一提的是，从2003年开始，中国开始建立了对外直接投资统计年报，我国的境外投资数据更加准确。

【案例】 首钢在秘鲁的风雨历程

1992年，秘鲁政府决定把长期亏损的国有企业秘鲁铁矿私有化。在秘鲁铁矿的国际招标中，首钢以1.2亿美元投得该标，收购了秘鲁铁矿公司98.4%的股份，获得马科纳矿区670.7平方公里内所有矿产资源的无限期开发和利用权。

第一个吃螃蟹的首钢在秘鲁呛的第一口水，就是投标时出价过高带来的债务负担。由于前期调研不足，首钢对秘鲁政府的意愿并不清楚，对参与投标的其他几个竞争对手也不了解，在投标中一下子就开出了1.2亿美元的高价。事后才知道，这个价格远远高出秘鲁政府的标底，也大大高出其他对手的出价。这笔投资的本息，要用秘鲁铁矿每年卖铁矿石的收入来偿还。以后很多年中，首钢秘铁长期存在贷款规模过大、偿付能力偏低、每年支付银行

① 我国外汇储备1996年年底首次突破1000亿美元。2006年年底首次突破1万亿美元，外汇储备世界第一。2008年年底超过2万亿美元。2012年年末达3.3万亿美元。

的财务费用过高等问题。尽管首钢秘铁大部分年份都有盈余，但扣除需付银行债务的本息后，就始终难以摆脱亏损困境。为此，首钢秘铁采取了许多办法清还债务，直到 2002 年，其银行贷款余额才压缩到 1000 万美元以下。

从进入秘鲁铁矿开始，首钢就被各种名目的罢工示威所困扰，频繁的劳资纠纷曾一度令秘鲁铁矿处于半死不活的状态。每年三四月份，首钢秘鲁铁矿公司都要集中精力应对矿业工会的强势。每次费尽心力解决完问题后，又面临下一波威胁。而每次罢工的目的几乎都是涨工资、加福利。据不完全统计，矿工罢工给秘鲁铁矿公司带来的日平均损失在 100 万 ~200 万元不等。仅 2004 年的罢工事件，给秘鲁铁矿造成直接经济损失达 500 多万美元。

此外，秘鲁铁矿的人事管理问题也曾困扰首钢多年。进入秘鲁铁矿之初，首钢试图在秘鲁引入国内管理体系，利用中方人员进行企业管理。首钢最多时曾向秘鲁铁矿派驻的中方管理人员达 180 多名，其中一些人把国内的矛盾也带到国外，不但没有帮助解决海外公司的经营困难，反而带去了很多内部问题。之后，首钢开始采用“本土化经营”的策略，更多地雇用当地管理人员，经过努力，此后首钢秘铁的中方管理人员已经精减到 20 多人[①]。

经过多年海外并购的试水，大型企业在海外的资本投入和经营管理已经不再算是挑战，而在一个陌生的国家如何以当地人能够接受的思维和处事方式处理好劳资关系、搞好政府公关，才是真正的难点所在。摆脱夜郎自大和妄自菲薄的心理，以国际化的思维去审视矿业并购，进而用对方欢迎和接受的方式去进行交往、谈判以及并购后的整合，才能使企业的海外并购行动避免因思维的差异而铩羽而归。

二、2003~2012 年“走出去”战略的体系基本形成

在 2003 年至 2012 年的十年间，中国的境外投资规模迅速扩张，“走出去”

---

① 参见微信公众号“马云财商学院”2015-11-22：《前车之鉴：跨国并购指引与案例分享》，http://mp.weixin.qq.com/s/3LMemBzjvtovfdMGgqXkDw，最后访问日期：2017 年 5 月 2 日。

的制度框架基本形成。

从 2003 年开始，国家发改委、商务部、财政部、外汇管理局等逐步启动了政策调整的步伐，逐步形成了实质性的境外投资政策支持体系：（1）简化对外投资审批，完善监督管理。（2）简化手续、放宽对外投资外汇管制。（3）政府专项资金、产业投资基金、信贷支持、税收政策等财税金融政策扶持。（4）投资保护。（5）综合服务。这一年，中国商务部开始每年发布《中国对外直接投资统计公报》，中国境外投资加速发展。

自 2003 年以来，中国企业对外直接投资增速强劲，来势汹汹。

八年，中国对外直接投资净额（以下简称流量）从百亿美元到千亿美元：2005 年首破 100 亿美元，2013 年首破千亿达 1078.4 亿美元。还是八年，中国对外直接投资累计净额（以下简称存量）从千亿到万亿：2007 年存量 1000 亿，2015 年首次超 1 万亿美元。

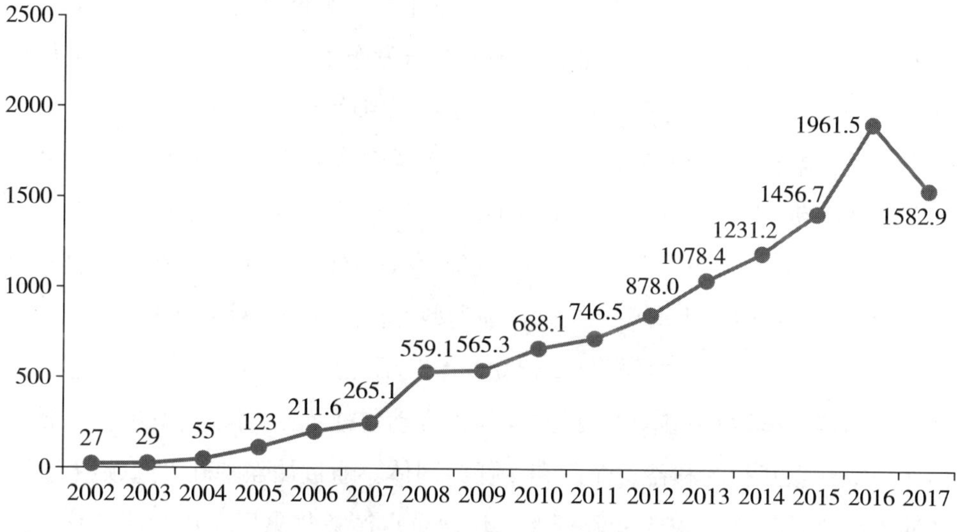

中国对外直接投资流量，2002~2017（单位：亿美元）

2012 年 11 月十八届一中全会，习近平当选为中共中央总书记、中央军事委员会主席。十八大提出“加快‘走出去’步伐，增强企业国际化经营能力，培育一批世界水平的跨国公司”。在“走出去”战略的基础上，新一代的领路人提出“一带一路”倡议。

三、2013 年提出“一带一路”倡议

2013 年 9 月，习近平主席分别在哈萨克斯坦和印尼国会发表演讲时提出建设“丝绸之路经济带”和“海上丝绸之路”，简称“一带一路”倡议。

2014 年，中国的对外投资首次超过吸引外资。根据邓宁的投资阶段理论，当一国人均 GDP 超过 4750 美元时，对外直接投资净额明显表现为正值，并呈逐步扩大的趋势。2014 年，中国人均 GDP 为 7300 美元[①]；我国出境旅游人次首次突破 1 亿人次大关，达 1.07 亿人次；中国对外投资净流量 1231.2 亿美元，首次超过吸引外资，第一次呈现对外直接投资净额为正。2014 年 12 月，中央经济工作会提出，要重点实施“一带一路、京津冀协同发展、长江经济带”三大战略。这三大战略将解决中国东中西区域经济发展不平衡的问题，改善区域经济结构。

2015 年，非公经济的对外投资和对外并购首次超过公有经济。[②]2015 年 3 月，国家发展改革委、外交部、商务部联合发布了《推动共建丝绸之路经济带和 21 世纪海上丝绸之路的愿景与行动》，详细解读了“一带一路”倡议的时代背景、共建原则、框架思路、合作重点、合作机制、中国各地方开放态势、中国积极行动、共创美好未来等丰富的内容。这一年，中国企业对“一带一路”相关的 49 个国家开展了直接投资，投资额共计 150 亿美元。沿线各国都在努力提升贸易投资便利化水平，探讨各种类型的自贸区或一体化进程。

“一带一路”倡议的目标是要建立一个政治互信、经济融合、文化包容的利益共同体、命运共同体和责任共同体，推动包括欧亚大陆在内的世界各国，构建一个互惠互利的利益、命运和责任共同体。通过加强基础设施领域合作，联通沿线中心城市、主要能源资源区块、重点产业集聚区，逐步将合作范围扩大至装备和产能合作，加大加工制造业等优势产能，以及装备、高铁、核

---

① 我国 2002 年人均 GDP1135 美元，2006 年超 2000 美元，2008 年超 3000 美元，2011 年 5447 美元。2012 年 6093 美元，2013 年 6807 美元。

② 非公经济占对外投资的 65.3%，在境外并购金额中的占比达到 75.6%，数量和金额上都首次超过公有经济的企业。

电等高端制造领域走出去的力度，推动中国经验、技术和劳务走出去，促进沿线有关国家产业升级。[①]

“一带一路”倡议落实了一系列中国参与世界的种种行动：中国积极参与联合国维和、G20、APEC 等国际事务，参与协调地区事务如东盟 10+3、中日韩领导人峰会、朝核问题六方会谈等机制；发起并主导上海合作组织、博鳌亚洲论坛、中欧论坛、中东欧合作论坛、中非合作论坛、中阿合作论坛、中国东盟 10+1、亚信峰会、金砖国家峰会、中—南美、加勒比海国家、中—南太平洋岛国等对话平台；倡设亚洲基础设施投资开发银行、金砖国家投资开发银行、中国—东盟海上合作基金和丝路建设基金；加快自贸区建设和谈判进程，倡导缔结亚太自贸区（FTAAP）；继续发挥沿线各国区域、次区域相关国际论坛、展会以及博鳌亚洲论坛、中国—东盟博览会、中国—亚欧博览会、欧亚经济论坛、中国国际投资贸易洽谈会，以及中国—南亚博览会、中国—阿拉伯博览会、中国西部国际博览会、中国—俄罗斯博览会、前海合作论坛等平台的建设性作用；支持沿线国家地方、民间挖掘“一带一路”历史文化遗产，联合举办专项投资、贸易、文化交流活动，办好丝绸之路（敦煌）国际文化博览会、丝绸之路国际电影节和图书展；倡议建立“一带一路”国际高峰论坛。

2016 年 9 月 20 日，笔者参加北京西苑饭店的一个论坛，前商务部副部长、中国 WTO 首席谈判代表龙永图谈了三个观点，“一带一路”不是中国的独唱，是全世界的合唱。中国要搞一批示范性和早期收获的项目，寻找项目的突破口。企业“走出去”参与“一带一路”的投资建设，打铁需要自身硬。什么是“一带一路”项目的突破口？在于具体项目，而具体项目的突破口在于资金。

“一带一路”是一个大的区域合作战略，主要靠投资。国家主席习近平曾就“一带一路”建设提出八项要求，其中一项要求就是要切实推进金融创新，创新国际化的融资模式，深化金融领域合作，打造多层次金融平台，建立服务“一带一路”建设长期、稳定、可持续、风险可控的金融保障。

钱从哪来？

---

① 郑之杰：《抓住历史机遇，以开发性金融服务“一带一路”建设》，载《人民日报》2016 年 8 月 4 日，第 13 版。

【专题】开发性金融推动“一带一路”项目[①]

雅万高铁由中国铁路总公司牵头组成的中国企业联合体与印尼国有建设公司负责建设和运营，中国国家开发银行提供了总投资额75%的融资。“一带一路”沿线主要是新兴经济体和发展中国家，正处在工业化、城市化的起步或加速阶段，对能源、通信、交通等基础设施需求很大。但这些基础设施建设项目往往工程建设条件复杂，技术要求高，建设周期长，资金需求量大，投资回报率低，融资难，再加上沿线国家财政实力相对偏弱，法律、政策环境差异较大，商业资金进入意愿不高。这些项目需要有资金，尤其是早期需要资金支持。

中国企业境外投资典型的资金来源有：

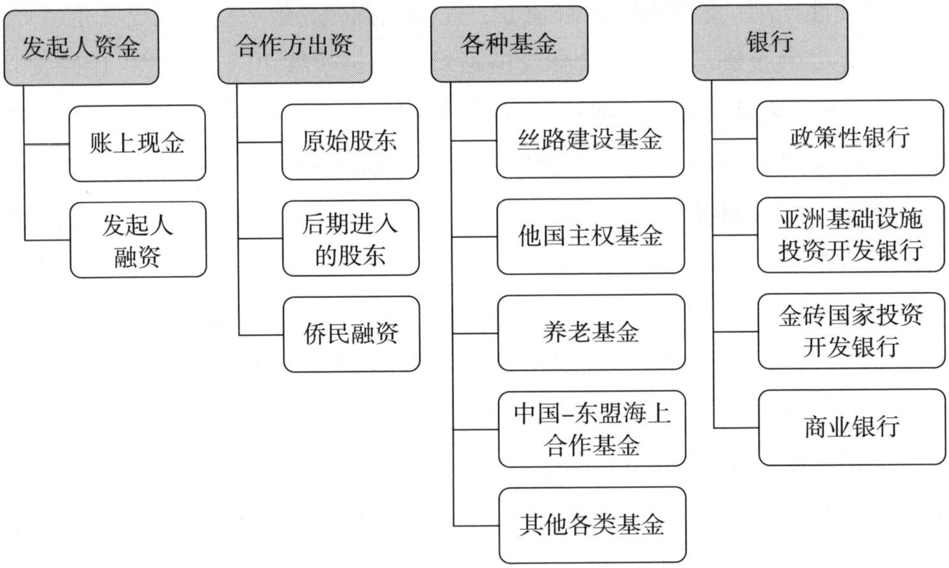

① 2017年8月12日，中国人民银行副行长殷勇出席首届中国金融四十人伊春论坛，发表主旨演讲“优化开发性金融模式，更好服务‘一带一路’建设”。参考并有节选。

主权基金。目前全球有超过 50 个国家和地区成立主权基金，总金额超过 6 万亿美元，接近全球股市 10% 的市值。规模较大的主权基金主要诞生于北欧、中东和亚洲地区。由于主权基金是以帮国家创富为主要目的，因此投资操作大多委托外部机构、投资公司进行，对这些投资公司的要求是不问过程，不问手段，只问结果，要能赚钱而且要赚大钱。例如，中东主权基金多数是委托花旗银行、摩根大通等华尔街出身的美国操盘手或来自伦敦的金融专家代操作，能够获得高报酬的操盘手、金融专家们必须向中东的主权基金缴出超高收益率，如果绩效劣于市场整体表现，就会毫不留情被淘汰。这造就了操盘手们进取的投资风格。由于熟稔英美国家的资本市场，过去通常在这些资本市场上进行厮杀的英美的操盘手们，随欧美经济增长缓慢甚至停顿，过去两年以来，他们已经把目标转往对准亚洲国家，尤其是对“一带一路”项目感兴趣。而且，虽然一国主权基金交由外籍投资兵团操作，但管理权仍抓在该国政府手中，政府经常要求、引导外籍投资兵团协助购买他国的电信、能源、媒体和银行等关键企业进行策略投资，部分控股这些关键企业。他们这种投资行为，“一带一路”沿线国家的政府，会有所顾虑的，但如果加上中国元素，尤其是加上“一带一路”元素，就增加了这些主权基金参与“一带一路”项目建设的信心。

养老基金。作为典型的长期机构投资者，加拿大养老基金投资公司投资较为多元，既包括房地产、基础设施，也包括私募股权、公开市场，以及基金、信贷业务。可以说他们非常“杂食”，如投资中国市场，既投资阿里巴巴，也和龙湖地产一起投资开发房地产，投资领域很广、跨度很大，但基本上都盈利甚佳。加拿大养老基金投资公司很有投行的意识，对投资快、准、狠，而且风险控制得非常好。

所谓的侨民融资，是由海外工作的本国人，寄给家庭和朋友的侨汇和储蓄。全世界有 2.3 亿移民，每年能赚取 2.6 万亿美元。假设储蓄率只有 20%，那么每年的侨民储蓄也超过 5000 亿美元。2013 年，全球发展中国家的移民，向母国汇了 4040 亿美元，这个数据是不包括通过非正式管道汇入的。

告别过去“援助式”对外合作的常见模式，中国政府通过政策性银行提供商业贷款，不足部分通过被投资国发行国债，筹集的资金用于购买中国的技术设备及工程设计服务来更新当地基础设施，同时支持当地企业制造业升级改造，在确保资金流动性的同时也能满足被投资国的现实需求，可谓双赢。中国政府通过外经贸发展专项资金、优惠贷款、中长期出口信用保险等政策手段，重点支持先进制造业和优势行业对外投资合作；倡设亚洲基础设施投资开发银行、金砖国家投资开发银行、中国—东盟海上合作基金和丝路建设基金，加强与“一带一路”规划和政策的衔接，统筹做好整体融资方案设计，建设“一带一路”重大项目库，统筹管理，推动规划落地；支持重点国别、行业和方式对外投资的财政政策，400 亿美元的丝路基金、50 亿美元的中非合作基金、100 亿美元的中国东盟投资合作基金、中小企业资金等。此外，中国政府倡导海外直投要和中国经济相结合，并促进体制机制改革，加快资本市场建设，有效推进海外并购。

“一带一路”建设的资金需求量巨大。依据亚洲开发银行所做测算，从 2016 年至 2020 年的五年时期中，除中国外，亚太地区国家仅在基础设施投资方面的需求量就大约为每年 5030 亿美元，但公共部门和私人部门的资金供给量总额仅为每年 1960 亿美元，由此可见，供给量和需求量之间的差额将达到每年 3070 亿美元，约占所涉及地区 GDP 的 5%。① 按照这一比例进行推算可知，“一带一路”全部覆盖区域中的基础设施投资缺口将会超过每年 6000 亿美元，这一巨大缺口的背后含义不言而喻。另外，由对覆盖亚太地区主要国际金融机构资本金规模所做的统计可知，以开发性为主的主要国际金融机构的资本金总规模不超过 5134 亿美元。即便将上述所有开发性金融机构的资本金全部用于投资“一带一路”基础设施建设，也还不能弥补这一项目一年所需的资金量。所以，资金是“一带一路”建设的关键。

---

① 参见澎湃新闻 2017-08-12：《央行殷勇：如何解决每年“一带一路”基建 6 千亿美元投资缺口 》，http://www.toutiao.com/i6453306630460146190/?tt_from=weixin_moments&utm_campaign=client_share&app=news_article&utm_source=weixin_moments&iid=13555244221&utm_medium=toutiao_ios&wxshare_count=4&pbid=6453387371853661710&from=timeline&isappinstalled=0，最后访问日期：2017 年 8 月 14 日。

2016~2020年，除中国外亚太国家基础设施投资缺口

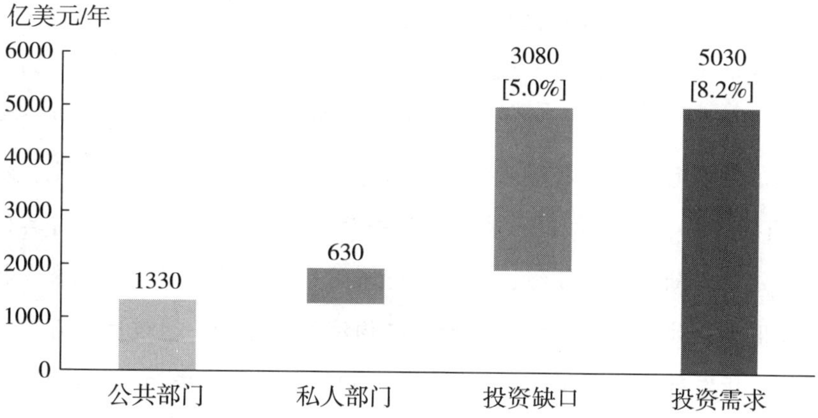

注：[ ]中数字表示占GDP比重。
来源：ADB，2017，Meeting Asia’s Infrastructure Needs

在传统的开发性金融中，我们通常对选定的项目直接开展贷款融资，但开发性金融资金有限，可用资源往往被少数项目全部占用，很难发挥杠杆效应以满足更多项目的资金需求。

与商业性金融不同，开发性金融采用保本、微利的基本模式，这一模式隐含一定程度的暗中补贴，主要体现为利息补贴。由于补贴没有显性化，我们在进行谈判和做出决策时往往意识不到这种补贴的程度。同时，由于开发性金融看上去还可以微利，受益国家对这种暗补往往并不买账。

此外，开发性金融的资金成本相对较低，导致不同国家或不同项目之间存在攀比情况。由于开发性金融往往对少数项目提供大量的资金支持，项目集中度比较高，其在项目建成后存在比较大的道德风险，比如选择性违约，也就是“赖账”风险。因此，开发性金融的传统模式很难满足“一带一路”的巨大资金需求。

放眼国际，在动用政府资金发挥资金效益方面，过去几年中的确出现过一些有益做法，值得我们在“一带一路”建设中进行参考和借鉴。比如，在次贷危机期间，美国为了应对危机，推出了7000亿美元的不良资产处置计划。美国为了设计好这一救助计划，进行了不少思考。以一家问题银行为例，这家银行有一万亿美元左右的总资产，却只有250亿美元的资本金，这意味着其具有40∶1的杠杆，风险较高。为了化解这家银行的风险，美国政府出资5000亿美元收购其资产，使银行的总资产由1万亿美元降至5000亿。对应同样的250亿美元资本金，这家银行的杠杆率被降到20:1这一安全边界。但是，这种方法存在缺点：为了救助这一家银行，政府要动用5000亿美元进行收购，几乎用光了7000亿美元的救助资金。还有另一种解决问题的思路，政府向这家银行注入250亿美元的新资本金，使这家银行的资本金达到500亿美元，杠杆率变成20:1。这样，政府仅仅出资250亿美元，数额较小，政府可将其他救助资金用于更多金融机构。最终，美国政府采用了注资等更好的形式来发挥资金的杠杆效用。例如，向出现风险的金融机构注入股本金，通过联邦存款保险公司对银行的新发行债务提供担保。"注资+担保"的模式成为政策设计的关键。

容克计划运行框架

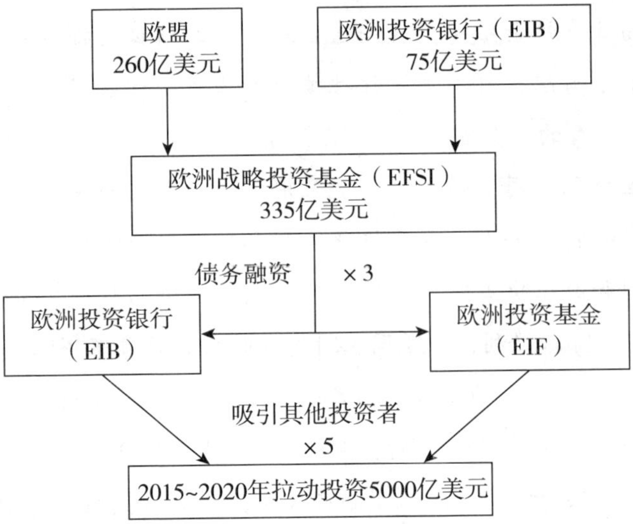

来源：中央外汇业务中心整理

欧元区为了应对欧洲主权债务危机，推出一项称为"容克计划"的欧洲投资计划。这个计划在2014年推出，2016年进行扩容，时间延长到2020年，这个计划的主要要义，是欧盟出资260亿欧元，加上欧洲投资银行出资75亿欧元，两者相加共335亿欧元的种子资金，通过采取担保、劣后级股权的方式，力求撬动总共5000亿欧元的投资规模，服务欧洲基础设施投资、中小企业融资、教育、科研创新等融资需求，杠杆率大概是15:1。到2016年年底，项目签约金额达到1266亿欧元。实际取得杠杆率达到15：2，用少量资金撬动了大额资金，对于欧洲应对主权危机和复苏经济起到了很好的作用。

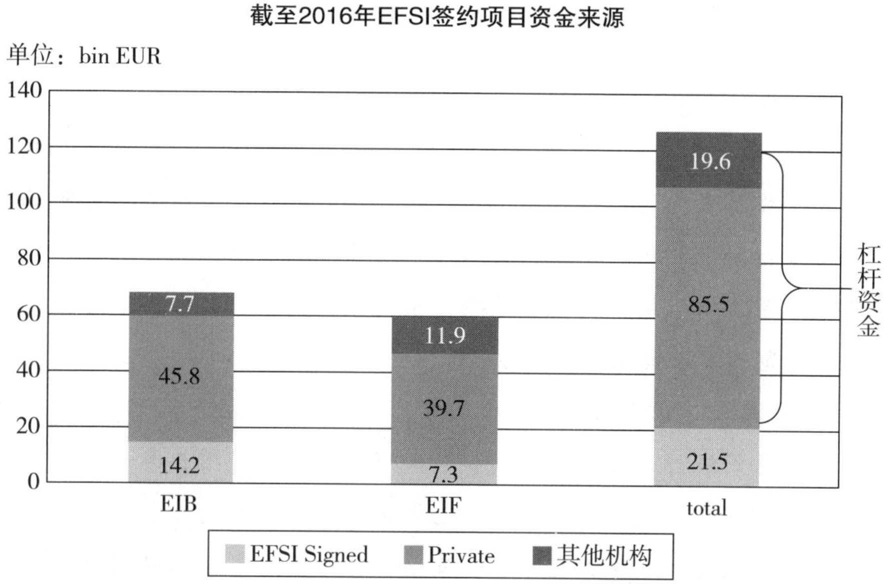

来源：EFSI 2016年年报，中央外汇业务中心整理

国际货币基金组织对受援国进行资助的时候，在机制设计上有两个重要的理念。一方面是撬动私人的资本，国际货币基金的资金从来都不是用来满足受援国所有融资需求的，而是通过产生带动催化作用，使得私人资本跟进对救援国的融资。另一方面，受援国家与国际货币基金组织一起制订改革计划，促进经济结构改进完善，从而增加市场信心，产生相应的政策杠杆效应。虽然国际货币基金救助有不少争议，但是我们看到，在绝大多数情况下，国际货币基金出手之后，绝大部分危机能够较快得到稳定。

了解国际上动用政府类资金产生更大效益的这些方式，对于我们更好地解决“一带一路”建设中的巨大资金需求，以及更好地完善开发性金融机构融资模式，有一定的启发作用。

我们要尽可能发挥开发性金融的杠杆作用，提升开发性金融的效力。有四个方面值得探讨。第一，开发性金融有限的资金应当尽可能用于股本投资，从而撬动更多的债务融资；第二，开发性金融资金应当尽可能用作劣后级资本，承担更多风险，从而撬动更多的股权投资跟进；第三，尽可能采取公私合营模式，更多撬动私人部门投资；第四，开发性金融资金应当尽可能投资基础设施、国家安全相关的正外部效应强的项目，给市场、给“一带一路”沿线国家提供更多的公共品，从而撬动其他更多项目的投资，使得其他项目在商业上更具有吸引力和可持续性。

“一带一路”建设面临比较多的风险，约一半国家的主权信用评级都在投资级以下。发挥资金的杠杆效用以后，就可以运用分散化的手段完善“一带一路”开发性融资的风险管理，有限的开发性金融资金，就可以避免集中在少数大型项目上。否则一旦出现风险，损失会比较大。这样就为我们提供了一个新的防范开发性金融风险的思路。

“一带一路”建设覆盖100多个国家，基本都是发展中国家和新兴市场。根据过去多年的统计，发展中国家和新兴市场整体经济增长率一直都是大大超过全球平均水平和发达国家水平。也就是说，只要开发性金融投资足够分散，在较长时间内，总体上能够资金安全，同时会有不错的盈利前景。如果我们遵循保本微利的模式，进一步把盈利作适当让步，还能撬动更多的资金。同时，按照这样的模式，开发性金融不是单刀直入、单打独斗，而是和其他资金一起进行项目融资，这样可以避免道德风险以及攀比，尽可能发挥市场性机制的作用。

第二节　境外经贸合作区，实施“走出去”战略的重要抓手

一、境外经贸合作区的现状

中国企业“走出去”有两类现象值得关注，一类是中小企业跟随大型企业的跟随型走出去；另一类是境外经贸合作区的建立。发展经济特区和经济技术开发区是中国工业化和城市化的成功商业模式，也促使一些发展中国家向我国提出学习的要求。同时，中国面临的贸易环境、贸易冲突问题日益严重，

外贸实现转型时不我待。在这一宏观背景下，建立境外经贸合作区在2000年年初得到时任副总理的重视，并成为政府推动国际经济与外交的施政手段，是当时实施“走出去”战略的重要抓手。

2000年初期，建设境外开发区由率先“走出去”的大型龙头企业首创。海尔2000年在美国设立海尔工业园、福建华侨实业公司投资6万平方米的古巴境外加工贸易区；中色矿业集团2003年利用赞比亚谦比西铜矿土地进行经贸园区探索；天津2004年保税区投资公司在美国南卡州设立天津美国商贸工业园。

2006年是中国境外经济贸易合作区重要的一年。2006年11月，“中非合作论坛”北京高峰会上，胡锦涛主席宣布“在今后3年内，在非洲地区建设3~5个境外经济贸易合作区”，并为中国第一家国家级“巴基斯坦海尔—鲁巴经济区”境外经贸合作区揭牌。与此同时，商务部推动的境外经贸合作区建设逐步升温，成立了商务部境外经贸合作区司。2006年，商务部公布了《境外中国经济贸易合作区的基本要求和申办程序》，宣布建立50个“国家级境外经贸合作区”，鼓励企业在境外建设工业园区、科技产业园区等各类经济贸易合作区，这一为中国企业“走出去”搭建的新平台由此兴起。2007年7月，商务部主持召开了全国第一次境外经贸合作区工作会议。

境外经贸合作区也得到现阶段经济政策的继承和发扬。2017年商务部合作司副司长方蔚在接受媒体采访时将中国建立的“境外经贸合作区”称为“一带一路”建设的“承接点”，认为“如果能以这些经贸合作区作为支点，‘一带一路’就能更加落到实处”。合作区不仅使中国汽车、摩托车、机械、电子、化工、纺织、服装等优势产业在海外形成集聚效应，也降低了中国企业“走出去”的风险与成本。地方政府对境外工业园区建设展现了极大热情，希望借此推动地方优势产业和企业走出去。以辽宁省为例，目前已推动省内企业在“一带一路”沿线俄罗斯、白俄罗斯、印度、印尼等国家初步规划建设了10个境外工业园区。

截至2016年年底，中国企业共在36个国家建成初具规模的各类合作区77个，累计投资241.9亿美元。其中，56个合作区分布在20个“一带一路”国家，占在建合作区总数的72.72%，累计投资185.5亿美元，入区企业1082家。[①]

产业园区首先可能获得东道国提供的土地、税收、基础设施配套等方面的优惠政策和便利条件，也使政府便于保护企业。在地缘风险突出的国家，中资企业“抱团”经营比“单兵作战”能更好地对抗风险和不确定性。其次，规避贸易壁垒也成为一些合作区得天独厚的优势，一些产品从中国出口会受到欧美的“双反”调查，但从其他国家输出则没有障碍。例如，柬埔寨尚未遭遇发达国家“双反”等贸易壁垒阻碍，并且可享受欧美等发达国家给予的特殊贸易优惠政策及额外的关税减免优惠。最后，已进驻境外经贸合作区里的企业，可享受政策的便利：中国出口信用保险公司为入驻海外的企业，提供政治、商业方面的风险保障；国内银行给予相应融资支持，提供部分优惠和便捷；各省、市地方政府出台了配套财政政策。很多合作区都对入园企业提供了“一站式”服务，在帮助企业发展和处理当地政府关系上起到重要作用。比如，泰中罗勇工业园为入园企业在泰国的注册、取得各项许可证提供帮助，并在企业遇到问题时出面协调。

境外经济贸易合作区只是一个总概念，没有固定模式，可以是工业园区、农业园区、科技园区，也可以是境外资源开发合作园区。除了安全环境、优惠政策、综合成本因素，产业定位以及市场发展空间是产业园最重要的内容。

境外产业园往往聚焦于某一个行业或者某一个方向。海尔巴基斯坦鲁巴经贸合作区基于家电产业；俄罗斯乌苏里斯克经贸合作区基于木材、纺织产业；柬埔寨太湖经贸合作区是基于区域市场贸易的合作区；中国有色矿业集团在赞比亚谦比希分园基于矿产资源相关产业；安哥拉的KKR项目以房地产开发为主。2016年，新南威尔士大学火炬创新园区项目启动，计划到2020年在澳大利亚新南威尔士大学打造一所最具现代技术水平的创新园区，这也是科

---

① 参见21世纪经济报道数字报2017-02-20：和佳、冯英达，《境外经贸合作区：“一带一路”双赢平台》，http://epaper.21jingji.com/html/2017-02/20/content_56497.htm，最后访问日期：2017年5月2日。

技部“火炬计划”在中国境外创建的首个火炬园区。

从发展路径来看，企业在东道国的境外工厂，开始只供本企业使用的生产和贸易基地，后来逐步利用富余土地或向东道国政府争取更多土地进行固定资产建设，向其他企业出售出租厂房、进行物业服务，成规模地吸引中国生产企业进驻入园，并向物流、酒店、医院、银行等多功能的综合性园区发展。另外还有一种专业开发境外产业园的专业化公司，20世纪90年代初成功开发天津泰达经济开发区的天津泰达开发的埃及苏伊士经贸合作区就是这种模式。主办方本身在东道国没有工业化的入园企业，也不是为了谋求园区的工程总承包业务以获得溢出的收益，其盈利模式完全是土地的一级开发，如房屋出租、房地产升值、物业服务、其他金融服务等。

从境外产业园的审批类别上，分为国家、省级和普通境外产业园三类。

（一）国家级境外经贸合作区

2006年和2007年，商务部分两批批准了19家国家级境外经贸合作区。[①]商务部设立专项资金，用于对符合条件的境外经贸合作区给予3亿元到4亿元人民币的财政支持和不超过20亿元人民币的中长期贷款扶持。此外，根据投资环境、市场容量及贸易安排等，政府还将负责出面与一些已建设合作区的国家进行协商，争取优惠政策等。此后，在境外建立经贸合作区的中国企业不再事前审批，而是符合条件的企业事后向商务部申请年度无偿资助和补贴。

国家级境外产业园的具体做法是由商务部牵头，与政治稳定且同我国关系较好的国家政府达成一致，由企业与国外政府协议和签约，在国外建设经济贸易合作区；再由该企业开展对外招商，吸引国内外相关企业入驻，形成产业集群，相当于我国企业以“抱团”的方式集体对外直接投资。企业是境外经贸合作区的建设主体，政府只是起到提供服务和保障企业权益的作用。

---

① 何蓓、文婧：《“企业抱团出国”模式受肯定或可相互取暖》，载《经济参考报》2009年2月23日。第一批8家，第二批11家。

商务部审批的尼日利亚广东经济贸易合作区相关优惠政策有：对合作区（自由贸易区）的相关税收均予以免除，投资项目有关的物品、原材料、制成品、机器设备等均免进口关税，且不受配额限制。外资投资股东可随时撤出，利润和红利可自由汇出，区内企业对欧盟和美国出口不受配额限制。合作区享有99年土地所有权及自主管理权。入区企业建设期内免收土地金。可为入区企业提供“一站式服务”。

巴基斯坦海尔—鲁巴经济区位于巴基斯坦第二大城市拉合尔市，是经商务部批准建设的首批“中国境外经贸合作区”之一。该经济区一期已建成投产，为海尔企业自用，二期33万平方米已开始建设，三期规划2平方公里，二、三期园区主要面向国内企业招商。巴基斯坦投资政策高度自由，所有经济领域均向外商直接开放；外商与当地企业享有同等待遇，允许外资100%股权，无须政府审批，税收及关税优惠，所有项目相关的外汇汇出均获允准。土地实行私有制，一经购买，永久使用。经济区内的优惠政策：为外销目的进口原材料免关税；经济区商品出口中国，中国商品进口经济区享受进一步降税；经济区内设独立海关；免除投资项目相关的机电设备的进口关税及税收；投资项目自运营之日起5年内免税；现行初始折旧率由50%可提高至100%；入区享受免费咨询及“一站式”服务。

埃塞东方工业园是2007年11月得到商务部批准的境外合作区，是埃塞“持续性发展及脱贫计划”的一部分，列为工业发展计划中重要的优先项目。该工业园位于埃塞OROMIA地区，西北距离首都亚的斯亚贝巴和博莱国际机场约30公里，东南距塔博尔赞提市3公里，北侧紧靠连接亚的斯亚贝巴和吉布提的国家公路和铁路，距吉布提港约900公里。合作区规划面积5平方公里，计划投资4亿美元，采取“总体规划、分期实施；建设与招商同步、开发与使用同步；以园养园、滚动式发展”的市场化运作模式。

工业园主营冶金、建材和机电，兼营其他适合埃塞市场需求的产业，最终形成以外向型制造加工业为主，兼有进出口贸易、资源开发、保税仓储、物流运输、商品展销等功能，逐步形成集工业、商业、商务、居住、餐饮、娱乐等多行业、多功能发展的工商贸综合功能区。

合作区的投资主体为埃塞俄比亚东方工业园私营有限公司。东方工业园私营有限公司的股东为江苏永元投资有限公司[①]、江苏永钢集团有限公司、张家港市阳阳管业有限公司、张家港保税区江联国际贸易有限公司。

合作区对入园企业的配套服务有：①提供政策法律咨询、投资和工作许可、企业注册和有关登记、报关报税、商检、仓储运输、商务会展、与当地政府和机构协调中介服务以及安全保卫服务等。②“五通一平”的入园条件，建立保税仓库、商贸、医疗、消防、培训、餐饮、娱乐等配套设施，提供部分厂房、工业用地、生活用房的出租或出售。③埃塞政府向工业园内派驻海关、商检、税务、治安等职能部门的直属办事机构，为入园企业的生产经营提供最大化“一站式”便捷服务。④开展保税仓储业务。⑤东方工业园已与埃塞有关政府部门签订政府订购合同，埃塞政府将把东方工业园内的企业作为今后政府采购的合作单位。

截至2014年5月底，有入园企业20家[②]，包括中舜水泥制造有限公司、玉龙科技有限公司、长城包装材料有限公司、华坚国际鞋城埃塞俄比亚有限公司、野马汽车制造有限公司、东方钢铁有限公司、扬帆汽车有限公司、东方水泥租赁公司、LQY钢管有限公司、L&J工程制造有限公司、东方水泥股份公司、东方酒店有限公司、埃塞回收塑料制造公司、东方纺纱和印染有限公司、汕德卡配件制造有限公司、辉煌实业有限公司、ETG食品生产有限公司等。

截至2018年5月，有83家企业入驻。[③]

---

① 江苏永元投资有限公司是一家民营企业，组建于2006年9月，从2006年10月起在埃塞俄比亚实施2个投资项目，一个是总投资3亿元人民币、占地450亩、年产50万吨的水泥项目；一个是年产5万吨的镀锌焊管项目。

② 参见商务部网站2014–07–18：合作区办公室，《埃塞俄比亚东方工业园》，http://www.mofcom.gov.cn/article/zt_jwjjmyhzq/subjecto/201010/20101007197323.shtml，最后访问日期：2018年9月2日。

③ 参见微信公众号“中国国际商会”2018–0701：《中央党校赵磊：埃塞俄比亚调研报告》，https://mp.weixin.qq.com/s/th5IEmX7PU1z0EfdxWYVFg，最后访问日期：2018年9月2日。

【附录】经过商务部考核确认的境外经贸合作区目录[①]

一、柬埔寨西哈努克港经济特区

境内实施企业名称：江苏太湖柬埔寨国际经济合作区投资有限公司

地理位置：柬埔寨西哈努克市

二、泰国泰中罗勇工业园

境内实施企业名称：华立产业集团有限公司

地理位置：泰国罗勇府（东部海岸安美德工业城）

三、越南龙江工业园

境内实施企业名称：前江投资管理有限责任公司

地理位置：越南西南部的前江省新福县

四、巴基斯坦海尔—鲁巴经济区

境内实施企业名称：海尔集团电器产业有限公司

地理位置：巴基斯坦旁遮普省首府拉合尔市

五、赞比亚中国经济贸易合作区

境内实施企业名称：中国有色矿业集团有限公司

地理位置：赞比亚铜带省、卢萨卡国际机场

六、埃及苏伊士经贸合作区

境内实施企业名称：中非泰达投资股份有限公司

地理位置：亚非欧三大洲金三角地带的埃及苏伊士湾西北经济区

七、尼日利亚莱基自由贸易区（中尼经贸合作区）

境内实施企业名称：云南省海外投资有限公司

地理位置：尼日利亚拉各斯州莱基半岛地区

---

① 参见中国一带一路网 2017-02-21：《境外经贸合作区："一带一路"双赢平台》https://www.yidaiyilu.gov.cn/sy/xxmal/9630.htm，最后访问日期：2017 年 6 月 27 日。

八、俄罗斯乌苏里斯克经贸合作区

境内实施企业名称：康吉国际投资有限公司

地理位置：俄罗斯远东滨海边疆区乌苏里斯克市麦莱奥区（原苏联时期的西部工业区）市政大街5号

九、俄罗斯中俄托木斯克木材工贸合作区

境内实施企业名称：中航林业有限公司

地理位置：俄罗斯托木斯克州阿西诺地区和捷古里杰特地区及克麦罗沃州马林斯克地区

十、埃塞俄比亚东方工业园

境内实施企业名称：江苏永元投资有限公司

地理位置：埃塞俄比亚首都亚的斯亚贝巴附近的杜卡姆市

十一、中俄（滨海边疆区）农业产业合作区

境内实施企业名称：黑龙江东宁华信经济贸易有限责任公司

地理位置：俄滨海边疆区的米哈伊尔区、霍罗尔区、波格拉尼奇内区三个行政区

十二、俄罗斯龙跃林业经贸合作区

境内实施企业名称：黑龙江省牡丹江龙跃经贸有限公司

地理位置：俄罗斯犹太州的阿穆尔园区

十三、匈牙利中欧商贸物流园

境内实施企业名称：山东帝豪国际投资有限公司

地理位置：匈牙利首都布达佩斯15区

十四、吉尔吉斯斯坦亚洲之星农业产业合作区

境内实施企业名称：商丘贵友食品有限公司

地理位置：比什凯克市东60公里的楚河州楚河区伊斯克拉镇

十五、老挝万象赛色塔综合开发区

境内实施企业名称：云南省海外投资有限公司

地理位置：老挝首都万象市主城区东北方21公里处赛色塔县和赛塔尼县

十六、乌兹别克斯坦“鹏盛”工业园

境内实施企业名称：温州市金盛贸易有限公司

地理位置：乌兹别克斯坦共和国锡尔河州

十七、中匈宝思德经贸合作区

境内实施企业名称：烟台新益投资有限公司

地理位置：匈牙利东北部包尔绍德州卡辛茨巴茨卡市

十八、中国·印尼经贸合作区

境内实施企业名称：广西农垦集团有限责任公司

地理位置：印尼首都雅加达东部37公里处贝卡西县境内的绿壤国际工业中心园区内

十九、中国印尼综合产业园区青山园区

境内实施企业名称：上海鼎信投资（集团）有限公司

地理位置：印尼中苏拉威西省 Morowali 县 Bahodopi 镇

二十、中国·印度尼西亚聚龙农业产业合作区

境内实施企业名称：天津聚龙集团

地理位置：印度尼西亚

（二）各省审批的境外经贸合作区

各省也审批境外经贸合作区，并予以一定的补贴。

2016年年初，江苏省已有18家海外园区正在建设或运营[①]，放眼全球，多数国家还处于工业化初期，支柱产业、基础产业需求旺盛，经济合作潜力巨大。江苏省投资建设的柬埔寨西哈努克港经济特区、埃塞俄比亚东方工业园被认定为国家级境外经贸合作区，印尼双马农工贸合作区、坦桑尼亚江苏—新阳嘎农工贸现代产业园被确认为省级境外产业集聚区[②]，另有一批省级境外

---

① 参见网易新闻2016-04-14：《我省将建十个重点境外产业园区》，http://news.163.com/16/0414/07/BKJI608Q00014AED.html，最后访问日期：2017年6月27日。

② 江苏海外集团董事长黄宏亮说：“坦桑尼亚江苏—新阳嘎农工贸现代产业园将以棉花为依托拉长产业链，逐步形成以棉纱返销国内、出口东南亚，棉布、服装出口欧美等多业并举的产业格局，为集团‘十三五’发展培育新增长点。”

产业集聚区正迅速崛起。2016 年 5 月 31 日，坦桑尼亚江苏—新阳嘎农工贸现代产业园通过确认，成为江苏省第二家省级境外产业集聚区。阿联酋中阿产能合作示范区是两国的国家专项，由江苏省发改委牵头推进。2016 年 10 月相关工作迅速启动，中江公司携手苏州、江宁和昆山 3 个经济开发区出资 2 亿元组建江苏海外投资公司。

2015 年，宁夏回族自治区政府办公厅发布《关于支持企业“走出去”的若干意见》指出，宁夏将引导和支持农业、畜牧业、资源能源等大中型企业主动参与国际市场分工，加快培育一批跨国经营企业，到 2020 年，全区对外直接投资额累计 15 亿美元以上，对外工程承包完成营业额达 3 亿美元以上，各类劳务派遣人数实现较快增长。“走出去”企业数量较 2014 年年末翻一番，达到 150 余家，培育 3 个以上省级境外产业园。[①] 推动钢铁、电解铝、铁合金、水泥、平板玻璃等企业，在中亚、西亚等国家或地区建立境外生产加工基地和产业合作园区；引导和支持银川经济技术开发区、宁夏农垦集团、宁夏电力投资集团等企业建立产业联盟，率先在哈萨克斯坦、沙特阿拉伯、巴基斯坦等国投资建设境外产业合作园区和经贸合作区。

（三）企业建立的其他境外经贸合作区

2014 年，上海纺织集团与新疆建设兵团等单位合作，利用苏丹丰富的土地、充足的光照和水资源，发挥中国农业生产经验丰富、农业技术设备先进、农业管理模式科学等优势，打造集团海外最大的棉花种植、纺织印染和服装家纺加工、物流贸易一体化基地。该项目第一期计划总投资 10 亿美元，建设约 10 万公顷棉花种植基地及配套的轧花厂、纺织厂。[②]

---

① 参见中央政府门户网站 2015-10-08，《自治区人民政府办公厅关于支持企业“走出去”的若干意见》，http://www.gov.cn/zhengce/2015-10/08/content_5056846.htm，最后访问日期：2017 年 6 月 27 日。

② 参见微信公众号“品牌经济”2016-08-07，上海纺织（集团）有限公司党委书记、董事长童继生，《上海纺织：积极主动“走出去”实现全球化发展新跨越》，http://mp.weixin.qq.com/s?__biz=MzI5MjE1MzU1NA==&mid=2649795453&idx=1&sn=19d72dddb462f0c3b80ccf8c7c9077fe&scene=7#wechat_redirect，最后访问日期：2017 年 6 月 27 日。

2015年，中国民生投资股份有限公司携国内龙头民企投资50亿美元投建印尼产业园，带动国内优势产能抱团出海。并在2016年中柬企业家论坛期间签署了价值15亿美元的“中柬友谊城”项目。同时，在国内的建筑工业化、新能源等领域逐渐形成成熟的园区模式。2017年，中民投旗下中民嘉业控股国内领先的商务园区运营商亿达中国，产业园建设与运营的实力得到进一步增强。全国政协委员，中民投董事局主席董文标在2017年的两会提案中建议，应当通过大力推动海外产业园区建设，积极助力“一带一路”倡议落地。产业园作为企业抱团出海的“驿站”，将成为企业海外拓展的重要平台。要让“驿站”更好地服务于走出去参与“一带一路”建设的企业，董文标委员建议有两个层面的工作要加强。首先是机制层面，要做到政府协调、统筹管理。其次，在保障层面，董文标委员建议要加大金融支持、政策扶持、人才培养和风险防控的力度。

华夏幸福自2002年起公司开始转型专业从事产业新城业务，投资运营的固安产业新城得到了国务院通报表彰，已在中国国内开发和运营产业新城近50个。顺应“一带一路”倡议大势，仅用一年多的时间，华夏幸福在印尼、印度、埃及和越南开始了海外产业新城的建设步伐，整合全球资源和产业服务的能力，进而打造从产业孵化、产业投资、产业招商到产业发展的一体化业务链条。

二、境外经贸合作区的盈利模式

以出租开发土地、厂房为主的境外经贸合作区的盈利模式不可持续。须与高成长、高盈利性项目相捆绑，实现资金的良性循环。

2014年，笔者实地走访了天津泰达埃及苏伊士经贸合作区、中色集团赞比亚经贸合作区，中工国际中国—白俄罗斯经贸合作区和首创置业的中法经贸合作区，形成我国境外投资的四个案例报告，其盈利模式有些差别。

首创中法经贸合作区的盈利模式包括：土地、写字楼、仓储等房产销售收益，代建厂房收益，物业出租和服务收益、大学经营收益。该项目的大学城和主要的配套设施是开发商自己投资开发持有，不进行销售，其他的根据先期招商的客户需求定制，可能是卖一级开发之后的熟地，由买地的企业进行固定资产建设，也可能是盖好写字楼、仓储对外销售。总之，其土地款是分期支付的，大学城的建设是自己投入的，一级开发是自己做的，其他的投入将根据客户的需求进行定制。

中白的盈利模式很传统，租房子、卖地、建酒店、厂房、宿舍、办公楼，提供水电处理，提供园区服务，是传统的园区开发模式。该项目很大的一个特点是，将部分土地整片转让给中国公司，由这些公司在园区总体规划的基础上买地、规划、建设。2013 年 7 月，中白工业园区公司与哈尔滨市人民政府、白俄罗斯共和国经济部签署了《关于建立中白工业园哈尔滨园的合作协议书》。中白工业园区公司与中白工业园管委会、中国长城工业集团有限公司签署了《关于建立中白工业园长城科技产业园的合作协议书》。中白工业园区公司与广东省人民政府、白俄罗斯共和国经济部签署了《合作协议书》，三方就广东省在中白工业园规划一片用地并组织企业入驻经营开展合作，并于 2013 年 11 月签署了《关于实现广东企业在中白工业园入驻和发展的合作意向书》。卖地本身可能不赚钱或者赚钱很少，但是，可以加速园区的人气、成熟度。

中色矿业集团赞比亚中国经济贸易合作区的盈利模式还是厂房的租金收入、咨询收入和中国政府对园区建设的补贴收入。2014 年，其在卢萨卡园区的房地产开发的盈利模式尚没有进入运作阶段。园区不仅为入区企业提供土地厂房、生活设施，供水、供电、道路、通信、网络、公共交通、商务物流等配套基础设施，还提供“一站式”行政服务，为企业解决投资和贸易的服务需求，包括：协助办理申请赴赞比亚考察团组或个人的签证，以及考察路线的安排；提供机票、酒店、当地交通工具的预订服务；提供赞比亚的法律法规、产业规划和市场信息的咨询服务；受托或协助从事在赞比亚投资项目的可行性研究论证；受托或协助办理企业注册阶段的各种手续，如公司登记、银行开户、税务登记；受托或协助办理企业建设阶段的各种手续，如环境影响评估、规划设计审批、进口设备清关；受托或协助办理生产经营过程中需要的各种执照和许可证的申请事宜；提供入区企业与赞比亚政府部门和相关机构的沟通和协调服务；受托或协助从事相关行业的深入调研；组织入区企业参加赞比亚境内外的相关展览（销）会；协助投资者融资贷款；潜在投资者或入区企业需要的其他服务。赞比亚政府为经贸合作区的投资者提供了一系列在工作签证、简化行政手续上的便利，并在关税、增值税、企业所得税等税收政策上给予极大的优惠。其值得一提的盈利模式是：①供电、供水的收入。该园区没有市政水电，赞比亚中国经贸合作区发展有限公司兴建了水厂和电站收取水电费。②医疗收入。中赞友谊医院隶属赞比亚中国经济贸易合作区发展有限公司，是非洲大陆上唯一由中国人自主经营的医院，已发展成赞比亚第二大医院，除了为企业员工提供良好的医疗服务之外，还面向社会积极为当地民众服务，大大提高了当地的医疗保障水平，初期虽然只能盈亏平衡，却是合作区的一大特色。

境外经贸合作区的盈利模式主要是，①土地、公寓、办公室、标准厂房的租金。②物业管理费和企业服务费。③水电费差价。④房地产一级开发，出售土地的收益和能源初装接口费。⑤持有土地物业的升值。⑥工程承包带来的收入和利润。⑦配套的酒店、医院等行业带来的利润。⑧国家的补贴收入。⑨对入园企业进行投资的收益。⑩企业在东道国和中国的政治影响力提升带来的潜在收益。

园区公司必须“扛得住”。园区公司建设周期长，一般需要十年以上的时间，投资大、见效慢。园区公司必须“关系好”，必须建立在政治稳定、经济发展有潜力的区域，一旦有风险便于解决，同时在东道国获得优惠政策。园区公司必须“有队伍”，招商是园区建设最重要的环节，需要特别注意。

【案例】 N公司投资建设境外经贸合作区的建议[①]

“十三五”将采取什么样的战略手段去实现N公司的国际化和世界一流

① 笔者2014年的一篇文章，非公司官方文件。

跨国公司的梦想呢?

发展境外经贸合作区是公司国际化经营的一种重要手段，建议该类合作区“十三五”的战略目标是：以建设具有BF特色的、中国海外优秀的经贸合作区为目标，充分利用军贸渠道优势，整合并发展国际工程、房地产、酒店领域的业务基础，携手集团公司民品产业通过创建1家到2家境外经贸合作区共创海外事业，培养核心境外产业园区建设的行业能力，孕育新的经济增长点，深耕国别市场，扩大国别影响力，反哺资源开发、军贸等其他板块业务，进一步提高公司作为世界一流跨国公司的全球资源整合能力和影响力。

一、开发理念

发挥公司特色渠道优势和集团公司产业优势。除了天津泰达的埃及苏伊士经贸合作区，目前境外经贸合作区大部分是先有一个大的境外项目，然后在这个项目的基础上，逐步发展成为一个境外经贸合作区，如江苏永元的埃塞东方产业园起源于其水泥厂项目，中色集团的赞比亚经贸合作区起源于谦比西铜矿。

在境外经贸合作区行业选择上，依托或者兼顾N公司及其母公司的产业优势，如摩托车、汽车行业。

在境外经贸合作区的国别选择上，建议在BF公司的军贸渠道优势的重点国别名单内，物色经济社会长期稳定，自然气候条件好，经济发展动力强，具有集团公司产业优势的区域，开展第一个境外经贸合作区的建设。

二、统一规划，分期滚动开发

境外经贸合作区的投资规模大、开发周期长，一般需要十年发展才能成熟，见效慢。统一规划，分期滚动开发可以分散风险，加速回收，降低现金流压力。境外经贸合作区大都采用了这一方法，我们也需要。

三、股权多元化，吸引短板资源，分散资金需求

白俄罗斯白中工业园区的开发主体是白中工业园区开发公司，其股权结构为：中国中工国际工程股份有限公司持股45%和哈尔滨投资集团有限责任公司持股15%，明斯克州政府持股32.5%，明斯克市政府持股3.75%，白俄罗斯地平线股份集团公司持股8.75%。哈尔滨投资集团的引入有利于分散风险和

业务开展，因为哈尔滨投资集团对俄罗斯具有文化、语言、业务合作的优势和经验，还拟将哈尔滨的企业引入该园区。

N公司在园区建设上没有经验，没有队伍，更需要和各种资源合作，通过股权多元化，引入具有专业化园区建设经验的中外政府或企业，吸引对东道国有特殊资源的中外政府或企业，吸引能对招商有促进的企业作为战略合作伙伴。2014年8月21日，我们在调研中非泰达投资股份有限公司时，其业务总监也表示了如有机会，愿意合作的意愿。

四、软硬结合，注重增值服务

一个好的境外经贸产业园区需要以下几个因素：政治稳定 + 地理位置 + 土地成本 + 产业策划 + 优惠政策 + 盈利模式 + 融资 + 团队 + 招商。

在重视硬环境建设，尤其是水电气、通信、基础设施、医院、金融机构、社区、酒店等硬件建设的基础上，应该打好“增值服务”这张“软”牌：第一个是东道国和国内获取优惠的税收等政策。第二个体系是商务物业。在传统物业的基础上，针对企业的特点提供企业支持服务体系，从工商注册、资格认定、法律财务、招聘人才、培训等方面提供一站式服务。帮助企业度过人员配备不足和对当地办事流程不熟悉的困难过程，协助与当地政府、金融机构的沟通及办理相关的手续。第三个是资本技术服务体系，为入园企业提供资本，包括各种融资的方法、融资的咨询，为入园企业成长的不同阶段给予全方位的融资融智服务，必要时考虑发起引入产业投资基金。

五、商业模式

除了传统的土地、公寓、办公室、标准厂房的租金（天津泰达苏伊士经贸合作区的物业服务费为0.5元人民币 / 平方米 / 年）和物业管理费，土地物业升值①等传统的产业园开发的盈利模式以外，境外经贸合作区还有以下盈利来源：

1. 企业服务费

---

① 天津泰达园区公司9000万美元的投入，2014已经形成8万平方米的厂房，6万平方米是境外经贸合作区最大的利益，可实现优质资产保值增值，如天津泰达公司的住宅写字楼，其中酒店1万平方米，综合楼2万平方米。

产业园还提供工商、缴税、治安、金融、劳务签证、物资进出口等方面的企业服务。协助办理投资执照，代理报关，协助办理进出口手续、原产地证明，代理运输，介绍建筑公司、建筑监理等一系列全套服务，可收取一定的费用。

2. 水电费差价

园区从政府获得的水电价格和卖给入园企业的水电价格一般有一个合理的差价。埃及苏伊士园区的1.34平方公里的起步区日供应工业用水6000吨。

3. 房地产一级开发，出售土地的收益和能源初装接口费

园区开发主体一般从东道国政府获得数平方公里的土地，投入资金，达到“五通一平”之后，可以由园区公司自己开发建设，也可以卖地，对买地的企业在规定投资强度、产业限制的同时，赚取土地差价。

园区进行“五通一平”的开发后，对于入园企业可以酌情收取水电气、电信等接口费。比如，天津泰达在埃及的苏伊士产业园的第一期1.34平方公里的不收取入园企业的基础设施配套接口费，在其园区二期6平方公里将逐步成熟后的入园企业，就收取了能源初装接口费。

4. 代建、工程承包带来的收入和利润

对于购买土地的企业，一般进行境外固定资产建设的程序非常麻烦，可以为这些企业代建，收取一定的费用。

N公司可以作为境外经贸合作区建设的总承包商。中工国际是中国白俄罗斯园区的总承包商，给中方股东带来了工程承包的收入和利润，为了减少园区公司的压力，其采用总成本加成的方式进行承包。

5. 配套的酒店、医院的盈亏

天津泰达埃及苏伊士工业园的1万平方米酒店已经开始运营并取得盈利。正在筹划走出去的清华科技园在国内以“科技园区+酒店”的模式，推广酒店自营模式向管理输出模式的转型，构建科技园区配套主题酒店，在盈利的同时提升园区服务能力和整体形象。

中色矿业集团赞比亚经贸合作区的中赞友谊医院虽然盈亏持平，但是对

园区品质的提升带来了特色和口碑。

6. 中国政府的补贴收入

2006年以来，我国先后两次共审批了19家境外经贸合作区。目前，境外合作区不需要事前审批，符合条件的企业均可以申请年度补贴和贴息。申请被批准的企业可获补贴为境外基础设施建设的30%，单个项目封顶——资源开发类由2亿元人民币提高到4亿元人民币，贸易类补贴现在封顶为3亿元人民币。

截至2014年，中色在赞比亚合作区已经投入1.69亿美元，天津泰达埃及苏伊士经贸合作区第一期1.34平方公里总投入9000万美元，均从中国政府得到了支持。

7. 投资收益

清华科技园开创了一个新的盈利模式：针对每一个园区，设立至少一家基金公司。这些基金公司对入园企业了解深入，投资命中率高，这种投资利润是清华科技园的主要盈利来源，如其清华科技园的美国园，没有圈地，甚至仅是租了几千平方米的办公场所，作为中美两国投资的服务桥头堡，配备了强有力的基金，瞄准好的项目进行投资，取得了不错的投资回报，进一步诠释了清华科技园的创新商业模式。

埃及苏伊士经贸合作区的投资方表示，入区企业不仅可以得到总额达50亿美元的中非基金的资助，当地政府还会以企业实际投资到位额的5%反哺企业，同时，所有来自中国的工作人员每年还有1万元的伙食补助。

8. 政治收益

在园区合作过程中，对于国家重点支持的项目，成为国家境外贸易外交的一部分，进入政治的范畴。这些无形的、难以量化的溢出效应是一般商业项目所不具备的。

由于经贸产业园得到了政府的大力支持，成为其境外重大项目外交的一部分，很多企业获得了殷实的政治影响力的回报，如中工国际、中色集团产业园、天津泰达都是国家高访的重要项目，得到了国家领导人的关注。

值得一提的是，天津泰达在开发天津经济技术开发区时，可以获得入园企业的税收，而境外经贸合作区不能获得政府给与税收返还的盈利。

六、投资主体

通常在东道国设立一个经贸合作区开发公司承担境外经贸合作区的开发建设。中工国际的白俄罗斯中白产业园、中色集团的赞比亚产业园、首创集团的法国经贸合作区的中方投资主体就分别是工程公司、矿业公司和房地产公司。

N 公司境外经贸合作区的投资主体。建议首先考虑 BF 国际。

七、国别选择

如同房地产开发最重要的是位置，一个好的国家、一个好的城市、一个好的地理位置是境外经贸园区的成败关键。从实践来看，国别选择有两种途径：一种是基于现有的项目，如中色集团在赞比亚的经贸合作区是因为先有一个谦比西铜矿，埃塞东方产业园是先有占地 450 亩的水泥厂项目。另一个是主动的策划或者一个缘分，比如某欧洲经贸合作区，中国某民营公司就此项目进行了几年开发仍没有起色，东道国政府不满意。经某银行一位领导介绍，2012 年 SC 集团才接盘。

从国别选择的一般要求来看，需要：①东道国国家风险相对较低，政治稳定，至少要保证 10 年以上的长治久安，东道国政府支持改革开放，法律环境适合。因为境外经贸合作区的建设期长，收益来自运营，需要东道国的土地资源开发的政策、外资政策、市场准入政策的连续性、稳定性，否则前期投入可能前功尽弃。②资源要素成本低，工作效率高。境外经贸合作区建设一般选址在要素成本低、资源丰富的国家，如位于柬埔寨唯一国际港口的中国西哈努克港经济特区投入时，柬埔寨人均 GDP 为 500 美元，工人最低月工资标准是 50 美元，劳动力成本远远低于中国平均水平，且柬埔寨全国实行 6 天工作制。③经济发展迅速，中国企业进入意愿明显。④与周边国家有自由贸易协定，产品出口具有税收等成本优势。⑤自然环境、气候相对较好，持有物业容易升值。⑥园区位于东道国大型城市的近郊，符合东道国城市化和城市外扩的节奏，容易获得土地升值。中国的城镇化速度很快，开发区和园区的建设期和一个城市的城镇化速度是匹配的。也就是说，当一个园区在郊外完成建设之后，该城市已经外扩，本来偏远的园区已成为城区，土地价格得到提升。因此，境外园区的选择，需要考察这个国家、这个城市的城镇化进程，考察项目的土地是否能够在建设期后得到与城镇化进程同步的升值。⑦中国政府对东道国的信贷支持。以前对第三世界国家，中国一般采取无偿援助方式，天津泰达苏伊士项目实际上就是将无偿援助变成扶持中国企业到埃及去发展的一笔基金。因此，境外经贸合作区需要充分借助中国政府的贷款。

21世纪初的埃塞俄比亚就符合这一特征。目前，巴基斯坦也可以考虑。巴基斯坦有1亿多人口，劳动力成本低，经济发展潜力大，对摩托车等需求较大。建议重点关注巴基斯坦、埃塞俄比亚、缅甸等国，由投资主体（BF国际）牵头进一步分析确定投资国别并策划产业类型，带动集团公司摩托车等相关产业“走出去”。

八、产业规划

成功的产业园区需要从战略层面进行整体定位，正确的合作区产业规划对后续的招商具有重大的影响。发挥集团公司产业的比较优势，通过主导企业，打造产业链优势。只有具备独特优势的企业在海外设立境外经贸合作区，才能取得成功。当今世界上成功的境外经贸合作区，都必须具有比较优势和独有特点。比如，中国在俄罗斯发展的经贸合作区主要基于木材资源加工等优势，在赞比亚发展的经贸合作区主要是针对有色金属开发，在巴基斯坦搞的合作区主要是针对家电产品等。

拳头企业对经贸合作区的影响是巨大的。比如，日本丰田汽车这一个核心企业大大带动了天津泰达经济技术开发区，带动了上下游零部件厂商。公司发展境外经贸合作区应实现对某些产业整体打造，来提升中国企业进入海外市场的竞争力。海外投资的单兵作战难以打造进入海外市场的综合竞争力，通过发展境外经贸合作区的方式，使一批服装配套产业群、一批有色金属配套产业群及一批家电配套产业群积聚起来了，联合出海寻求发展，以群体效应来延伸产业链，来提升境外投资的竞争力，进而提高“走出去”的成功率。

在确定产业园区的国别之后，建议聘请戴德梁行等中介机构进行全方位谋划、进行深入的研究，依托东道国的产业优势和中国企业在东道国的发展意愿总体规划行业。

此外，中交集团以“微笑曲线 +PIC（Port-Industry-City）+PLC（Port-Logistics-City）”布局规划境外产业园，大气值得点赞。详见本书第二章第三节。

九、投融资规划

境外合作区的注册资金一般都不大，不是我们讨论的重点。重点是进行境外合作区的建设的总体投资是多少？

中色赞比亚产业园公司注册资金为 2000 美元左右。谦比希园区一期用地面积 11.58 平方公里，总投资约 4.1 亿美元。卢萨卡园区未来的总投资为 20 亿美元（含别墅区的建设）总规划面积 5.7 平方公里，拟新建建筑总量为 316.25 万平方米，其中卢萨卡园区一期计划投资 9919.53 万美元，实际投资 1.69 亿美元。

首创法国产业园一期占地 470 公顷。国际大学城 25 公顷、建筑面积 15 万平方米，经贸园（展示、电商、仓储、保税）116 公顷（2013 年 10 月提交第一期物流保税园区仓库的建设许可，一期占地面积 4 万平方米，计划 1 万平方米的保税区），产业园和研发园占地 323 公顷。启动资金共计 2 亿美元。

白中工业园区开发公司，注册资本 1000 万美元，园区总占地面积约 91.5 平方公里，总建设期规划为 30 年，分三期建设，每期各 10 年。其中一期开发 8.5 平方公里，投资 × 亿美元，其中起步阶段开发 3.5 平方公里，投资 ×/2 亿美元。未来 10~15 年，总投资额 56 亿美元。①

由此推算，这些境外产生用品投资强度约为 0.61 亿美元 / 平方公里。境外经贸合作区的贷款主体应该为产业园公司，N 公司和各股东按比例提供担保。

因为投入巨资改造盐碱地，中国天津泰达开发区每平方公里的开发成本平均高达 3~5 亿元人民币，而国内其他开发区的这个数字一般为 2 亿多元人民币。

从资金使用上来看，主要是进行一级土地开发。比如，天津泰达总投资 9000 万美元的 1.34 平方公里的土地上，达到“五通一平”的一级土地开发，使用了 2 亿元到 3 亿元人民币的投入，其他的资金用于地上固定资产的建设，

① 2011 年 10 月 26 日、2012 年 7 月 28 日，《中国证券报》《证券时报》及巨潮资讯网（http://www.cninfo.com.cn）刊登的 2011-046 号、2012-054 号公告。

包括8万平方米的厂房、6万平方米的住宅写字楼（含1万平方米的酒店和2万平方米的综合楼）。

天津泰达未来要开发的6平方公里的土地，预计采用“买方信贷+EPC”的方式，分3期进行，每期4年，预计6平方公里总投资4.6亿美元，其中一级开发2.3亿美元，地上建筑物2.3亿美元。本文推算该境外经贸合作区开发投资大约是0.8亿美元/平方公里。

建议公司在“十三五”境外经贸合作区的建设总投资为3~5亿美元，是BF国际首个BOT电站的两倍到三倍。

资金来源应该争取中国政府的买方信贷。具体的投资规划和投入产出，需要在确定具体的国别、土地和政策后进行进一步的可行性研究。

总之，公司进入境外经贸合作区的建设将凸显公司强大的商务及投融资能力，进一步扩大公司在国际工程承包市场上的影响力，充分体现了公司强大的资源整合能力，发展公司与国家政府部门关系的优势，也将进一步扩大公司的影响力。建议公司在“十三五”期间规划投入3亿~5亿美元，进一步研究国别市场和产业规划，以BF国际为主体进行境外经贸合作区的建设。

三、境外产业园建设的风险提示

境外经贸合作区的建设也存在一些“瓶颈”和不足，如园区定位不明确、盈利模式不可持续、政策风险、运营能力不足等问题。

境外产业园与中国的产业地产很相似。在中国有很多从传统地产向产业地产转型的失败案例。产业地产需要政策扶持、优惠政策、土地获取优势；需要金融支持，整合金融资源，让银行、基金、风投进来；需要配套层面，用一个企业的力量去做所有的配套，然后又提供园区所有的服务，也不容易。只有帮助政府把一个区域的产业做起来了，才是可持续发展。打着产业幌子最终只是搞点住宅销售，走不远。

中国的产业地产有“两多一长”，一是产业多，实际上就是产能过剩。二是平台多，各级开发区加起来超过1万家。三是投资周期长，回报慢，没有五年、八年见不到回报。这是行业最大的痛点。[①] 真正从产业地产商业逻辑来说，应该是做持有型的。但是，因为现金流的要求，又不得不去做一些销售，这是重要的一个矛盾点。

从产业地产的发展分析，国内产业园区正面临三大问题：供给过剩，同质化严重，园区招商难。一旦踏入这个领域，就让人感觉到进退两难，面临着竞争大企业入驻难的压力。园区产业建设首先要产城结合，结合城市的主导产业、特色产业和战略性新兴产业，充分服务于政府的经济社会建设。其次，要具有整合思维，注重集聚效应，充分统筹和整合政府资源和社会资源。主要问题是：（1）当前以战略性新兴产业为主导的产业园区以及各类开发区，在建设过程中普遍存在“产城分离”。产业园区建设没有做到配套先行，缺乏产业配套、生活配套，导致产业园区白天热闹，晚上几乎成为空城，产业和城市融合度很低，产业园区发展缺乏后劲。（2）重外部优惠政策，轻内生动力培育。园区能够以优惠政策，包括土地价格优惠、税收优惠来吸引企业入驻，但是对于入驻企业内生动力的培育，园区所花精力较少。（3）重硬件建设，轻软实力打造。专业服务公司非常少，特别是在能给企业带来较高价值的金融、税收、人才等的专业商服服务公司少，商服配套少，基本的餐饮配套都有，但针对商务客户、休闲娱乐等的就往往不足。（4）没有一个差异化的与众不同的定位。招商要从定位做起，就是指根据产业园区的特性，结合市场竞争情况，来对项目做一个差异化的定位。

中国发展产业园尚有如此之多困惑。在境外发展产业园的困难就更大，最大的困难是招商。

产业园是中国工业化和城镇化过程中的主要经验。在中国的产业园区建设基本饱和之时，建立境外产业园区是必要的。境外产业园不仅是我国实施“走出去”战略的重要举措，也是当前“一带一路”所倡导的经济合作走廊的

① 参见微信公众号“火花标准园区”2016-10-13，《园区中国 | 爱你痛彻我心扉：听他们细数产业地产的 12 个“痛点”》，https://mp.weixin.qq.com/s?__biz=MzA5NTk4NTMzNA==&mid=2651505515&idx=1&sn=42dbc174bde3700660378e1514a9a530&mpshare=1&scene=2&srcid=1013wBl25bYmrcRFzupX6iYU&from=timeline&isappinstalled=0#wechat_redirect，最后访问日期：2017 年 6 月 27 日。

重要组成部分。例如，中巴经济走廊的主要抓手就是中、西线的公路、铁路和工业园区的建设。

目前，我国企业建设境外经贸合作区还存在很多不足，面临不少困难。首先，由于合作区的建设周期长、风险高，情况复杂，方方面面的关系多，一次性投入逐步招商，具有一定的不确定性和风险。其次，东道国大都为欠发达国家，其国内的经济环境、基础设施环境、制度环境、信用环境等都存在一定的缺陷，这些问题都会在一定程度上给投资增加风险。因此，政府和企业在推进的过程中，需要谨慎分析和慎重行动，境外经贸合作区建设应关注以下风险。

（一）境外的城镇化进度和园区发展背景不如中国

中国产业园开发的成功经验不是都能复制的。因为中国有两个明显的条件，（1）城镇化速度快，产业园的开发节奏很容易匹配城市的外扩，使产业园的区位价值很快就得以显现。（2）境外没有中国经济发展的高速度。我们在境外进行产业园开发应该要有这样的心理准备，在地域行业选择和总体策划上应充分理解这一点。

中国对外开放初期的历史机遇和成功主要是定位于一个吸引全球跨国公司进入中国大市场这样一个历史性浪潮。当年进入中国的跨国公司支付能力、投资能力和综合竞争力也十分强大。而中国发展境外经贸合作区的招商对象是那些希望“走出去”的中国企业，能力相对偏弱。所以，要仔细斟酌境外经贸合作区的建设标准、规划标准，关键是要实事求是，要量力而行，防止急躁冒进。

（二）公司缺乏招商引资和产业园的经营管理人才

以 BF 公司为例，公司具有一定的国内房地产开发、酒店运营的经验，也具有境外矿产、电站等国际工程的承包经验，公司在北京石景山房地产项目上积累了一些招商经验。

招商引资是产业园的重中之重，境外进行产业园招商的难度非常大。BF

公司在利用军贸溢出效应获取资源和贸易渠道方面拥有优势，但产业园专业人才队伍和专业化能力不足。没有这些专业人才队伍，进行境外经贸开发区建设的风险很大。

第三节 “一带一路”倡议打造境外经济合作走廊[①]

2015年3月，《推动共建丝绸之路经济带和21世纪海上丝绸之路的愿景与行动》提出，根据“一带一路”倡议走向，陆上依托国际大通道，以沿线中心城市为支撑，以重点经贸产业园区为合作平台，共同打造中巴、孟中印缅、新亚欧大陆桥、中蒙俄、中国—中亚—西亚、中国—中南半岛等国际经济合作走廊；海上以重点港口为节点，共同建设通畅安全高效的运输大通道。

“一带一路”倡议将21世纪初开启的境外经贸合作区推向境外经济合作走廊。这六大经济走廊建设成为“一带一路”倡议的主要内容和骨架，将沿线60多个发展中国家列为中国对外交往的优先对象，将“一带一路”倡议构想落到了实处[②]，也带动了中国高铁、核电等重大装备制造的发展。

一、中巴经济走廊

如果说“一带一路”是一首惠及多个国家的交响乐的话，那么中巴经济走廊就是这首交响乐甜蜜的开场曲。中巴经济走廊起于新疆喀什，止于巴基

① 参见“微信公众号”开源证券渭南营业部2015-06-02：《六大经济走廊成"一带一路"骨架，资金保障充分开放》，来源：《国际金融报》，http://mp.weixin.qq.com/s/_KsPxWGcwbRt7V76MY_hwg，最后访问日期：2017年6月27日。

② 参见微信公众号“东方战略国际智库”2017-02-02：《“一带一路”六大经济走廊的发展现状与建设进展（上）》，来源：中国贸促会，http://mp.weixin.qq.com/s/ty2puGaSRbaEdf0Z0Nac6A，最后访问日期：2017年6月27日。

斯坦瓜达尔港，全长3000公里，北接“丝绸之路经济带”、南连“21世纪海上丝绸之路”，是一条包括公路、铁路、油气和光缆通道在内的贸易走廊。

2013年5月，李克强总理访问巴基斯坦并提出中巴经济走廊。其初衷是加强中巴之间交通、能源、海洋等领域的交流与合作，加强两国互联互通，促进两国共同发展。

2015年4月，中巴两国政府初步制定了修建新疆喀什市到巴方西南港口瓜达尔港的公路、铁路、油气管道及光缆覆盖“四位一体”通道的远景规划。中巴两国将在沿线建设交通运输和电力设施，预计总工程费将达到450亿美元，计划于2030年完工。同月，习近平和巴基斯坦总理纳瓦兹·谢里夫举行了中巴经济走廊5大项目破土动工仪式，并签订了中巴51项合作协议和备忘录，其中超过30项涉及中巴经济走廊。

代表性的项目有：卡拉奇卡西姆港燃煤电站项目、喀喇昆仑公路二期改扩建工程（哈维连至塔科特段）、卡拉奇—拉合尔高速公路（苏库尔至木尔坦段）、瓜达尔港建设与运营项目、巴基斯坦卡洛特水电站、拉合尔轨道交通橙线、巴基斯坦恰希玛核电项目、卡拉奇核电项目。

中巴经济走廊在推进过程中仍暴露出一些问题。巴方政府受国内政治斗争和体制牵制，执行能力较低。

其一，反对党基于国内政治斗争所进行的阻挠。虽然全巴基斯坦各党派会议已经就中巴经济走廊达成一致，但反对派在实际执行中仍千方百计阻挠，几乎每个项目都面临反对派杯葛。在习主席结束访巴之后，巴基斯坦国内爆发中巴经济走廊东西线之争。在全党派会议之后，反对派又提出所谓的西线与早期收获项目之争。

其二，中央与各省及地方部落利益之争激烈。巴基斯坦一些党派家族和地方色彩浓厚，东西线之争也是旁遮普与俾路支和开伯尔—普什图赫瓦省利益之争。中巴经济走廊项目的最强烈的反对者是开伯尔—普什图赫瓦省。该省首席部长佩尔韦兹·哈塔克曾要求谢里夫总理在各党派会议上就其作出的“西线”承诺消除误解。而一些部落首领对于当地的发展没有强烈的意愿，尤其害怕本地人民在经济发展和思想开化后会威胁其统治。

其三，巴政府和各界对中巴经济走廊只有宏大的概念和想法，但缺乏整体和具体计划。巴基斯坦缺乏计划制订人才，计划部门效率较低，也缺乏贯彻执行的管理人才，无法将想法具体化。

其四，不同部门及其领导人权力和利益之争牵扯其中，协调成本较高。中巴经济走廊每一个项目在执行中都要涉及二三十个部委，需要协调从中央到地方，从当地民众到国际组织的各方面利益。谢里夫曾为此专门成立总理绩效评估小组进行协调。最后，仍因官僚体系腐败和效率低下而失败。巴基斯坦公务员体系积弊很深，缺乏激励和奖惩，腐败现象比较严重，索贿行为盛行，严重制约着项目的进展。

为解决上述问题，2016 年 1 月，巴政府成立以总理谢里夫为主席的中巴经济走廊建设指导委员会，以更好地协调推进中巴经济走廊建设。该委员会成员包括巴基斯坦议会中巴经济走廊委员会主席、联邦计划和发展部长、水利部长、铁道部长、交通部长以及各省首席部长。委员会在巴计划和发展部下设立办事机构，负责协调中巴经济走廊建设中各省工作和信息共享。中巴经济走廊沿线工业园区的选址由巴联邦政府与各省协商确定，联邦政府和各地方政府分别承担工业园配套设施和基础设施建设费用。①

二、中蒙俄经济走廊

2014 年 9 月，习近平主席在出席中俄蒙三国元首会晤时提出中蒙俄经济走廊，将“丝绸之路经济带”与俄罗斯“跨欧亚大铁路”、蒙古国“草原之路”倡议对接。国家发改委确定的中蒙俄经济走廊分为两条线路：一是从华北京津冀到呼和浩特，再到蒙古和俄罗斯；二是东北地区从大连、沈阳、长春、哈尔滨到满洲里和俄罗斯的赤塔。两条走廊互动互补形成一个新的开放开发经济

---

① 参见微信公众号“走出去服务港”2016-07-04：刘宗义，中国人民大学重阳金融研究院客座研究员，《中巴经济走廊建设面临的五大挑战和对策建议》，http://mp.weixin.qq.com/s?__biz=MjM5ODA4NDczNg==&mid=2651688086&idx=1&sn=bd147a5f8564019d7550a0aebd764a73&scene=2&srcid=0704u9g9h80jxAVYEqMtMYtx#wechat_redirect，最后访问日期：2017 年 6 月 27 日。

带，统称为中蒙俄经济走廊。中蒙俄经济走廊已开通“津满欧”“苏满欧”“粤满欧”“沈满欧”等“中俄欧”铁路国际货物班列，并基本实现常态化运营。

2016年6月，塔什干上合峰会期间，中蒙俄三国元首共同见证《建设中蒙俄经济走廊规划纲要》的签署。同年9月，国家发改委公布《建设中蒙俄经济走廊规划纲要》，中蒙俄三国的合作领域包括交通基础设施发展及互联互通、口岸建设和海关、产能与投资合作、经贸合作、人文交流合作、生态环保合作、地方及边境地区合作共七大方面。根据三方合作现实需要，目前三方经济合作先易后难，循序渐进，从三方都感兴趣且已有一定基础的领域和项目入手，优先在过境运输、互联互通、电力、旅游等领域开展合作，争取启动几个具有示范性、带动性的合作项目，进而扩大全面务实合作，形成资金提供、资源开发、销售等市场一体化的链条，形成规模合作。建设“中蒙俄经济走廊”的过程中，三国尽可能地凭借联接各自的优势和基础，培育发现一批战略性新兴产业，建立发展一套与产业结构相适应的高端装备制造业和现代服务业等配套支撑体系。

主要项目有：中蒙二连浩特—扎门乌德跨境经济合作区、满洲里综合保税区、策克口岸跨境铁路、莫斯科—喀山高铁项目、蒙古乌力吉公路口岸建设项目。

构建中蒙俄经济走廊的目的是通过挖掘边境区位优势，逐步完善互联互通建设，将边境对三国经济合作的屏蔽作用转化为推动经济发展的中介作用，促进“国家间领土划分依据的边界由‘政治封闭线’向‘经济接触带’演化”。

通过中蒙俄经济走廊的建设可实现海陆两个丝绸之路经济带的对接。通过构建中蒙俄经济走廊可为“一带一路”提供一个成本更为低廉的通道。与其他经济走廊相比，中蒙俄经济走廊途经国家少，通关成本低，且穿越蒙古境内的线路是联通亚洲与欧洲之间最短的路线；由于蒙俄两国国内政局相较于中亚南亚国家政局更为稳定，受恐怖主义和分裂势力的干扰极小，因此中蒙俄经济走廊的投资环境更为安全稳定。

例如，过去中国内陆省份的产品想要进入欧洲市场只有两种方案可以选择：一是铁海联运，即通过铁路运送到东部港口，走海路到达欧洲，全程需要近 30 天，耗时极长；二是航空运输，时间短，但是成本极高，这两种方案均无法满足中国进出口的发展需要。与此形成对比的是铁路运输的准确性和连续性强，具有速度快，不易受气候影响，安全程度高，可以有规律地定时准确地将货物运送到指定地点的特点，且运输量大运输成本低，对于内陆国家、地区尤为重要。中国现有四条联通欧亚的铁路通道，其中连满欧亚联运大通道、绥满欧亚联运大通道、津蒙欧亚联运大通道均需要取道东北地区和内蒙古。一旦将中蒙俄经济走廊打通，就可以真正地将我国国内市场与整个亚欧大陆融合。

“中国崛起”与“中国威胁”一直是一对孪生兄弟。无论是在俄罗斯还是在蒙古国，“中国威胁论”均有一定的市场，因此俄蒙两国在与中国合作时也采取了“合作与戒备”并存的做法，而且这种思想将会对中蒙俄经济走廊的建设产生羁绊，导致蒙古国对与华合作迟疑不决。蒙古国内存有既想搭乘中国经济发展的便车、又担心对华经济依存度过高威胁蒙古国经济安全的矛盾心理。

构建中蒙俄自贸区是构建中蒙俄经济走廊的必经之路，为此要发挥支点城市的作用。首先是口岸城市的支点作用，扩大其对外开放程度，使其成为相邻国家促进资源优化配置、形成产业集聚效应的物理基础。其次是发挥区域内中心城市的带动作用，如天津（中）、乌兰巴托（蒙）、伊尔库茨克（俄），这些城市多位于某一城市群或经济带的中心。同时，通过沿线合作走廊的建设，促进路桥经济的发展，以天津滨海新区—二连浩特—扎门乌德—乌兰巴托—恰克图—乌兰乌德—伊尔库茨克铁路、公路、港口大通道为轴线的地区，经济总量大、资源富集、市场广阔、人口密集、交通便捷、经贸合作互补性强。可加强该区域的经济贸易、物流运输、人文交往等层次的合作，发展陆桥经济，促进中蒙俄经济走廊的建设。

三、新亚欧大陆桥经济走廊

新亚欧大陆桥，又名“第二亚欧大陆桥”，是从中国的江苏连云港市、山东省日照市到荷兰鹿特丹港的国际化铁路交通干线，国内由陇海铁路和兰新铁路组成。大陆桥途经江苏、安徽、河南、陕西、甘肃、青海、新疆7个省、区，65个地、市、州的430多个县、市，到中俄边界的阿拉山口出国境。出国境后可经3条线路抵达荷兰的鹿特丹港。中线与俄罗斯铁路友谊站接轨，进入俄罗斯铁路网，途经斯摩棱斯克、布列斯特、华沙、柏林到达荷兰的鹿特丹港，全长10900公里，辐射世界30多个国家和地区。

1992年12月，横贯亚欧两大洲的铁路大通道——新亚欧大陆桥开通运营。2015年2月，连云港举行“连新亚”班列正式开通仪式，“连新亚”班列是由连云港出发，经新疆到达中亚的铁路班列。2016年，新亚欧大陆桥东桥头堡起点的连云港港已经开通了至阿拉山口、喀什、霍尔果斯、阿拉木图等集装箱进、出境多条通道，极大地促进了新亚欧大陆桥运输通畅的发展。

通过在沿桥地带实行“一带一路”沿线地区的开放政策，根据需要可继续设立各种开发区和保税区；试办资源型开发区；按照高起点和国际接轨的要求，建立资源加工型新型企业；促进沿线地区工业化和城市化；利用外资，试办中国西部农业合作开发区，营造亚欧农产品批发交易中心；根据交通枢纽、资源状况、地理位置，以中心城市为依托，在沿桥地区建立若干个经济发展区，如以日照为中心的国际经济贸易合作区等，新亚欧大陆桥经济走廊必定将发挥更大的作用。

新亚欧大陆桥经济走廊的建设将带动苏北地区的发展。2015年8月，《江苏省人民政府关于落实国家“一带一路”倡议部署建设沿东陇海线经济带的若干意见》明确提出，推进基础设施互联互通、加快新型工业化进程、打造沿东陇海线城镇轴、提升对内对外开放层次水平、构建绿色生态走廊、促进苏北地区联动发展。沿东陇海线经济带是指以连云港、徐州两市为核心区域和以淮安、盐城、宿迁为紧密联系区域，位于新亚欧大陆桥经济走廊东端起始区域，也是海上丝绸之路的重要连接线和交汇点。徐州市在“一带一路”倡议及沿东陇海线经济带中的目标定位，是建设“新亚欧大陆桥经济走廊重要节点城市、淮海经济区中心城市、全国重要综合交通枢纽城市”。连云港市是实施江苏沿海开发和沿东陇海线产业带开发战略的重要支点，是中国首批沿海开放城市、中国优秀旅游城市和新亚欧大陆桥东桥头堡。

主要项目有：中欧班列陆续开通、中哈（连云港）物流合作基地、中哈霍尔果斯边境合作中心项目。

四、中国—中亚—西亚经济走廊

中国—中亚—西亚经济走廊从新疆出发，抵达波斯湾地中海沿岸和阿拉伯半岛，主要涉及哈萨克斯坦、坦吉尔吉斯斯坦、塔吉克斯坦、乌兹别克斯坦、土库曼斯坦五个中亚国家，以及伊朗、土耳其等国。

中亚五国拥有丰富的自然资源。①在矿产资源方面哈萨克斯坦拥有铁矿、锰矿、铜矿、钾盐等矿藏，其中铬铁矿探明储量有2亿吨，居世界第三位。哈萨克斯坦石油已探明储量居世界第七位，可采储量40亿吨，天然气可采储量3万亿立方米。②乌兹别克斯坦现探明有近100种矿产品资源，据估计矿产资源储量总价值约为3.5万亿美元，其中，黄金探明储量为3350吨，居世界第四位，铀储量为18.58万吨，居世界第七位。③吉尔吉斯斯坦的有色金属黑色金属特别是稀有金属汞锑的储量可观，在油气能源方面，煤探明储量为1624亿吨。④土库曼斯坦天然气储量居世界第四位。⑤塔吉克斯坦的水电资源达6400万千瓦，丰富的自然资源成为中亚五国经济发展的天然优势。此外，伊朗石油生产能力和石油出口量分别位于世界第四位和第二位。土耳其是一个横跨欧亚两洲的国家，是连接欧亚的十字路口，地理位置和地缘政治战略意义极为重要。

尽管中亚西亚地区资源丰富，但制约经济社会发展的影响很多，其中基础设施建设落后，缺乏资金技术等问题较为突出。

我国与塔吉克斯坦、哈萨克斯坦、吉尔吉斯斯坦先后签署共建丝绸之路经济带双边合作协议。哈“光明之路”、塔“能源交通粮食”三大兴国战略、土库曼斯坦“强盛幸福时代”等国家发展战略都与丝绸之路经济带建设找到了契合点。

2014年6月，在北京举行的中国—阿拉伯国家合作论坛第六届部长级会议开幕式上倡导构建中阿“1+2+3”合作格局，即以能源合作为主轴，以基础设施建设、贸易和投资便利化为两翼，以核能、航天卫星、新能源三大高新领域为新的突破口，全面加强中国同阿拉伯国家之间的合作，这为中阿关系发展和丝绸之路经济带建设创造了良好条件。

主要项目有：中国—中亚天然气D线管道、乌兹别克斯坦安格连火电厂项目、安卡拉—伊斯坦布尔高铁二期项目、塔吉克斯坦杜尚别2号热电厂。

五、中国—中南半岛经济走廊

中国—中南半岛经济走廊包括了中国、缅甸、泰国、越南、老挝、柬埔寨、马来西亚、新加坡8个国家。该走廊以中国广西南宁和云南昆明为起点，以新加坡为终点，是陆上丝绸之路和海上丝绸之路的连接区域，是中国和东盟合作的跨国经济走廊。

中国—中南半岛经济走廊是以泛亚铁路网、亚洲公路网、陆港网的东南亚地区交通物流基础设施为依托，自昆明、南宁，以沿线经济中心城市和口岸为节点，联通中国、越南、老挝、缅甸、泰国、柬埔寨、马来西亚等国家抵达新加坡，是连接中国和东南亚和南亚地区的陆海经济带。2016年，昆明通往越南、老挝、缅甸等周边国家的高速公路省内段已建成；新滇越铁路已建成通车；中老铁路、中缅铁路云南境内段已全线开工建设。中缅天然气管道建成通气。

目前，“一带一路”倡议已和越南的“两廊一圈”（“昆明—老街—河内—海防—广宁”经济走廊、“南宁—谅山—河内—海防—广宁”经济走廊和“环北部湾经济圈”）构想、柬埔寨的“四角”战略、印度尼西亚的“全球海洋支点”构想、哈萨克斯坦的“光明大道”发展战略等有关规划实现对接，但中国与中南半岛国家的合作进展不一。随着“一带一路”倡议的提出，原先处于边缘地位的中亚、南亚、西亚以及非洲等地区借助中国这个全球生产网络核心节点向外辐射的机会，必将寻求自身新的空间范围的扩张。比如，建设中国—中南半岛经济走廊与老挝的国家发展战略相符，有利于发挥老挝区位优势，从一个内陆国家变成内外连通的国家。

2016年6月，中马“两国双园”项目建设顺利推进，钦州园区7.87平方公里基础设施和配套体系初步形成，首批入园三个产业项目陆续投产；关丹园首个总投资14亿美元的入园项目动工建设，关丹港升级改造，开通了钦州至关丹直航航线。老挝万象赛色塔综合开发区已完成签约企业12家，入园企业投资总额约2.6亿美元。泰中罗勇工业园已有62家中资企业入驻，实现产值43亿美元，成为我国企业在东南亚最大的产业集聚平台。柬埔寨西哈努克港经济特区入园企业达到102家，实现产值3.2亿美元，行业涉及服装、箱包、木地板、电器连接线等。由中信集团联合体中标的占地约1000公顷的缅甸皎漂特区工业园于2016年2月开工建设。越南龙江工业园入驻企业达到35家，投资总额12亿美元。在跨境经济区建设方面，中越跨境经济合作区东兴园区和凭祥园区开展征地和路网工程、专业市场建设；中泰（崇左）产业园区、中泰玉林文化产业园已签订合作框架协议，崇左产业园已有泰国两仪集团等企业入驻；中老两国签署磨憨—磨丁跨境经济合作区建设共同总体方案[①]。

2017年，中老铁路进入实施阶段，中泰铁路已经启动，金边至西哈努克的高速公路将开工建设，海螺水泥、德龙钢铁、信义集团、北部湾国际港务等企业在中南半岛国家纷纷投资建设钢铁厂、水泥厂和浮法玻璃生产线，多家中国企业已开始布局中国与东盟的跨境电商业务。中缅原油管道配套的云南1300万吨石油炼化项目也于2017年4月试运投产。

中国—中南半岛经济走廊是中国西南通往印度洋的重要通道，各国与中国之间的贸易进展不一。“一带一路”倡议实施后，沿线国家之间的贸易和投资呈加速推进态势，基础设施不断改善，印尼雅万高铁、中老铁路、中泰铁路、马来西亚南部铁路、匈塞铁路、瓜达尔港等重大项目都在有序推进。中国—中南半岛经济走廊的大湄公河流域国家正在建设贯通东西、连接南北的9条跨境公路，其中部分已经完工。从中国昆明出发连通新加坡的南北道路已

① 参见微信公众号“国宏高端智库”2016-12-03：卢伟、公丕萍、李大伟，《中国—中南半岛经济走廊的建设进展、关键任务及推进策略》，https://mp.weixin.qq.com/s/B1V-GFdwsd3ucSaZs5UCuA?，最后访问日期：2017年6月27日。

经畅通。

六大经济走廊中，中南半岛地区和我国合作共同构建新型跨国生产网络的条件最为成熟。这一走廊建设的关键任务之一就是依托我国广大的市场优势，将我国优势富余产能的加工制造环节梯度转移到中南半岛各国，并把优势制造业的重心转移至关键零部件制造和中高端消费品、资本品的研发设计，在部分产业价值链上的位置达到日韩当前水平，构建以中国为“头雁”的“中国—中南半岛各国新雁阵模式”。同时，中南半岛 7 国中，除新加坡外，由于经济发展阶段、要素禀赋条件、市场规模差异较大，我国与之构建跨国生产网络的重点行业和产业链环节各不相同。泰国、马来西亚经济发展水平较高，劳动力成本较高；缅甸、老挝、柬埔寨经济发展水平落后，劳动力成本低，本地市场容量小；越南经济发展水平适中，本地市场容量较大。因此在与之开展国际产能合作时应各有侧重。

充分利用发达国家给予缅、老、柬、越的普惠制待遇，结合四国的资源禀赋、经济发展阶段、产业结构特点，加大对四国农产品加工业、制造业、采矿业、基础设施及其相关的物流服务业和旅游业的投资力度。在越南建立以纺织业为主的优质产业链，建立矿产资源和化工产品精深加工基地，加强在农用机械及汽车配件等在越南具有较大市场需求的行业领域产能合作，并推动合作层次由加工组装向品牌塑造和营销升级。加大对缅甸、老挝、柬埔寨的交通、电力基础设施投资力度，完善我国境外经贸合作区所在地区的基础设施，以此为基础与其在农产品深加工、纺织服装、轻工制造、电子信息领域开展产能合作。在新能源、高端装备、航空航天、医疗设备、医药卫生、生物化学、旅游等相关产业与马来西亚开展产能合作，增强制造业领域及其研发环节投资合作。加强与泰国在铁路、橡胶制品、机械设备、电子信息等领域的产能合作。

目前，我国在中南半岛经济走廊上的建设重点与东盟的《东盟互联互通总体规划》确定的重点还存在一些偏差，未能实现完全衔接。例如，对泛亚铁路的规划路线不同、南宁—新加坡经济走廊未被列入规划等。中南半岛各国公路、铁路网自成体系，道路、桥梁、电网等技术标准不一，建设流程不能完全兼容，并成为制约中南半岛经济走廊加速通关便利化、实现走廊“软联通”的重要障碍。在双向投资上，中国—中南半岛经济走廊沿线国家除新加坡外开放水平较低，整体上双边投资便利化程度也不高，且同样面临法规、技术标准差异等“玻璃门”。

主要项目有：印尼雅加达—万隆高铁建设项目、中国—老挝铁路建设项目、中国磨憨—老挝磨丁跨境经济合作区。

六、孟中印缅经济走廊

2013 年 5 月，国务院总理李克强在访问印度期间提出建设孟中印缅经济走廊，得到印度、孟加拉国、缅甸三国的积极响应。

印度诗人泰戈尔说：“中国和印度是一对古老而亲密的兄弟。”399 年到 411 年，一名叫法显的中国和尚经新疆、中亚、阿富汗进入印度，然后又经印尼等东南亚国家沿海路回到中国，围绕着中印两国所在的广阔大地画了一个圈。629~645 年，又一名中国和尚玄奘也来到印度，来回都是经过新疆、中亚、阿富汗，总行程达 5 万公里。但是在这一对兄弟之间，却横亘着世界上最高的山脉、最险峻复杂的山谷和最危险的热带森林。

孟中印缅经济走廊将改变相关国家的经济布局，通过缅甸曼德勒和孟加拉的吉大港和达卡，把中国西南省份云南的首府昆明与印度重要城市加尔各答联系起来，将在地缘经济、地缘政治、外资模式和民众心理四个方面对中印关系产生巨大影响。从宏观上看，将促进中、印、缅、孟四国之间的经济一体化进程。四国幅员辽阔、人口众多，总面积达 1340 万平方公里，人口近 28 亿，资源能源富集，经济互补性强，发展潜力巨大。四国邻近地区是连接亚洲各区域的重要枢纽，既有广袤经济腹地，又有良好的港口设施。北可上东北亚，东可连中南半岛，西可通巴基斯坦、伊朗和中东国家。如四国能有效实施这一计划，将不仅能促进四国间的经贸联系，还可为更广阔的经济一体化进程提供样板和推动力量，将催生出一个超越东亚、南亚次区域概念界线的亚洲经济区[1]。

两个现象推动着亚洲的变化，一个是全球化，一个是地区和邻国间的合作。孟中印缅经济走廊和其他区域一体化不同，它发生在世界最贫困的集合地带，偏低的经济全球化和社会全球化指数反映了这一地区偏离全球化中心的事实，也凸显了该地区融入全球化并从中获益的紧迫性。参与全球价值链已成为发展中国家开发生产力的重要途径。“一带一路”推动亚洲基础设施进一步改善，激发沿线国家的低要素成本、市场与规模经济、市场深度与广度和低贸易成本，为以生产中间产品为主要特征的亚洲生产网络创造资源整合的条件，形成与亚洲生产网络互动的局面。

缅甸、越南、柬埔寨等国成为吸引劳动密集型投资的重点，而随着以中国为代表的亚洲新兴经济体劳动力成本上升，东亚地区出现持续产业结构调整，其中一个重要趋势就是劳动密集型产业对外转移。同样，全球化或区域性产业结构调整正波及孟中印缅经济走廊，促成这一地区引进国际直接投资新态势的出现，就中国对这一地区的投资而言，既是良好机遇，也意味着中国对外投资战略需要调整升级。中国企业或其他投资者，必须考虑孟中印缅进口替代工业化的愿景，提高对制造业转移的比重，扩大产业投资项目的就业增加、技术溢出等社会经济效果，提高东道国对中国投资的认可度。同时，投资应以合资形式为主，多与本地企业分享投资收益，共担投资风险，缓和投资可能引起的摩擦，加快融入当地投资环境。

2013 年 12 月，孟中印缅经济走廊联合工作组第一次会议在昆明召开。2015 年 2 月，第十二次孟中印缅地区合作论坛在缅甸仰光召开。作为一项长期、复杂而艰巨的系统工程，孟中印缅经济走廊建设在推进实施中面临诸多风险与挑战，孟中印缅经济走廊建设进度落后于预期。2017 年 6 月，外交部发言人耿爽主持例行记者会指出，“孟中印缅四国已就走廊建设的目标、机制、领域等达成初步共识，并即将完成联合研究报告，探讨启动政府间合作机制”。

---

① 参见网易新闻 2015-02-16：孙倩，《孟中印缅经济走廊：商路和心路》，来源：亚太日报（深圳），http://news.163.com/15/0216/10/AIIPFAG700014AEE.html，最后访问日期：2017 年 6 月 27 日。

“目前，印度方面的某些人士对‘一带一路’可能还有一些疑虑和犹豫，还处在一种观望和纠结的状态。我们可以给印度方面更多的时间。但对世界上很多其他国家而言，‘一带一路’是一个巨大的机遇。他们的实践已经证明，对于‘一带一路’倡议，早参与，早受益；多参与，多受益[①]。”

主要项目有：中缅油气管道建设、缅甸皎漂工业园与深水港项目。

六大经济走廊将“一带一路”倡议落到了实处。若把走廊建设比作种果树的话，种子已播下，施肥、浇水、剪枝、除虫乃至最后摘果，都需要来自各国不同方面的合作。只有大家共同努力，这棵树才能茁壮成长，枝繁叶茂并结出丰硕的果实。

① 参见一带一路网 2017-06-27：《中巴经济走廊和孟中印缅经济走廊 外交部回应》，来源：央视网，http://www.china.com.cn/news/2017-06/27/content_41103692.htm，最后访问日期：2017 年 6 月 27 日。

第二章

国际化，中国企业之路

国际化经营是中国企业发展的战略选择。从贸易大国到贸易和投资大国、从产品输出到产品和资本输出，是开放型经济转型升级的必由之路。国际化是经济增长的长期选择，全球化是世界经济增长到一定阶段驶入的快车道，驶入这班快车道的国家往往能获得快速增长。

如何测量国际化，为什么要进行国际化，中国企业国际化的道路有何特征，主要存在哪些问题？

第一节　国际化的测量

笔者很羡慕国际化一线工作者的两个习惯，一个是在冬天都爱喝冰可乐，饮食习惯西化，能够长期吃西餐。另一个是上飞机就能睡，飞遍世界也能及时全身心地投入工作。笔者也戏称这是国际化工作者的两个指标。

考察一个国家的国际化程度的量化指标有：

一、吸引外资 / 对外投资

20 世纪 80 年代初期，邓宁（Dunning）提出的投资发展水平理论用人均国民生产总值（GNP）代表一个国家的经济发展水平，用一国的人均直接投资流出量（ODI，Outflow Direct Investment）、人均直接投资流入量（IDI，Inflow Direct Investment）和人均直接投资净流出量（NODI，Net Outflow Direct Investment）表示一国对外直接投资的水平。

“吸引外资 / 对外投资”被用来反映一个国家的国际化程度，对于国家而言，发达国家的对外投资往往大于吸引外资，而发展中国家的对外投资往往小于吸引外资。2014 年，中国对外投资首次超过吸引外资。

二、外国直接投资流出业绩指数

联合国贸发会议（UNCTAD）在 2001 年的《世界投资报告》中，提出利用外国直接投资指数（Inward FDI Index）来考察各经济体吸引外资的情况，在 2002 年将其重新命名为利用外国直接投资绩效指数（Inward FDI Performance Index），描述和评价各国吸引 FDI 的现实状况和前景。

外国直接投资流入业绩指数（InwardFDI Performance Index）=（本国 FDI 流入量 / 全球 FDI 流入量）/（本国 GDP/ 全球 GDP）。其含义是，一段时间（通常一年）内，一国 FDI（对外直接投资）流入量占全球 FDI 流入量的比例与该国 GDP（即国内生产总值）占全球 GDP 比例的比值。该参数反映的是某国 FDI 的贡献率与 GDP 贡献率的比值。若指数值大于 1，表示该国吸引的 FDI 在全球所占规模较其 GDP 所占规模要大，也就是业绩突出；反之，若指数值小于 1，表示该国吸引的 FDI 在全球所占规模较其 GDP 所占规模要小，即业绩低下；若指数值等于 1，则表示该国吸引的 FDI 在全球所占规模较其 GDP 所占规模相当，即业绩正常。

2004 年，联合国贸易与发展会议（UNCTAD）引进了外国直接投资流出业绩指数（Outward Foreign Direct Investment Performance Index）=（本国 FDI 流出量 / 全球 FDI 流出量）/（本国 GDP/ 全球 GDP），含义是，一国对外 FDI 占世界 FDI 的份额与该国 GDP 占世界 GDP 的份额之比，此指数以三年为一个统计时间段[①]。2001 年至 2003 年，中国的外国直接投资流出业绩指数等于 0.15，排在世界第 58 位。

---

① 钟爽、陈春辉：《由外国直接投资流出业绩指数分析我国的对外投资》，载《集团经济研究》2006 年第 4 期。

考察一个企业的国际化指数有：

（一）联合国贸易与发展会议（UNCTAD）的公司跨国化指数

联合国贸易与发展会议（UNCTAD）采用跨国化指数（Transnationality Index ,TNI，也称跨国经营指数）来衡量企业的国际化水平。跨国化指数（TNI）采用了销售额、资产和雇佣人员三组变量来测算境外经营相对于整体经营的强度，计算方法是采用国外总资产占总资产比例，国外销量与总销量比率，国外雇员与总雇员比率的平均值。跨国化指数 =（国外资产 / 总资产 + 国外销售额 / 总销售额 + 国外雇员数 / 总雇员数）/3 × 100%。UNCTAD 每年对全球 100 家最大跨国公司（Transnational Corporations）进行国外总资产与跨国化指数（TNI）排序。跨国化指数越高，企业的国际化程度就越高。

全球公司是跨国公司发展一个重要的趋势。联合国对全球公司的判断标准是海外营收或海外资产占总营收或总资产 50% 以上。清华大学公共管理学院教授胡鞍钢提出了衡量全球性企业的三个 50% 标准，即境外收入占总收入比重超过 50%，境外资产占总资产比重超过 50%，境外员工占总员工比重超过 50%。2008 年，中国企业 500 强中，企业海外销售收入占所有销售收入的比例超过 30%的只有 39 家。2012 年，中石化境外资产、收入、利润占比分别达到 37%、31%、23%。海航 2011 年这三个指标分别是 8%、14% 和 13%，2016 年年底提高到 65%、39% 和 76%。

（二）《中国企业家》的公司国际化指数

2011 年，《中国企业家》杂志首次推出“中国企业国际化指数和中国企业国际化 50 强”，评选体系指标包括：

1. 国际化导向——20%

（1）企业国际化战略（判断点：过去十年公司国际化战略是否清晰坚定、有效执行，并适时调整；领导人和董事会的国际化视野是否具有高度和广度）——10%。

原外交部部长李肇星曾经在演讲中说过：“我们身处一个多元的时代，面临四面八方的挑战。能否紧跟国际步伐、抓住时机和企业的发展有重大关联。因此，对于各行各业的企业家来说，具有国际化的思维和视野是至关重要的。”国际化的思维意味着企业家需要放眼于国际，不仅要在前期对国际市场有所了解、拥有国际化的产品，还要争取拥有国际化的品牌和影响力；不仅要关注自己的行业，还应关注与之相关联产业的发展，并对全球经济、政治和文化有深入了解和把脉。

（2）治理国际化（判断点：是否在海外上市，何地上市；大股东特别是第二、第三大股东是否有国际资本；国际资本在董事会中是否有相应席位）——10%。

全球产业布局也必将对公司治理结构提出挑战，国际化领先的中国企业已经在这方面有了值得称道的实践。联想集团在2009年成立的联想执行委员会，八位成员里中国人和外国人各占一半。联想执行委员会采用集体决策的机制，所有成员每个月都会聚在一起，就战略、执行计划等进行深入研讨，形成了中西合璧的全球领导团队。2013年的评选中，联想在企业国际化战略和治理国际化两个项目上都获得了高分（分别是9.29、9.00分）。[①]

2. 国际化运营——60%

（1）组织国际化（判断点：海外分支机构是办事处还是子公司，数量多少与分布广度；是否有地区总部）——10%。

（2）供应链国际化（制造企业是否有海外生产基地，基地分布的广度；是否具有独立成熟的海外销售渠道；是否利用全球供应链组织产供销）——10%。

“全球企业”首先意味着打造全球产业链，有能力在全球获取资源，完成产业链的全球布局。中化集团在亚洲、非洲拥有橡胶种植基地，通过销售渠道将资源带回中国市场；在印度设有工厂，所生产的农药被视为当地品牌，并开始从中国引入其他农药新品种。

---

① 参见凤凰网2013年09月23日：《2013年年度中国企业国际化指数排行榜》，来源：中国企业家，https://finance.ifeng.com/a/20130923/10729024_0.shtml，最后访问日期：2017年7月28日。

（3）资产国际化（判断点：海外资产占全部资产的比重，是否有跨国并购或绿地投资，特别是在2008年金融危机后；近期跨国并购或投资的重要性和影响力）——10%。

（4）人才国际化（判断点：海外员工占比；外籍员工占比；董事会和高管层中外籍人员的数量和比例；外籍人员最高职位）——10%。

目前，中资海外公司员工国际化程度、管理层国际化程度、董事会国际化程度都普遍较低，海外公司雇员以国内员工外派为主，外籍雇员主要来自发展中国家，离实现对外直接投资雇员本土化还有较大差距。人才是企业国际化的核心竞争力，目前来看，无论是中国企业内部的国际化人才比例还是海外分/子公司国际雇员的比例，都有较大提升空间。

（5）品牌国际化（判断点：是否在全球推广自己的品牌，是否赞助过海外的重要活动）——10%。

（6）研发国际化（是否有海外研发基地；数量多少）——10%。

3. 国际化绩效——20%

（1）海外经营效果（判断点：海外收入占比；海外利润占比；是否遭遇不可预见的重大亏损或出现项目阻滞）——10%。

（2）海外融合度（判断点：是否推行人文、绿色国际主流商业价值观；是否在全球发布社会责任报告或以其他方式在当地践行社会责任；是否在当地遭遇了环保、劳工或其他法律纠纷；是否获得ISO9000、环保14000、产品安全22000等国际认证）——10%。

《中国企业家》杂志2011年推出的中国企业国际化指数下的中国企业国际化50强排名采用了专家意见评分法，根据评委对候选企业十个单项指标的打分计算。每项满分为10分（总分为100分），分为10个级别，即“1”“2”“3”“4”“5”“6”“7”“8”“9”“10”，“1”代表对该企业的该项评价最低，“10”代表对该企业的该项评价最高。同时，还引入了中选比率，即每位候选企业的得票比率。“综合得分”由评委直接打分和候选企业的中选比率加权计算，其中各项指标得分与中选比率在“综合得分”中所占比重分别是7∶3。

【专题】中国商业银行的全球化水平

中国银行业目前国际化的程度不高，境外机构数量较少。

商业银行的国际化一般经历以下三个阶段：第一个阶段引进外资，办理外币的存贷款业务以及国际结算业务；第二个阶段是通过在国际金融市场上筹集资金、融通资金、设立境外分支机构、参与国际银团贷款等方式，积极参与国际金融合作，提高外币资产在其总资产中所占比重；第三个阶段是跨国银行阶段，其显著标志是在全球范围内建立了广泛的分支机构、庞大的客户群以及广泛的营销网络。[①]

近年来，中国国有商业银行的业务国际化取得了突飞猛进的发展，但是与企业国际化提出的金融服务需求相比，中资银行在本土化经营能力、金融产品线、全球竞争力方面仍具有一定差距。首先，中国商业银行目前的海外业务占比较低，且海外业务分布不均匀，主要集中于港澳等亚太地区。其次，与国际大型跨国银行相比，中国银行海外分行提供的产品与服务种类较为有限；境外分支机构仍然以存贷款业务、国际贸易结算、国际清算等业务为主要经营业务，较少涉及投资银行业务以及创新型业务。根据蒋海曦在《中国国有商业银行国际化水平的国际比较》一文中的测算，中国商业银行的国际化水平大幅落后于外国商业银行，但国际化水平的提升在逐渐加快。

中国银行业在本土市场业务竞争加剧，海外市场提供了一个新的业务增长点，近年来，一些中资银行海外市场的盈利增长速度开始明显快于在岸市场的盈利增长，学习外资银行的先进技术手段和先进管理经验的过程中也提高了综合竞争力。

现阶段，中国商业银行应制定出适合自身发展的海外战略，稳妥实施

---

① 参见“微信公众号”走出去服务港 2016-12-09：中国银行业协会首席经济学家巴曙松、左伟，《中资企业国际化状况与金融支持路径规划》，来源：21 世纪经济报道。http://mp.weixin.qq.com/s/PDO43OtZ4wjctFlfHkkekA，最后访问日期：2017 年 7 月 28 日。

并积极推进。首先，在不断满足中资企业客户的国际化需求的同时，逐步将服务对象拓展至大型跨国公司和境外优质客户。积累一定经验之后，可以利用客户资源拓展国际业务，同时通过全球化的资产配置规避系统性风险，从整体上提升国际化经营水平。其次，中国商业银行应该充分利用长期以来积累的资金实力、国内客户关系及品牌影响力等资源，发挥境内外业务联动优势，加强境内外信息沟通和资源整合，进一步增强海外业务的竞争实力。

发挥香港等国际金融中心的独特优势地位。一直以来，香港以其特殊的地理区位优势和自由化、国际化的投资环境成为中国内地与国外联系的纽带与桥梁。在"走出去"的过程中，中国企业将会面临包括法律和政治方面、税务、金融及知识产权等多方面的风险，而香港正是中资企业管理这些风险的风险管理中心。以对外投资中的并购活动为例，在参与交易金额较大的并购项目时，许多中资企业资金实力有限，必须通过多渠道融资来完成并购工作。香港市场上的融资渠道充分多元化，如果在香港资本市场上市，则更可以便捷地利用上市平台来支持并购活动。

十几年来，中国工商银行加上海外的资产，约3000多亿美元，海外利润接近30亿美金，差不多70%到75%左右的利润和资产都是并购形成的，并购基本都非常好。2016年12月，在中欧国际工商学院主办的活动上，中欧陆家嘴国际金融研究院院长、中国工商银行前董事长姜建清所做的"关于中国企业海外投资"的主题演讲指出，中国真正能够管理国外的大型企业的公司不多，民营企业依靠的是金手铐，我收购你，我跟你总经理、董事长说，你好好干，赚了钱多分一点。所以中国企业在买卖的同时准备不够。过去这十几年，姜建清主持了工商银行16次海外银行、金融机构购并，有所体会，值得目前纷纷走出去进行并购的中国企业高管细细品味。[①] 现在工商银行1.4万

① 参见"微信公众号"走出去服务港2016-12-23：柴宗盛，《工行前董事长姜建清：主持工行16次海外并购的体会》，来源：跨境金融，http://mp.weixin.qq.com/s/dQM0m6JJofTkKLbmkiCZ_g，最后访问日期：2017年7月28日。

多人在海外，总部派出去 900 多人，在十几年前，每年派大量的员工到海外去学习和实习一年，坚持到现在，每年派出去 100 多人，人才库有 3000 多人，一定要注意团队的培养，我们的国际化人才如果没有培养好，不可能真正成为一家跨国企业，中国企业的“走出去”最后的成功关键在于人才。

第二节 中国企业为什么要进行境外资本布局?

一个时代有一个时代的机遇。20 世纪 80 年代和 90 年代，中国国有企业忙于引进外国设备和技术来生产中国需要的产品，民营企业则活跃在流通领域，利用国内外、省内外的产品差价，挖掘“第一桶金”。20 世纪 90 年代和 21 世纪初，通过科技成果产业化的创业成为主流。2000~2010 年，中国企业“走出去”进行国际化经营势不可当。

多元化与国际化是公司永恒的发展主题。国际化、发展对外直接投资不仅是中国政府“走出去”战略的政策取向，也是我国经济发展和企业发展战略的必然选择。

第一，中国经济发展到一定阶段的必然选择。

20 世纪 80 年代初期，英国学者邓宁（Dunning）采取实证分析方法，对 67 个国家 1967~1978 年的直接投资流量与经济发展水平的资料进行了分析，结果发现一国的直接投资流量与该国的经济发展水平有密切关系。邓宁把经济发展水平分为四个阶段：第一阶段人均 GNP 低于 400 美元，处于这一阶段的国家，是世界上最贫穷的国家，对外直接投资处于空白状态，国外直接投资的流入处于很低的水平。第二阶段人均 GNP 处于 400~1500 美元之间，处于该阶段的国家，对外直接投资刚刚起步处于较低水平。大多数发展中国家处于这一阶段。第三阶段人均 GNP 在 2000~4750 美元之间的阶段，处于这一阶段的国家，经济实力有了很大的提高，对外直接投资迅速增长，国际直接投资的流入量和流出量都达到较大的规模。大多数新兴工业化国家处于这一阶段。第四阶段人均 GNP 超过 5000 美元，这一阶段的国家主要是发达国家，对外直接投资达到了相当大的规模。

中国的经济总量2010年跃居世界第2位。我国2002年人均GDP1135美元，2006年超2000美元，2008年超3000美元，2012年突破6000美元，2016年超过8000美元，2017年超过8800美元。根据邓宁提出的投资发展周期理论，中国2003年进入对外投资快速增长的第三阶段，2011年进入第四阶段。

从2003年开始，中国的境外投资迅速增长。中国对外直接投资净额（以下简称流量）八年（2005~2013年）从首破100亿美元到首破1000亿美元（1078.4亿美元），2014年对外投资首次超过吸引外资，上海自贸区的境外投资流量更是从2013年开始3年增长100倍。中国对外直接投资累计净额（以下简称存量）也历经八年（2007~2015年）从存量1000亿美元到存量超过1万亿美元。境外企业数量也由2007年超过1万家，到2012年年底超2万家（5年增1万家），2015年首次超3万家境外企业（3年增1万家）。

我国外汇储备1996年年底首次突破1000亿美元，2006年年底首次突破1万亿美元，外汇储备位居世界第一。2008年年底超过2万亿美元。2012年年末达3.3万亿美元。对外投资可以缓解外汇储备迅速增加的趋势，有利于缩小金融和资本项目顺差，而且对外直接投资产生的出口替代效应，有利于减少中国贸易顺差，促进国际收支平衡。

第二，中国企业国际化有发展空间，有利于企业价值链的全球布局

中国企业的国际化和对外直接投资的微观积淀日益厚重。1989年，中国银行成为第一个出现在世界500强排行榜的中国公司。1995年，《财富》杂志首次将所有产业领域的公司纳入评选范围，有3家中国企业在这一年进入世界500强名单，1999年达到8家，2008年35家，2017年115家。中国民营企业联想集团2008年以年度总营业额167.88亿美元的业绩首次进入了世界500强，排名第499位。

另外，全球前100位的跨国公司，海外部分约占公司整体的67%，82家跨国企业的海外部分占比超过50%。中国企业的全球化程度不高。截至2009年年底，央企境外资产已经超过4万亿元人民币，央企境外资产总额占央企

总资产的19%，当年利润占央企利润总额的37.7%。2013年年末，中央企业境外资产超过4.4万亿元，中央企业境外经营单位资产总额、营业收入和利润占比分别为12.5%、18.7%和10.6%。

中国国内进行经济结构调整空间相对较小，需要把生产要素在全球范围内重新布局。对外投资将是中国产业国际转移、形成以中国为核心的全球价值链的关键。国际化有利于中国企业在立足国内的基础上充分利用国际、国内两个市场、两种资源，获得更大的发展空间来促进经济结构调整和产业升级。

大型跨国公司一般都有完整的全球战略，以世界市场作为目标，对产业链和产业周期的各个环节实行国际化和风险控制筹划。苹果、IBM、谷歌等公司采用所谓“三明治模式”通过全球化配置资源、全球化运营，使企业利益最大化和全球资源利用最大化。苹果公司的系统设计和开发在美国（工业设计以英国人为主），软件激活和销售在避税天堂之一爱尔兰，而生产制造在中国。大大降低税务，实现企业利润最大化。IBM不断强化其软件产品、专业服务等软能力，压低硬件价格打击低价厂商，或出售低端服务器等硬件系统，提高整体盈利水平。富士康硬件仅有2%的利润，而高利润的设计和模具技术核心事业部保留在台湾总部且永不上市，保持整体的利润要求，实现全球资源的有效利用。

中国产业的上游多依赖于国际市场，应该进一步融入全球产业，在更广泛的空间和产业结构中进行调整和资源优化配置，在世界范围内从资金、市场、资源合理配置中分享获得效益，使我们的企业在全球范围内寻找最高利润和最低成本，最佳资源和最先进技术，从而不断增强我国的综合国力。

对于某些国内处于过剩的行业，国际化更是任重道远。以上海市纺织品的国际化谋划为例。纺织品行业国内竞争太激烈，在“红海”里竞争，生存十分艰难。原材料价格波动、劳动力成本上升，对传统纺织业的持续发展带来很大的困扰。在上海，传统制造业的生存空间日益狭窄，必须“走出去”，必须让产业链延伸出去。

“世界在中国化，中国在世界化”。2013年的博鳌亚洲论坛上，马云认为中国企业的国际化不是一种选择，而是一种必然。中国企业正变得越来越开放。世界全球化之趋势促使中国企业与国际市场的供给、需求紧密衔接。我们面对的不再是一百年前的封闭市场，而是一个包括国内、国外两个部分的开放市场，要做好一个企业，它一定是国际化的、有全球视野的企业。

第三，中国需要国际化的资源

中国地大物博，但人均石油、天然气以及许多重要矿产资源、森林资源、渔业资源等占有量也较低，储藏量相对不足，资源相对匮乏。

经济的高速增长使中国成为世界能源进口和消费大国。我国虽属资源丰富的国家，但由于人口基数大，45 种主要矿产资源人均占有量不到世界平均水平的一半，铁、铜、铝矿产资源储量分别只有世界人均水平的 1/6、1/6 和 1/9。自 1996 年以来，中国原油进口量和原油进口依存度飙升。开发利用境外能源矿业资源，对保障我国的经济可持续发展，具有重要的战略意义。

第四，中国企业需要世界市场

2002 年，华为历史上首次出现负增长，互联网泡沫破灭不久，全球电信市场一片凋零。内忧外患之下，华为公司创始人任正非眉头紧锁，苦心思考着如何才能走出困境？任正非坦言："我们不尽快使产品全球覆盖，其实就是投资的浪费，机会的丧失。""我们总不能等到没有问题才去进攻，而是要在海外市场的搏击中，熟悉市场，赢得市场，培养和造就干部队伍。我们现在还十分危险，完全不具备这种能力。若三年至五年之内不建立起国际化的队伍，那么中国市场一旦饱和，我们将坐以待毙。"

2008 年，中联重科收购全球知名的混凝土机械装备制造商意大利 CIFA 公司。中联重科董事长詹纯新表示，中国机械工程企业必须走出去，这是行业的整体趋势。在产能过剩的情况下，只有"走出去"才能突破"瓶颈"，才能在有效整合全球资源的前提下完成国际化转型，实现"弯道超车。"

中国国内一拨一拨的更新换代的需求促进了国内经济增长。第一拨是 20 世纪 70 年代的服装市场、第二拨是家电、录音机、DVD、电视、冰箱、空调。第三拨是电话，20 世纪 90 年代初装固定家庭电话还要收费 5000 元。第四拨是汽车、住房。第五拨是网络经济。

但是，中国内需不如从前，产能出现过剩。具有比较优势的彩电、纺织等行业已经出现生产过剩和利润下降，有必要把“成熟”或者“即将成熟”的产能和技术转移到非洲等发展中国家，拓展国际市场，寻求企业的长足发展。打开窗户看世界，境外发展中国家，是发展纺织产业的一片大好天地、蓝色海洋，纺织原料资源、劳动力资源和市场资源非常丰富，是一个非常有潜力的市场。

第五，中国企业需要世界先进的技术、品牌和管理

中国已经成为制造业大国，世界上只有中国工业生产门类最齐全，在高铁、交通装备、通信装备、电力装备、工程机械等领域已经形成了有国际竞争力的企业集群。但是，有一些中国企业依靠机会成长[①]、野蛮成长[②]的低效规模成长，存在一些“三无”企业（无技术、无管理、无品牌），“三低”企业（低劳动力成本优势、低价格战、低盈利能力），“三粗”企业（粗放式的资源投入、粗放式的管理、粗劣的品质），等等。[③]我国企业的技术尚不领先，对发达国家的对外投资可以提高我国的技术水平。技术和管理导向的跨国并购可以加速我国企业的整体竞争力。

出于并购境外市场、技术、资源、品牌和管理的需要，中国企业参与全球化布局、谋求国际化发展，是一个非常受欢迎的战略选择，也是企业进一步发展和成长的必由之路。

---

① 机会主义导向、盲目成长。很多企业不愿意为未来做长期投入，尚未站稳脚跟就试图四面出击，战略不聚焦、盲目多元化，赶上了机会，就大捞一笔，然而并没有产生持续成长的动能。

② 不遵守规则、不敬畏规则、不遵守常识、没有底线、无道德约束的疯狂成长。为成长而成长、为规模而规模。

③ 参见华夏基石 e 洞察 2016-11-12：彭剑锋，《回归常识，寻求有质量的战略成长》，https://mp.weixin.qq.com/s?__biz=MjM5Njc3Mjk0Mg==&mid=2650394493&idx=1&sn=f0aeb2839945b302f7eb96088135c449&chksm=bee9425c899ecb4adf24ef134612c1586b0724c5d33751b598dafd9bf3f9908687168b03d233&mpshare=1&scene=2&srcid=1114NacR6iDNOgwJWArmdYe3&from=timeline&isappinstalled=0#wechat_redirect ，最后访问日期：2017 年 7 月 28 日。

【讨论】 逆全球化来了吗

20世纪90年代，全球经济每增长1%能为贸易带来2.5%的增长。近年来，全球经济每增长1%，却只能带来0.7%的贸易增长。[①]2016年7月，世界贸易组织表示，其成员国自从2008年以来共实施了2100多项新的贸易限制措施。发达国家似乎在背弃全球化进程，新的贸易障碍在增加。今天，欧美盛行的逆全球化、反自由贸易政治已经为世界经济带来巨大的不确定性。英国的脱欧、美国特朗普主义、法国国民阵线、德国右派等无一不是逆全球化的。

2018年7月6日，美国对第一批清单上818类别、价值340亿美元的中国商品加征25%的进口关税，中国同等力度的反制裁措施也在当日生效。全球贸易保护主义之战持续升温。由美国展开的中美贸易战，征税规模从500亿到1千亿再到2千亿美元。

逆全球化现象一直存在，但从来也没有形成像今天的席卷西方各国的主流思潮。这种政治思潮的崛起必然影响西方的政治生态和经贸政策。尽管西方总是批评中国的各种“墙”，但西方现在自己也开始筑墙。英国已经筑墙来堵难民，特朗普也在美国和墨西哥边境筑墙来堵移民。西方有更多的无形的“墙”抵制着全球化的进展，例如西方国家总是以“国家安全”“环保”“与我们抢饭碗”等理由，拒绝来自中国等国家的投资者。

西方国家一直在引导全球化，贸易自由一直是西方可持续经济发展的一部分。“逆全球化”并不是说没有全球化了，仅是说西方主导的全球化遭遇巨大的困难，甚至倒退，而西方本身也难以再充当全球化的领头羊了。以中国为代表的发展中国家的全球化似乎方兴未艾。中国、印度等金砖国家已经融入世界经济，并且在世界经济体系中扮演着越来越大的作用。中国尤其如此。中国倡始的“一带一路”正在给全球化注入强大的动力。

---

① 参见搜狐网2016-11-02:《国际贸易停止增长，发达国家背弃全球化？》，来源：纽约时报，http://www.sohu.com/a/117910551_520189，最后访问日期：2017年1月3日。

我们要关注逆全球化思潮。在这些背景下，中国企业的国际化路径选择是什么？如何选择合适的国际化发展路径？

第三节　中国企业国际化的路径选择

中国企业国际化经营包括以下五种路径。

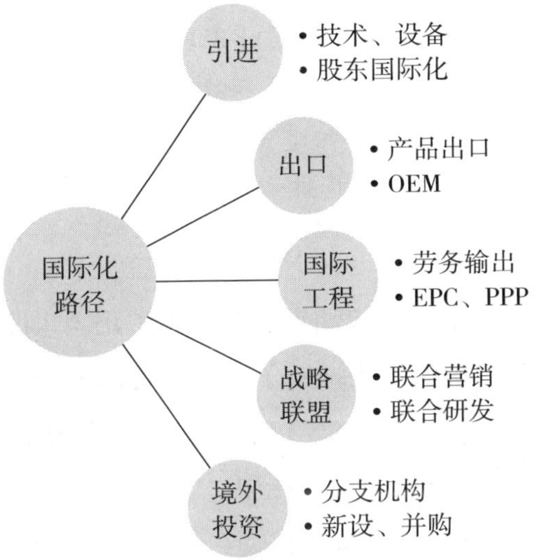

一、蒙牛立足中国市场，引进国外股东、技术、人才和奶源

1999 年 8 月成立于呼和浩特市的蒙牛乳业（集团）股份有限公司，逐步成长为国内最大的乳品企业，走出了具有蒙牛特色的国际化之路。

2011 年，蒙牛实现营业收入 302.65 亿元，连续 4 年稳坐中国乳业头把交椅，并且已经成为“一有全球样板工厂，二有国际示范牧场，三有液态奶销量全国第一”。那时，蒙牛的五年战略目标是实现 500 亿元主营收入，带领中国如何步入“世界乳业 10 强”。

像很多企业一样，蒙牛的国际化也开展了围绕产业链的并购。2006 年，蒙牛与欧洲最大、世界第二的乳业巨头阿拉福兹合资成立了蒙牛阿拉乳制品有限责任公司。该合资公司由外方参与管理，生产更高档、更优质、为消费者更喜爱的奶粉和奶类食品，充分吸纳了西方先进的管理理念。2013年，蒙牛与法国达能设立合资公司，合并了达能中国和蒙牛双方的酸奶业务，并收购中国第四大国产乳粉生产商雅士利至少75.3%的股份，补齐蒙牛在婴幼儿奶粉方面的“短板”。

中国企业国际化之路不会一蹴而就，而是厚积薄发。蒙牛国际化的特色是，其股东的国际化，引入国际设备、国际标准和国际科研力量，探索国际化人才招聘和奶源布局的国际化，借此形成国际化品质，进而形成国际化地位。

（一）股东的国际化——中粮控股蒙牛，外资股东入主蒙牛第二、第三大股东

2009年7月，中国最大的粮油食品企业中粮集团入股蒙牛，成为“中国蒙牛”第一大股东。中粮的加入推动了蒙牛“食品安全更趋国际化，战略资源配置更趋全球化，原料到产品更趋一体化”进程。借助中粮集团的产业链和世界性的网络系统，为蒙牛走向国际创造了一个平台。

2012年6月，丹麦乳品巨头爱氏晨曦（Arla Foods）以22亿港元入股蒙牛，获5.9%股份，成为继中粮之后的第二大战略股东[①]，并参与蒙牛的实际运营，覆盖从前端奶源管理到生产质量控制等关键领域，快速实现与国际乳业先进管理水平接轨。2014年2月，蒙牛与法国达能签署认购协议，蒙牛向达能定向增发相当于总股本6.6%的股份，交易涉及资金总量约51.53亿港元（约6.65亿美元）。配售结束后，达能持有的蒙牛股本由之前的4.0%增至9.9%，替代丹麦爱氏晨曦成为蒙牛第二大股东。

随着“洋股东”的加入，蒙牛不仅具有了更加开放和包容的气质。而且引入了“洋股东”在养殖、牧场管理、研发、质量管理、生产工艺等方面世界领

---

① 达能2014年加入蒙牛成为第二大股东后，爱氏晨曦为蒙牛第三大战略股东。

先的经验，为蒙牛的质量管理体系建设打下坚实的基础，也成为蒙牛对国际管理迈出的重要一步，为中国乳业的国际交流和合作提供了示范案例。

（二）从引入国际设备，到引进国际标准和国际科研力量，探索国际化人才，再到布局国际化奶源

早期，蒙牛的国际化主要是引进最基本的成品设备，如瑞典的灌装机、比利时的自动导引车、日本的纸箱自动传输系统，这些高水准的生产线在那个阶段铸就了蒙牛品质。

2007 年落成的、占地 266 亩的蒙牛高智能化的第六期生产基地是当时世界上规模最大、科技含量最高、设备最先进的乳制品生产车间，汇聚了英国剑桥大学、中国科学院、中国农业大学等 16 家国际国内乳品技术顶尖研究力量，被誉为“乳业技术的联合国”，将乳业人才、科技汇集到这里，形成了一条国际领先的完整研发生产链，打造出属于中国的“乳业硅谷”。2014 年，蒙牛旗下的雅士利国际与奥克兰大学研发机构 UniServices 达成战略合作协议，共同推进婴幼儿、孕妇营养方面，婴幼儿成长等领域的研究开发工作。

蒙牛还与全球通行的质量标准对接，蒙牛瞄准了来自新西兰的 Asure Quality——国际上认可度最高的食品质量安全认证机构之一，把具有国际先进水平的质量认证引入乳品产业链，为产品与国际标准接轨提供检验平台。

1. 探索国际化人才招聘

2004 年蒙牛在香港上市后就已经开始酝酿在全球招聘总经理。时任蒙牛董事长牛根生认为：“香港上市公司要求董事长和总裁不能一人担任，也早就表示要在 2006 年卸任总裁，只任董事长一职，我们希望选出一个能够很好的执行董事会战略的人才[①]。”2005 年初秋，蒙牛集团在主要报纸上以大篇幅彩版刊登其全球选总裁的招聘广告。蒙牛对应聘人提出了三个硬指标：学历要求为企业管理、工商管理等相关专业硕士及硕士以上；有 10 年到 15 年的乳业经

---

① 参见糖酒快讯 – 资讯 2005-10-09：《蒙牛欲走国际化路线》，来源：中国经营报，http://info.tjkx.com/detail/72413.htm，最后访问日期：2017 年 1 月 3 日。

验；具有国际背景或国际视野。蒙牛在“蒙牛·中国牛·世界牛”三步走的品牌战略上，已经踏进“世界牛”的门槛。国际化的企业显然需要具有国际化视野的总裁，而新的班子越早培养越好。尽管蒙牛后来并没有通过全球招聘、通过猎头公司招聘找到这样的国际化人才，但这显示了蒙牛早期国际化的一种发展思路和发展路径。

2. 奶源布局的国际化

蒙牛早期的国际化战略是着眼于在市场上“走出去”，但深入调查后，发现中国的市场潜力更大。因此，蒙牛专注于国内市场，重点选择“引进来”的模式，吸引外资、整合达能中国酸奶业务，与国际巨头形成紧密合作关系，把奶源资源布局到国外去。[①]

引入了丹麦优质牧场资源推出的中高端婴幼儿配方奶粉品牌美蕾兹和瑞哺恩的基础上，蒙牛布局新西兰这一世界优质的奶源地。2014 年 11 月，出访新西兰的习近平主席与新西兰总理共同见证了蒙牛、雅士利在新西兰系列合作项目的签约，蒙牛旗下的高端品牌特仑苏启动奶源全球化战略——特仑苏环球精选产品在京东商城首发，其中的一支新品精选的新西兰纯牛奶正是产自新西兰专属牧场。[②]

二、从柳工集团看，国际营销—国际制造—国际并购的国际化之路

柳工集团的前身是创立于 1958 年的柳州建筑机械制造厂，1979 年更名为柳州工程机械厂。1992 年股份制改造为广西柳工机械股份有限公司，主要业务是装载机、挖掘机、起重机、压路机等工程机械及配件的生产、销售，以及融资租赁等。

---

① 参见央广网 2014-12-14：《蒙牛孙伊萍：企业国际化首先需要的是勇气》，来源：中国广播网，2014 年 12 月 13 日举办的 2014（第十三届）中国企业领袖年会木兰夜话栏目上，蒙牛总裁孙伊萍的讲话，http://finance.cnr.cn/gundong/201412/t20141214_517101825.shtml，最后访问日期：2017 年 1 月 3 日。

② 参见网易新闻 2013-07-05：周素雅、薛白，《蒙牛国际化效应带动行业升级与重组》，来源：人民网，http://news.163.com/13/0705/07/930KVROK00014JB6.html，最后访问日期：2017 年 1 月 3 日。

工程机械行业经过1992~1993年的高速发展之后，在20世纪90年代末日子变得难过起来，2002年又开始回升并出现了爆发性的增长，竞争格局也发生了根本变化。在这一阶段，柳工集团发生了著名的“899事件”：柳工集团通过一系列的内部改革，把产能从一个月最多生产300台，提高到2002年4月的899台，差不多提高了3倍，超出想象。时任柳工集团董事长王晓华认为：如果按这种情形发展，一旦国家再进行宏观调控，柳工集团又将进入一个低迷期。因此，不能只依靠中国市场，要“走出去”。在这样的背景下，公司董事会提出了“开放的国际化柳工”的战略目标。

2013年是柳工全面实施国际战略的第十年，这一年，柳工工程机械整机年出口量首次突破1万台。柳工走出了一条“国际营销—国际制造—国际并购”的国际化之路。

（一）国际化的第一步，海外营销

最早，工程机械行业内的国际型企业，其海外业务大都是通过海外代理来经营的，柳工的海外业务也是归国内业务的负责人来主管。2003年下半年，柳工在国内的渠道主要是代理商，但是，海外没有代理商，仅有两家公司每年会定期在柳工买一些设备，一个在摩洛哥的卡萨布兰卡，另一个在埃及，好的时候一年买7~8台，差的时候买1~2台。这就是柳工国际化业务的开始。

2004年是柳工集团的国际化起步年，做了两件国际化的大事。其一，2004年开始召开第一次全球代理商大会开始建立海外代理，这次全球代理商大会一共来了差不多6个海外代理商。当时确实非常困难，那时中国不像现在这么强大，在全球的号召力也不像现在这么大，国际社会对中国制造业也不是很信任。其二，2004年，在澳大利亚成立了子公司，也就是柳工澳大利亚公司，这标志着柳工国际营销体系建设的开端。这家公司销售了几款柳工的产品，虽然澳大利亚市场比较小，但是却给柳工积累了海外市场营销的经验，全面提升了柳工产品在澳洲乃至西方发达国家市场的形象。同时，对柳工随后几年在全球招聘代理商发挥了非常关键的示范作用和积极的影响。

2005年是柳工的战略规划年。柳工董事会首次对如何“将柳工建成一个开放的、国际化企业”的战略目标及战略举措进行了具体规划。柳工 2005 年进行了发展战略调整，提出了 2010 年实现销售额 100 亿元的目标（2001 年时柳工的销售额还不到 10 亿），并进行了组织机构的重大变革，由直线职能式的组织机构调整为事业部制（其中进出口公司改成国际营销事业部）。

2007 年，柳工产品出口超过 2700 台，出口创汇 1.3 亿美元，几乎相当于 7 年前公司全年的产品销量。柳工的国际市场业务快速发展，柳工也进入了一个高速发展的阶段。

（二）2008 年设立柳工印度公司，从海外营销转向海外制造

历经四年，柳工的装载机和一些大型装备在印度营销，2006 年就成为行业第一。[①] 其主要里程碑是，2002 年柳工进入印度市场，柳工装载机当年在印度销售 20 台。2003 年，在新德里设立办事处。2004 年，在印度成功开发了第一家经销商。2005 年，在印度的营销网络初步建立。

印度本国的制造业比较少，基础设施比较落后，未来需要大量投资来改善基础设施，以支撑其高速发展的经济。从更长远的角度来看，未来印度工程机械市场需求将大幅增长，印度市场意味着巨大的机会。企业要实现真正的全球化，就需要实现本地化，仅仅把产品出口到国外市场还不够，还要在制造、采购和供应等方面实现本地化运作。

2008 年成立了柳工印度有限公司。2009 年 7 月，印度制造基地正式投产，并实现了产品装配下线，这标志着柳工从海外营销转向海外制造，也就是以当地制造来满足当地需求。柳工印度工厂本土化程度高，自投产以来，员工人数已从当初的四五十人增加到 100 多人，其中中方人员从最多时的二三十人减少到十几个人。

印度工厂为柳工今后在海外建厂提供了经验，并且培育了一批管理人才。可以说，全球制造是柳工第三阶段全球收购的前提和基础，没有全球制造就

---

① 参见慧聪工程机械网 2014-12-27:《工程前沿 | 柳工：从海外营销到投资并购》，来源：清华管理评论，http://www.cm.hc360.com ，最后访问日期：2017 年 1 月 3 日。

没有成功的全球收购。而不论是全球制造还是全球收购，都是为了发挥当地的文化和人力资源等优势。

2014 年 12 月，柳工公告拟投资 3000 万元人民币于巴西圣保罗州投资建设制造基地。

越来越多的国家为培育、扶持本国制造业，相继出台了一系列措施限制进口。2014 年 7 月，俄罗斯宣布计划到 2020 年，将设备和机械生产的进口依赖程度从 90% 降至 50%–60%。除此之外，越南政府和企业亦欲加快技术革新，以逐渐摆脱对中国进口机械的依赖。拉美地区部分核心国家加大地方保护主义，出台了更多严厉的限制措施，比如阿根廷市场的进口许可证问题，以及巴西政府实施的对本国生产产品的保护主义。面对困难，柳工已经采取了通过在巴西建立区域配件库、开展巴西 CKD（Completely Knock Down，全散件组装）业务等应对措施，试图进一步贴近本土市场，以规避保护主义带来的阻碍。

值得一提的是，2008 年以来，柳工还陆续在巴西、新加坡、墨西哥、约翰内斯堡、迪拜、阿姆斯特丹等国家和地区建立了以柳工的营销和客户支持为导向的营销服务公司。这实际上把柳工的营销服务渠道支持从柳州转移到世界各地。

（三）从国内并购到国际并购

2000 年 8 月，柳工收购江苏江阴道路机械厂进军压路机行业，收购后成效斐然。2008 年 2 月，收购蚌埠振冲安利工程有限公司，重组成立安徽柳工起重机有限公司，进军起重机行业。2011 年 9 月，以 8246 万元的自有资金收购北京首钢重型汽车制造股份有限公司 42% 的股权。

金融危机给很多企业带来了机会。2010 年，很多欧洲企业垮掉了，创建于 1938 年的波兰 HUTA STALOWAWOLA（以下简称 HSW）公司经营状况也不太好，政府要出售这家公司下属的民用工程机械业务单元及其全资子公司 Dressta 100% 的股权及资产。HSW 是波兰排名前五的大型国有企业，是全球闻名的推土机及重型工程机械制造商，是中欧第一家获得一系列行业认证的工程机械企业，技术水平一流，同时也是履带牵引技术的领导者。虽然波兰本国的市场较小，但是它所面对的海外市场却比较大。

2012 年 1 月，经过 22 个月的艰苦谈判，柳工以 1.7 亿兹罗提（约 3.35 亿人民币）收购了波兰 HSW 公司下属工程机械事业部及旗下全资子公司锐斯塔 100%的股权，定名为柳工锐斯塔机械有限公司。这是柳工在海外市场的首次并购，也是当时中国在波兰最大的投资项目。

这是柳工真正的转折点。收购 HSW 为柳工锻炼了一批整合人才，一批国际谈判人才，也锻炼了柳工本部和海外公司相互支持的管理流程，这是花钱买不到的。

柳工收购 HSW，满足了柳工的三个战略需求。第一，能够获取世界一流的推土机产品线。因为这个产品线的制造和研发难度非常大，投入也很大，全球真正能做好的企业大概不超过 5 家。第二，可以获取 HSW 的一些关键技术，有些技术甚至是柳工梦寐以求的。第三，为柳工进入欧洲市场提供便利。欧洲国家的法律法规非常健全，从整体来看，欧盟对外非常封闭，但是其内部国家之间的贸易却很自由。如果收购 HSW，就意味着柳工一步跨进了欧盟内部。另外，波兰是一个低制造成本区，目前欧盟所有成员国中，波兰的制造成本、劳动力成本基本是倒数前两名。在波兰工厂工人的薪酬只相当于柳工员工的 1.5 倍，相当于德国工人的 1/6。而且，欧洲是工程机械的一个主要发源地，欧洲的技术创新比日本强，甚至比美国都强。这家公司的工人素质、劳动力效率都比中国国内高，所以其产品的质量水平也比较高。收购成功，柳工就可以充分利用 HSW 原有的 100 多人的研发团队，在波兰设立研发中心。

欧洲企业的工会非常强大，柳工接受了“先与工会谈判，再谈后面的事”的建议，先跟工会谈判，满足了他们提出的一些合理要求，同时柳工也提出了一些变革措施，比如员工绩效管理、员工发展的要求和制度文化的要求等等。这个谈判过程持续了大半年才落实下来，虽然耗时较长，但确实为柳工后面的收购整合提供了很大的便利。

输出柳工的品牌、技术和管理，掌握企业的控制权也是柳工国际并购的一个基本原则。在收购过程中，柳工不光跟他们谈收购的框架、价格以及工会等，还派驻了大量的技术人员和管理人员深入企业，了解企业。这样，收购之后对这家公司的人力资源、制造技术等方面都比较了解，整合思路也比较清晰，就是一方面要把 HSW 原有的产品做好，另一方面，要导入柳工的产品，把波兰工厂变成柳工面向欧洲，包括俄语区的制造基地。由于前期做的工作比较细致扎实，后续的整合过程非常顺利。柳工产品的导入也比较顺利，把柳工装载机、挖掘机的全套技术引入波兰，培训波兰工厂的员工，这些员工素质高，也非常认真，基本上半年左右就熟练掌握了柳工的制造技术。

实际上，柳工国际化的三个阶段，也是三条国际化道路：第一，全球的营销渠道、营销网络的建设；第二，海外制造模式；第三，海外的并购。

日本当年的国际化，首先也是贸易公司“走出去”先行。通过贸易了解东道国的商情、政情。中国企业在“走出去”方式上，可采取从“点”“线”“面”向“立体纵深”方向发展，如隆鑫、力帆等摩托车骨干生产企业在“走出去”方面采用的方式就是先扩大一般贸易出口，建立境外营销服务体系，以加工贸易带动设备和散件出口，逐步走向对外投资，深度开发境外摩托车市场。条件成熟时，在东道国的命脉公司投 5%，要一个董事席位，了解这个国家龙头企业的战略，逐步整合供应链的上下游，直至通过对发达国家成熟企业进行技术并购，实现国际技术转移，进而改造、转型、升级投资母国的产业。

事实上，很多中国企业的国际化都采取了这样的道路。奇瑞公司是我国第一批将整车、CKD（Completely Knock Down，全散件组装）散件、发动机以及整车制造技术和装备出口至国外的轿车企业。2001 年年底，奇瑞公司开始出口轿车到叙利亚，当年仅出口 10 辆，随后每年成倍增长。2006 年 8 月，奇瑞公司被国家商务部、发改委联合认定为首批“国家汽车整车出口基地企业”。2006 年奇瑞公司出口超过 5 万辆，并分别在俄罗斯、伊朗、埃及、印尼等 6 个国家建立了 7 家 CKD 工厂。2007 年，奇瑞汽车出口 11.98 万，轿车出口量连续五年居中国第一位。

奇瑞公司的国际化策略是：

1. 先易后难——先发展中国家，后发达国家；先合作，后合资

发达国家普遍都有自己的规模很大的汽车公司、用户，各国的法律对汽车消费都有严格的要求，进入发展中国家市场相对容易。奇瑞深入地了解当地市场，了解合作伙伴，以在适当的时候选择适当的合作伙伴在国外进行合资。

2. 合理布局，地区辐射，CKD 出口优于整车出口

发展中国家，特别是拥有自己的汽车工业的发展中国家，如印度、俄罗斯、马来西亚、伊朗等，整车关税普遍高于 CKD。因此，奇瑞公司以 CKD 方式进行合作，向后 / 向前整合，向下游延伸获得新利润点，充分利用对方的资源培育及管理当地市场，绕过关税、非关税壁垒（寻找当地通过认证的零部件供应商），通过部分零部件当地化，大幅度降低关税，减少交通运输成本，降低成本，增强奇瑞轿车的海外市场价格竞争力。

当今世界区域性的经济组织已全面形成，如东盟、阿拉伯联盟，南美共同市场等。当地化零部件达到一定的比例以后，从一国出口整车到区域性经济组织内的另一国，关税很低。奇瑞公司将在各区域性组织内选择具有一定汽车工业基础，劳动力成本低廉，政治、经济、法律环境较好的国家实施 CKD 组装项目。2008 年，奇瑞汽车就已在伊朗、俄罗斯、乌克兰、埃及、印度尼西亚等 6 个国家建立了 7 个 CKD 工厂，并继续在印度、阿根廷等国洽谈发展。

三、国际工程企业的国际化之路

我国对外承包工程企业快速发展和扩张，企业数量由 2005 年的 1609 家增加到 2016 年的 4120 家；营业额从 1995 年的 51 亿美元增加到 2015 年的 1540.7 亿美元。新签合同额由 1995 年的 75 亿美元增加到 2015 年的 2011.7 亿美元。

海外总承包工程企业需要向海外投资转型吗？如何转型？

中国交通建设股份有限公司在 2016 年全球最大 250 家国际承包商榜单中名列第 3 名，连续 10 年荣膺 ENR 全球最大国际承包商中国企业第 1 名。中国交建作为全球领先的特大型基础设施综合服务商，以“交融天下，建者无疆”的企业精神，正在努力打造成为全球知名工程承包商、城市综合开发运营商、特色房地产商、基础设施综合投资商、海洋重工与港机装备制造集成商。

中国交建副总裁孙子宇表示，近年来中国交建的境外投资重在做政府经济社会发展的责任分担者①、做区域经济发展的深度参与者②、做政府购买公共服务的优质提供者③，加快“转产、转商、转场”。(1)加快转产，积极从传统产品转向新时期市场有需求、有竞争力的产品，海外铁路轨道、资源能源等新产业获得迅猛发展；(2)加快转商，不断转变传统商业模式，从传统的承包商，向开发商、投资商、承建商、运营商转变；(3)加快转场，从需求不足的区域转到需求旺盛的区域，从传统国内、远郊、近岸区域向国外、远海、城市区域转变，目前已在145个国家和地区开展实质业务，境外房地产业务实现突破。

从中国交建的发展路径，我们可以看到工程承包企业的国际化主要有以下几种路径。

(一)从专业承包，到EPC总承包、从“EPC+融资”，到“EPC+投资”

现在很多国际工程项目的业主普遍要求EPC总承包商有融资能力。承包商从融资、投资角度深度参与工程项目是目前国际工程界的重要趋势。从EPC总承包，到“EPC+投资”与“EPC+融资”，已不是传统的“工程承包商”，而是已经转型“项目开发运行商”的角色。

在“EPC+融资”的模式中，承包商只是“中介”，不必直接参与融资签约，

---

① 在境外加强与当地政府的对接，紧密围绕当地发展需求，把项目的筛选、策划与解决当地发展难题紧密结合起来，既致力于基础设施的“硬联通”，也重视与驻在国人民的“心联通”。

② 深度对接国家战略和周边外交方略，积极推动区域基础设施的互联互通、非洲三网一化、中非“十大合作计划”、中巴经济走廊等建设，统筹开拓境外区域市场。

③ 做政府购买公共服务的优质提供者，坚持以质量为先，铸就精品工程，为政府提供优质高效的公共产品和服务，港珠澳大桥海底隧道已经完成主体工程建设，备受中肯两国高层关注的肯尼亚蒙内铁路提前完成全线铺架和联调联试，向美国长滩交付全球第四代全自动化码头装备。

也不承担融资过程中的风险。2017 年 4 月，中交建集团在巴西圣保罗与当地公司签署合作协议，参建马拉尼昂州首府圣路易斯的私人港口，并由中交建融资租赁公司提供 17 亿雷亚尔（约合 37 亿元人民币）融资，项目工期三年。

以 BOT、PPP 等模式参与开发是“EPC+ 投资”的一种重要模式。2012 年 12 月，中国交建投资并承建的牙买加西班牙城和旅游中心奥乔里奥斯之间的南北高速公路 PPP 项目开工。项目总规模 7.34 亿美元，其中资本金为 1.5 亿美元，其余部分采用银行贷款。项目建设期 3 年，特许经营期 50 年（不含建设期），EPC 总承包方为中国交建所属子公司中国港湾工程有限责任公司。2012 年 7 月与牙买加政府签订了该项目特许经营协议，同年 12 月，项目举行开工仪式。全线已于 2016 年 1 月底竣工，进入收费运营期。

（二）工程承包行业的上下游并购

中国交建的国际化经营和境外投资并购，强调要取势、明道、优术，强调基于全产业价值链的商业模式创新和立足全球市场的资源优化配置。中国交建在国际工程的上下游企业展开了一系列并购。

2010 年 8 月，中国交建的全资子公司香港振华工程有限公司以 1.25 亿美元全资收购 Friede Goldman United，Ltd（F&G）公司。F&G 是全球领先的海上钻井平台设计服务和装备供应商之一，目前全球超过 10% 的升降式钻井平台及超过 20% 的半潜式钻井平台由 F&G 设计。该并购完成 4 年后就收回全部投资，并为进一步开拓欧洲海洋重工装备市场和建设“海外基地”打下基础。

2015 年 5 月，中国交建所属中交国际出资 1.5 亿澳元收购澳大利亚约翰·霍兰德公司（John Holland）100% 的股份。约翰·霍兰德公司是澳大利亚第三大建筑工程公司，已有 65 年历史，目前在澳大利亚工程承包商中排名第三，也是澳大利亚唯一同时持有铁路运营和铁路基建管理执照的公司。约翰·霍兰德公司在铁路、隧道、水处理、环保及能源资源等领域的优势，有助于提升中国交建在城市综合开发运营等方面的综合实力，在铁路方面的一站式服务能力将为中国交建拓展轨道交通业务提供有力支撑，为中国交建开拓全球市场尤其是发达国家市场创造良机。

2017 年 4 月，中国交建在巴西圣保罗举行康克玛特设计咨询公司（Concremat）股权交割和巴西圣路易斯港投资及融资委托协议签署仪式。2016 年 12 月，中交建南美区域公司以 3.5 亿雷亚尔（约合 7.7 亿人民币）收购 Concremat 80%的股权。康克玛特设计咨询公司成立于 1952 年，主营业务包括规划、咨询、设计、监理、工程建设管理、环境和社会影响评估、材料检测等，2016 年在巴西工程设计咨询企业位居榜首，占有巴西设计咨询领域约 13.8% 的市场份额。

（三）进入新的行业

基建工程日渐减少，工程类企业开始寻求未来的增长点，一种方式就是寻求进入运营行业，把工程能力嫁接在有技术含量的细分领域和委托运营上，实现工程收益的长期化。固废、水务等兼具基础设施和环保特性的领域成了当仁不让的选择。

中国交建收购以色列著名海水淡化国际巨头 IDE 公司，进军环保行业。IDE 公司拥有以色列三家最大的海水淡化厂 50% 的股份，三家厂包括了 Ashkelon、Hadera 和 Soreq。后者是世界上最大的反渗透的海水淡化厂，年处理量高达 1.5 亿立方米。除了海水淡化之外，IDE 也把他们的业务拓展到水处理的其他领域，如污水处理。该公司 2014 年利润为 3000 万美金（占总营收的 10.4%），2015 年利润为 3100 万美金（占总营收的 11.1%）和 2016 年利润为 300 万美金（占总营收的 1.7%）。

2015 年，以色列著名海水淡化国际巨头 IDE 的两大股东 Israel Chemicals（以色列化工集团）和 Delek Group 在过去几年出售各自的非核心资产，以把重心转移回各自的主要业务上来，并聘请了瑞士著名投行 UBS 来加快公司的出售进度。2016 年，IDE 有意聆听来自三家公司的收购报价。中国交建非约束性报价（non-binding offer）高达 6.5 亿美金，约合人民币 43 亿元，报价领先。中交建如此高的报价，显示了施工类国企进军环保的迫切心情。

（四）布局境外产业园

从造桥修路，到建设产业园区，中国交通建设集团创新合作模式，组织实施境外产业园区的开发建设，充分对接国内主要省份、各大企业，实现企业“组团落户”境外园区。目前，其参与项目已超过20个。

从2013年中国提出“一带一路”倡议三年多来，中国交建在“一带一路”沿线的58个国家（地区）签订对外承包工程合同额470亿美元，完成营业额240亿美元，对外直接投资26.5亿美元，推进境外园区10个。

中国交建实施的项目，多具有综合开发或项目集群的特点，形成以港口支点（海港和旱港）、产业集聚、城市支撑为主，契合“一带一路”建设的特色布局。基于这个布局，通过价值链创新打造基础设施全产业链核心能力，形成“中交曲线”。把有三元结构特征的PIC（Port-Industry-City，港产城）和PLC（Port-Logistics-City，港口物流城）当作两个眼睛，与“中交曲线”共同构建一个全新商业模式即“笑脸模式”。一端是港口、园区、城市，一端是港口、物流园、城市，通过“中交曲线”的连接，再把产业和投资贸易等要素统筹起来进行集聚式滚动发展，形成可复制、可推广的样本，即“微笑曲线+PIC+PLC（PIC）”模型。例如，2014年9月开工的斯里兰卡科伦坡港口城项目，包括科伦坡城建设投资、产业导入（PIC）与汉班塔建设运营、临港工业园区开发建设（PIC），以及南部高速公路项目群，形成典型的“微笑曲线+PIC+PLC（PIC）”模型，推动斯里兰卡打造国际金融中心、航运中心、商业物流中心和产业集聚中心。

通过推广这个模式，公司实现了从单一产品到产业链、到价值链、再到价值网络体系的商业模式的升级，也顺应市场发展的新需求，能够帮助当地政府有效解决发展难题。

中交集团充分发挥国际化经营实践经验和全球化的营销网络，积极布局境外产业园区、工业园区、物流园区、自由贸易园区、开发区、保税区、城市综合开发等项目，在巴基斯坦、肯尼亚、埃塞俄比亚、斯里兰卡、孟加拉等国家已完成20多个境外产业园区布局规划的基础上，充分对接国内主要省市、各大企业，搭建中国企业“走出去”互通平台，拉动国内产业集群式走出去，帮助企业落实园区建设和产业导入所需的政策支持，实现企业“组团落户”境外园区。2017 年，中交集团旗下业务单位中国港湾工程有限责任公司有意发展印度尼西亚瓜拉丹绒工业园，同时也在港务方面开展合作。

2018 年，中交集团拥有 60 多家全资控股子公司，业务足迹遍及 145 余个国家和地区，员工超过 12 万人。中交在全球布局，使之成为全球知名的工程承包商、城市综合体开发运营商、特色房地产商、基础设施综合投资商、海洋重工与港口机械制造集成商。

2001 年 7 月，笔者出任某工程类上市公司（以下简称 BF 国际）资本运营部主任，第一个任务就是为公司寻找新的经济增长点，寻找增发股份的募集投资项目，经过一年多的摸索，总结出国际工程企业海外投资的四个发展路径：（1）产业链延伸。与上游的设计公司、供应商进行接触。例如，探讨过参股北京城建设计公司和长春轨道交通公司。这两家公司都是 BF 国际的设计合作单位和轨道交通的供应商。我依然清晰地记得在北京西二环边上那次与北京城建设计公司董事长的交谈。当时的有利条件是，在 21 世纪初期，这两家企业还没有今天这么红火，也在寻找上下游产业链的延伸发展；中国和世界的轨道交通市场还没有今天这么红火，连当时的业内人士都没有预见到中国的轨道交通有这么一拨波澜壮阔的发展机遇。在 2003 年前后 BF 国际的产业链延伸，集中投资了三个项目。其一，以增资的方式，并购控股了非洲某国一个工程公司。其二参股与亚洲某国城郊铁路公司合资成立一个维修服务合资公司，该公司后来为企业带来了数十亿美元的轨道交通订单。其三，在北京经济技术开发区开发了 10 万平方米的房地产项目，开创了新的房地产业务，公司又在广州、北京石景山、佛山等地开发了项目。（2）BOT 运营模式拓展。经过多年的酝酿，2014 年 BF 国际在老挝 BOT 水电站项目投资约 2.2 亿美元，在 2016 年又酝酿参股了中国浙江的一个 PPP 项目。（3）新行业探索。从当年调研的方向来看，我们看过的项目包括环保、新材料、燃料电池、煤矿、智能建筑等诸多行业，最终没能下手。因此体会到一个企业进入一个什么样的新行业取决于政策的力量、资本的力量、企业战略的力量，和企业领导人的偶然因素。值得一提的是，BF 国际在 2016 年通过增发的方式把 BF 装备、BF 新能源、BF 车辆等业务置入上市公司，走出了一条在集团公司内部业务重组的方式。这种发展思路，有借鉴意义。（4）产业园开发。有声音建议 BF 国际探索境外产业园的开发，对境外产业园最需要的招商能力有不同的意见，没有成行，也反映了中国工程承包企业大的发展路径。

四、战略联盟也是一种国际化

战略联盟指的是由两个或两个以上有着共同战略利益和对等经营实力的企业，为达到共同拥有市场、共同使用资源等战略目标，通过各种协议、契约而结成的优势互补或优势相长、风险共担、生产要素水平式双向或多向流动的一种松散的合作模式。

20 世纪 80 年代以来，在全球经济一体化、竞争多样化的发展趋势下，战略联盟的发展日益迅猛，已从制造业拓展到服务业，从传统产业发展到高新技术产业，也越来越成为企业国际化、全球化发展的一道亮丽的风景线。典型的例子有：1. 丰田汽车与其零部件供应商之间的联盟（整车制造商——零部件独家供应商）。2. 微软公司与英特尔公司之间的“WINTEL”联盟（操作系统——中央处理器）。3. 苹果公司与 AT&T 之间的联盟（信息终端 iphone/ipad——通信网络服务）。4. 华为公司与摩托罗拉、西门子、NEC、松下等公司形成联合开发、营销联盟。

制定国际战略联盟主要包括制定战略、评选方案、寻找盟友、设计类型和谈判签约五个阶段。通过战略联盟走出去主要有以下几种分类方式。

（一）股权联盟、协议联盟和虚拟战略联盟

1. 股权性联盟

股权性联盟由加盟各方通过相互购买并持有彼此的少量股份或单方持股，来达到建立起一种长期的相互合作关系。这种联盟在形式上更像是合资经营，投资目的主要在于维系一种良好的合作关系。

2017 年 1 月，华住酒店集团（NASDAQ：HTHT）与雅高酒店集团（CAC 40—AC.FR）宣布，继两大集团于 2014 年 12 月宣布结成开创联盟后，正式落实长期战略联盟协议。华住获得雅高酒店集团大中华区奢华及高端品牌运营平台的 29.3% 非控制性股权及两个平台董事会席位，该平台将开发及运营包括索菲特、铂尔曼及美憬阁索菲特品牌以及合作协议中提及的美爵和诺富特品牌。同时，雅高酒店集团持有华住 10.8% 的股份并获得一个华住董事会席位。雅高旗下经济性酒店业务正逐步并入华住的酒店网络，华住成为美居、宜必思尚品和宜必思品牌在中国大陆、我国台湾地区、蒙古国的总加盟商，并在该区域联合开发美爵、诺富特品牌。

作为国内领先的酒店集团，华住与欧洲酒店业领导者雅高都不约而同地奉行多品牌战略，并拥有强大的分销网络和忠诚客户平台。该联盟把华住在国内领先的影响力和强大的市场开发能力，与雅高的生活方式品牌、强大的全球分销体系的优势结合起来，从而为现有客户与潜在客户提供更多住宿和服务选择。华住和雅高联手，成功完成了全球酒店集团之间 CRS（中央预订系统）的首次直连对接，实现了两个集团旗下酒店的交叉销售。华住在大中华区为雅高新增 350~400 家酒店的 5 年计划，有望提前兑现。

2. 契约式联盟

契约式联盟包括生产、研发、销售等环节，也叫协议联盟。

3. 虚拟联盟

虚拟联盟是指不涉及所有权和以法律作约束力、彼此相互依存的联盟关系。维系虚拟联盟更多的是靠对行业法规的塑造、对知识产权的控制以及对产品或技术标准的掌握和控制实现的，通过这些“软约束”协调联盟各方的产品和服务。

（二）技术开发联盟、合作生产联盟、市场营销与服务联盟、多层次合作联盟

1. 技术开发联盟

技术开发联盟有多种形式：（1）大企业与中小企业之间形成的技术商业化

协议，即由大企业提供资金与市场营销力量等，而由小企业提供新产品研制计划，合作进行技术与新产品开发。（2）合作研究小组，即各方将研究与开发的力量集中起来，在形成规模经济的同时也加速了研究开发的进程。2016年12月，人工智能产业技术创新战略联盟成立大会在清华科技园隆重举行。联盟由北信源等50家单位共同发起，既包含一批上市企业巨擘，也包含创新创业公司。联盟还特邀了来自清华大学、北京大学和中国科学院的新锐科技团队共同参与，形成“产、学、研、资、用”有机融合的产业和技术创新航母，未来将专注于推动人工智能产业技术创新和发展。该联盟将系统规划布局人工智能基础性技术攻关和行业应用开发，抢滩核心专利和标准，创建专项发展基金，扶持高校和社会相关创新创业工作。（3）联合制造工程协议，即由一方设计产品，另一方设计工艺。小天鹅抓住中国加入WTO，跨国公司向中国转移的时机，与通用合作，在产品开发、功能设计、技术研发等方面拥有了领先全球洗衣机行业发展的核心技术，使小天鹅技术提升到新的水平，加快了成为国际制造商的步伐。通用也获取了更大的利润。

2. 合作生产联盟

合作生产联盟即由各方集资购买设备以共同从事某项目生产。这种联盟可以使加盟各方分享到生产能力利用率高的益处，因为各参与方既可以优化各自的生产量，又可以根据供需的不同对比状况及时迅速地调整生产量。

3. 市场营销与服务联盟

市场营销与服务联盟的合作各方共同拟定适合于合作者所在国或某地特定国家市场的市场营销计划，从而使加盟各方能在取得当地政府协助的有利条件下，比其他潜在竞争对手更积极、更迅速地占领市场。中国海尔同日本三洋的合作最为典型。双方均有意开发国外市场，最后以市场共享的方式实施战略联盟。海尔在日本利用三洋的销售渠道销售自己的产品。同样，三洋在中国利用海尔的销售渠道销售自己的产品。双方不仅都获得了更大的销售市场，拥有了更多的客户群，而且还带来了销售利润的增幅。这种方式成为海尔开辟国际化市场道路中的一条捷径，加速了企业国际化发展的进程。海尔在实施了市场换市场之后，继而以市场换取三洋先进的生产技术，吸收并加以创新，增强了企业在市场中的竞争优势。三洋也实现了在中国市场的拓展。

4. 多层次合作联盟

多层次合作联盟实际上是上述各种联盟形式的组合，即由加盟各方在若干领域内开展合作业务。企业加入这种联盟可采取渐进方式，从一项业务交流发展到多项合作。

（三）互补型和授受型联盟

1. 互补型联盟

互补型联盟大多是在西欧、北美和日本这类发达市场经济国家的企业之间结成的。他们为了应付全球性的竞争而在设计技术、加工过程和市场营销服务方面进行技术、资金和人员等方面的相互补充与配合，主要动机是分摊产品开发与生产投资的成本，或者是迅速、有效地进入目标市场国的市场营销与分销网络。

以与竞争对手合作、结盟的新思维，替代你死我活的竞争策略。捆绑式销售、产品互补、专利互换等越来越成为跨国企业之间新的合作与竞争方式。今天的华为公司，已经融入了这些新的合作竞争的格局之中，摈弃你死我活、非敌即友的传统竞争思维，融入跨国企业合作竞争的俱乐部。

2. 授受型联盟

这类联盟的特点是：发达国家的合伙者向相对欠发达国家合伙者转让各种技术和操作方法，相对欠发达国家的合伙者则向对方开放国内的某一部分市场，或支付技术转让、人员培训等方面的费用。

五、并购，中国企业国际化之路

20 世纪 80 年代，日本经济腾飞，日元货币的大幅升值让日本资本开始在全球寻找收购机会。在 1985 年至 1990 年期间，由日本发起的超过 500 亿日元以上的海外并购达到 21 起，这包括收购克菲勒中心和卵石滩高尔夫球场等地产项目以及哥伦比亚电影公司、加州联合银行等企业。但这些收购大部分都给日本企业带来了巨大压力，并最后以亏损退出。[①]

今天，在全球并购市场上，中国已经成为一支主导性的力量。从 2004 年到 2015 年，中国跨境交易金额增加了十倍。2016 年，中国企业跨境并购的金额超过所有其他国家，跃居世界第一。2016 年，频传中国企业的大并购：天海投资 392 亿元收购美国 IMI 公司 100% 的股权，布局全球 IT 供应链服务；青岛海尔 351 亿元整合通用电气下属家电业务相关资产，打造家电行业全球领导者；美的集团斥资 292 亿元收购德国 KUKA 公司 94.55% 的股权，进入智能机器人领域；腾讯 86 亿美元（约合人民币 566 亿元）收购 Supercell 84.3% 的股权，从一家中国互联网大企业变身为全球游戏巨头……

（一）这是个伟大的时代，这是境外并购的时代

无疑，这是个伟大的时代。

BEHANU，笔者的一个好友，我们同为某合资公司的董事，每次去“非洲屋脊、四季如春”的亚的斯亚贝巴，我总要和他单独见面，共叙友谊和家常。2008 年的 8 月，我们在大连的星海广场，面朝大海，心潮澎湃。刚刚看完效率高，连脚步都显得匆匆的深圳，又来到美丽、浪漫、时尚的大连，看到中国的繁荣富强、看到中国的大好河山，BEHANU 说，我为我的朋友是中国人感到自豪!

这也是个跨境并购的时代。

并购改变竞争格局。相对于新建投资，并购投资成为企业发展壮大的必经之路。并购成为企业竞争最重要的手段，是和平时期的没有硝烟的攻城夺地，是没有硝烟的企业战争。从世界范围来看，不管是银行、证券、保险，还是汽车等制造业，都是一部并购的发展史。企业并购，不仅是一个企业在发展到一定规模、一定阶段后无法绕开的一个资本运作手段，而且也是迅速占领市场这一稀缺资源的有效举措。

---

① 参见新浪新闻 2017-07-18：《华为样本：慎言海外大并购》，https://news.sina.cn/2017-07-18/detail-ifyiamif3333820.d.html?from=wap，最后访问日期：2017 年 7 月 19 日。

单靠自身积累难以成为一个世界级的公司。很多今天成功的大公司都是过去并购的结果，“财富500强”中绝大部分公司都经历过多次并购交易。并购可以为企业打开实现快速获取相关资源的通道，如获得市场、廉价劳动力、相关技术、融资资金、品牌提升、原材料供应……通过并购重组整合资源，可以实现资源上的互补，迅速提升战斗力。

每一次经济危机都跟随着一次大的洗牌和结构调整，这为中国企业的大转型和境外投资提供了难得的发展机遇。2008年经济危机以来，多事之秋的国际经济前景堪忧，至今没有全面复苏，中国虽然进入了“七上八下中速增长周期的经济新常态”，却依然“风景这边独好”。中国经济处在结构调整中，需要产业的重新布局，布局的背后就是并购在推动，有一部分企业要退出，一部分企业要进入，一部分企业要做大，一部分企业要做小。

中国现在有大量资金需要寻找投资出路，这为境外并购提供了机遇。2013年，中国提出“一带一路”倡议，使境外投资进入了一个大发展的时代。未来十年，中国企业将迎来一个新的境外投资的发展机遇。

（二）中国企业逆向并购的道路特征明显

境外投资分为三类：（1）发达国家对不发达国家的投资，属于以强并弱。（2）水平相近的国家之间的投资，如发展中国家与新型工业化国家之间的投资，发达国家对发达国家的投资，属于强强联合或者弱弱联合。（3）逆向型投资，即不发达国家对发达国家的投资。这种以弱并强、小鱼吃大鱼、蛇吞象的并购就是学习型并购，也称为逆向并购。

中国企业国际化的道路和发达国家企业国际化道路是不同的，发达国家更多的是复制，中国企业国际化可能在扩张的同时还要反向学习，要从这些欧洲、美国企业经济运作当中借鉴更多成功的经验。中国的改革开放史仅仅近40年，我们很多企业大都只有二十几年、十几年甚至更短的历史，绝大多数企业家目前还只是创始的第一代。企业在自身产品、管理经验、流程、资本、人才、制度、文化等更多层面上，还不完全具备海外扩张的综合本领。中国企业资金比较充足，但技术和管理底蕴不足，逆向并购的道路特征明显。

我国纺织、轻工、机械制造、食品加工和家用电器等国际分工更低阶梯行业技术较为成熟，管理经验较为丰富，产品市场占有率较高，具有明显的比较优势。按照国际产业转移和对外直接投资的一般理论，中国企业对外直接投资应该顺应产业梯度转移的趋势，主要面向发展层次更低的发展中国家和地区，开展顺向的对外投资。但是，对外直接投资不再仅仅是以垄断优势为先决条件，拥有局部竞争优势的后发企业同样可以通过对外直接投资的方式获得战略资产，跟踪先进技术水平，构筑新的竞争优势。

21 世纪以来，我国技术密集型产业对发达国家的前瞻性高科技产业的逆向（学习）型投资崭露头角。我国许多行业龙头企业开始将目光瞄准发达国家市场，采取逆势跨国经营。例如，海尔、联想、TCL、中兴、京东方、万向、上海电气等。

吉利汽车是典型的逆向并购的例子。浙江吉利控股集团有限公司是一家以汽车及汽车零部件生产经营为主要产业的大型民营企业集团，始建于 1986 年，1997 年进入轿车领域，集团总部设在杭州。

1997 年，笔者当时在一家工厂工作，看电视采访，李书福说他要进军汽车行业，很多人觉得这是狂人梦想。谁能想到 12 年后，吉利汽车并购了瑞典的知名汽车品牌沃尔沃。让我们简要回顾一下吉利是怎样发展起来的，其国际化的进程又是怎样的。

浙江吉利控股集团有限公司 1998 年第一辆吉利车下线。2001 年年底，吉利四款车登上国家经贸委发布的中国汽车生产企业产品公告，成为中国首家获得轿车生产资格的民营企业。2002 年 5 月，原浙江省财政厅党组成员、地税局总会计师徐刚出任集团首席执行官，标志着吉利集团开始从家族制企业向现代股份制企业的转型。2002 年 12 月，吉利分别与韩国大宇国际株式会社、意大利著名汽车项目集团签约联合开发 CK–1 与 CI–1 轿车项目。

2003 年 8 月，在吉利第十万辆轿车在宁波基地下线后四个月，首批吉利轿车出口海外，实现吉利轿车出口零的突破。2004 年 4 月，原韩国大宇公司总裁沈奉燮加盟吉利，任吉利控股集团研发副总裁。员工和高管国际化迈出一小步。2005 年 5 月，吉利在境外（香港）成功上市，同时在马来西亚吉隆坡国会大厦，吉利汽车控股集团和马来西亚 IGC 集团就整车项目及 CKD 项目正式签约。2008 年 8 月，吉利宣布投资 2.7 亿美元在墨西哥建立一座汽车组装工厂，并围绕汽车工厂投资 2.3 亿美元建造一座工业园，整车年产能达 30 万辆。

2010 年 8 月，吉利控股最终完成对沃尔沃的全部股权收购。2 亿美元票据加上 13 亿美元现金，吉利控股最终按照调减机制支付了 15 亿美元（约合人民币 102 亿元）并购交易价格完成了对 VOLVO 的收购。

收购沃尔沃、宝腾和路特斯之后，2018 年 2 月，吉利集团李书福以近 90 亿美元收购了奔驰母公司戴姆勒集团 9.69% 的股权，成为其最大股东。

中国并购的金额单笔交易越来越大，而且越来越频繁。正面的、向上的、阳光的并购推动了整个中国经济全球化的崛起。研究证明，70% 的并购没有能够为股东创造价值。并购是企业做大的方向，却有很大的失败概率。因此，要了解并购的规律。并购是一门科学，也是一门艺术，你见多了，自然就能感觉到其中的韵律。亲身实践，多看案例，抓住核心，寻求规律。

中国并购的快速发展决定了国内并购专业人才的巨大需求，而中国目前的并购专业人才太少了。明天的并购热潮还会更加汹涌澎湃，这既是挑战，又是机遇。抓住机遇、积极勇敢地迎接挑战，在未来中国的并购大浪潮中勇做时代弄潮儿。

【案例】 中国 BC 集团在巴西投资设厂的失败

中国 BC 集团主要经营某家用电器的生产与销售，在国内为行业三强之一，在中国企业 500 强中排于前列，并已在东南亚地区拓展多年，在发展中国家的市场上顺风顺水，往往能够打败当地品牌，成为后起之秀。

国际化之路如何深入开展。2011 年，摆在 BC 集团面前的有两个选择：以贸易方式进入巴西，或者在巴西投资设厂。考虑到整件产品进入巴西的税费极高，BC 集团最终决定在巴西当地设立组装厂，将产品零部件出口到巴西，并在当地完成组装。这一看似不错的国际化发展道路却招致了失败。为什么？

BC集团结识了一个巴西的合作伙伴Eduardo先生。Eduardo先生对巴西市场有很深入的认识，曾用7年时间在巴西建立了一家公司，试图培育优秀的本土品牌。虽然那家公司最终由于产品质量太低、返修率过高等原因最终进入破产程序。但Eduardo有相关行业的运营经验，特别是其拥有极广泛的政界网络。BC集团与Eduardo先生按照50∶50的比例合资，在巴西投资设立组装工厂及销售公司。之后，在Eduardo的帮助下，公司果然发展顺利，不到2年就取得了巴西10%的市场份额，并成为BC集团旗下2013年销售额最高的海外公司。[①]

2014年，该巴西合资公司经营形势急转直下，陷入了意料之外的败局：工厂所在的土地已经被政府收回，所有生产线被拆卸放在一个仓库中，仓库外贴着法院的封条；曾经的办公楼已被查封，公司仅存的6名管理人员在写字楼中租了一个小房间；多家债权人已向圣保罗法院提交了该合资公司的破产保护，公司还面临着100多个与经销商或消费者之间的诉讼；该品牌产品已经停产数月，市场上的库存产品都在打折促销。

Eduardo完全放弃了该合资公司，已经回到其海边别墅准备安享晚年；BC集团则被迫接手了合资公司的烂摊子。经核算，BC集团的损失超过5亿美元——而合资公司在经营3年间给中国公司带来的利润不到6000万美元。

BC集团的投资血本无归，还要被迫花费重金聘请律师和会计师，处理可能需要耗时10年的合资公司的破产清算程序，且国内业务的发展也被巴西合资公司所拖累。

问题出在哪里？

1. 被虚假审计掩盖的风险

巴西合资公司的经营危机并不是突然爆发的，但由于Eduardo与外部审

---

① 参见新浪财经2014-09-18：李永源，《折戟巴西之痛 》，来源：中国外汇，http://finance.sina.com.cn/money/bank/bank_hydt/20140918/155320342474.shtml，最后访问日期：2018年9月13日。

计机构的“勾结”，很多严重问题被故意掩盖了。

依据巴西商业法律，针对合资公司进行每年一次的内部审计和第三方外部审计都是必要的。巴西合资公司成立之初，Eduardo 向 BC 集团推荐了一家当地的小公司作为外部审计机构，并表示聘请他们可以省下很多成本。在 BC 集团看来，所谓审计无非是为了“公司年检”而已，遇到这么节俭的合作伙伴，BC 集团欣然同意了 Eduardo 的选择。

事实上，中国企业在境外投资时，外部独立审计在控制投资风险方面扮演着至关重要的角色。因为，无论是聘请当地人管理，抑或派遣自己人管理，毕竟远离公司总部，而且各个国家的会计准则均不相同，国内总部的财务人员不可能对海外公司实行非常有效的管控。而各个国家都有很多优秀的当地会计师事务所，中国企业完全可以通过各种渠道了解到。即使无从判断当地会计师的优劣，选择四大会计师事务所之一的当地分支机构，亦应是安全的选择。

陷入危机之后，BC 集团重新聘请了四大会计师事务所之一对巴西合资公司进行了整体审计，发现了很多非常严重的财务问题：Eduardo 涉嫌将公司部分收益非法转移到海外。根据会计师的调查，律师对原审计公司、审计人员、Eduardo 提起了诉讼。已有的证据已经足以赢得诉讼，但是要追回 BC 集团的损失，则几乎不可能。

会计师在审计中还发现，巴西合资公司的销售业绩非常好，但是应收账款所占的比重很高，约有 1 亿美元的应收账款无法回收，这也是导致合资公司破产的重要原因。这是由于合资公司成立之初，Eduardo 为了提高销售业绩，采取了给经销商更长的付款期、降低资质审核要求的销售政策，从而和其他品牌产品竞争经销商。会计师审查当年的销售合同时发现，很多经销商赊货的风险远远高于可能获得的预期利润，巴西合资公司甚至曾经给已经进入破产流程的公司赊货。

风险控制制度成为摆设，BC 集团对 Edaurdo 的诸多经营问题毫不知情，这在合资公司成立之初就埋下了风险的“种子”。

2. 不尊重当地法律

首先，BC 集团和 Eduardo 签订的第一份关于合资协议中约定，合资公司的法定代表人为 BC 集团董事长，Eduardo 也欣然接受。BC 集团认为，这样的约定足以控制巴西合资公司。然而实际情况并非如此，因为在巴西的《公司法》中，并没有“法定代表人”这个概念，因此以法定代表人控制合资公司无异于一纸空文。

其次，双方在公司章程中规定了公司管理机构的组成。由于各持 50% 的股份，BC 集团要求董事会各出 2 人达到平局，Eduardo 表示同意，并提议设立一个管理委员会作为合资公司的日常管理机构，并完全由巴西股东委派（因中方不常驻巴西）。对此，BC 集团认为，管理委员会类似于中国的“董办”或“董秘”的角色，负责执行董事会决议，不会影响中方在董事会的投票权，因此同意了 Eduardo 的提议。

但是，根据该公司章程对应的葡萄牙文版本，董事会对应的机构为 Conselho de Administração，管理委员会对应的机构则为 Diretoria。这样的翻译从字面上看似乎没有太大差异，但如果 BC 集团咨询任何一个懂巴西法律的律师，甚至稍懂巴西法律的商人，就可以发现，此“董事会”非彼“董事会”。

依据巴西的商业法，Conselho de Administração 仅负责非常重要事务的表决，以及通过查询公司账簿等方式进行监督，一定程度上类似于中国公司法中的监事会；而 Diretoria 则有权决定公司日常经营中的一切事项，可以不需所谓“董事会”决议而对外签署一切文件并对公司生效。根据上述法律，Diretoria 的权限实际上类似于中国公司中董事会加法人代表的合体，在“管理委员会”可以掌控 100% 的投票权。而正是借助这一便利，Eduardo 签署了大量对中国公司股东不利的文件，包括明显违背公司风控制度、提高账面业绩的销售合同。

经营过程中，Eduardo 通过一系列“伪装”行为，使 BC 集团的董事长一直没有发现上述事实。Eduardo 一直奉 BC 集团董事长为合资公司的董事会成员，每 3 个月就举行一次董事会，将重要事项提交董事会讨论。而作为中方股东眼中“听话”的管理者，Eduardo 几乎每次董事会都同意 BC 董事长的意见。

根据巴西法律的规定，所有董事会决议需要以葡萄牙语行文，并在公司注册登记部门进行注册，方可具有法律效力；而经律师在合资公司陷入危机后在当地注册登记部门调取的公司历年全部董事会决议与BC集团提供的董事会决议进行对比后发现，有超过60%的董事会决议并未被注册备案。原因很简单，Eduardo对BC集团采取了阳奉阴违的做法：如果董事会决议符合Eduardo的本意，他就将董事会决议注册；如果不符合，他并不会明确反对，而是在会后将签字的董事会决议扔进垃圾桶。无论如何，没有注册的董事会决议是无效的，而他却能够继续以Diretoria的身份做出任何自己想要的经营决定。

BC集团在不懂巴西法律，也不懂葡萄牙文的情况下，既不认真学习、了解情况，也不去咨询律师等专业人士的意见，而是仅凭在国内的经验处理合资的相关事宜，且未做细致调查就对合作伙伴过分信赖，再好的投资项目也难免失败。

第四节 中国企业国际化的问题

聚焦一个行业，中国矿业“走出去”失败的原因有四个方面。

一是时机把握出现偏差。2008年爆发的国际金融危机令全球经济遭遇“寒冬”，大多数中国企业认为当时情况已经“触底”，包括矿业在内，80%以上的企业在这一期间主动投资海外，实际上却“买”在了高点。

二是目标选择错误。资源类的并购项目，大企业有大企业的标准，小企业有小企业的标准，至关重要的是适合。有的是铁矿的上市公司，偏偏买了有色金属的矿山，就是不适合，不适合就会给你带来灾难。例如，在澳大利亚，赚钱的铁矿企业都位于该国西北部地区，但若我国矿企选择投资该国荒漠地区，就会陷入投资陷阱。

三是价值判断错误，矿业企业境外投资需要金融、冶炼及矿业贸易等各方面专家，需要不同人才参与进来，而不仅仅是地质学家。

四是只注重品位、规模，不重视社区问题、基础设施条件。中钢集团西奥项目的配套矿石运输基础设施没有到位。中铝获得位于秘鲁的千万吨级世界特大型铜矿因劳工问题陷入僵局。

放眼中国所有行业的境外投资，本文认为中国企业国际化中存在的问题如下：

一、夸大并购协同正效应，忽视并购协同负效应

协同效应（Synergy Effects），就是“1+1>2”的效应，最早提出于1971年。协同效应可分外部和内部两种情况，外部协同是指一个集群中的企业由于相互协作共享业务行为和特定资源，因而将比作为一个单独运作的企业取得更高的赢利能力；内部协同则指企业生产、营销、管理的不同环节、不同阶段、不同方面共同利用同一资源而产生的整体效应。

并购协同效应具体体现为生产协同、销售协同、管理协同、经营协同和财务协同。生产协同在产能过剩行业的横向并购和一体化纵向并购中表现得较为明显。销售协同在异地扩张并购和渠道网络协同上表现得较为明显。

并购协同效应有正有负。

正的协同效应包括收入上的增加和成本上的减少。正的协同效应通过整合品牌营销、客户资源、销售渠道和网络、采购模式、研发体系等，形成协同合力，创造出新的价值，使并购双方企业均实现价值增值，从而提升并购双方企业的核心竞争优势。许多跨国公司在削减成本方面有着丰富经验，因此他们也对自己在这方面的能力更有信心。成本削减通常只需一次性的具体有效的行动，如裁员或削减采购。

负的协同效应则包括，合并后收入的下降和成本的上升。双方文化的差异，以及并购过渡期的混乱可能造成的人员离职、业务下降、客户流失。收入协同效应有更大的不确定性，仅仅让被收购公司像一个独立实体那样运营是无法形成协同效应的。只有通过高效的并购后整合，才能使这些协同效应成为可能。

中国企业普遍的问题是夸大正向的协同效应和并购估值，忽视后续的并购整合，缺乏并购整合人才、经验和能力，最终引发负的协同效应，预期的营业收入增加和现金流没有实现，没有预期的问题和成本倒是出现了一堆，从而导致并购整合失败。

追求“1+1>2”的业务协同，是众多企业实施海外并购的战略意图所在。协同效应的获取是一个循序渐进的过程，需要制订详尽的协同计划，并有效实施。主并方最重要的是，在全球找到最好的标的，与自己的产业协同，以创造价值。比如，通过收购一些较小的公司发展某一产业，利用规模效应改善经营状况，改变行业竞争格局，创造经济利润。

“并购价值 = 协同效应 – 溢价”。溢价是并购者付出的超过公司内在价值以外的价格。海外投资并购最大的挑战之一就是，付出的溢价是事前的和固定的，但协同效应却存在高度的不确定性。只有强有力的主并方才能够产生这样的协同效应。虽然有以上协同的可能性，但是跨国并购与中国企业在文化、管理系统方面的差异以及是否可以顺利有效地将双方业务整合为一还存在很多的变数。许多中国企业境外收购失败的原因就在于收购公司与被收购公司之间形成致命性的误解与隔阂，这些整合无法形成协同效果。

中国企业往往只看到了进入世界产业链分工高端的难得机遇，却忽略了在产业并购背后的系统性整合所需要的单个企业能力以及我们国家目前的综合承担力。中国企业往往高估正的协同效应，忽略负的并购效应。在企业初期的并购决策和估值时往往乐观地高估并购协同效应，将这种协同效应体现在估值上，使收购价格虚高，埋下了失败的风险。笔者在 2018 年 7、8 月间作为评审专家参加某意大利并购项目及国内某并购项目，都存在此现象。

【案例】 海尔、金凤科技、中信集团的协同效应

一、海尔的国际化品牌协同效应

2017 年 3 月，海尔首次向世界发布海尔、美国 GE Appliances、新西兰 Fisher & Paykel、日本 AQUA、卡萨帝、统帅六大家电品牌全球化战略——海

尔从单一品牌的全球化到多品牌全球化；由单一品牌覆盖全球每一个本土市场，到多品牌协同满足全球每一个本土市场。海尔成为一个拥有品牌最多、产品最全、最具国际化特质的“世界第一家电巨无霸”。

美国 GE Appliances 此前主要覆盖美国市场。作为北美第一厨房家电品牌，在家电品牌知名度、嵌入式厨电市场品牌占有率等方面均稳居美国第一。同时，其在欧洲市场也有销售。但伴随着海尔品牌的全球协同，GE Appliances 将通过海尔的全球网络开始加速全球化进程。GE Appliances 全球化进程第一站是进入中国，在北京、上海、广州、青岛、成都建立品牌体验店，在最大范围内满足中国市场对专业厨房的消费需求。国际顶级家电品牌 Fisher&Paykel，也将从澳洲市场向中国、美洲等主要市场扩张，最终实现从新西兰国宝级家电品牌向全球化家电品牌的跨越。

海尔过去主要是靠单一品牌满足单一的市场需求，现在将升级为多品牌协同满足单一市场的个性化需求。在中国市场，消费者熟知的有定位于智慧家电的海尔品牌，有定位于国际高端家电的卡萨帝品牌，还有定位于年轻时尚的统帅品牌。而随着品牌全球协同，Fisher&Paykel 也以国际顶级家电品牌的定位进入中国，同时定位专业厨房的 GE Appliancces 也将携带美式生活体验进入中国市场，至此在中国市场将出现至少五个品牌协同满足用户个性化需求。

欧洲、澳洲、美洲等其他市场同样如此。此前，海尔在欧洲主要是单品牌作战，但在海尔品牌全球化战略下，欧洲市场会同时出现海尔、卡萨帝、GE Appliances、Fisher&Paykel 四个品牌，协同创造市场，满足需求。未来，在全球不同市场上都会看到“海尔系”品牌对市场需求的协同满足。

海尔通过全球六大家电品牌的协同，构建起了世界最大的家电产业集群，实现对全球市场与社群的覆盖。

二、金风科技收购 Vensys 的市场与技术协同[①]

2008 年，中国新疆金风科技股份有限公司旗下的德国金风风能有限公司

---

① 参见人民网 2016-11-12：冯雪珺，《中德企业在并购中实现双赢》，来源：《人民日报》2016 年 11 月 12 日 11 版，http://world.people.com.cn/n1/2016/1112/c1002-28855008.html，最后访问日期：2018 年 9 月 13 日。

以 4124 万欧元收购了德国 Vensys 能源股份公司 70% 的股份。德国 Vensys 厂区虽不大，却拥有风力发电机行业最先进的“永磁直驱”技术，这一技术被应用到了全球超过 13% 的新增风电机组，覆盖 1.4 万家风力发电站。收购后，被并方德国 Vensys 成为全球技术领军者，主并方金风科技成为世界最大制造商。

这是德国技术与中国市场的完美结合。德国 Vensys 在十几年前还只是萨尔州技术经济学院下的一个研发团队，并没有生产能力和资金。转变就发生在金风与 Vensys 携手走过的近 10 年里。收购完成后，双方在研发、生产、销售、人员培训等领域开展密切合作。自 2011 年开始，金风就保持着每年吊装架设世界上最多的 1.5 兆瓦直驱永磁风力涡轮机的纪录；2015 年新增装机台数超过 4600 台，新增装机容量超过 7.8GW，成为全球最大的风机制造商。Vensys 年营业额发展到 1 亿欧元左右，在德国拥有两个生产基地。

2008 年，金风并不是出价最高的买方，还有其他两个强劲的竞争对手——美国通用、高盛。为什么选择让金风来收购？当时，Vensys 还只是一个研发团队，比起纯粹的资本投资行为，更希望看到自己的技术落地，得到市场的认可，发挥协同效应，更希望能够针对其产业链、技术、价值链达到与中国市场的协同得到更好的发展。中国是一个增长驱动型市场，所以这些协同效应通常来自收入的增长，而非成本的削减。

像金风这样的例子还有很多。例如，上海复星的“中国动力嫁接全球资源”、“全球并购中国整合”的并购理念，也秉承的是技术、品牌与中国市场的协同。又如，2011 年江苏金昇收购了德国埃马克 50% 的股份，双方在德国联手后又重新回到常州，建立了目前世界上最先进的机床厂。

三、中信集团的协同机制①

中信集团独特的竞争优势是综合经营，特有的管理方式是协同管理。协同既是中信的发展战略，也是经营哲学。协同能够把集团内各个不相关的业务联系起来，发挥出整体优势，提升中信各家公司的市场竞争力，降低市场

---

① 参见人民网 2017-11-7：《首届拉姆·查兰管理实践奖揭晓 中信协同案例获全场大奖》，http://mp.weixin.qq.com/s/J4kBMf74vZWPYYFXL36uuQ，最后访问日期：2017 年 10 月 17 日。

拓展风险和成本。中信的协同管理是围绕集团总体发展目标，打造符合中信特点的多元化协同战略、管控体系和协同机制，有效配置、整合与共享集团各类资源，从而提升核心竞争力，满足客户需求。

中信集团董事长常振明更是把协同提高到经营哲学的高度。他说："发挥协同效应是集团商业模式的重要组成部分。协同应该是我们整个集团公司的经营哲学。"集团副董事长兼总经理王炯也认为："中信集团是一个多元化的企业，集团内金融、实业各板块的协同已经形成了文化，建立了相应的体制机制，协同已经上升到中信集团的战略高度。"

"以客户为中心"是中信协同的出发点。中信属于一家混合多元化企业，各个业务板块相关性不强，但以客户为中心，可以将各家公司关联起来。比如，在面对大众客户领域，与专业化企业不同，中信具有覆盖客户全生命周期需求的业务范围。

2010年9月，中信设立业务协同部，这可能是中国企业最早成立的业务协同部。业务协同部主要是对外开展战略合作，对内进行资源整合。协同部已经与31家大型企业集团和15家省市地方政府及部委机构建立战略合作关系，在集团层面统筹合作，借助强大的整体优势，为集团各家子公司获取合作商机。在业务协同部的推动下，中信建立了网络状的协同组织体系。纵向上，建立了"集团协同部—子公司协同主管领导、协同对口部门—重点分支机构（分行）协同主管领导和部门"三级组织管理体系。集团由班子成员直接分管协同；子公司由领导分工负责，并设有业务协同联系人。

横向上，中信建立了区域协同平台—地区业务协同联席会议机制。集团已经在杭州、上海、天津、武汉、大连、青岛、重庆和成都等36个城市和地区推动建立起地区联席会议。联席会议每年都要召开，各联席单位共享信息、客户与渠道资源，根据当地政府、当地市场、当地客户的需求，开展联合营销提供综合服务。2013年集团下发《地区业务协同联席会议管理暂行办法》，明确了联席会议设立、日常运作、组织管理、信息报送和区域合作推动等内容。中信银行作为地区联席会议主要牵头单位也出台配套制度推进和落实区域协同。

中信的协同涉及面广，并各具特色，形成开放共享的“大协同”战略，即“对内协同与对外协同融合”，“战术协同与战略协同结合”以及“引进来和走出去相结合”。经过多年摸索，中信逐渐形成了“走出去”协同、客户与渠道协同、产业链协同、区域业务和专题协同、综合金融服务协同、战略合作协同六大协同模式。

例如，客户与渠道协同。中信涉及多个领域，拥有广泛的客户和渠道资源。例如，中信出版跟其他中信子公司合作，打造了“云舒馆”“中信选书”“幸福财富沙龙”“中信之家”“中信微书店”等多种特色产品和服务。借助这些举措，各子公司之间客户、渠道资源实现了良性循环互动：客户获得了更加丰富超值的产品和服务；渠道承载了更多的输送功能，实现了价值最大化；提供产品服务的子公司增加了经营收入，节约了经营成本。“云舒馆”提升银行卡客户活跃度。“云舒馆”项目是中信出版借助旗下机场书店网络为中信银行持卡客户提供的“A 点借阅，B 点返还”免费阅读服务。持卡客户可享受“先尝后买”的服务，不仅使中信银行客户获得了差异化的尊贵体验，也为中信出版增加了销售收入。

开展上海自贸区等专题协同。中信旗下多家子公司开展了境外业务，具有较大的投融资需求，但面临手续繁复，项目重复结售汇交易等问题。为了缩短审批流程，降低交易成本，加速境外项目的推进，中信建立上海自贸区协同子平台，由中信银行上海分行协助其他中信子公司建立全球资金管理体系。中信银行上海分行可作为“离岸的中资银行”，协助其他中信子公司全球询价，寻找低成本资金，并利用上海自贸区政策优势，提供利率、汇率创新多样化选择。

又如，战略合作协同。在开展内部协同的基础上，中信持续推进与外部战略合作伙伴的外部协同，在集团层面统筹协同和配置资源。一方面通过联合营销模式，提升子公司市场竞争力，建立与战略大客户的业务对接；另一方面协同为战略大客户提供综合解决方案和满足其拓展海外市场等特定需求。目前，中信已与保险、通信、能源、环保、建筑、船舶和电力等行业的 31 家大型企业集团和 15 家省市地方政府及部委机构建立长期战略合作关系。

二、属地化经营观念和能力不足

属地化经营根本在于擅长使用属地资源以及践行企业社会责任。全球化思维要理解东道国的关切，以及东西方思维方式和视角的差异，本土化做事要把握好全球化和本土化的平衡。一方面，要建立共同的价值观、注重跨文化融合、选拔和培养本地人才，有效规避经验管理风险和管理成本；另一方面，要在本地采购资源、选择本地供应商，并通过引进新科技、关注社会慈善等多元渠道，履行企业社会责任，为东道国创造社会效益。

一般来说，国际化经营能力越强，越有可能采用属地化经营的理念。我国企业的国际化经营能力差别较大。首先，联想集团、中铁建设等一批对外投资的优势企业，通过专业化、属地化和规模化的跨国投资经营，在更大范围内优化资源配置，积累了丰富的国际化经营经验。其次，一些对外贸易、国际工程承包企业在海外经营的时间较长，富有东道国的经验，在语言、国际贸易和工程建设人才等方面具有较好的积累。

（一）了解东道国的员工属地化率的总体要求，控制中外员工的总体比例

属地化经营为当地创造了大量的就业机会，提升东道国的员工能力，也有利于投资者在所在国的可持续发展。2013 年年末，我国境外企业员工总数达 196.7 万人，其中直接雇用外方员工占 49.2%。2016 年年末，境外企业员工总数 286.5 万人，其中雇用外方员工 134.3 万，占 46.9%，较上年末增加 11.8 万人。

中亚、西亚等东道国对外国投资者有“本地化”的要求。在沙特，工程很多区域禁止非穆斯林进入。我国企业不得不更改原先计划，在国内招聘穆斯林工人赴中东。我国某企业 2009 年揽得 100 多亿元人民币的大型工程——沙特首条轻轨，时间紧迫，任务繁重，却由于不了解当地风俗而带来了麻烦。为按期完成项目，我国企业还不得不租用当地设备，企业用工成本大幅攀升。2010 年，我国该项目企业宣布，该工程预计亏损将达到 41.53 亿元，占该公

司2009年总利润的三分之二。[①]伊朗国内失业率较高，对引进外劳持较消极态度。根据规定，外国员工与伊朗本地员工的比例至少应达到1∶3，即每进入伊朗市场1名外国人，至少要另外聘用3名伊朗人。伊朗国内有的省份对雇员本地化的比例要求甚至比上述规定更高[②]。

本地化在一些国家并不容易。尼日利亚曾属于英殖民地。尼日利亚《劳动法》《劳动关系法》《工资条例》《劳动就业法》《技术培训法》《建筑业工会法》《职工赔偿法》详细地规定了雇员的工作时间、工资标准、工资支付、福利休假和解雇赔偿。在阿布贾城铁的实施过程中，尼日利亚当地雇员维权意识极强，罢工频繁。尼日利亚虽然劳动力资源丰富，但符合中土尼日利亚阿布贾城铁项目部要求的安全工程师、试验工程师、测量工程师、现场工程师缺乏；安全人员对安全体系文件不熟，试验人员无法独立进行土工试验，测量人员对现场的施工放样不能胜任，项目部必须对招聘的技术人员进行长时间培训才能胜任岗位。很多中方员工的语言能力不过关，无法将自己的管理思路传达给外籍雇员，对项目的进度和效率造成了一定的影响。

本地化率根据行业有较大的变化。比如，刚果金某中资石油勘探项目有10~25个中方人员，1个第三国人员，400个当地劳工，当地高级雇员1~3人。

本地化人力资源管理对中国人员海外项目管理能力提出了更高的要求。应加强对工程项目所在国的人力资源调研，结合项目的位置和当地政府及社区的要求，制订合理的人力资源属地化实施方案。该方案应当包括属地化配比、岗位配置、招聘策略、培训方案、薪酬福利水平等。流于表面的“本地化”口号没用。中国企业从国内输送密集劳动力的模式去海外，便于管理，但无论是当地政府、工会还是其他社会组织，都要求中国企业进行真正的“本地化”。中国有色集团非洲矿业公司在赞比亚的谦比希铜矿管理过程中，赞比亚

---

① 参见新浪新闻2016-01-05：《中国企业海外投资为何失败？》，http://news.sina.com.cn/c/2016-01-15/doc-ifxnqriy2901712.shtml，最后访问日期：2018年9月13日。

② http://mp.weixin.qq.com/s?__biz=MjM5OTc3ODM5Ng==&mid=2649250258&idx=2&sn=14d3bdd55cb02c0cae4b122c33a623a6&scene=2&srcid=0920Em2NKP3A1ImekCzlfKDR&from=timeline&isappinstalled=0#wechat_redirect.

政府曾要求其提出明确时间表，约定在什么时候可以把中方人员减少到什么数量。因为该矿是赞比亚国内外籍员工数量最高的公司，而西方公司只有几个到几十个外籍员工，这就使非矿无法向政府解释清楚为什么有这么多中国籍员工。

2017 年春天，笔者去刚果（金）参加固定资产投资建设项目验收之际，我们调研了华友、紫金、鹏欣、寒锐等企业的属地化经营情况。发现在刚果（金）都存在着中企员工与刚果员工 1∶10 左右的比例关系。比如，寒锐钴业有中方员工 46 人，刚果员工 410 人；华友和紫金的当地员工人数都超过千人，而中方管理人员不过百人。这些企业属地化经营水平较高，满足了刚果金政府本地化率 85% 的要求。

非洲某铜矿选矿车间，27 个中国人，144 个刚果人。选矿车间维修工人 57 人，中国 7 人，本地 50 人。维修的人员占选矿车间总人员的 1/3。值得一提的是，刚果金该铜矿 430 人中，有 10 人种菜、养猪、养兔子，7 人负责环卫绿化。种菜的负责人是南昌人，原来也是企业老板，为种好菜勤于学习，看种植之书，比如讲究早上锄草浇水，晚上施肥，他带出了多个当地的种菜员工，也大大改善了艰苦地区员工的伙食水平，降低了伙食成本，后勤管理井井有条，值得尊敬。

（二）聘用当地的总经理、中高层管理者，有经验的人力资源经理或人力资源管理员

从并购方的角度派出的中方员工多，有利有弊。总体上，海外并购之后，对于企业本土员工，应尽量保持原企业人员结构本土化，注重文化异质性的整合。

跨国公司的主流做法是把当地人培养到高级职位上，建设一个充满活力的商务环境，有的甚至帮助东道国公司进入投资母国市场。这种双赢心态下的投资到处都受到欢迎，更容易顺利发展。但也有跨国公司在对外投资时，所有的高级职员都从本国派遣，甚至普通岗位也从本国派遣，他们只在乎投资方自己，并不关心东道国及其员工的发展，这样不会受到欢迎。

2016年秋，笔者作为中国人民大学2017级MBA入学考试的面试考官，有意了解了一些外国企业在中国属地化经营的情况：1.美国德州仪器和安那络器件（中国）有限公司都是美国公司，中国区的销售老板都是中国人。中国销售团队的本土化是必须的，但产品和技术线条的经理依然是美国人，因为中美之间的技术还是有距离的。2.日本东芝和美国微软在中国的投资，初期高管是投资母国人，中层是中国人。现在，有些高管都是中国人。3.北京现代汽车有限公司2002年第一个中外合资企业，合资合同约定派出1：1。2016年有110人左右的韩国人的管理团队，对方派出人员工资高于中国同等岗位。4.GE在中国的八个业务集团，高管都是中国人。可见，跨国公司在中国投资企业的中高级管理人员，早期派出的投资母国的管理人员为主，逐步过渡到本土化的选任高级管理人员。

境外公司总经理的人选是最重要的。我们注意到很多并购整合中频繁更换标的公司总经理。上工申贝并购DA股份公司之后换了三次总裁；卧龙股份收购ATB电机后第二年将董事会全体更换；联想收购IBM的PC业务之后也换了三位总裁（2005年从沃德、阿梅里奥，到2009年的杨元庆），虽然上工申贝和卧龙的体量跟联想—IBM没法比，但各自整合历程和结果背后的逻辑是一样的。值得注意的是，如果小股东兼任总经理，持有35%的股份，公司章程则规定总经理的更换需要65%以上的股东同意，这意味着小股东可以永久占据公司总经理的职位而不能被替换。

总经理的能力和忠诚哪个更重要？中国投资者往往把总经理的主观感受中的忠诚度放到一个过高的位置。一个德国公司的总经理，他有三十年的从业史和丰富的国际经验，业内对他的评价也很高，但最终中国总部没要他，虽然高度认可他的能力和口碑，但担心"能人不服管"，而最终选了一位看起来很"听话"的德国人——这位看起来听话的德国人在面试的时候说了一句很有李书福风格的话"I love China！"，让总部的领导一锤定音录取他。结果在公司呆了四年没有任何业务的突破，使企业失去很多发展的机会。这样的例子并不是个案。

重视其他高层管理者和中层管理者的本地化。收购海外公司之后外派一定数量的中方管理人员是正常的也是合理的。最常见的是一个副总级别的高管加一个财务专家。管理层并非出于恶意，但是他们没有独立管理企业的经验（有的时候只是一个部门经理，机缘巧合被推上了总经理的位置），也将中国投资者刚入主企业时的热情和对远景的承诺理解为新股东会对新公司给予毫无保留的不断的支持，高估了新股东的承受能力，可能很快将企业拖入困境。许多企业从国内派遣去了大量的中层管理者，但因为这些中层管理者缺乏对当地市场的深刻理解，很多“软思维”管理过程中的执行问题将难以得到解决。相反，在海外公司当地雇用了大量中层甚至高层管理者，在处理当地利益相关方关系时就显得更有经验。

中建南洋公司给予本地员工充分的信任，培养了大批本地的职业经理人，他们身经百战，具备熟悉市场规则，与政府和业主沟通时更为高效的优势，不但可以带来当地先进的管理方法，同时也可以帮助解决公司内部员工间潜在的文化冲突。这些能力强、职业道德良好、对公司忠诚的本地化职业经理人，是公司取得持续优秀业绩的人才基础，是不可缺失的中坚力量。

为缓解当地员工的管理压力，减少矛盾和分歧，建议聘任当地经验丰富的劳动人力资源经理，利用他在语言、管理经验和当地法律知识等方面的优势，对当地人员的招聘、试用、考核、考勤、轮班、人员培训、员工档案管理、劳动合同的签署、合同履行过程中的争议、合同解聘、合同到期的终止、合同的变更和合同续签通知等方面进行全面管理。中土尼日利亚阿布贾城铁项目实施中，就高薪聘请数名当地的高级人事经理，顺利推动项目正常运转。

福耀玻璃集团创始人、董事长曹德旺认为，中国企业国际化不仅只是对外贸易和投资，而是要经过一个从思想到语言行为的国际化进程。福耀集团的海外投资目的地主要在发达国家，对企业公开透明运营要求比较高。在设计管理层的时候，以当地人才为主，并特意设定一名高管负责社区关系，与工会和民间社团保持沟通协调，解决可能产生的矛盾和问题。

万向的本土化策略首先是市场营销的本土化，即利用当地的资源，建立自己的市场体系。例如，在美国，万向的销售借用洛克威尔公司的力量，还合并使用了日本 NTN 公司与美国通用轴承公司的销售系统；在南美，万向吸纳了舍勒公司的整个销售网；在欧洲，则起用原 GKN 系统的人员。

其次是治理体系的本土化。万向聘用当地优秀的人力资源，按当地最严格的标准来治理公司，如公司财务账目、法律事务等，都由当地会计师事务所、律师事务所来承担，取得客户的信任，用最短的时间，进入角色。万向的治理体系，完全以国际通用的标准定位。2006 年 2 月，万向海外公司尝试产权改革，在万向美国公司设立经营者基金，在集团投入仍归集团所有的前提下，公司每年利润增长超过 26.58%的部分划入基金，归经营者所有，并通过购买新股的方式，逐步转化为总额不超过 40%的公司股权。经营者基金的设立，不是简单地明晰资产，更不是分配存量资产。基金的运作，完全建立在创造增量资产的基础之上，称之为激活聪明，分配未来。另外是资本运作的本土化。企业经营治理成功与否，银行和股东的承认是判定标准。万向海外公司的经营效益和发展速度，很快就引起了当地银行的注重。他们不仅在资金上支持，授信额度从 500 万美元，增加到 8000 万美元，而且在企业发展上为万向出谋划策。现在，万向美国公司从当地银行融资的投入，是母公司投入的 2 倍。公司积极争取上市，真正实现公司资本运作的本土化。

之前有人采访鲁冠球，问到为什么万向美国越办越好？鲁冠球总结的经验是 6 个字“用洋人，赚洋钱”。最早公司聘用的 56 名职员中有 51 名是当地人，都是通过委托当地开户银行招聘录用的，素质精良；按国际惯例建立制度，经营按制度办事，以当地会计师事务所、律师事务所和银行作为规范经营的三大支柱。

了解游戏规则，然后是尊重游戏规则，并按规则办事，最后是要善于利用游戏规则，并以此为基础，选择适合自己优势的战场。要关注你的优势，强化你的优势，这样你才有别人无法比肩的条件。同时，要学会妥协。全球经济一体化的时代，没有一个人可以战胜所有的对手，在很多时候最不理想的妥协也要比最强硬的竞争有效果，本土化用人就是一种智慧的妥协。

（三）加强跨文化管理

最重要和最艰难的一步是向公司注入全球化的文化和理念。中国企业国际化过程中会更多接触到不同的文化和社会，如何避免文化冲突，让不同背景的公司员工都能接受统一价值观是长期和艰巨的工作。近些年，针对当地中国公司的纠纷和攻击增多，在很大程度上是缺乏文化沟通交融所形成的偏见和误解。如何使不同种族、不同文化背景的员工，在相同的管理架构下，充分协同、互相尊重，进而发挥人才价值的最大化，是所有跨国公司所面临的共同问题。

第一，建立共同的价值观。“不分国籍和肤色，不分语言和文化，人人平等竞争”的共同价值观，极大地提高了员工的凝聚力，排除因价值观差异为企业发展带来的阻力。

第二，注重跨文化融合。文化不仅来自主并方和被并方，还可能来自第三方。联想 2005 年并购 IBM PC 时，聘任了三任总经理。第一任总经理沃德来自 IBM，第二任总经理是 DELL 的阿梅里奥。阿梅里奥也带了一些 DELL 的兄弟来 IBM。第三任总经理是杨元庆。在并购整合过程中，一度形成了联想、DELL 和 IBM 三种文化。

公司弘扬中国企业的文化，取其精髓在日常运营中充分贯彻，让员工对总部文化的内涵具备更深层次的理解；另一方面，公司也积极吸纳本地企业先进管理办法，并充分融会贯通，进而形成公司特有的管理体系，高效对接属地市场。开展员工间跨文化交流，通过相应活动的组织，加强团队建设，促进组织融合，让由国内派出的员工充分感悟当地的文化和风俗，并在活动中，加深彼此的理解与宽容。跨文化管理不仅要注意不同文化背景的差异和融合，以及不同文化在目标管理中的作用，不断拓展外籍雇员与中方员工的沟通渠道，还要定期审查当地文化融合中遇到的问题。

（四）加强员工的培训工作

首先加强东道国员工的培训工作。

非洲日常工人管理经常碰见的管理难点：1. 由于非洲国家文化生活习俗的影响，当地人员工作比较懒散、纪律性差、随意换工作、经常无故旷工。找工作的时候什么条件都愿意答应，一旦有了工作时又开始混日子，因此，可以对同样岗位的工作进行分档，实行多劳多得、少劳少得，差异化的工资，改变工资计算模式，提高工人的工作积极性。2. 工人文化程度普遍较低，能够受到教育的人较少，工作技能和安全生产意识较低，开展工作十分困难。加强对他们的生产技能和安全知识培训，通过日常工作的实际锻炼与悉心指导，提升他们的工作能力与水平，以满足施工生产需要。同时，也可为当地培养一批具有高技术知识水平的人员。3. 具有罢工的传统，一遇到问题或不满，立即组织工人罢工表达诉求。中方管理员工不能一味地去迎合他们，我们应该在尊重他们的基础上加强引导，兼容两种文化，相互信任，相互尊重，提高他们对工作的责任心。在工作中表现突出的员工，要重点关照与培养，树立先进典型，在薪酬、工作机会、生活上给予更多的帮助与支持，建立长期的雇佣关系，提升员工满意度。在日常工作中，营造一个与当地员工融洽的合作氛围，大家不论种族、不论国籍，都是公司的一员，注重对当地员工的关爱，帮助员工解决困难，适时组织一些双方参与的活动，提高当地员工的归属感。4. 工人由于社会风气不好，多数人具有偷盗习惯。比如，偷投资项目上的油去卖，屡禁不止。应对应聘人员的年龄、工作经验和熟练程度等方面进行严格要求，从源头上做好甄选工作，对违反规章的工人进行口头、书面警告，直至合法解聘，及时维护项目的合法权利，避免劳务纠纷的产生。5. 当地劳工管理政府部门，在劳资纠纷中索贿，过分偏袒劳动者的诉求。一方面，提高项目自身的安全保卫工作，现场派驻安全值班人员，对于机械设备柴油实行早晚量油制度，监控油量消耗，另一方面，与当地警察局、宪兵队、法院建立良好联系，邀请警察常驻项目，白天，到施工现场打击偷盗行为，夜间到工地机械存放点突击巡查，提升项目安全保卫工作力度，减少偷盗事件发生。①

境外公司，尤其是发展中国家的境外公司应建立属地员工培训的长效机制，强化内部员工培训工作，提高外籍员工的整体素质。通过理论培训和岗位培训等，发挥中国技术人员“传、帮、带”的作用。在培训的同时，还要

① 参见微信公众号 2016-09-26：“东盟人”：任新亮，《海外项目系列报道五：海外项目员工属地化管理》，http://mp.weixin.qq.com/s?__biz=MzA3Mjg4MTYwNw==&mid=2650222049&idx=4&sn=1c4ac5a4b039dddbc3b99388598e956a&scene=7#wechat_redirect，最后访问日期：2018 年 9 月 14 日。

注意培养外籍员工的归属感和团队精神，如当地雇员进场后进行安全教育，定期进行消防应急演练，定期召开现场安全会议，实行班前教育，教育内容包括作业安排及步骤、施工中可能涉及的安全隐患及注意要点、现场规定制度等。

其次，加强中方人员的培训工作。

属地化经营对中方员工的能力和素质要求高，在出国前和项目实施过程中必须不断地对中方人员培训，内容应包括当地国的文化、国情、法律法规、语言及海外项目管理等。通过培训，提升中方员工的素质和能力，从而保证项目人力资源属地化的顺利实施，如在中方员工出国进场前发放海外项目出国指南，指南涵盖东道国的风土人情介绍、入境须知、工作管理规定及常用语。在项目实施过程中，可定期举行各种培训，组织英语培训、进场安全培训等。如派驻境外公司的高管专业和管理能力强，英语不好，建议行前能在国内集中进行1到3个月的口语集中脱产培训。

（五）对内减少恶性竞争，对外履行社会责任

在国际贸易领域，2011年北美的光伏展会上就上演了一出低价竞争的大戏。有行业企业在展会上摆出了价格擂台赛，一家喊出了售价后，另外一家当场亮出更低的价格。当更低的价格成为展会上一个主流价格的时候，另外一家企业又喊出了更低的价格。这样的价格擂台赛是自残，也扰乱了行业正常的价格次序。

在国际工程领域，在非洲、拉美、东南亚国家或地区，有时出现几家中国企业同时竞标的情况。少数中国企业投标时对所投资东道国的法律环境、所投资的行业监管体系研究不够，未能对项目可行性和营利性进行充分的分析调查，孤注一掷地将项目拿下。有的企业后续通过变更洽商等手段要求业主提高投资。有的企业为了拿到订单，采取低价策略，不断降价，造成恶性竞争。有的企业在拿到项目以后，为了降低成本又偷工减料、降低工程质量，导致合同最终无法履行，给企业自身造成很大的损失，同时也损害了中国企业在海外市场的整体形象。还有一些公司因为不合规、商业贿赂而触礁，被罚款。联合国有全球性反腐败公约，国际组织像OECD、世界银行这些机构

都在推动合规，手段越来越硬。所以要强调规规矩矩、清清白白做事，光明正大挣钱，反对商业贿赂，不要卷入东道国政治，防止企业行为政治化，也不应再认为仅凭政府间关系便可以打通一切渠道。

在境外投资领域，一些中国企业的某些行为，损害的不仅是这个企业的形象，还会损害中国的整体形象，也为后续进入的企业带来不便。履行社会责任是属地化经营过程中的一个重要方面。让我们看一看中国企业在秘鲁投资的三个案例。[①]

20 世纪 90 年代，首钢集团购买了秘鲁 Hierro 铁矿，成为首个进入秘鲁的中国矿业公司。2006 年，伊卡地区政府宣布该矿井区域进入“环境紧急状态”。

2014 年 3 月，中国铝业在秘鲁的一处铜矿被叫停，秘鲁官方称中国公司在施工生产中破坏当地环境。中国铝业控制秘鲁中部的特罗莫克铜矿，该铜矿为千万吨级世界特大型铜矿，但因为环境保护等问题在当地的开发饱受争议。

2015 年 9 月 28 日，秘鲁 Apurimac 区域发生针对当地矿业的抗议活动，导致当地警察与抗议者发生严重冲突。据 BBC 报道，当地警方对抗议人群开枪，抗议造成 4 人死亡，17 人受伤，其中包括 8 名警察。此次抗议活动大约有 15000 人参与，他们要求中国五矿集团下属的五矿资源公司（MMG）修改环保计划：将距离三个矿口 3 公里处的铜钼处理平台进行改造。修改后的计划要求开采后的矿石应经由陆运，即使用货车和火车运往太平洋沿岸，而非像原计划那样使用管道进行运输。与此同时，由于建设工程就业机会减少，示威者还要求这家公司招聘更多当地人。秘鲁政府已派出 1500 名警察和 150 名军人至现场。这次爆发冲突的铜矿，位于秘鲁安第斯山脉阿普里马克大区的邦巴斯，铜矿面积 3.5 万公顷，目前勘探面积不到 10%。2014 年 8 月，由中国五矿集团所属的 MMG 与国新国际投资有限公司和中心金属有限公司组成的联合体以 74 亿美元收购。出让方是来自瑞士的世界最大能源公司嘉能可。该项目原计划 2016 年开始，年产铜 45 万吨，钼 5000 吨，金 9 万盎司，银 45

---

① 参见搜狐财经 2015-10-14：《从秘鲁铜矿事件看中国企业海外矿业项目的错与难》，来源：扑克投资家，http://www.sohu.com/a/35562732_117959，最后访问日期：2018 年 9 月 14 日。

万盎司，矿石储存能力1000万吨。

社会责任需要熟悉“当地的法律和文化，反对党，工会，非政府组织（NGO），国外的宗教团体”五个方面。社会责任具有“捐钱物、捐老幼；保护尊重员工权益；保护环境，节约资源；贡献当地产业结构优化、技术进步”四个层次。全球化所创造的财富和利益流向主导全球化进程的资本，而很多东道国社会群体没有得到好处，有些甚至成为受害者。中国企业应该树立负责任公司的形象，保护东道国的青山绿水，履行企业的社会责任，防范东道国由此引发的风险，实现可持续发展。可喜的是，中国公司履行社会责任的意识也越来越强。越来越善于充分利用媒体影响社会，把好的样板介绍给企业，大量传播中国故事。讲意识形态会遭到抵触，故事是一个受国际欢迎的方式，讲故事接受度更高。

属地化进程，能有效助推跨国企业加快资源整合，降低运营成本，提升经营效率，是跨国企业全面走向全球化的基石。

三、国际化经营管理和并购人才，你在哪里

2016年7月，习近平在经济形势专家座谈会上提出了一个新任务，要求加快培养造就国际一流的经济学家、具有国际视野的企业家。[①] 中国企业除了要通过资本并购等方式展示行业的“硬实力”。同时还要培养能引领企业进一步“走出去”的领航人，通过一大批优秀企业家的个人魅力和管理创新能力，来展示中国企业的“软实力”。

未来十年，什么职业最有机遇？国际化人才！

美国企业在“二战”后、日本在20世纪60年代至70年代、韩国在20世纪80年代至90年代成功走向海外，21世纪初中国企业“走出去”步伐加速，中国企业对高端国际化人才的需求旺盛。从微观上看，在“跨行业投资

---

① 中国青年网2016-07-17：吴章勇、董容语，《习近平提出新任务：培养具有国际视野的企业家》，http://news.youth.cn/wztt/201607/t20160717_8294733.htm，最后访问日期：2018年9月14日。

+同一行业跨领域投资+弱势并购”之下，很多企业的投资行为超出了现有的能力，企业自身的现有人才无法满足国际化人才的需求。很多企业的海外并购经验并不丰富，在如何寻找并购标的、寻找什么样的并购标的、并购估值、风险控制、交易结构设计、协议与谈判技巧、融资安排与支付工具、并购整合等方面都存在较多难点，基本上没有做到“无战略不并购，无团队不并购”。

从人才市场供给来看，中国职业经理人队伍经过改革开放的发展，刚刚成长起来，就又面临着国际化的职业经理人的需求，面临着境外语言和文化双重挑战，满足这种要求的高端人才供应依然较少。我国不仅普遍缺乏外语、管理和专业全面发展的跨国经营人才，而且更加缺乏并购专家和优质的投手。某种意义上，优质的投手比优秀的CEO更稀缺。这种供求矛盾将让企业、让猎头公司都要呼喊——国际化人才，你在哪里？

（一）优质的投手

签了交易的文件，并不能证明你的交易是一个成功的交易；具有专业化水平和国际视野的境外投资专家是稀缺资源。收购阶段很重要的就是需要有这样一帮人，他要有特别强的批评的眼光，有敢于说不的精神——这个项目我们不能做，做了以后在我们从长远看来是一个不合适的项目。

财务、税务及法务专家是并购交易中的关键角色，他们可能是公司内部的管理层，也可能是公司为并购交易而聘请的第三方中介服务团队或常年顾问。财务专家需要认真地研究企业经营成果和财务状况，以评估标的公司的真实价值。法务专家需要在适当的交易时点参与进来，以查阅、准备、制作大量的交易文件，出具法律意见，引导企业通过相应的安排使交易能够顺利进行。税务专家则需要根据税务管理及税务筹划，及时地为交易结构提供专业的税务建议，规避因税务障碍而导致交易失败的风险。

投资银行是并购交易中一个至关重要的角色。一般而言，投资银行作为买方顾问，在一项交易中通常拥有四大角色，分别是：（1）因为与企业保持通畅的沟通渠道及意见影响力，可以试图基于企业的并购战略而发动交易，并依据对资本市场的理解进而提出并购的构想；（2）寻找、分析潜在并购标的与买方的战略匹配度，评估财务及经营协同效用，形成并购后初步的整合方案，继而制定交易策略；（3）组织、协调交易各方工作，确保交易有序进行，设计交易结构安排并购融资；（4）与政府及监管部门保持良好沟通，起草完成交易所需要的各种交易文件。值得注意的是，在更加接近市场化的并购领域，投行无论是在公司层面还是在团队层面均在转型。投行及其团队的转型亦是有所不同，有的深耕细分产业和领域，为买方企业提供专业的全能投行服务；而有的则迷失在海量的并购信息中，或成为信息掮客进而制造交易障碍，或以资金为重心并设计出交易模式，追逐市场上出现的各式热点。

中国企业境外投资的一个普遍现象是，中小企业没有建立自己的投资部，大企业的境外投资专业外包：尽职调查找一家律师或者会计师事务所，估值找一个会计师事务所，可行性研究找一家中介……投资方本身缺少能够打通产业、企业、财务、税务、法律的投资通才，过度依赖第三方专业机构，缺少自己的投资和价值判断。而专业机构往往在了解行业、了解企业和了解专业上，并不能达到投资方的期望。导致这些投资过度依赖投资银行，依赖财务、法律和税务专家。因此，笔者在中国人民大学和清华大学兼任 MBA 企业导师，就希望学生未来成为这样的通才，这样能够打通法律、财税、立足行业、具有专业、了解企业的“通才”投资专家。

（二）具有国际视野和企业家精神的职业经理人

中国企业呼唤建立一支国际化的经营队伍，中国缺乏具有国际视野，有企业家精神的国际化人才，那些对国际商业规则、人文环境、法律法规有着比较全面了解并能加以运用的人才。没有国际化人才，就不可能利用所在国法律及国际通行规则来维护自身的权益，就不能有效减少文化距离带来的经营困难，从而提高跨国经营绩效。2007 年中国商务部就组织了第一期跨国经营者培训班。

许多贸易公司和国际工程公司人才济济，藏龙卧虎。但普遍表现为商务或财务能力强，而综合型的管理人员，尤其是跨文化的国际化经营管理人才还不足。这种不足已成为影响境外投资成败的“瓶颈”。随着公司走出去的步伐加大，尤其是控股境外公司的增多，这种矛盾还将更加突出。中国企业普遍缺乏政治可靠、业务过硬、熟悉国际市场经济惯例和法规，通晓专业技术知识和外语，富有竞争意识和创新精神的高层次复合型的总经理、副总经理、财务总监等境外管理人员。

2005 年，我们的一个合作伙伴宁夏二建需要派出一个专业化的人才。具有专业能力的项目经理语言不行，语言好的大学生经营管理能力和性格不足。最后，选派了一个毕业五年的具有一定管理经营积累，但性格有点软的人到埃塞俄比亚工作。其到目标企业后，没能摆平局面，最后被迫离开。回国后，自己和妻子在企业也待不住，辞职了。企业也痛失在埃塞俄比亚打开工作局面的机会。

理想的跨国管理人才需要同时具备专业背景、管理经验、语言能力，还需要有跨文化经营管理能力。由于经营环境的不确定性和文化距离，境外经营比国内经营更加困难。一个在国内称职的经营者，不一定在国外能够施展得开。如果在国内没有经营管理经验，在国外展开工作将更加困难。如果迫于人力资源不足，将跨越式提拔的干部放到这样的艰难环境下去锻炼，对个人而言，成长的机遇很大、痛苦很多、个人前途的风险也很大；对公司而言，则意味着更高的成本和风险。埃塞某公司是公司第一个真正意义上境外控股的合资公司。为了找到合适的人员，公司先后采用了内部招聘、猎头公司，甚至总部高层亲自主持招聘，最终选出了一些优秀的干部。但是，合资公司各方股东均有更高的期待。

由于缺乏这样的一支备选的境外管理人员队伍和对驻外人员，特别是主要管理者及业务骨干，导致新上任的管理者可能并没有相关的工作经历，处在“练手”的状态，甚至某些企业一个班子都是没有相关行业经验或没有相关岗位经验的“新手”，处在一种“集体练手”的状态。同时，境外公司的总经理更换频繁，缺少公司经营思路的连续性，又造成了境外企业的“短期行为”。“练手”和“短期行为”为许多中国企业境外经营埋下了的隐患。

境外公司的高管和高级技术人员“进进出出，来来往往”成为一种常态。境外的功劳之臣、苦劳之臣需要有妥善的回国任用，需要有一个任用的蓄水池。在国有企业中，领导岗位是一种稀缺资源，这也为境外公司人员的派出、轮换和管理提出新的课题。让专家岗位制度更加阳光灿烂、真正地深入人心，才能保证这支队伍的合理流转，有效留住有境外工作经验的管理和技术骨干。

中国石油公司形成了健全的境外公司人员管理体系，形成了较强的境外公司派出人员的管理能力。如何培养、管理和激励境外公司的中方人员，吸引优秀员工走出去，更加完善地管理这支队伍，还需要公司相关部门未雨绸缪，统筹考虑，建立具有公司特色的境外公司人员派出、任用、管理和激励体系。

当公司的境外公司人才队伍、管理机制已经完善，当这支队伍能在全世界各个角落，能够在艰苦、跨文化等恶劣环境下打硬仗，公司的境外投资才可谈走向成熟。

【讨论】 如何物色培养国际化人才

2013年6月，西藏拉萨，一位来自云南的学员提问企业的国际化人才的问题，道出了许多企业国际化人才不足的心声。如何解决国际化人才不足的普遍问题？笔者认为国际化人才的需求是多层次的，首先是总经理，其次是副总经理、财务总监，其三是技术、经营层面的骨干员工。给出了这样的分析：

1. 立足自己培养

自己培养是最主要的国际化人才之路。

柳工国际化的初始阶段，整个进出口公司只有六七个人，其中会讲英语的不超过5个人。随着业务的发展，柳工不断培养起了一大批国际化的人才。一方面，从外部引进了一批英语水平高，有留学经验又有行业经验的国际化管理人才。比如，现在主管研发的副总裁是美国人，品牌公关部门的负责人也是美国人。另一方面，从内部大量招聘英语基础好的人才。现在，整个柳工一万多员工中，大概有1500人会讲英语，而且在柳工的任何一个部门都有英文流利的工作人员。

2. 充分利用小股东和东道国的资源

从小股东引入关键人才派驻目标公司。联想并购IBM PC中，高盛等小股东就引入人才派驻。当地人管当地人效率更高，国际化视野选团队，降低成本，当地政府也喜欢。

在合资协议签订时，就要考虑人员安排。让经营班子在投资谈判阶段就介入是最好的选择。同时，退让是一种智慧。以弱并强的学习型并购中，不一定要坚持中方派出总经理、财务总监。要从新企业而非股东的利益出发，新企业利润最大化应该是投资设计中的指导原则。

精准选人，要在全球范围内搜寻最聪明、最能干、最有意愿干的人才。要以战略业务发展为核心，构建能力发展链，培育发展高潜质、高自我驱动、高效能的三高人才。要以人才需求为核心，打造人力资源产品服务链，提高人才参与度和人才价值体验。

3. 不要大跨度提拔，尽量不要破格提拔

一个没有做过部门经理的去做总经理，跨度就很大。借鉴官场渐进提拔。防止集体练手，领导班子不能都没有相关岗位经验，都是被破格提拔。中方班子搭配要好，性格、能力、关系搭配不好，坏大事。中方班子首先要和，劲往一处使。

把好业务能力与语言能力关，对于业务好，语言不好的，在临行前，组织三个月左右的强化学习是必要的。语言中，听比说重要，说比写重要。当能够自如地听懂各个层面的语言时，就比较好办了。对于关键岗位，初期配翻译都是必要的。

四、安全和税务两大风险

（一）人身安全是最大的风险

1994年，受中国北方工业公司的邀请，笔者作为安装调试工程师赴阿尔

及利亚君士坦丁安装调试中国出口的轻工生产线，初到阿尔及尔代表处的夜晚听见的枪声至今记忆犹新。次日，任国民和笔者的师傅、高级技师闫宝旺从首都阿尔及尔驱车400多公里到君士但丁。那天早上，任国民换上阿拉伯人的胡子、换上当地人的车牌，祈祷平安。这就是笔者第一次出国执行任务的经历。

中国在动荡区域的投资出现率升高，如利比亚、埃及、苏丹等。这些动荡国家的政府欢迎中国公司和中国人成为他们的合作伙伴。而对于反政府分子和罪犯来说，中国人也因此成为他们的目标。中国近年来的国际影响力与日俱增，一些反政府武装认为劫持中国人能够产生更大的国际影响，视之为“重磅炸弹”，从而更有效地向当局施压，这是在非洲中国人屡遭绑架的另一个重要原因。

世界各地中国公民每个人遇险，都可能触动整个国家。2006年5月，外交部在领事司设立领事保护处，协调处理海外中国公民和法人合法权益的保护问题。2008年8月，外交部又在领事保护处的基础上成立了领事保护中心，其职能之一便是发布领事保护和协助预警信息。除了外交部，各驻外使馆也强化了这方面的功能，不仅协调与所在国政府的关系，也要跟各部落、武装势力的领导人建立畅通的沟通渠道，扩大接触面，增加情报来源。一旦发生突发事件，使馆便可尽快确定是谁干的，尽快展开谈判或营救，确保人质安全。必要时，中国政府可利用当地政府军实施营救。

随着中国经济实力的增强，越来越多的中国人开始走出国门。然而，伴随中国出境人员的猛增，中国人的海外安全成为一个新课题。

中国企业境外投资的可行性研究往往忽略安全成本，安全风险评估不够全面。建议在高风险国家的境外投资要有一定比例的安全投资。外交部人手有限，对海外中国公民的服务不可能事无巨细，企业必须提高境外投资安全保护的主观能动性。中国企业，应该尽量为项目配备一套自有的安保力量。保安有三种，一种是自己的员工，一个是保安公司，一个是保安服务公司（提供人员）。刚果（金）某中资铜矿采矿爆破分包项目中方员工15人，常聘非洲人20余人，3处工作地点，每一处2个士兵或保安。刚果（金）某铜矿430人，其中中国人80人，外国人350人。其中保安80人（士兵4人），占比接近20%，保安工资200美元/月，都是公司员工。

我国企业“走出去”在获得重大机遇的同时，面临的风险也在上升。传统和非传统安全威胁交织的现状，客观上要求对境外企业和对外投资的保护工作要制度化、系统化和常态化。2017年6月，中央深改组在第36次会议上审议通过了《关于改进境外企业和对外投资安全工作的若干意见》，要求建立统一高效的境外企业和对外投资安全保护体系。商务部将从完善对境外企业和对外投资的统计和监测、加强对境外企业和对外投资的监督管理、积极参与国际投资规则制定、加强国际安全合作等方面着手，指导企业防范应对各类境外安全风险。

企业在境外不仅要注意生产安全，还需要注意人身安全，在非洲一些国家还要注意生活安全，要注意疟疾、艾滋病，还要注意交通安全。在一些工程项目和投资项目上，一些中国员工永远地留在了东道国。我们听到一个故事，21世纪初，一个中国人开车，嫌前车引发的灰尘太多，在没能看清前面环境的情况下，超车与正向行驶的车辆相撞，一车四个中国员工永远留在了埃塞俄比亚。

（二）税务风险

由于缺乏对投资东道国税务法律法规和政策的充分了解或心存侥幸，未充分履行投资东道国税务申报等合规性要求而遭受各项处罚的案例屡见不鲜。深圳一家实力雄厚的大型民营科技企业，在俄罗斯的子公司险些因税务问题而折戟沉沙。最后这家企业到中国税务机关申请启动两国税务机关之间的相互磋商。经过两国税务机关多个回合的谈判，俄联邦税务局复审裁决撤销原判罚，使该公司避免了近2亿元人民币的损失。

北京市国税局对企业的日常纳税申报数据、售付汇数据、境外所得税收抵免、关联申报等数据进行整理和分析，将内部和外部信息进行整合和筛选，基本形成了全市“走出去”企业的基础信息数据库，并初步建立了比较全面的“走出去”服务体系。主要包括为“走出去”企业提供境内外税收政策和税收协定咨询，境外投资涉税风险提示，以及东道国投资税收指南。北京市国税局2014年从全市1000多家“走出去”企业中，选择70多家有代表性的企业进行了问卷调查。调查结果显示，有近80%的企业因对投资国的税收制度不了解，而导致不必要的税负增加。当在境外遇到税收歧视时，25%的企业选择顺从当地税务机关，想要寻求我国税务机关帮助的企业不到三成，这一比例与发达国家相比还很低。

企业往往重市场，忽视对项目的税负成本、税务风险。大多数企业缺乏及时了解和把控海外项目的经营管理和税务合规情况，没有建立海外分支机构定期向总部汇报的沟通机制，总部对海外项目的税务管理较为松散、随机性较强。税务人员对项目评审的参与时点较为滞后、参与程度低，对税务成本和风险估计不足，直接影响海外项目的税后收益，增加企业跨国经营的潜在风险。税务管理往往是“亡羊补牢”，在出现问题或被税务机关检查时才引起重视，急于解决问题。

建议中国企业提高国际税务管理水平[①]：首先，在投资前期，充分借助财务、税务、法律顾问的专业经验和全球网络，在企业前期调研和决策过程中，充分考虑专业顾问的意见和建议，避免对项目的税负成本或税务风险估计不足。项目执行阶段及时与中介机构进行沟通和交流，避免企业的经营或业务模式出现不合规的税务风险或者不必要的税务负担，避免对企业经营效益的不利影响。其次，在经营过程中，完善海外各层级税务管理岗位的设置，对各业务环节的相关税务问题和税务风险都有对应的税务人员进行把控和管理。根据每个海外项目所在国的具体税收制度和征管情况，制定分国别的税务管理操作指引、税务申报流程及各主要业务的税务风险管理操作指引等。安排专人定期跟踪项目所在地法规的变化并分析对企业经营和业务的税务影响，充分利用现代信息技术和互联网，加强对企业海外项目的国际税务

① 参见微信公众号“中国税务杂志”2015-07-14：朱桉、周颖，《德勤华永：“走出去”企业如何加强国际税务合规管理》，http://mp.weixin.qq.com/s?__biz=MzAxMjMzOTMxMA==&mid=207487629&idx=5&sn=c9ee5a34d6fa6fd5415d26e8bcc8dd31&scene=2&from=timeline&isappinstalled=0#rd 最后访问日期：2018年9月14日。

合规管理和风险管理。有条件的企业可以逐步建立与海外分支机构联网的在线税务管理系统，便于总部及时掌握和监督海外分支机构的税务申报和管理情况。

成立公司容易，关闭公司难，关闭国外公司可能更难。2004 年成立的某非洲公司，在 2011 年提出清算，至今没能顺利关闭，原因就是东道国税务主管单位提出了一系列税务问题。

HOW CAPITAL LAYOUT

第三章

国际化战略

境外投资成功的三要素为国际化战略、国际化人才和前期工作。没有战略支持的境外投资风险很高，境外投资项目的选择上尤其需要公司战略的支持。

毛泽东总结长征时说：“方向路线是至关重要的。方向路线对了头，没有人可以有人，没有枪可以有枪，如果方向路线错误了，你有再大的力量也会失败！”我们朝哪里走？我们的命运是什么？是什么将我们联合起来？什么是我们努力建立的东西？我们能在什么地方，以什么方式取得胜利？这些都是战略家考虑的问题。

行业领袖企业在并购开始前，往往深思熟虑自己的战略，战略导向的并购可以为企业的发展带来巨大的发展助力，而机会导向的并购则可能成为企业日后发展的隐患。出于政策导向、利益驱动，又担心商机易逝，很多中国企业在对外投资方面缺乏明确战略，机会主义倾向很严重，看到好机会觉得便宜就买，其实未必跟企业的战略吻合。存在一时冲动的因素，没有做足可行性研究和尽职调查，往往导致并购失败。面对这些机会导向的并购，我们宁可错过，也不做错。中国企业需要根据所在行业以及企业所处的行业与市场地位，筹划企业是否国际化以及何时国际化，并制定可操作的国际化战略，谋定而后动。

从经济学的角度来说，真正创造价值的目标公司在买家手里比在现在股东的手里更值钱。投资分为财务投资与战略投资两种类型。境外投资通常为战略投资，服务于公司国际化战略。很多中国企业在海外并购的时候，都缺乏完整的战略。TCL 在检讨跨国并购受挫时承认，战略准备不足、操之过急是失败的主要原因。投资专家异口同声地说：“并购一定不能盲目，要有战略。”“没有战略的企业会输得干干净净。”

第一节 战略三要素

无论国家战略、城市战略、集团公司战略还是中小公司战略，不管如何花哨变幻，归根结底回答三个问题：在哪？去哪？怎么去？中国企业的国际化战略也是这样。在哪？是自我分析。去哪？是公司的方向。怎么去？是战术，是路径。

一、在哪

在商学院的课堂上有很多管理工具是分析企业在哪的，比如分析微观主体的SWOT模型，分析宏观环境的PEST模型。“在哪”往往是刚毕业的北大、清华的学子们最擅长的，能把环境分析得很清楚，数据也翔实。

并购必不可少，但也许比不并购更糟。并非所有企业都应该或适合走出去，存在政策监管或垄断的资源型行业更适合在本土发展；在企业的不同发展阶段，是否适合“走出去”也不是一个一概而论的标准答案。

对中国企业来说，在决定是否要把步子迈向海外前，首先需要回答如下问题，以解决自身战略布局：

（一）竞争格局与为什么“走出去”

未来若干年，企业所处行业在全球范围内有哪些主要发展趋势？面对全球发展趋势，未来的机会与挑战有哪些？全球市场格局会产生怎样的变化？在未来的全球行业格局里，企业有怎样的战略愿景与目标？企业未来的市场重心是专注国内还是将全面拓展海外市场？

企业必须从战略角度认识国际化并结合行业特点，重视企业风险的规避与防范，不能一哄而上、盲目跟风。企业应考虑战略布局，应清楚企业所处行业在全球范围内有哪些主要发展趋势，这些趋势性变化有哪些是需要通过国际化手段来解决和追赶的，未来的机会与挑战有哪些，全球市场格局会产生怎样的变化等问题。

（二）凭什么“走出去”

当企业完成对未来一段时间内的战略规划部署后，一旦明确“走出去”路线，中国企业亟须也是必须要做的，便是进行系统的“自我诊断”。这一“自我诊断”至少要从以下问题出发：企业现有的核心竞争力是什么？这种优势是如何为企业带来过往的成功的？为了实现企业在未来全球行业格局中的战略愿景与目标，企业在未来需要具备哪些核心竞争力？企业该如何建立在现有核心竞争力的基础上，发展或获取未来所需要的核心竞争力？是否需要通过国际化的手段获取未来所需的核心竞争力？

我国企业普遍缺乏清晰成熟的海外并购战略及路线图，缺乏明确的收购策略，缺少项目评估期的当地标的资源，过度依赖中介机构提供信息，缺乏全面的标的搜索与评估能力，协同效应评估不准确。

二、去哪

战略是公司一把手的试错工程。一般来说，公司的领路人对公司的发展方向都有自己的判断，而在经营班子和董事会层面还可能有分歧。因此，无论是所聘请的中介机构，还是公司战略部新招聘来的北大、清华的研究生来描述战略，都有一个访谈老板的过程。公司的国际化战略目标是有层次的。本文将在后面专题把公司目标分为长期目标、中期目标和年度目标分解详述。

三、怎么去

实现战略目标需要资源，需要手段。笔者经常问一些企业：你们公司的战略是什么？是否进行或者需要战略转型？你怎么评价你们的战略？战略目标和资源、实现手段是否匹配？你们的战略蕴含怎样的风险？怎么去重点考察战略目标和资源、实现手段是否匹配？

并购是实现战略目标的重要手段。世界跨国公司都在通过投资项目、并购来实现产业结构的调整或者布局，寻找进一步拓展疆域的机会。例如，壳牌公司通过收购英国燃气公司，逐步在全球布局天然气行业。又如，ZF公司从百年的变速箱领域转型到电动汽车领域，以1美元的价格将其变速箱业务卖给了中国兵器下属的铁马公司。

不同细分领域的国际化过程、方式也不同。企业的国际化战略可以分为本国中心战略、多国中心战略和全球中心战略三种。本国中心战略的特点是母公司集中进行产品的设计、开发、生产和销售协调，管理模式高度集中，经营决策权由母公司控制。优点是集中管理可以节约大量的成本支出，缺点是产品对东道国当地市场的需求适应能力差。多国中心战略按照各东道国当地的实际情况组织生产和经营，将战略和业务决策权分到各个国家的战略业务单元，由他们向本地市场提供本土化的产品。母公司主要承担总体战略的制定和经营目标分解，对海外子公司实施目标控制和财务监督；海外的子公司拥有较大的经营决策权，可以根据当地的市场变化做出迅速的反应。优点是对东道国当地市场的需求适应能力好，市场反应速度快，缺点是增加了子公司和子公司之间的协调难度。全球中心战略将全球视为统一的大市场，在全世界的范围内获取最佳的资源并在全世界销售产品，以全球决策系统把各个子公司连接起来，通过全球商务网络实现资源获取和产品销售。这种战略既考虑到东道国的具体需求差异，又可顾及跨国公司的整体利益，已经成为企业国际化战略的主要发展趋势。但该战略对企业管理水平的要求高，管理资金投入大。

战略目标回答的是“去哪”的问题，商业模式和具体的投资项目都是解决“怎么去”的问题。如图所示。

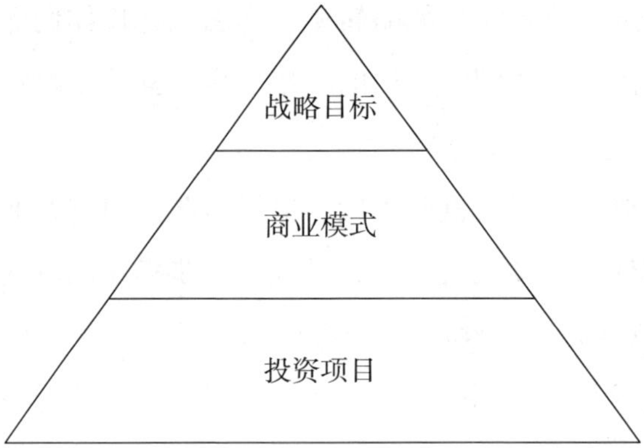

商业模式创新可以改变整个行业格局，让市场重新洗牌。许多跨国企业成功的关键在于商业模式的创新。商业模式是一个系统工程，涉及公司的方方面面——包括战略、运营、人力资源、创新、财务等，其难度也要比单一功能的创新难得多。什么是商业模式？哈佛商学院教授克莱顿·克里斯滕森认为，商业模式就是如何创造和传递客户价值和公司价值的系统，包括四个要素：客户价值主张、盈利模式、关键资源和关键流程。通俗一点来说就是以下四点：第一，你能给客户带来什么价值？第二，给客户带来价值之后你怎么赚钱？第三，你有什么资源和能力同时能带来客户价值和公司盈利？第四，你如何同时能带来客户价值和公司盈利？

在具体的实务中，战略目标的选择也就是行业战略选择、投资区域选择、进入时机选择和进入模式选择等问题，这也是本书重点讨论的问题，

【专题】如何绘制战略地图

战略地图，从愿景、使命出发，拆解出战略中的重要目标，找到战略执行最核心的问题，寻求目标到具体行动计划的可行性方案。

战略地图（Strategy Map）由罗伯特·卡普兰（RobertS.Kaplan）和戴维·诺顿（DavidP.Norton）提出。他们是平衡记分卡的创始人。2004 年 1 月，两位创始人的第三部著作《战略地图——化无形资产为有形成果》出版。

战略地图是在平衡计分卡的基础上发展来的，以平衡计分卡的四个层面目

标（财务层面、客户层面、内部层面、学习与增长层面）为核心，绘制的四个层面目标间企业战略因果关系图。战略地图的核心内容包括：企业通过运用人力资本、信息资本和组织资本等无形资产（学习与成长），创新和建立战略优势和效率（内部流程），使公司把特定价值带给市场（客户），实现股东价值（财务）。[①]

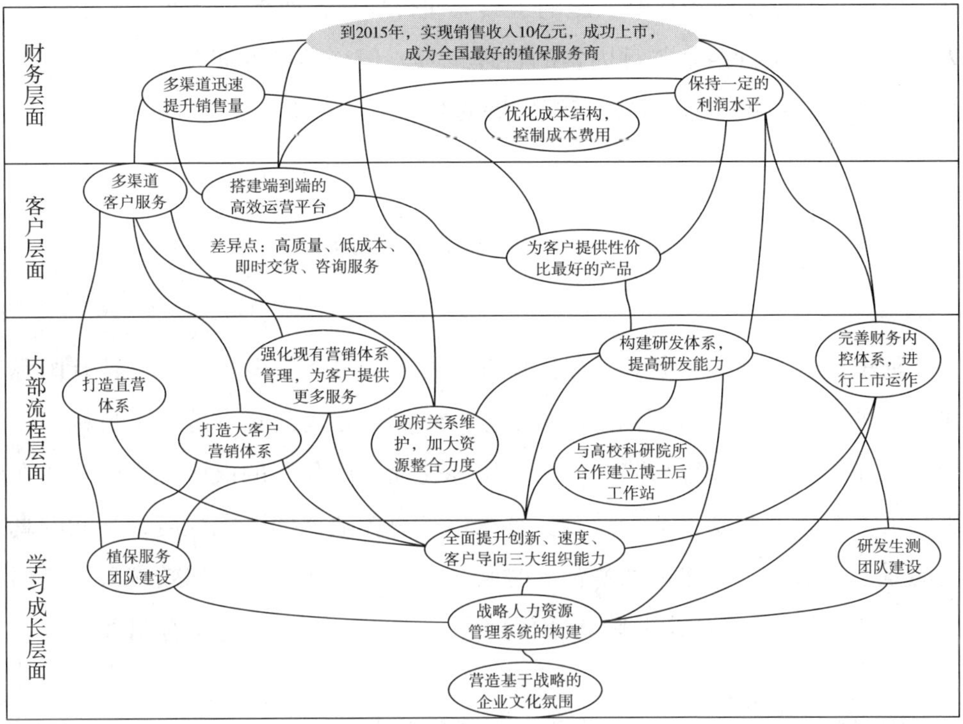

某企业的战略地图

在该图中，该公司的中期战略目标是图中最上部分的“到2015年，实现销售收入10亿元，成功上市，成为全国最好的植保服务商”。在左侧，根据财务、客户、内部流程、学习成长四个层面，描述了企业具体目标。这四个层面中，每一个层面，都有不同的细的目标，如财务层面，提出三个子目标“多渠道迅速提高销量”“优化成本结构，控制成本费用”“保持一定的利润水平”。

① 参见搜狐财经 2016-09-21：《42家中国顶级公司手绘战略图曝光！》，来源：理财周报 NO.325，http://www.sohu.com/a/114770331_117262，最后访问日期：2018年9月14日。

值得注意的是，这个细线是将所有具有勾稽关系的各个子目标相连。

编制战略地图的意义在于战略目标可视化。以几张简洁的图表直观地将企业战略、业务单元SBU战略、职能战略展现出来，“一张地图胜似千言万语”，是企业集团战略描述的一个集成平台。使得传统的绩效管理从人员考核和评估的工具转变成为战略实施的工具。使得领导者拥有了全面的统筹战略、人员、流程和执行四个关键因素的管理工具。使得领导者拥有了可以平衡长期和短期、内部和外部，确保持续发展的管理工具。

第二节 国际化战略目标

阿里巴巴公司马云曾说：“中国进行国际化的企业很多，但是具有国际化战略的企业不多。”国际化是战略的一种实现方式，而不是一个目标。将国际化作为一种目标容易陷入“为了国际化而国际化”的误区。中国企业在进行资本扩张的时候，不少没有认真思索与总体战略的匹配程度，并购的真实愿景不够明确，往往是到整合的时候才发现原来所谓的协同效应只是美丽的“肥皂泡”，最终让企业陷入沼泽泥潭。因此，并购首先要有明确的战略目标。

中国企业海外并购应以业务发展和战略布局为导向，避免“抄底”心态。跨国并购基于“捡便宜”还是根据战略目标“瞄着打”？中海油公司傅成玉董事长说，中海油的海外并购更多的是从战略出发，而不单单是为了买到便宜货。“不要看价格低就是好东西，人家都热的时候我们要冷静，看到机会的同时更要看见背后的风险。”中国企业应首先对未来长远发展有清晰定位，从集团整体战略到各行业战略再到各部门职能战略，甚至未来衰退行业的退出战略，新兴行业进入战略，以及完善的战略管理能力和动态调整优化机制的建立，等等。

什么是国际化战略目标？国际化战略目标是有层次的，包括长期目标，中期（五年）目标和年度目标三个部分。

一、国际化战略的长期、五年和年度目标

制定国际化最重要的原则是资源与目标相匹配。

（一）国际化战略的长期目标

“兵马未动，战略先行”，长期目标是一个大家坚信的远景。

中国铝业公司20世纪初提出的远期战略目标是“国际化多金属矿业公司”。北京第一机床厂长远目标是成为“具有全球竞争力的机床装备制造和服务供应商”。从1998年临危受命担任中化集团总裁10余年的刘德树，设立的国际化目标是让中化成为“具有全球地位、受人尊敬的伟大公司”。中国北方工业公司2014年新任总裁提出的远期目标是“建设具有全球竞争力的世界一流跨国公司”。成立于1993年的海航集团2015年步入世界500强“只是一个起点”，海航将不断提升核心布局和加速全球布局，以“铸造世界级卓越企业”为奋斗目标，在此基础上，海航要用10年时间进入世界500强的第一方队，也就是前10名。

我们看出以上长期战略目标有三个共同的特点是，其一，公司长期聚焦的行业和业务范围，如“多金属矿业公司”“机床装备制造和服务供应商”，或者干脆是综合类的“跨国公司”。其二，公司长期发展的行业地位，如“具有全球竞争力的”“国际一流的”“亚洲一流”“东亚一流”“中国一流”等内容。其三，长期目标需要定位高远，简洁大气，实事求是，最好为一到二行字。

公司的远期目标也是动态发展的。一方面，经营环境在变；另一方面，公司的远期目标往往是公司领导的意志，当领导任期目标结束时，可能新的领路人会提出新的远期目标。这种动态发展，往往是公司战略的螺旋上升。

（二）国际化战略的五年目标

五年目标一般包括行业地位的定量描述，如蒙牛“步入世界乳业10强”，还应该有收入指标，如“实现500亿人民币主营收入”。此外，有些企业的五

年目标还可能包括其他指标。比如，前例战略地图中企业的“到 2015 年实现销售收入 15 亿元，成功上市，成为全国最好的植保服务商”五年战略目标中的“成功上市”。

蒙牛集团 2010 年年初制定的五年发展目标是实现 500 亿人民币主营收入，步入“世界乳业 10 强”。2005 年年底，美的制定《美的集团“十一五”战略发展规划》，描绘美的发展宏伟蓝图，确定了“力争在 2010 年成为一个销售收入突破 1000 亿元①、出口 50 亿美元的世界级消费类电器制造企业集团，进入白色家电前五”的战略目标。在美的“十二五”（2011~2015 年）战略发展规划中的国际化愿景是：美的产品将进入 200 多个国家和地区的主流市场，用 10 年时间成为具有全球资源整合能力的白色家电集团。

五年目标和长远目标是一脉相承的，还可能与领导班子的任期目标相结合。企业的长期目标需要通过中期目标实现。中期目标一般是五年计划，国家、地方政府和企业一般都是以五年计划展开。北京第一机床厂的长远目标是成为“具有全球竞争力的机床装备制造和服务供应商”，2005 年制定的五年目标是 2010 年实现销售收入 50 亿元，努力成为世界机床 20 强。

看得见、摸得着的五年目标才是好的国际化战略目标，2016 年 6 月 15 日，井贤栋在杭州西溪谷首届金融技术 CTO 俱乐部（FINTECH CTO CLUB）峰会上宣布蚂蚁金服国际化战略目标：“未来的愿景是，四年内，蚂蚁金服的用户 50% 在海外，50% 在国内；未来九年，可以服务全球 20 亿消费者。”同时，将“国际化”作为三大战略重点之一：第一，基于大数据能力，为整个社会金融体系提供完整的信用体系；第二，面向小微企业的金融服务；第三即国际化。从资源和人才配置的维度，全球化是战略重点。对于国际化，井贤栋表示，不是去每个国家设立一个分公司、子公司，而是赋能当地的合作伙伴，在各个市场寻找当地伙伴，输出经验，帮助他们在全球范围内提供普惠金融服务。

---

① 参见搜狐数码 2008-09-19：《美的集团：创新机制成就“白电航母”》，来源：中国电子报，http://digi.it.sohu.com/20080919/n259640929.shtml，最后访问日期：2018 年 9 月 14 日。

具有好的抓手和实现路径的五年目标才是好的国际化战略目标。为服务这一国际化目标，蚂蚁金服所投资的印度 Paytm 公司，利用蚂蚁金服和支付宝的标准和技术，在印度当地已有 1.22 亿用户，并已经成为全球第四大电子钱包，获得了印度央行发放的筹建支付银行的牌照。在韩国，蚂蚁金服通过与移动通信运营商韩国电信的合作，获得了韩国政府预筹建互联网银行的批准。脱胎于 2004 年成立的支付宝，阿里巴巴旗下的蚂蚁小微金融服务集团有限公司于 2014 年 10 月正式成立，蚂蚁金服以"互联网 +"为特色，为小微企业和个人消费者提供支付、理财、融资、保险等普惠金融服务，旗下有支付宝、余额宝、招财宝、蚂蚁聚宝、网商银行、蚂蚁花呗、芝麻信用、蚂蚁金融云、蚂蚁达客等子业务板块。2016 年年初，蚂蚁金服和 Uber 在移动出行支付领域达成合作协议，将支付宝的服务拓展到全球 68 个国家的 400 多个城市。[①]2016 年 4 月，蚂蚁金服完成 45 亿美元的 B 轮融资（公司估值 600 亿美元）。[②]2016 年 6 月，高盛资深合伙人道格拉斯·费根（Douglas L.Feagin）加入蚂蚁金服，担任资深副总裁，领导全球化相关业务。

（三）国际化战略的年度目标

年度目标一般包括"营业收入和利润 + 专项工作"两大组成部分。年度目标是运营层面的概念，也是战略实施范畴的，因为年度目标紧扣公司的五年目标以及主要领导人的任期目标。徐工集团 2015 年的年度国际化战略目标为：2015 年实现 500 亿元海外销售收入，完善海外运营体系，在海外营销、投资并购、生产基地布局和研发上实现跨越式发展。

制定年度战略目标需要考虑两个因素：其一，在前一年的收入与利润目标的基础上，根据行业环境，加一个增长率，最后和董事会、股东会讨价还价来确定。其二，根据公司五年的定量的收入和利润目标来确定。后面的这个

① 参见零壹财经 2016-06-15：苟云川，《井贤栋透露蚂蚁金服国际化战略目标：9 年服务 20 亿消费者》，http://www.01caijing.com/ejinrong/4119.htm，最后访问日期：2018 年 9 月 14 日。

② 参见 360 百科：《蚂蚁金融服务集团》，https://baike.so.com/doc/7493052-7764565.html，最后访问日期：2018 年 9 月 14 日。

做法，逐步在中国企业采用，建议借鉴。

在中小企业创业过程中，也需要实实在在的战略规划。2016年年末，两个自然人股东拟在河北保定租用村里的土地，进行土地租赁农场创业。根据他们的描述，笔者为他们写了一个长期目标“践行京津冀国家发展战略，服务首都周边市民，建设春夏秋冬不打烊的河北第一品牌分享型有机生态农场，带动乡村区域经济发展”。光写到这，还不够，我又以三年为中期目标，将此中期目标落实到年度目标：“2017年开始每年新增80个土地租赁客户，3年发展到240户土地租赁客户。实现销售收入第一年30万元，第二年60万元，第三年90万元；实现利润第一年20万元，第二年40万元，第三年60万元人民币。”根据这个目标，把投资者朦胧的思想落到了实处，需要的土地资源，他们所需要投入的精力、人力更加落地、清晰。

很多初创企业开始并没有明确的战略规划。此时，年度目标就很重要。华为的每个散点目标之所以能够实现体系化、战略化，很重要的基础是它每一年的很现实、很具体的销售目标、利润目标、市场目标等这些能够被达成的目标，而这种达成很重要的一个依托就是华为公司严格的绩效管理体系。绩效管理是战略实施的工具，通过绩效管理的工具将战略目标层层分解和落实。

二、战略是制定出来的还是走出来的

2006年前后，北京的一家中小型国有房地产公司在向何处去的问题上，董事长和总经理发生了分歧。年长一点的董事长认为不必要请外面的咨询公司做什么公司发展战略，关键是尽快拿地。年轻一点的总经理坚持要花，哪怕二三十万也要请以一个不错的咨询公司先确定一个发展战略，把上级单位的意图体现在这个战略里，根据这个战略再图发展。

这是一个2002年成立的年轻的房地产公司。房地产业务不是集团公司主流的业务板块。控股股东对该房地产板块的态度是观望：这面新开辟的地产之旗帜可能越举越高，高高飘扬到形成控股股东的一个战略板块，这面旗帜也可能越走越窄，最后自生自灭。总而言之，一切皆有可能，搞大了可能成为集团公司一个新的业务板块，一个新的战略发展方向。搞小了，也可能关门歇业。可见，该公司董事长和总经理的话都有道理。后来，该房地产公司既没有拿到足够的土地，也没有写出总经理理想的发展战略。公司不死不活地维持着，手里一直没有合适的土地储备，总是在快要树倒猢狲散时，拿一个项目维系，一直没有形成一个新的强有力的经济增长点。

由此不禁要问，公司的发展战略是由咨询公司制定出来的，还是一步一步地走出来的？

在这个案例中，我当时的建议是，其一，总经理和董事长要和更大的领导私下沟通，就公司的主要发展方向达成一个三句话的共识："公司只在一线城市、京津冀、长三角、珠三角地区拿地；公司能够拿的投资项目的基本上限是 20 亿元（此前，该公司开发的投资项目的总成本是 7 亿元、15 亿元）；公司只开发住宅项目，不开发工业用地和商业项目。"这三句话其实就是公司最大、最核心的战略。其二，在前一条达成一致的前提下，积极寻找土地，拿地。一旦拿到合适的土地，具有一定的土地储备，就为后续积累了发展基础。其三，没有必要请中介机构写一个美丽的发展战略，也不可能通过这个做战略的时间窗口，请控股股东的领导把房地产的业务先描述一个宏伟蓝图——控股股东是有可能为资源开发等重要战略板块在还没有开始之前就制定一个清晰的发展蓝图，但对这个还处在观望地位的新兴的地产业务是不可能事先给出一个这样的蓝图的。这时，需要一步一步走出来，通过积累一个一个投资项目的胜利，进而形成一个战略板块。

由这个案例，我想把以下两个观点继续深入阐述。

其一，过度依靠中介机构来完善公司战略可能是达不到效果的。日本企业并不是像那些大型的美国企业总是拥有大批战略计划人员。相反，日本企业通常只有一位具有天赋的战略家。相对 21 世纪初，与请一些咨询公司做一个花哨的战略相比，中国企业越来越注重明晰、长远的国际化战略。事实上，战略是一把手的试错工程。在企业发展的早期，没有必要请中介机构写一个高大上的发展战略报告。请中介机构制定战略往往是在公司发展到一定阶段的再梳理和再打包。公司战略不是中介机构制定出来的，而是在一把手思想的凝聚和指引下，一步一步走出来的。

其二，很多企业还没有脱离开机会导向，还在靠抓住一个一个机会来带动企业发展。这种机会导向的项目更容易失败。但这种机会导向的投资项目一旦成功，并连续投资三个类似项目，就可能形成一个新的战略方向。企业的发展早期，蒙着打也是一种战略状态。我们不能说野蛮生长是绝对不对的，关键是有没有在野蛮生长的过程中将散点的目标或者阶段性的目标逐渐形成明确的目标体系。比如说，在深圳华为公司发展初期的很长一段时间内，并没有形成可以明确表述的战略目标，甚至到2000年前后华为公司已经达到220亿元人民币销售额时，外界询问华为的战略目标，任正非的表述是“华为没有战略，如果你一定要问华为公司的战略目标是什么，我们的想法就是怎么样能够在激烈的竞争中生存下去，怎么样比竞争对手多活一口气”。相信任总的表述是他当时真实的想法，从怎么样提高自己的生活质量，到为跟随自己多年的部下承担责任，到提出振兴民族产业、产业报国，直至“我们将不得不走在成为世界第一的路上”这样宏大战略目标的提出，实际上是他自身追求和愿景不断变化的过程，也是华为公司将散点目标体系化、战略化的过程。

因此，进入一个新行业往往是投资项目和战略的互动渐进中进入的。是瞄着打，也有机会主义、渐入佳境的。独到的投资眼光首先建立在对产业的理解，发现产业的内在逻辑规律，深入地理解行业的发展前景、发展的逻辑和发展的路径的基础上。这不仅仅是指技术等专业化能力，还有对企业运营的理解和经验，以及能不能在对整个细分行业的分析基础上，构建出这个行业的投资价值模型。有了投资模型，按照模型找标的，按图索骥。

第三节　如何实现国际化战略目标

一、投资是最重要的战略举措

企业战略转型有两种。第一种，被迫转型，当问题集中到不能解决的时候，倒逼企业转型，这种转型成本是很大的，也是很痛苦的，但不手术必须死亡。第二种转型，是预见式转型，企业领导人的战略洞察能力必须超强，这种企业家是稀缺的，如 IBM 当年把 PC 业务卖给联想，就是在 PC 机快不值钱的时候提前卖了个高价，IBM 提前完成转型，非常成功。

我国经济已进入新常态阶段，政府当局正加快淘汰技术落后、产能过剩的产业，倡导新材料、新能源、高科技、智能制造、金融服务等新型行业，但凡有实力、有资金的优质企业都在思考如何实现产业转型升级。抓住欧美经济缓慢复苏、世界产业资源整合和“一带一路”倡议的良机，通过跨国并购这一捷径，迅速华丽转身的确是一步大快朵颐的妙棋。

以 BF 为例，BF 公司由一个贸易公司转型，投资是最主要的手段。同时，BF 公司的每一个新的战略板块的形成，都与中国改革开放的大的历史机遇有一定的渊源。

中国 BF 工业公司系 1980 年成立的国资委二级企业，公司营业收入位居中国最大 500 家国有企业前列，并超过世界第 500 强。建立了遍布全球的经营和信息网络，是国际知名品牌，是贯彻实施我国“走出去”战略的先行企业之一，连续多年进入全球 225 家最大国际承包商前列。

20 世纪 80 年代中后期，国家倡导“军民融合”，开始发展国际工程公司、民品专业公司和沿海的分公司。形成了民品板块和国际工程板块。2000 年，中国提出“走出去”战略。时任公司总裁高瞻远瞩，2003 年成立石油公司、2004 年成立矿产公司。经过 10 余年的发展形成了 5 个油田和 4 矿 1 厂，形成了资源开发板块。从而形成了陆军武器装备贸易、石油和矿产资源开发、国际工程以及以车辆、物流、民爆化工、房地产等为代表的民品专业化经营等四大业务板块。2014 年，在国家提出“一带一路”倡议之后，BF 公司提出“建设世界一流跨国公司”的发展目标。用户的需求在哪，我们的边界就在哪，我们的能力在哪，我们的境界在哪，我们的边界就在哪。抓住时代的机遇，公司正在谋划通过投资培育新的经济增长点，力争形成新的战略板块。

收购与合作，也是上海纺织集团重要的战略举措。

上海纺织集团在 2015 年开始启动的新一轮国资国企改革总体方案中，

确定了国际化战略，提出了战略目标：从2016年开始计划用5年时间，将进出口总额从现有的50亿美元增长到外贸与外经结合的100亿美元，其中，自营占比50%左右。集团综合收入相应达到800亿元以上，利润15亿元以上。为完成此战略目标，提出了“走出去”的路径（即外贸+外经+收购+合作），以及集团定位、国际化布局、国别选择、可以集成的力量、内外联动的战略举措。

（一）经营定位与布局

上海纺织集团十六字定位“全球资源、中国集成；上海总部，全球销售”，就是运用上海纺织集团科研、时尚、产业链和对外贸易等优势，整合全球要素资源，形成贯通海内外的纺织产业链。

6+6内外贸联动：依托集团旗下申达股份全国布局的26家车用纺织品配套企业和龙头股份近3000个全国布局的品牌销售终端，将全国市场划分为6个大区。同时以所属9大外贸公司现有18个海外机构为桥头堡，建立日韩、亚太、美国、欧洲、非洲和拉美6个全球区域公司，6+6联动，向外扩张。

1+5布局：就是全球产业产能、产业链布局。“1”是一条国际化的通路；“5”是“走出去”要建立的海外原料基地、海外制造基地、海外销售基地、创新设计集成基地、海外供应配送中心5大基地。

（二）投资布局

投资是最主要的战略举措。2016年以后的5年上海纺织将投入100亿美元进行全球收购，形成非洲资源、欧美设计、亚洲与拉美制造、中国集成、向全球销售的全球化布局，实现从贸易商向供应链集成商的转型。

最早投了一家欧洲的纺织公司，这是上海纺织集团的海外收购第一步，这家公司投资规模比较小。2015年在香港收购了一家公司，它在毛衫领域排名前四，以制造为主……。同时，成立上海棉花交易中心，跟相关的产业进行配套。

通过投资布局，上海纺织集团，取得了一系列显著成果。

一是进军非洲，2014年开始建设苏丹新型纺织产业园。上海纺织集团与新疆建设兵团等单位合作，利用苏丹丰富的土地、充足的光照和水资源，发挥中国农业生产经验丰富、农业技术设备先进、农业管理模式科学等优势，打造集团海外最大的棉花种植、纺织印染和服装家纺加工、物流贸易一体化基地。该项目第一期计划总投资10亿美元，建设约10万公顷棉花种植基地及配套的轧花厂、纺织厂。上海纺织集团打算建立产业园，主要是考虑到非洲的气候可能会比较适合种植棉花，这个绿地投资，从种子开始种下去，一直到收割出来纺成纱，跟全球供应链再进行整合。

二是上游拓展，控制低成本制造基地。纺织业的产能已经有不少转移到东南亚，以及其他工人成本低一点的地方，所以会在这些地方布局一些加工基地。集团旗下外贸企业积极向贸易链前道延伸，采用投资、品牌合作资源等方式，在东南亚地区集成了一批低成本制造基地。目前已经在缅甸、柬埔寨和孟加拉国等国形成了每年400万件套服装的加工能力、60万件套检品的能力，并计划在“十三五”期间力争翻一番。

三是合作并购，提升生产、贸易能级。集团利用旗下上海诚尚纺织品服饰有限公司的综合实力，完成了对香港一家羊毛衫企业的整体收购。该公司自主毛衫设计、制造能力达年产2500万件，80%以上的产品供应欧美知名品牌零售商和大型百货商场。下一步，集团还将收购欧美的有关车用纺织品生产销售公司。上海纺织集团的目标是做羊毛衫亚洲第一、车用纺织品亚洲第一。

四是搭建平台，整合全球纺织原料资源。上海纺织集团与新疆建设兵团联合发起并投资成立了上海国际棉花交易中心，这是设在上海自贸试验区内全国唯一的国际棉花、纺织原料及纺织品交易平台，也是国内唯一的进口棉花及纺织品的国际性电商交易平台。上海国际棉花交易中心将整合全球棉花纺织原料资源，成为联通东西南北的交易平台，目标是立足成为亚洲第一。

五是高优联手，推动时尚产业国际化。上海纺织集团承办了时尚活动品牌“上海时装周”和“上海国际服装文化节”20多年，获得成功，上海时装周已经跻身国际五大时装周的行列，并与意大利米兰时装周缔结了战略联盟。2016 年 9 月，受中央政府委派，上海纺织集团总裁朱勇率团参加了中英文化交流年活动，举行了一系列精彩活动，受到了英国时尚界的关注和好评。国务院副总理刘延东见证了上海时装周与伦敦时装周的战略合作签约。上海纺织集团还与全球行业领先、规模最大的哥本哈根皮草签订战略合作协议，此举将使全球皮草时尚落户上海，也帮助更多的中国原创设计走向国际，提升上海时尚产业和国际贸易能级。德国、荷兰、比利时、巴西和中东欧的很多设计师、时尚品牌都在探索与上海时装周开展多方面的合作。

二、四级目标考核体系落实企业的战略①

无论是财务性战略目标还是非财务性战略目标的实现都需要转换为可以考核的运营目标。运营管理体系有四个层次：战略目标（五年）、子公司经营者任期目标（三年）、投资专项目标（不定期）、年度目标（一年）。四级目标体系统筹兼顾近期、中期和远期利益关系，有助于公司发展战略规划的贯彻落实。

（一）规划目标

公司对五年发展规划纲要进行细化分解，提出若干项重点任务，明确每项任务关键节点、核心内容及达成时限，规划目标要落实到具体责任主体，规划目标一般五年制定一次。

（二）子公司经营者任期目标

在子公司经营者任期之初，根据发展战略制定子公司任期业绩考评目标，通过签订《任期目标责任书》的方式予以确定。任期一般为三年。

任期目标设 A 类、B 类、C 类三类指标。A 类指标考核子公司经济效益和

---

① 参考了 N 公司的有关成果，有改进。

经营规模情况，包括但不限于净利润、净资产收益率、EVA、销售收入、贸易量等方面。B类指标考核子公司经营管理质量和重点任务完成情况，包括但不限于现金流、市场开拓、资源获取、三项资产（应收、存货、预付）、人才队伍建设和精细化管理等方面。C类指标主要考核子公司在安全生产、廉洁从业等方面的情况。任期目标考核结果为公司对经营者任免、风险抵押金管理和任期奖惩的主要依据。

（三）年度目标

根据总体经营和子公司业务实际，个性化制定年度业绩评价目标体系，纳入公司系统年度预算，并经子公司董事会审议确定，作为子公司安排当年经营管理工作的重要参照。

年度目标也设A类、B类、C类三类指标。A类指标反映子公司在规模、效益等方面的贡献，具体指标根据子公司实际情况和行业特点设定，比如矿产行业重视资源储备，国际工程行业强调盈利能力，民品行业突出核心业务的行业地位；B类指标考核子公司经营管理质量和年度重点任务完成情况，与A类指标一样，具体指标根据子公司实际情况和行业特点设定；C类指标主要考核子公司在安全生产、廉洁从业等方面的情况。年度目标考核结果作为核定子公司经营者年薪的重要依据，也是任期业绩考评的一个组成部分。

（四）投资专项目标

投资是实现战略的主要手段，投资专项目标考核是投资管理的重要抓手。但是实践中，投资项目可行性研究中存在三个问题：①为了获得上级批准，项目单位夸大有关投资回报指标。②为了日后考核便利，还要一些项目单位刻意调低可行性研究的投资回报水平，没有客观反映投资项目的真实情况。③投资方对投资项目考核不足。项目投入运营后，投资项目可行性研究报告中的收入、利润等收益预测偏离度较大也没有考核，也缺乏奖惩。

国务院2016年出台《关于建立国有企业违规经营投资责任追究制度的意见》对违反规定、未履行或未正确履行职责造成国有资产损失以及其他严重不良后果的国有企业经营管理有关人员，严格界定违规经营投资责任，严肃追究问责，实行重大决策终身责任追究制度。2018年8月，国资委开始执行《中央企业违规经营投资责任追究实施办法》。可见，建立投资项目，尤其是重大投资项目的全过程目标考核显得更加必要。

不同投资项目的考核指标往往不同，有战略层面的（比如石油资源的储备），有财务回报层面的；有定性的，有定量的。其个性特征明显，此不展开，但提出三个投资专项指标："投资回收期"、固定资产建设项目的"验收指标"、并购项目的"整合指标"。

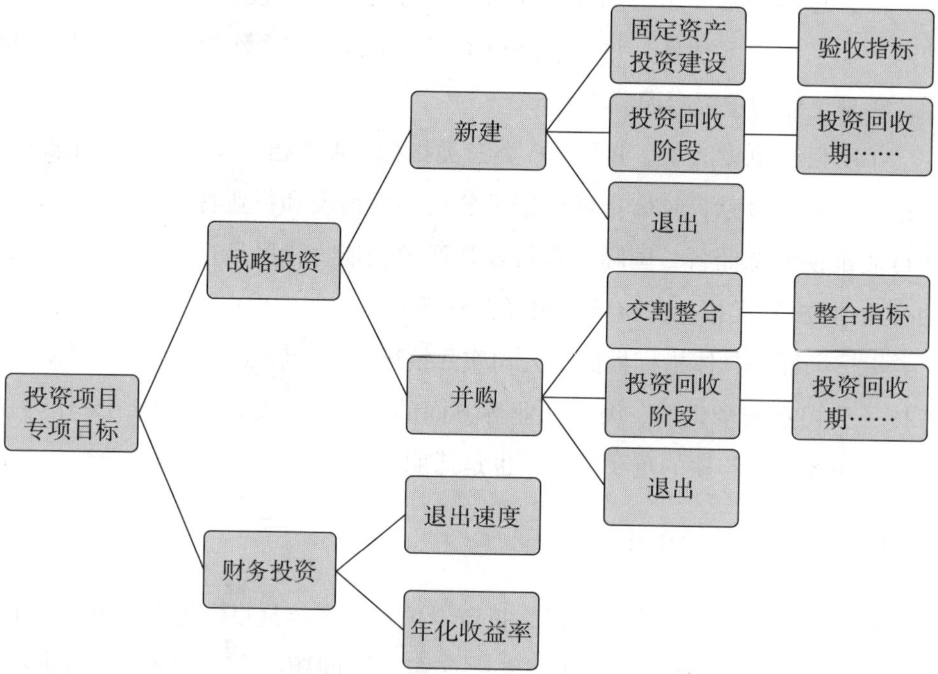

其一，并购项目"整合指标"。大部分并购项目的失败是因为不成功的并购整合上，对重大并购项目整合这一关键"细节"进行目标考核，可以促进中国企业加强并购整合环节，逐步提高并购整合能力。并购项目的资金拨付之前，就与项目经理签订《** 投资项目并购整合目标责任书》，主要包括以下内容：1. 并购整合计划的制定。2. 人员整合目标。3. 公司业务整合目标，包括现金流和收入利润指标。4. 战略、文化四大整合目标。5. 其他目标。

其二，固定资产投资建设项目“验收指标”。对于重大固定资产投资项目，有必要与项目经理签订目标责任书，从而提高固定资产投资建设单位（尤其是项目经理）的目标意识，防止项目拖期（实务中，现象比较严重）、超支等问题。在重大固定资产建设项目拨付第一笔资金之前，就与项目经理签订《**固定资产投资建设项目验收目标责任书》，并通过固定资产验收进行这一环节进行专项考核。固定资产建设项目的“验收指标”包括成本、进度、质量、团队、安全，产品达产达标等内容。

其三，投资回收期。为什么使用“投资回收期”作为投资专项目标的考核指标？因为投资回收期简单直观，比 NPV、IRR 等指标更立竿见影，容易测算，也可以为后来者树立起“重投资回收”的投资导向，对后续投资项目可行性论证起到警示作用，甚至可能影响后期的开发方案。比如，境外投资的石油、矿产项目，如果有投资回收期的考核目标，就会促使项目单位在项目前期加大生产的开发方案，尽快回款。众所周知，一旦投资成本回收，投资安全性大大提升。比如，某公司在叙利亚的投资项目，投资成本在前几年很快得到回收，后来叙利亚战乱项目停产，但是投资已经回本，安全没有影响。

怎么用“投资回收期”进行考核？比如，某项目可行性研究报告显示的投资回收期是 7 年，怎么考核运营第 4 年的投资回收期。这时，可以编制项目的前 4 年的现金流量表（要算出前 4 年的现金流量，则一定要事先计算出项目这 4 年的收入和利润），与可研对照现金流，来判断项目投资回收期的按比例完成情况。

制定投资专项目标，要注意以下两个问题：

首先，和谁签订重大投资项目责任书？规划、任期和年度三个目标都是跟子公司领导层签订的，投资专项目标是和项目责任人签订（必要时，项目负责人和子公司负责人一同作为责任人），如同，工程承包项目考核对象是项目经理。由于投资项目的运营周期比较长，难免出现项目运营负责人员更替。因此，每个投资项目从项目开始到结束，需要有一个可传递、可接力的项目责任人，这个项目责任人可能是项目单位的董事长、总经理、副总经理。

其次，处理好投资专项目标与其他三个（规划、任期、年度）目标的关系。投资项目考核可以是规划、任期、年度目标中的一给部分。如，制定年度目标时，可以参照重大项目实施后的年度收入、利润指标。又如，在一个投资项目就是一个公司时，投资项目的考核就是子公司的考核。需要说明的是，后评价不能取代投资项目考核目标。后评价是一种事后的监督，而投资目标考核是事前的运营目标考核。后评价的时点一般是项目运营两年左右的时间，有必要将投资专项目标延伸到项目投资回收期、甚至投资清算阶段。能够进行项目全生命周期的目标考核，是难能可贵的。

四级目标体系需要配套相应的过程管理机制、考核评价及结果应用机制，从而形成有机统一的闭环管控体系。包括：（1）过程管理，规划目标通过年度战略评估进行，任期目标通过年度述职进行，年度目标通过月度经营分析进行，专项目标通过专项跟踪和运营协调进行。（2）考核评价，规划目标通过五年期规划回顾实现，任期目标通过任期考核实现，年度目标通过年度考核实现，专项目标通过专项考核实现。（3）结果应用，规划回顾结果应用于新一期五年规划编制，任期考核结果主要应用于子公司主要经营者风险抵押金释放及任期奖励，年度考核结果应用于子公司经营者年薪及任期考评，专项考核结果应用于子公司经营者年薪、任期考评及实施团队专项奖惩。

四级目标体系，环环紧扣、及时动态纠偏，确保了目标的有效性，有效解决了传统目标管理中目标的确定这一难点问题。规划目标可作为任期目标、年度目标和投资专项目标的制订基础，任期目标也可作为年度目标和投资专项目标的制订基础。规划目标指明方向；任期目标予以细化明确，同时也可对规划目标进行适当修正；任期内的年度目标和投资专项目标根据实际情况进一步提升目标的客观性。

四级目标体系具有灵活性和个性。除规划目标格式要求相对统一之外，任期目标、年度目标和投资专项目标均会根据各子公司实际情况实行个性化管理。每家子公司的任期目标责任书和投资专项目标责任书均为个性化定制，每家子公司的年度目标均由个性化的考核办法予以约定。

第四节　战略的动态管理

一、战略评价与战略调整

战略评价包括考察企业战略的内在基础，将预期结果与实际结果进行比较，采取纠正措施以保证行动与计划的一致，旨在检测战略实施进展，评价战略执行业绩，不断修正战略决策，以期达到预期目标。

战略评价的具体内容包括：（1）战略是否与企业的内外部环境相一致。（2）从利用资源的角度分析战略是否恰当。（3）战略涉及的风险程度是否可以接受。（4）战略实施的时间和进度是否恰当。（5）战略是否可行。因此，面对一个战略，我习惯问的问题是，你们公司的战略是什么？是否进行或者需要战略转型？你怎么评价你们的战略？战略目标和资源、实现手段是否匹配？你们的战略蕴含的风险是什么？这几个问题放之四海而皆准，无论国家战略、城市战略、集团公司战略还是中小企业战略评价都适用。

原先选择的战略在实施过程中遇到下述情况时，会提出调整要求：第一，企业发展的环境发生了重要变化。这种变化可能源自某种突发性的社会、经济、技术变革，这种变革打破了原先市场的平衡；第二，企业外部环境本身并无任何变化，但企业对环境特点的认识产生了变化或企业自身的经营条件与能力发生了变化；第三，上述两者的结合。不论因为何种原因，企业能否及时进行有效的战略调整，决定着企业在未来市场上的生存和发展水平。

紫金矿业公司的前身是成立于1986年的国有独资企业——上杭县矿产公司。1993年8月，上杭县矿产公司改组为上杭县紫金矿业总公司，主要业务转向开发建设上杭县紫金山金矿。2000年9月，设立福建紫金矿业股份有限公司。2004年6月，更名为紫金矿业集团股份有限公司。我们看看其国际化战略目标是如何动态调整的。

第一步战略目标，“国内黄金行业领先”。

1993 年至 2000 年为公司第一轮创业发展时期。紫金山金矿的成功开发建设使其成为中国产量和效益等多项指标第一的黄金矿山。公司在这一时期完成了资本积累，培养了充满创新精神的技术和管理团队，尤其是形成了富有紫金特色的企业文化。公司于 2000 年完成了具有重大意义的股份制改造。

2003 年香港 H 股上市，实现了国内黄金行业领先的第一步目标。

第二步战略目标，“实现国内金属矿业领先”。

实现公司第一步战略目标后，公司迅速布局全国，收购和开发建设了吉林曙光金铜矿、贵州水银洞金矿、新疆阿舍勒铜矿、新疆蒙库铁矿、青海德尔尼铜矿、河北东坪金矿、内蒙古乌后锌矿、黑龙江多宝山铜矿、云南麻栗坡钨矿等一批骨干矿山，实现了低成本扩张。

2005 年是紫金矿业国际化重要的开局之年。这一年，紫金矿业还与万宝矿产公司合作介入缅甸 MWETAUNG（莫苇塘）镍矿的合作勘探项目。2005 年 8 月，公司参股加拿大顶峰矿业公司，迈出国际化的第一步。此后，公司先后在蒙古、缅甸、秘鲁、塔吉克斯坦、俄罗斯、吉尔吉斯斯坦、澳大利亚等国家投资项目。在这一时期金属价格持续上升，公司矿产品产量大幅度增加，规模和盈利空前增长。还是在 2005 年 8 月，紫金矿业集团股份有限公司和加拿大顶峰矿业公司正式签约，紫金入股顶峰并成为第一大股东，拥有 21% 的股权。

2006 年完成了一系列并购：（1）通过股权认购协议，购买英国伦敦上市公司 Ridge Mining 增发的 20% 的股票和 9.9% 的认股权证，成为该公司最大股东。（2）通过收购云南众韬公司 60% 的股权，间接持有越南大班铅锌矿及河江、宣光两省的铅锌矿、铁矿资源项目的采矿或探矿权。（3）采取控股合资经营的方式，受让山东烟台天鸿公司在蒙古纳日陶勒盖岩金矿项目中的 70% 的股份，主导该项目的建设及经营。（4）通过与黑龙江地质科学研究所设立合资公司——黑龙江紫金矿业投资有限公司，共同投资俄罗斯库顿金矿及兰塔尔斯卡亚铜镍矿项目，紫金矿业集团实际控制俄罗斯库顿金矿及兰塔尔斯卡亚铜镍矿项目的股权比例为 42.5%。（5）通过股权转让方式，持有俄罗斯新西伯利亚龙兴国际投资有限公司 70% 的股权，入主开发俄罗斯克兹尔——

塔特克锌铅多金属矿项目。

2007 年 4 月，紫金矿业牵头，联合铜陵有色和厦门建发共同出资设立的厦门紫金铜冠投资发展有限公司完成对英国 Monterrico 公司的全面要约收购，间接获得 Monterrico 主要资产位于秘鲁北部的 Rio Blanco 特大型铜钼矿床的开发权。

2008 年在上海 A 股上市，实现了国内金属矿业领先的第二步战略目标。

第三步战略目标，“进入国际矿业先进行列”。

紫金矿业将紧紧抓住世界经济和矿业调整机遇，抓住中国工业化、城镇化的机会，坚定不移地推进新一轮创业，不断适应新形势，攻坚克难，实现新发展，创造新辉煌，实现“进入国际矿业先进行列”的第三步战略目标。例如，2012 年 8 月，紫金矿业集团通过下属境外全资子公司，以场外全面要约的方式收购了诺顿金田 89.15% 的权益，此为中国企业成功收购海外在产大型黄金矿山的第一例，是紫金集团在发达国家进行矿山投资运营的里程碑。2015 年 6 月，紫金获得诺顿 100% 的权益。作为澳大利亚国内最大的黄金生产企业之一。

为实现以上动态调整的战略目标，紫金矿业提出了以下战略举措：

1. 坚持金铜矿产为主业与其他金属矿产相结合。严格控制延伸产业和非矿类项目投资，非矿类投资项目必须与主业有重大协同效应。探索性进入新能源矿业（页岩气）。

2. 坚持矿业与金融、贸易相结合。做强做大财务公司，进一步发挥好资金管理平台作用。研究矿业与金融相结合的路径，适时发起成立具有协同效应的商业银行，加强黄金和金属产品的销售和市场平台建设。

3. 坚持资源优先与结构优化相结合。加大矿产资源和大型矿业公司并购力度，争取实现多个超大型矿床的成功并购。加强有潜力矿产地的补充勘查和重要成矿远景区的地质找矿工作，实现矿产资源储量快速增长。坚持抓大放小，有进有退，坚决淘汰不能为公司创造价值的项目，不断优化资产结构。

4. 坚持国际化、项目大型化与资产证券化相结合。国际化是公司未来发展的重要方向，项目大型化是未来增长的主要方式。公司继续依托境内外资本市场做大做强。

5. 坚持积极进取与严格风险管控相结合。把握矿业市场调整重大机遇，选准时机，积极果断并购对公司未来有重大影响的矿业公司（项目）；同时量力而行，把握好度和节奏，避免出现重大风险。

6. 坚持市场化改革与科学管理相结合。积极推动企业管理变革，以市场原则决定公司资产、人力和技术等资源的配置。强化现代科学管理，完善集团、区域公司和权属公司管控体系。全面加强计划预算管理，全面促进矿业信息化建设，全面提升安全环保水平。

7. 坚持紫金文化与国际规则相结合。发扬“艰苦创业，开拓创新”的紫金精神，遵循国际规则和广泛认同的价值理念，把紫金企业文化优秀元素与国际先进管理理念相融合。

2014 年 2 月，紫金矿业第五届董事会第二次会议提出以市场的力量和准则大力推动公司体系的全面变革，坚定不移全面推进新一轮创业，确保到 2030 年把紫金矿业建设成为“高技术效益型特大国际矿业集团”的长期发展目标。

二、华润的 6S 战略管理体系

华润集团是全球 500 强企业之一，2016 年排名第 91 位。华润下设 7 大战略业务单元，16 家一级利润中心，实体企业 1948 家，在职员工 45 万多人。华润核心业务包括消费品、电力、地产、水泥、燃气、医药、金融等，其中零售、啤酒、电力、地产、燃气、医药已建立行业领先地位。2015 年年末，华润集团实现销售收入 4729.2 亿元人民币，利润总额 440.3 亿元人民币。其“十三五”发展战略是按照“做实、做强、做大、做好、做长”的发展方式，依托实业发展、资本运营的“双擎”之力，借助“国际化 + 互联网”的“两翼”之势，通过提升资产质量、优化资本结构、调整产业结构、布局全球市场、开展研发创新、提升信息化水平六大举措，实现“跑赢大市、转型升级”的目标，为股东创造效益、为社会创造价值、为员工创造成长空间，成为受大众信赖和喜爱的全球化企业。

多元化、跨地域的集团公司管控面临诸多相同的问题：集团公司还未建立系统的集团管控体系或管控体系建设零敲碎打，集团战略落地没有系统的支撑和保障；战略导向的管控体系缺位，内部资源配置无序，整体效率低下；集团层次多、总部文职化、空心化，总部缺乏控制力；对子公司无法形成一套有效的管控体系，无法形成可支撑高速发展、复制的管控模式；集团主要依靠行政手段进行管控，管控动力机制不健全；把集团管控简单等同于若干核心职能的集中管理，难以系统化解决问题；并购重组后，无法有效、深度整合；多元化无法管控、异地扩张无法管控、高速扩张无法管控；合资公司、上市公司、参股公司管控难度大，难以实现一体化运作。

战略管理一直是华润的着力点。华润内部自创的 6S 管理体系正是一套涵盖战略构建、落实、监控和执行的战略管理体系。华润集团创建 6S 管理体系的过程经历了三个发展阶段：

第一阶段是 6S 管理体系的产生阶段，1999 年，华润集团提出了 6S 的制度化构想。这一构想的整体框架是：在专业化的基础上，将集团及所属公司分为业务相对统一的利润中心，每个利润中心再划分为更小的利润点，并逐一编制号码，使管理排列清晰，进而推行预算管理，编制管理报表，相应进行审计和评价考核。这是 6S 管理体系的雏形，即业务分类制度、预算管理制度、综合信息管理制度、审计监督制度、业绩评价制度、经理人考核制度。在这一阶段的 6S 管理体系还只是以预算为导向，本质上只是全面预算管理的系统化和制度化。

第二阶段是 6S 管理体系的发展阶段。2003 年，在企业集团推进利润中心战略执行力的背景下，6S 将早已萌动的战略管理思想明确体现出来，并将战略管理作为主线贯穿 6S 始终，同时加入两大变化：一是以业务战略体系替代号码体系；二是以战略导向的多维视角完善业绩评价体系，其中平衡计分卡（BSC）理念的引入是主要推动因素。相应地，6S 的定位也由预算管理和运营控制系统提升到战略管理系统，从而实现了 6S 的变革性跨越。这是 6S 管理体系的基本内涵：业务战略体系、全面预算体系、管理报告体系、内部审计体系、业绩评价体系、经理人考核体系。

第三阶段是6S管理体系的创新阶段，即推动6S管理报告体系在集团层面基本实现信息化。这样，一个集成6S管理体系、战略管理模型和信息系统平台的6S信息化管理工程为6S的进一步落实和深入推进提供了强大的技术动力和广阔的应用空间。

华润的官方网站认为，6S是战略规划体系、业绩评价体系、内部审计体系、经理人考评体系、管理报告体系和商业计划体系6个system的简称，是华润从自身特点出发探索的多元化控股企业管理模式，是华润的核心管理体系。6S使华润集团多元化企业管理模式更科学有序，整体管理架构变得更加扁平，管理层可以及时、准确地获取管理信息，有力地促进了总部战略管理能力的提升和战略导向型组织的形成。

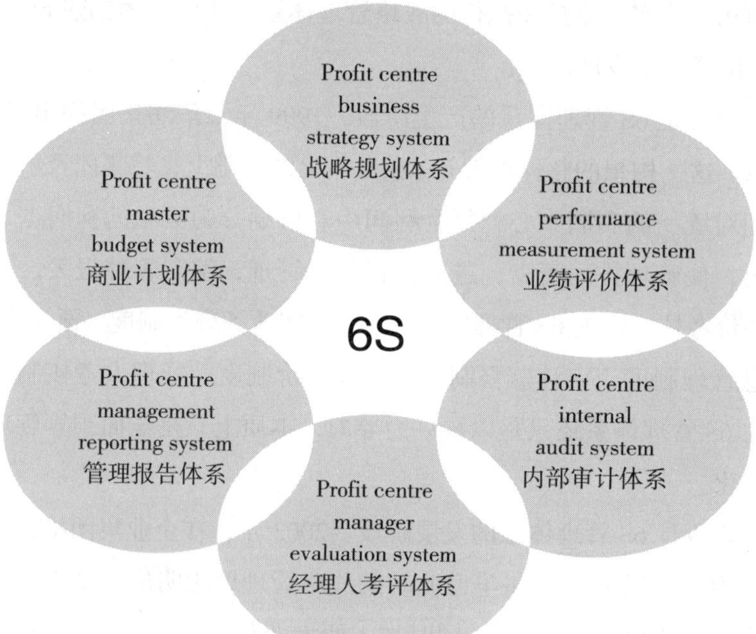

6S是将华润多元化业务与资产划分为战略业务单元，并将其作为利润中心进行专业化管理，同时推进业务战略的制定、实施和检讨的一整套管理体系，目的是使华润的管理模式与业务种类繁多和资产层次复杂等具体情况相适应，由管理法人企业转到管理主要业务与主要资产上来，由分别

多元化管理，转到各自专业化管理上来，并通过集团多元化控股的整体架构推进利润中心的业务整合和战略管理，从而逐步培育核心竞争力和形成行业领导地位。

华润 6S 管理体系的组织领导及监督执行机构是集团常务董事会下设的 6S 管理委员会。6S 管理体系自正式实施以来，通过管理运行的规范以及管理理念的引导，对推动华润集团的业务重组和利润中心专业化，形成和完善华润集团的行业战略、地域战略、组织战略、人才战略、财务战略，发挥了根本性的作用。[①]

（一）利润中心业务战略体系（Profit centre business strategy system）

在专业化分工的基础上，将集团及下属公司按战略管理的原则划分为战略业务单元，这些业务相对统一的战略业务单元设为利润中心（称为一级利润中心），每个利润中心再划分为更小的战略业务单元（称为二级利润中心或利润点），并逐一编制号码，使管理排列分类有序。这个体系能清晰地反映集团主要资产，便于按行业进行整合，并对每项业务实行实时监控，同时使各利润中心对自身的管理也有清楚的界定。这样任何一项业务经营的好坏都能按业务战略进行检讨，不会因为关系不清而使做得好的业务被做得差的所混淆，也不会因为层次差别而将战略性的业务及资产被非战略的部分所掩盖。

按照战略原则划分业务单元（SBU），每个 SBU 应是更专业化并符合总体战略。确定业务单元的发展方向、中长期战略目标和重大战略举措。利润中心是专业化发展的需要，也是总体战略的基础。

（二）利润中心全面预算体系（Profit centre master budget system）

在利润中心战略细化的基础上，推行全面预算管理，将战略目标通过预算落实到每个利润中心及利润点，并层层分解，最终落实到每个责任人每个

---

① 参见华润集团网站：《6S 管理体系》，http://hotel.crc.com.cn/SharedRes/crc_home/info/gyhr/gzzd/201405/t20140515_283035.htm，最后访问日期：2018 年 9 月 14 日。

月的经营上，从而使管理者对自身业务战略有较清晰和长远的认识，同时还能从背离预算的程度上去发现问题，并及时加以解决。全面预算以战略为导向，由下而上，由上而下，不断反复和修正，最后形成战略业务单元的全面预算报告，并汇总分析形成集团整体的全面预算报告。全面预算包括营业预算、资本支出预算和财务预算，通过这几部分预算规划业务安排、投资决策和资源配置等管理过程，实行结果导向下的过程控制，对战略举措进行分解，制订行动计划和预算，并每年进行战略检讨和战略落实，最终落实战略目标。

（三）利润中心管理报告体系（Profit centre management reporting system）

在利润中心全面预算的基础上，每个利润中心按一定的格式和内容编制管理报表，并进行管理分析。管理报表不同于对外的财务会计报表，而是一个层次清晰内容直观的内部报表，能够反映每一个战略业务单元的业务特点。管理报告每月一次，包括每个利润中心的营业额、经营利润、现金流量、成本费用、资产负债以及其他关键的个性化指标。各利润中心报表按行业进行分析，监测业务战略的执行，最后通过汇总分析形成集团的管理报告，监测整体战略执行情况，由此解决了财务报表过于概括并难以适应管理需要的问题。

（四）利润中心内部审计体系（Profit centre internal audit system）

战略的执行力、预算的完成度、管理报告的真实性以及集团统一管理规章的遵循情况，都需要通过审计进行再认定。内部审计是战略管理的监督环节和管理控制系统的再控制环节，集团及利润中心通过内部审计来强化战略执行和全面预算的推行，提高管理信息的质量，从而支持管理决策的有效性。

内部审计体系是对战略执行的方向、行动计划与战略的一致性、战略执行结果的真实性等进行审计，为业绩评价、经理人考核与任免提供依据。分为常态和非常态审计，常态是每年组织一次至四次定期审计，非常态审计由集团随时进行审计。从审计主体上，又包括：一是集团审计；二是监事会审计；三是公司委托社会机构审计。

（五）利润中心业绩评价体系（Profit centre performance measurement system）

业绩评价体系是对战略执行过程和结果的评价。按照评价结果确定利润中心奖惩。将战略转化成了财务、顾客、流程和学习四维度关键业绩指标。每一个评价维度主要是通过个性化的量化指标进行综合评价，同时为了兼顾到不同利润中心的实际情况，也可以设立一些非量化指标作为补充。各利润中心的评价结果是检讨战略和实施奖惩的主要依据，通过业绩评价促进战略执行与经营目标的实现，从而使评价成为战略执行工具。总部根据每个利润中心业务的不同，差异化地制定出不同的 KPI 评价指标与目标要求。

（六）利润中心经理人考核体系（Profit center manager evaluation system）

战略执行和经营责任具体落实到各级责任人，从而考核也要落实到利润中心经理人身上。利润中心经理人考核体系主要是在业绩评价的基础上再加上经理人标准的考核，两方面共同构成经理人考核的结果。其中华润经理人标准包括无形和有形两个层面，具体是指激情、学习、团队、诚信、创新、决断、学识、经历、智力、表达、体魄、环境 12 个方面。根据考核结果，决定经理人的奖惩以及进一步的任免使用建议。

经理人考评体系是依据战略评价结果对经理人进行考核奖惩，二者均是为了驱动战略的执行。设定标准进行年度考核，与薪酬和任免挂钩。包括业绩评价、管理素质、职业操守，另一重点资源效利用评价，核心理念是 EVA。

在 6S 之中，战略规划和商业计划都侧重于计划层面，管理报告、内部审计及业绩评价侧重于监控评价，而经理人评价是战略评价的结果应用。战略规划部门容易缺乏手段监控和评价战略落地过程，而业务部门天生关注短期利益而缺乏战略思维，因而造成战略与日常经营的脱节。而华润授予了战略管理部对业务部门的考核和投资项目评估职责，从而将战略规划、执行监控、效果评价和改进的全过程管理统一，真正实现战略落地。

多元化集团企业通常会陷入管理层级多、产业跨度大、产业协同度低、内耗严重、效率低下等问题。而华润成为少数能以战略为经营中心的集团组织，其6S战略管理体系功不可没。6S战略管理体系是将华润集团的多元化业务与资产划分为各级业务单元进行专业化管理，并推进各级业务单元的战略的构建、落实、监控和执行的一体化战略管理体系。其他企业而言，由于发展阶段、所处行业和企业核心竞争优势不同，完全照搬华润6S战略管控体系显然是不可取的，但是有借鉴意义。[①]

① 参见搜狐其他2016-09-30:《战略执行工具(6):华润6S战略管理体系》，http://www.sohu.com/a/115336339_378170，最后访问日期：2018年9月14日。

HOW CAPITAL LAYOUT

第四章

行业发展道路选择

企业的境外投资选择无非三个方向：在境外继续发展原有产业、本行业的产业链延伸发展，以及进入新的行业。

第一节 原有产业的境外投资

《2015年度中国对外直接投资统计公报》显示，截至2015年年底，中国对外直接投资覆盖了国民经济所有行业类别，制造业、金融业、信息传输/软件和信息服务业同比分别增长了108.5%、52.3%、115.2%。在中国企业的海外直接投资早期，国有企业的开发资源投资占较大比例，但最近几年，非国有企业对制造业的投资明显增加。这些中国企业充分利用雄厚的资本，积极获取发达国家企业的先进技术与经营管理方法，谋求中国制造业的转型升级。律商联讯和中国公司法务研究院联合发布《2016 ~ 2017年中国企业“走出去”调研报告》指出，从整体的投资情况看，能源与矿产、制造业是企业海外投资的热门领域。其中，国有企业在能源与矿产、基础设施方面的境外投资显著，而民营企业在制造业、生物技术、医疗健康、电信、媒体、科技（TMT）、能源与矿产领域更为突出。

在原有产业内，通过投资获得竞争地位，改变竞争格局有两个最值得关注的领域，其一，行业老二、老三合并可能成为老大，或者直接并购国际细分市场的行业老大，获得竞争地位。其二，通过并购或新设公司在国外获得新的市场或资源。

一、并购改变竞争地位

行业内排名第二、第三的企业并购整合可能成为行业老大。这种简单的并购最大的好处是迅速改变行业地位，改变竞争格局。比如联想集团并购IBM的PC业务后，联想在电脑行业的地位得到提升。如光明收购以色列食品商特鲁瓦（Tnuva）。特鲁瓦不仅是以色列最大的乳制品企业，在肉类、冷冻食品等领域也有优势，可以与光明在技术研发、市场营销、渠道通路等方面形成协同效应，也可以汲取以色列高效现代农业的经验，促进光明全产业链的精细化发展。

对各个细分市场隐形冠军的并购，或者通过并购成为各细分市场隐形冠军是企业（尤其是中小型企业）跨国并购的行业发展之路。比如，万向集团的美国并购。

二、中国农业通过产业内投资获得新的市场或资源

2015年，广东共有“走出去”企业1655家，其中45%选择投资“一带一路”相关国家，投资额较2014年增长约120%。在“走出去”的企业中，超过一半是制造业、建筑业等传统行业。这类企业尤其是加工制造类企业，往往正面临转型升级、要素成本上升、产能过剩等困境，“一带一路”沿线国家（地区）与广东省的产能互补性强，为广东产业转型升级提供了良好机遇。

如果说珠三角地区的特点在制造业，那么东北、广西等农业大省，则借助与俄罗斯和东南亚的区位优势，进行农业投资。中国农业“走出去”，是典型的在国有产业内、通过投资获得新的市场或资源。主动实施农业“走出去”势在必行。我国的经济体量、发展阶段和资源禀赋，面对未来进口农产品需求的不断增加，我国已步入农产品对外依存度长期上升的通道，中国已经把世界流通的大豆买了70%~80%，从2004年开始，我国农产品贸易持续出现赤字，2015年我国农产品贸易赤字达到462亿美元，进口了大量土地密集型

大宗农产品。

中国农业“走出去”的可行性在于境外发展农业“有价格和成本优势”。从澳大利亚生产一吨糖运到我国港口，现在是3750元，可是在中国生产一吨糖的成本为5200元，就差这么多。我们几乎所有的主要农产品都比国际市场价格贵，从水稻、小麦、玉米、大豆、棉花，到猪肉、羊肉、牛肉和食用油，都比国际市场价格贵。

我国农业企业对外投资稳步增长，年均增速在20%以上，驾驭风险的能力明显提高。是去种地养畜？还是去投资农业产业链中的关键环节？或是去圈地？又或者是去买法国的葡萄酒庄还是买新西兰的牧场？抑或对外投资农业的重点放在仓储、码头、物流、加工领域？

中粮集团走到美国，跟美国合作养猪，猪肉进入中国，到法国去在波尔多合作葡萄酒，到智利，合作智利的葡萄酒，到澳大利亚合作生产甘蔗、白糖。哈尔滨农垦在俄罗斯边境和他们合作，现在差不多有16亿斤的粮食生产，布局得非常好。

广西在柬埔寨、越南种木薯，生产淀粉然后运回来。境外的地可能很便宜，但也有其他困难。广西在柬埔寨进行农业投资的第一个困难在于没有劳动力，他们只要我们的技术人员，我们的农民不能过去，没有农民过去，用他们的农民是必需的，但是很难组织他们进行耕作。第二个困难是机械化，我们需要在那里建大型的拖拉机厂，那边跟不上，这块配不起来。第三个困难是经费问题，我们没有那么多钱能够征下几百万亩的土地，没有这个资金，银行贷款这块没有很畅通。

2014年，中国对非援助占整个对外援助资金额的近1/2，对非农业投资只占中国整个对外投资额的2%。中非之间还可以以“更大胆”“更有想象力”的方式进行农业合作。非洲农业的生产效率极其低下，国际化、信息化程度较低。相比中国，非洲的农业开发潜力巨大，中国的人均可开发耕地面积、草场面积、森林面积、水资源等均少于非洲大部分国家，非洲可作为中国农业“走出去”的重点目标。我们也看到，农业投资是一个长期的过程，“把投资潜力转化成现实，受到环境约束”，非洲存在自然、政治、社会、汇率等多方面的风险。中国以往援助及投资非洲农业的项目只有一半是成功的，更早期的项目甚至大部分都是全盘失败的。但也不乏成功的案例。

赞比亚地广人稀，在发展农业方面有许多有利条件。但由于多种原因，长期以来赞比亚却经常闹粮荒。中国在赞比亚的农业开发始于20世纪80年代末，2007年，赞比亚有15个中资农场。中国农垦总公司兴办的中垦农场在赞比亚非常知名。1994年，农场还是一片荒地。中垦农场在占地面积3500公顷的农场里开辟出了近千公顷农田，种植的农作物部分在当地市场销售，其余用来发展畜牧养殖业。现在，中垦农场已经发展成一个拥有一个主场、两个分场，集种植、养殖于一体的综合性企业，雇用当地员工200多人，并在赞比亚树立起了“中垦”品牌。农场养鸡12万只，肉牛1000头，肉猪近2000头，销售的鸡蛋占有赞比亚10%的市场份额。中赞友谊农场是由中国农垦总公司与江苏农垦集团合资兴建的农场，也是中国在赞比亚最早开办的农场，2005年生产粮食就达3.7万吨左右。中赞友谊农场正常年份的利润率在30%以上，即使灾年也能做到收支基本持平。

【专题】日本、韩国农业对外投资的经验教训

日本农业对外投资规模逐年加大，海外农场主要集中在中南美洲、中亚和东欧等发展潜力巨大的农业新兴地区，遍及巴西、阿根廷、俄罗斯、乌克兰、中国、印尼、新西兰、美国等地。在投资方式上，日本企业以联营、并购、订单和租赁形式为主，在海外的独资农场较少，大部分以共同出资的方式进行联合经营，也不直接在海外种植玉米、大豆等需求量较大的作物，而是与当地农民签订农产品收购合约，通常还向农民提供资金、农机和技术指导等。2011年由日本林水产省、外务省、财务省、经济产业省、日本国际协力机构、日本国际协力银行、日本贸易振兴机构、日本贸易保险公司等政府及相关机构共同参与，综合利用财政金融、税收和保险等支持工具，形成了官民协力的农业海外投资模式。

韩国的海外农业开发活动，主要包括农业直接投资（FDI）、农业官方开

发援助（ODA）和政府层面支持推行的海外农业开发事业三个方面。2008年年初，韩国政府号召“建立海外粮食基地”，期望通过海外农业投资提高本国粮食自给率至50%，2009年韩国农林水产食品部制定了“海外农业开发10年基本规划”，海外农业开发活动重新恢复活力。海外开发企业数量显著增加，2008年海外开发企业为17家，而到2009年增加至35家，随后逐年增加至2014年的149家，分布在亚洲、北美及中南美等地区的27个国家和地区。自2009年起韩国政府正式推进海外农业开发事业，农业领域直接投资恢复增长势头，2014年恢复至1.16亿美元，比2013年增长32%。海外开发开垦农地面积明显扩大，从2009年的18.8千公顷扩大至2014年的53.7千公顷，所生产并回运国内的谷物量也由2010年的424吨扩大至2013年的约1.4万吨，2014年回落至7020吨。回运粮食是韩国海外农业开发的重要战略。海外开发形式向多样化开发模式转变，过去主要以单一的农场开发为主，调整为现在社会群体（力量）为主导、政府来支持的分工化开发机制，形成了以农场型、流通型和混合型为主的开发模式。

日韩两国推动农业走出去的经验教训包括：

（一）强化农业走出去官民合营运作模式

韩国在过去很长一段时间内，海外农业投资开发主要单靠企业自身的力量，往往由于民间企业进军海外市场的规模小，且因为耕地保障及持续可利用性、资金及销路等问题，生存步履维艰，大部分以失败而告终。为此，韩国于2011年开始摸索官民合作共同经营的海外农业开发模式，在菲律宾设立由韩国农渔村公社及民间企业合作联盟组成的综合产业园区，通过构建农产品加工、出口、运输等涉及农业各个环节的价值增值体系，突破传统局限于加强基建的束缚，强化了全产业链布局，提升项目的可持续性。

（二）强化海外农业项目预测评估与风险防范

日本和韩国企业海外农业投资项目的失败，主要教训在于事先未对欲购置土地的状况和利用需求及相关风险进行科学系统的深入研究分析。例如，日本在印尼东部爪哇地区的玉米开发计划，开发前仅进行了为期20天的实地调查和40天的试验调查就盲目开垦，既没有认识到该地玉米的生产量与出口量之间的显著相关性，同时也轻视了权威机构对重大露菌病害的警告，导致项目走了不少弯路。

韩国也是没对相关土地的经济性进行彻底调查，导致1978年在阿根廷购买的2万多公顷土地荒废近30年，失去了推进项目的可持续性。另外，大多数农业企业海外开发面临的东道国不可抗力风险也大，2008年韩国在马达加斯加的农业合作项目就因目标国政局动荡，被反对党过渡政权宣布取消。

（三）建立完整互联的海外农业管理体系

韩国的国际农业开发协力事业（ODA）与海外农业开发事业间的联系不够充分，且ODA推行机构之间缺乏足够的配合与协助。中央政府缺乏统领ODA的专门机构，韩国农村经济研究院、农村振兴厅等相关公共机构虽负责推行国际农业、农村领域开发协力事业，但相互间缺乏必要的信息交换和系统化的ODA资金援助系统。

目前，韩国政府积极推进以实现粮食安全为目的的海外农业开发活动，但这些活动与ODA缺乏必要的联系与互动，需要将ODA和海外农业开发事业有机整合，建立一套完整的管理体系进行战略部署，促进海外农业开发产业的持续性发展。

我国作为世界上利用外资规模最大、农业贸易最开放的国家之一，在促进中国农业农村经济快速发展的同时，对我国农业持续扩大开放、稳定国内农产品市场、提升农业竞争力和保持农民持续增收等带来了巨大挑战，尤其是在世界经济步履维艰的大背景下，我国农产品进出口贸易面临越来越多的障碍和壁垒，再加上国内耕地、水等农业生产基本资源短缺矛盾突出，农业生态环境和生产成本问题加重，国内外农产品价差越来越大，加剧了国内调结构、去库存、促升级的压力。要解决这些矛盾和问题，确保国内主要农产品稳定供给，需要进一步借鉴日韩两国农业走出去的经验与教训，加快推动农业走出去，加强农业产能国际合作，促进国内产业转型升级，提升我国全球农业资源配置能力，维护世界粮食安全。

培育市场主体，构建政产学研协作的农业对外合作模式。针对中国农业“走出去”企业散、小、乱的现象，吸取韩国海外农业投资企业规模小、效果不理想的教训，并借鉴日本海外农业投资经验，加快推进涉农企业混合所有制改革，鼓励和支持多种所有制企业采取联合经营、兼并重组、订单合作等方式联合开展海外农业投资合作，打造一批具有国际竞争力的跨国涉农企业集团。借鉴日韩官民协力合作机制和运营模式，充分整合政府、企业、金融机构、保险业、科研院所、社会组织等多种资源，向企业提供资金、通道和技术支持等，并优化农业援外项目的设计，提高农业援助与海外农业产业化经营及投资活动的契合度，积极营造服务农业“走出去”的投资环境，共同推进农业“走出去”。

创新多元路径，推进海外农业投资全产业链布局。借鉴日本农业海外投资全产业链的好做法，充分利用中国专业的技术优势作为农业海外生产与开发的关键，开展多边与双边农业科技合作，为海外农业投资合作提供支撑。引导有实力的规模企业海外农业投资由买地租地、投资建厂向设立研发中心、建立海外农业合作示范园区等形式转变，提升企业本地化经营水平。鼓励企业着眼产前、产中、产后各环节集群式抱团走出去，加强企业间优势互补，布局境外农业全产业链建设，增加我国涉农企业的国际竞争力和控制力。

第二节　产业链延伸之路

中国人在一个路口开了一家饭店，别人看赚了钱一下子在这里开了4家。与中国所有投资圈一哄而上投资一个新兴行业相比，犹太人做生意更注重产业链的互补。一个十字路口，第一个人开了一个加油站，第二个人开商店，第三个人开饭馆，第四个人开其他的。跨国企业的全球化运作应重视对产业、对行业的整合与把握，整合产业链，进行上下游一体化操作，获取超边界利润。

一个好的并购专家应对特定产业链有极为深入独到的理解、拥有和产业链核心企业家极好的人脉友谊和信任、对交易双方的人性特点有准确的感知、对并购后的整合有完整的思路、对交易的时机和关键的谈判点能及时掌控到位、不仅能进行精确的财务估值，还有艺术家般的交易结构设计灵感……

积极布局全球农业产业链。中国农业走向全球应从全产业链布局的角度出发，在农业科研、农资研发、生产、加工、物流、仓储、销售等诸多环节合理布点、长远谋划，形成全产业链的掌控能力。可以布点到农业生产相关领域，为当地生产者提供技术培训及服务，以技术和服务换产品与市场；延展到农产品加工领域，实现农产品价值增值；延伸到基础设施建设，布局农产品运输的物流体系。政府要积极支持我国农业企业布局全球农业产业链关键节点，形成以资源开发和农业全产业链合作为核心的多元化共赢局面。引导和支持农业企业向加工、物流、仓储、码头等资本和技术密集型行业以及研发等科技含量较高的关键领域倾斜，提升对外投资层次，不断优化对外农业投资结构。

在制造业的产业链布局的一个典型的应用是，从低端制造业走向“微笑曲线”的两端延伸。这些行业运营的重心从制造开始向研发和营销转移，产品的精细化程度也开始提高。

那些在海外并购越战越勇的中国公司，主要还是围绕其主营业务这个内核来做投资，强调业务之间的协同效应，他们基本上都有一以贯之的战略作为支撑，考虑全球价值链里面的转型升级。

一个好的产业链并购能使得企业获得竞争优势，或者市场地位有所加强。如安徽中鼎控股收购德国抗震降噪企业 WEGU。德国 WEGU 在抗震降噪方面具有世界领先技术，能为汽车总成、电动汽车提供智能解决方案。而中鼎股份在汽车零部件制造和国内市场销售方面能力突出，通过对 WEGU 的收购和整合，丰富了中鼎的产品系列，与其现有产品形成协同效应，从而使中鼎能够为整车厂商提供高端减震降噪橡胶产品，提高了产品的核心竞争力。大部分的产业投资都是在产业相关的战略下，进行价值链、产业链上下游的延伸。例如，国际工程、国际贸易是最早“走出去”的企业，从贸易向产业转型，从国际工程向产业转型是典型的两类价值链和产业链的延伸。

中化集团用可持续理念整合全球价值链，实现了从贸易代理向营销服务、产业服务的战略转型。出得去、站得住、走得稳。“我们做外贸起家，算国内最早穿洋服、说洋话的央企。但随着改革开放，种种进出口独家专营权被打破，当时一下子不会干了。”中化集团总裁助理、中化国际董事长张增根坦言。困境突围，中化探索向市场化、产业化战略转型。可是，“走出去”干什么？怎么干？中化人在市场中摸索出两条铁律：一是植根国家战略。“离开国内搞国际化，就像没有腿，走不远。”二是不做自己不熟悉的行业。以橡胶为例，中国天然胶进口依存度达 80%，而大部分优质资源在国外，必须走出国门。中化明确“先国内，后国外；先加工，后种植”的战略路径，在国内积累人才、经验、产业基础，再一步步迈向海外。在天然胶领域，通过产业链并购、整合、协作，中化版图不断扩大，成为全球唯一集种植、加工、营销于一体的天然橡胶运营商，天然胶种植面积达 13 万公顷，年销量超过 80 万吨，市场份额位居全球前三。在能源领域，截至 2014 年年底，中化在 11 个国家拥有 39 个油气合同区块，权益内油气储量近 7 亿桶，产量近 2700 万桶。[①]

中国泛海电力公司提出“建设寿命期内投资效益最大化的电厂”的目标，发展“小业主、大咨询、大监理”的商业模式是产业链延伸的另一个案例。泛海电力这一模式整合社会化的专业力量，通过建立战略合作关系，发挥各自特长优势互补，共同开拓市场，开发项目。提供资金和融资安排越来越成为境外业主对中国承包商的附加要求，甚至中标的附加条件。只有扮演产业链上游的角色，才能从长期的角度获得可观的利润，并且 EPC 工程业务也有了一定的保证。根据这一思路，泛海电力在成立不到三年的时间里，在印尼落实了多个电力投资项目。泛海电力依托专业咨询公司，与电力行业中优秀的设计、施工安装、运营维护单位，以及设备厂商等建立了战略合作关系，从项目前期开发，到基本建设、生产运营的各个环节

---

① 参见国务院新闻办公室网站 www.scio.gov.cn2015-11-18：赵永平，《中化集团，不做一锤子买卖的外贸“老兵”来源》，来源：人民日报，http://www.scio.gov.cn/32621/32629/32754/Document/1455729/1455729.htm，最后访问日期：2018 年 9 月 16 日。

精心策划，为未来对项目实现专业化管理，确保项目建设成功与持续盈利打下了坚实的基础。通过整合社会化专业力量，联合发展、战略合作、风险分摊、收益共享，努力实现资源最优配置，共同提高国内企业“走出去”的总体竞争力。

【案例】上海复星对印度的医药产业链并购

复星医药运用自身领先的市场地位、研发能力和制造能力，在并购中找到符合“中国动力嫁接全球资源”的投资理念，以及该医药产品的全球产业市场和中国产业链之间互相整合的机会，实现产业链嫁接。在整个制造体系，从原料到制剂到研发再到市场分销能力，在各个节点上寻找资源整合和竞争优势，积极去看更多的项目，在更多的实战中完成最适合复星医药的并购。

2016 年 7 月 28 日，复星医药宣布拟出资不超过 12.6 亿美元收购印度制药公司 Gland Pharma 约 86.08% 的股权。Gland Pharma 是一家拥有近 40 年历史、一直专注在注射剂仿制药市场的企业，2003 年通过美国 FDA 认证，产品质量体系非常过硬，产品线也很丰富。

Gland Pharma 与复星医药的战略适配性、互补性是很强的，并购之后它将成为复星医药一个很好的平台：一方面与复星医药国内的注射剂及生物制药的研发、制造能力是非常互补的，如复星能够提供很多符合国际标准、通过美国 FDA 认证的注射剂原料药，同时，复星的生物制药可以通过 Gland Pharma 的平台在印度完成最终制剂的制造、生产、销售，销往全球市场。此外，Gland Pharma 的有一定技术壁垒的好产品，也可以通过复星医药拥有强大的市场能力引进到国内市场；同时复星医药研发出来的好的注射剂产品，也可以通过 Gland Pharma 进入全球市场。

复星医药在过去几年一直在寻求国际化的突破，复星医药目前正在寻求在中国市场上积累的优势和价值在美国、欧洲、日本这样的主流市场上得到最有力的释放，正在寻求通过并购这样的方式快速地切入全球主流的仿制药业务中。中国市场很大，但美国的仿制药市场也很大，且保持了 10% 以上的年增长率，日本也在大力推动仿制药的发展，日本厚生省提出了在2020年之前提升仿制药处方比例的要求，而欧洲在紧缩开支的情况下也鼓励仿制药的使用[①]。仿制药的市场上，美日欧市场在量的提升上是大体与中国相当的。如果现在不把复星医药的产品打到这些全球主流市场，那么复星医药就只能做全球仿制药市场的一小部分。从复星医药来讲，虽然复星医药各方面能力也都具备了相当的基础，但如果单纯地靠自身一个个产品去申请批文，一个个市场去开拓的话，速度会比较慢。

并购 Gland Pharma 是复星医药仿制药全球化过程中一个重要的里程碑。在交易完成后，Gland Pharma 将成为复星医药重要的国际化药品生产制造及注册平台。同时，Gland Pharma 的好产品被引入中国市场，复星医药的产品通过成功并购 Gland Pharma 后进入印度市场。

第三节　跨界并购，进入一个新的行业

一、是否进入新的行业

行业取舍是企业永恒的话题。两种情况容易跨界投资，其一是行业比较好的时候。当整个市场向好的时候，如投资环境比较好、监管力度比较宽松，那么企业发展的空间就比较大，很多企业倾向于跨界并购。其二是原有行业的毛利率下降，没有生存空间之时，我们注意到，这些跨界并购是成长性差或未来前途不景气的行业向成长性比较好、前景比较景气的行业并购。我们还注意到，在有些行业，较少出现跨界并购。如医疗医药领域很少看到跨界

① 参见晨哨网 2016-08-01:《复星医药董事长陈启宇独家访谈：12亿美金并购 Gland Pharma 的逻辑》，http://mp.weixin.qq.com/s?__biz=MjM5MjczNjk1NQ==&mid=2650242538&idx=1&sn=15ba7d687befd176f8da6d9fa1a7bf9c&scene=2&srcid=08132d02cxHD9zZUn0H8aHhc&from=timeline&isappinstalled=0#wechat_redirect，最后访问日期：2018年9月16日。

并购。[①]

企业发展到一定阶段是否进入新的行业有两个不同的选择，有的认为要深耕原有市场，有的则认为要在原有行业衰退之前，布局新的市场。

第一种思路，坚持守住原有的领域，不扩张。

中国的机会很多，房地产、互联网、创新创业、互联网 +、境外投资等，很多优秀的企业就是在不断抓机会的过程中迷失了自己，如做传统行业的进入手游行业、P2P 金融行业，等等。跨界并购与上市公司主业的产业协同也成为监管层关注的重点。以华塑控股为例，深交所在 2016 年 5 月 27 日发给公司的问询函中指出：交易标的从事互联网金融信息服务业务，与公司现有的塑料建材和园林绿化业务相比，无论是在业务结构还是管理经营模式上均存在较大差异，缺乏有效的协同效应。公司在重组报告书中也披露“原有业务与新增业务在客户群体、经营模式、盈利要素、风险属性等方面存在较大差异，进而存在相关整合风险和新增业务的管理风险”。[②]

2003 年国药控股制定并购扩张战略时，曾经探讨过到底是并购什么，有不少区域的医疗集团想整体和国药控股合作，国药控股内部也有很多争论，国药控股聚焦的分销毛利润低至 5%，医疗工业的毛利润那么高，为什么不做？最后，国药控股坚持只做医药分销，不向医疗工业领域扩张。同时期，另外一家医药集团就是看见好东西都要，后面做崩溃了。因此，做好自己的事，并购的时候只抓住自己需要的，再好的东西如果不符合自己培植的核心竞争力的话坚决不要；做好自己的专长，即使通过并购整合手段进行扩张也一定是培植自己的核心竞争力才是这类企业的发展道路。

第二种战略，进行产业链延伸。

20 世纪 90 年代，化学工业战略调整与重组在全球范围内展开。21 世纪初，

---

① 参见微信公众号“希波克拉底医疗圈”2015-05-24：温鈊，《医疗健康产业并购：时机来了……》，来源：经济观察报，https://mp.weixin.qq.com/s/CnfYeW3Em1Qvdc3ehwyQ2w?，最后访问日期：2018 年 9 月 16 日。

② 参见微信公众号“中国证券报”2016-06-29：任明杰，《跨界并购迈入“小步慢跑”时代》，http://mp.weixin.qq.com/s/upnb_C6BhtKknriMiLNBDQ，最后访问日期：2017 年 7 月 15 日。

化学工业不再成为真正的高技术产业。国外大型化工企业出于成本、市场和环境压力等各方面的考虑，逐步将过剩的产能和落后的生产装置向我国转移，并封锁技术，使我国原本布局分散、规模偏小、技术落后的传统化学工业发展空间更加狭窄。2006 年，中化集团在全球视野内控制优势企业资源，提升产业层次和水平进行了三次成功的跨国并购，属于对行业深刻理解下的战略设计，也属于产业链的延伸。

联想，是一个实业型和产业型的公司。联想的并购，无论是并购 IBM 还是并购摩托罗拉，围绕着自己产业链的上下游来进行，是一种产业思维的并购。①

只有在一个行业内专注地去经营，长期地去耕耘和积累，才能发现那个行业中的痛点是什么，才能够针对这些痛点找到有效的解决方法。并不是所有人都非要去搞互联网、云计算、大数据、人工智能，你是炸油条的，就把油条炸好，炸成全世界最好的油条，这就是社会价值。如果遇到“瓶颈”要转型，可以跳出原有路边炸油条的框架，看看能不能标准化，能不能做成写字楼外卖，能不能配上特制豆浆，或者能不能联合附近的油条摊、煎饼摊做个小吃一条街，形成产业链转型。

一家叫罗森伯格的德资企业，就只生产汽车上用的连接器——一种小产品。这东西没有多高的技术含量，模式也很简单，但其生产管理体系、人才培养体系、质量控制体系之完善，让人不得不竖起大拇指。车间的电镀环节，这一般是污染比较重的，那里居然一丝异味都没有，而且连电镀泥都要拉回德国进行二次提炼。它的品牌认知度高，产品品质好。

转型的关键在于价值创新，为整个产业链赋予新的价值。一个企业贸然转到全新的行业，既没有行业的经验，又没有客户的基础，也没有熟悉监管的团队，失败是大概率事件。中国制造业转型升级中，糊里糊涂者有之、朝

---

① 联想起初仅做计算机，后来透过投资项目进入了 PE，进入了地产，2011 年又投资进入了农业。柳传志的观念是：1. 做农业要有长期不要获利的准备，要有非常长期的投资；2. 做农业要有非常强的管理能力，农民的管理是非常有难度的；3. 利益取决于品牌，而不是要从生产获得；4. 要有一个出色的领军人物，领军人物到了，这个就能做起来。

令夕改者有之、怨天尤人者有之、在死亡边缘挣扎者更有之……这几年制造企业日子不好过，大家纷纷动起了“转型升级”和“产业链”延伸的脑筋。成功的有一些，但更多的是失败。

华源集团从 1992 年 7 月在上海浦东成立至 2005 年年末，进行了大大小小 90 多次并购，资本由最初的 5 亿元扩增到 572 亿元，一度发展成为拥有纺织、农机、医药业的巨无霸企业集团，创下了中国企业并购的神话。这种盲目扩张终究只是一场资本游戏。到了 2005 年 9 月，华源部分企业的短期贷款偿还逾期，在短短几天内便遭到了上海银行、浦发银行等十几起诉讼，这些风险的爆发最终导致华源资金链断裂被重组的结局，涉及金额超过 12 亿元。随着多家债权银行起诉，债权银行冻结了华源下属部分公司和上市公司的部分股权，使股票价格发生波动，生产经营受到制约。2006 年 4 月，华润集团以获得华源 70% 的股权正式入主华源，华源的并购神话最终以被并购而宣告终结。盲目进行转型升级和产业链延伸的并购扩张对一家企业而言，甚至可能是一剂造成死亡的毒药！

第三种战略取向，向新的产业进军。

原有产业的规模不足以满足股东和经营层的战略目标，面临成长天花板。例如，某一企业在世界集装箱领域占据了 70% 以上的份额之后，某一企业在世界港口装卸机械占有 90% 以上份额之后，成长性就大大削弱，缺乏市场空间。美国企业策略委员会对世界 50 强进行了分析，发现 90% 以上的 50 强企业进入 50 强以后，增长速度就由原来的高增长降为 3%~4%，必须靠并购和进入新领域来保持高增长。

中国很多的行业出现了产能过剩问题，并购重组将是这些行业产业调整升级的主要出路。江河创建集团股份有限公司是中国的建筑装饰企业，收购眼科医院展现了其布局医疗服务产业链的野心。此前，江河与北控医疗设立联营公司开拓医疗健康产业，双方通过并购、参股、托管等多种运作方式进行医院管理服务、医疗设备、生命医疗等产业的投资。江河 2015 年收购澳洲连锁眼科医院（Vision Eye Institute），加快发展医疗健康业务。2016 年以来，以美的收购世界机器人巨头库卡为代表，许多产业龙头上市公司开始以全球并购、中国整合的思路在全球产业演变大潮中勇敢冲浪展现风采。

20世纪90年代末，上海复星从咨询起步发展到医疗医药，从单一技术的公司发展成多元化公司，做房地产，通过并购进入钢铁行业，再从“产业复星”转型为“金融复星、资本复星”，从香港上市开始转型，真正从产业企业成功转型为综合性的金融集团。作为金融集团，利用海外获得的低成本资金，通过战略并购的方式在海外收购一些产业，然后把这些产业带回国内市场。

很多家制造企业已经四面楚歌。渠道、店铺全军覆没，人力、材料成本日日攀升。企业该如何突围呢？这些企业纷纷开始“转型”，做吸尘器的改做机器人，做农机的改做无人机，做衣服的改做定制互联网平台。当一些资本家们听了某位“大师”的互联网思维讲座，热血沸腾，一拍脑袋就可以豪掷千金。一个做钢管生意的公司，连口罩都不舍得给员工买，却扔了几千万元去开发App互联网平台。这些“跨越式”发展的企业，一旦遇到挫折，又立刻缩回来，变得比任何人都保守。2016年，某主营轮胎设备的企业介绍自己转型升级的经验，讲了一堆“互联网+”的理念，准备进军医疗行业，跟日本专家合作做一家高端的、带有互联网思维的医院。而到2017年，他投了重金的医院没做起来，亏了不少钱。

立足今天，展望明天。企业增长到一定阶段，需要提前进行行业布局。布局需要前瞻性，企业的行业布局要与公司的战略匹配，要与自身的资源能力匹配，要防止盲目扩张。进入新的行业，有人成功，有人失败。如何选择新的行业才能规避风险呢？

二、行业研究与新行业的选择标准

密切关注引领时代发展的行业。企业在吃好碗里的同时，有一支队伍认真注意引领时代发展的行业在什么地方，不要错过机会。20世纪90年代的计算机行业是引领行业，21世纪初房地产行业是引领行业，21世纪初期“互联网+”是引领行业。

上海复星的郭广昌注重行业投资的经验。坚持长时间研究稳健投资，对整体环境、行业、企业做持续的研究，从行业中筛选出超过中国 GDP 增长速度的少数行业，并在这些行业当中，持续跟踪已经成为或者有潜力成为前十强的企业，争取较低成本地介入高增长潜力企业的机会。在这一投资理念之下，上海复星集团 2014 年到 2015 年在国外投资了 3 个保险公司，在国内投了 2 个保险公司。在投资项目层面，郭广昌只投资那些看得懂、有市场的项目，时间自然会证明那些项目的价值。对于一些不能控股，发展前景一般，尽管经营状况良好，但团队缺乏企业家进取精神的，复星也会果断卖掉。①

行业研究是对影响某一行业的各种因素进行系统、全面的分析，以获得对该行业成长性、盈利水平、成功关键因素充分研究、判断。行业研究有利于新产业的选择，有利于投资决策。行业研究需要回答三个投资问题，一是行业是否值得投资，二是行业什么时候投资，三是选择什么样的企业投资。

如何分析行业的投资价值？首先，需要分析该行业的性质，了解市场容量和行业内主要企业的情况及市场份额。其次，分析行业未来增长趋势是衡量企业成长性的重要指标，只有在行业快速发展的背景下，企业才有可能获得高速成长的机会。此外，分析行业的竞争态势以及行业的核心竞争力、壁垒可以验证企业未来的盈利方向，避免投资同质化严重的行业。最后，还要通过分析影响行业发展的因素，结合外部环境，对行业远期发展路径做出判断。在公司所处的细分行业中，分析比较公司与竞争对手之间在产品或服务分布、成本结构、营销模式和产品或服务毛利率等方面的优劣势，并预估公司在细分行业的发展趋势，预估主要地区或市场的占有率及其变化。如果竞争对手的信息不存在，可分析公司与行业平均水平相比的优劣势。

选择境外投资的投资行业时。应重点思考中国国内产业发展现状和趋势、全球产业发展态势以及当代国际直接投资流动态势，尤其是东道国的产

① 参见微信公众号“飘丰看财经”2016-07-26：飘丰，《郭广昌的投资理念》，http://mp.weixin.qq.com/s?__biz=MzIwODQyMTA4MQ==&mid=2247483793&idx=1&sn=adab7f24091afbc42f102676936d6af7&scene=7#wechat_redirect，最后访问日期：2018 年 9 月 16 日。

业发展现状和趋势。在中国的众多制造业门类中，机械加工、轻工业、化学工业、家电制造业属于最受非洲欢迎的投资行业，纺织服装业则是不太受欢迎的投资行业。这是因为，纺织服装业也是许多非洲国家的支柱产业，尤其是自 2000 年美国颁布《非洲增长与机会法案》以来，非洲国家的纺织业呈现出迅猛发展的态势，一些国家的纺织服装业还逐渐成为出口创汇的重要产业。但与纺织服装业大国中国相比，非洲国家的纺织服装业毕竟还显得相当稚嫩，其产品在国际市场上很难与中国产品竞争，这就导致非洲一些以纺织服装业为主导产业的国家对中国纺织服装产品和产业在全球的扩张充满戒备乃至敌意。特别是自 2005 年 1 月 1 日起，随着全球纺织品配额的取消及中国纺织品出口的大幅增长，中国与包括非洲国家在内的众多纺织品出口国产生了摩擦与纠纷。据有关媒体报道，2005 年上半年，非洲纺织服装业大国莱索托有 6 家纺织厂倒闭，近 7000 人失业；东非纺织服装业大国肯尼亚有 7 家纺织厂倒闭，大量工人失业，非洲的不少媒体将其归咎于中国的竞争，一些非洲纺织企业甚至呼吁本国政府支持欧美对中国纺织品出口重新设限。在这种情况下，中国纺织服装类企业到非洲投资就应格外慎重，要特别注意国别的选择和投资方式的选择。此外，还需要根据企业自身的情况，进一步深入了解拟投资对象国的详细情况，拟投资行业的详细情况，特别是有关国家和有关行业外资准入政策和市场信息方面的详细情况，而且这些信息必须是最新的、出自官方渠道的。因为每个国家鼓励投资的行业、限制投资的行业和禁止投资的行业都不尽相同，并会随着时间的推移和条件的变化而进行调整。

不同的行业具有不同的特点。能源行业投资额大、回收期长，融资结构复杂、相关方多，项目安全性及稳定性要求高。境外制造行业投资可以消化国内过剩产能，一般为市场寻求型与技术寻求型，本地化要求高。不同企业、不同行业的项目选择标准不一样。在优势行业发掘中，寻找优势企业。优势行业是指具有广阔发展前景、国家政策支持、市场成长空间巨大的行业；优势企业是在行业中具有核心竞争力的企业，其核心业务或主营业务突出，企业的核心竞争力突出，超越其他竞争者。

不同企业选择投资行业的标准也不相同。

（一）江浙地区流传的行业选择谚语

大型不如小型。江浙地区民间投资者创业的成功率相当高，他们在投资项目的选择方向上总结出如下诀窍：大型不如小型。大型项目容易形成支柱产业，但资金需求量大，管理经营难度大。而一般投资者，只要是做民间性质的投资就宜选择投资小，见效快，技术难度系数低的投资项目。

男人不如女人。西方商界有句名言：做女人的生意掏女人的腰包。市场调查表明，社会购买力70%以上是掌握在女人手里，女人不但掌握着大部分中国家庭的“财政大权”，而且相当部分商品是由女人直接消费的。市场目标对象定向女人，你会发现有更多的机会。

大人不如小孩。中国的儿童消费市场很有特色，儿童用品包含了儿童成长不同时期的各种消费。儿童消费市场大，随机购买性强，加上容易受广告、情绪、环境的影响，向这种市场投资是一种富有生命力的选择。在中国，满足了孩子的需求，在很大程度上就是满足了他们父母的需求。

用品不如食品。民以食为天。食品市场是一个十分庞大而持久不衰的热点，而且政府除了技术监督、卫生管理外，对食品业的规模、品种、布局、结构，一般不予干涉。食品业投资可大可小，切入容易，选择余地大。

江浙地区进入的行业有两个特点。其一，中小企业境外投资的行业选择上，尽量选择与亲戚、朋友从事的行业相关或相近的投资项目。这样可以得到他们的指导和帮助，少走一些弯路。选择自己熟悉的行业和掌握相关知识的行业为投资目标，要充分发挥自身所掌握的知识和技能，把其作为选择投资项目的一个有利条件。其二，江浙地区有一些小行业是永远做不出大企业来的，这种行业叫作零散型的行业。比如休闲食品是做不大的，因为不同地域对休闲食品的喜好不一样。江浙地区的中小企业多。一个中国人民大学MBA2017级的面试考生，来自浙江，他的企业规模不大，专做拉链，但他的拉链占到ZARA等著名服装品牌的30%的供应。

（二）华润集团并购的行业选择标准

1. 熟悉的行业。2. 人口驱动增长。从人口分析行业的投资价值。中国人口的老龄化，从 1950 年的正金字塔到 2000 年逐步平滑，2050 年趋向倒三角，其中有意思的趋势表明 70 岁以上的女性会越来越多。这意味着要发展机器人、医疗服务、健康产业，总之和老年人产业相关的都要发展起来，意味着中国未来男女比例可能会失衡。3. 有较高资金门槛。4. 有条件成为行业领导者，并购围绕能否成为行业领导地位。虽赚钱，但不能成为行业前三名的不做。5. 符合国家产业政策、能依托良好政府关系并能产生较好的社会效益，有能力与国际同行抗衡，能发挥华润的行业协同能力。6. 产业链的细分行业选择向微笑曲线靠近。微笑曲线中间的制造型业务容易受到上下游的挤压，难以保证合理的回报。华润集团在并购资源分配上，有意识向微笑曲线两端，也就是技术资源和市场，倾斜。2009 年底，资源掌控型和消费终端型的收入和资产占集团的 95% 以上，这两类业务在过去十年的资本回报率超制造型中间业务一倍。

（三）PE 的行业选择标准

有一家 PE 选择行业的指标是：1. 市场容量：投资一个行业，市场容量一般在 100 亿左右，如果行业要出一家上市公司，至少市场容量 30 个亿起步。2. 市场增长率：要明确行业增长处在哪个阶段。阶段不同，成长力不同，投资策略也会各不相同。3. 市场竞争格局：市场中有多个竞争者就是指数增长行业，如果是仅此一家就是技术创新型的行业。比如，市场占有率很高，但行业利润很低，那也不太值得投资；比如，品牌溢价能力，如果只能拼价格，品牌溢价是无法体现的。

另一家 PE 选择行业的标准是：1. 趋势性的行业；2. 产品的需求量要大；3. 市场不受区域限制；4. 必须成为领导品牌；5. 能小投入大产出；6. 要有一个成功的模式；7. 要有不错的利润空间。

（四）海航集团的行业选择标准

在选择行业上，海航集团设定了六个标准，1. 产业的吸引性，是否有增长空间；2. 进退的障碍；3. 产业或业务的寿命周期；4. 产业的相互关联性；5. 融资能力和金融风险；6. 应充分考虑集团过剩的资源。除此以外，海航集团在海外投资过程中遵循“五不”原则，不开展与海航集团战略发展方向不相符的项目；不开展没有正现金流收入的项目；不开展融资计划并不成熟的项目；不开展不在公司产业集团发展范围内的项目；不开展未形成规模的项目。

经常有人问我，你觉得投资什么行业比较好？行业的选择标准是什么？究竟什么样的行业是好行业？其一，主要还是看行业结构和行业竞争要素。两方面最浅层次的行业分析是行业供需分析，比如说产能过剩。中层次的行业分析是行业要素分析，深层次的行业分析是行业结构分析。行业的竞争格局是由什么来决定的？有一种提法，前五名企业互相之间的关系，决定了这个行业会不会打价格战，决定着这个行业的竞争关系。分析一个行业，一定要把这个行业里最重要的竞争要素概括整理出来。其二，决定一个行业选择的主要参考指标有六个：毛利率、市场容量、市场增长率、进入壁垒、自身的资源的匹配度、进入后的行业地位。其三，笔者多年的投资经验沉淀下来的一个理念是“熟悉的行业才是好的进入行业。”“投资需要对行业有深刻的认知，无论是已在位的行业，还是将要进入的行业”。行业认知只能靠自己，而不能靠中介机构。世界一流的中介机构长在其专业，也可能短在战略远见不足。作为未来发展方向的产业，一般要对整合的企业已经有了一个清晰的想法，或者已经有了相关的经验，或者做好了深入学习的准备。

并购需求强的行业包括预期高增长的新兴行业（如移动互联、传媒等）、细分市场增长受限谋求“双主业”的板块、区域性较强的行业（如零售、环保等）、产能过剩行业（如水泥、钢铁、医药等）。

【案例】 杉杉股份布局锂电池领域

2016 年，杉杉股份旗下品牌服装获得分拆独立上市的许可。作为一家以服装业务上市的公司，在分拆完成后，杉杉股份将彻底告别服装业务，成为一家以锂电池材料及新能源汽车产业链为主营业务的高科技新能源企业。

在杉杉宁波市鄞州区厂区，往日的制衣车间已不见踪影，取而代之的是新能源汽车产业基地，包括新能源汽车流水线、锂电池负极材料生产厂、动力电池 PACK 厂、动力总成系统集成实验室等。

1. 境内布局进入新能源领域

追溯历史，杉杉对于新能源领域的进军始于 1999 年。这一年，杉杉成立了上海杉杉科技有限公司，开始从事锂电池负极材料研发生产业务，并于 2001 年正式投产。这一锂电池负极材料的投产终结了日本企业的垄断，将产品价格由 60 万元 / 吨降到了 40 万元 / 吨。

从负极材料起步，杉杉很快将产业链延伸到正极材料、电解液等锂电池材料其他品类。如今，杉杉在锂离子正极、负极、电解液等综合材料方面已成为全球最主要的供应商之一，进入苹果、奔驰、松下等跨国公司供应链。同时随着近几年新能源汽车市场的井喷，杉杉锂电池材料也进入全新的大发展阶段。2016 年杉杉宁夏石嘴山正极项目开工，一期总投资 50 亿元，2019 年全面生产后，年产正极材料将达 5.5 万吨，年产值约 50 亿元。

杉杉在锂电池材料领域的积淀也为其进军新能源汽车产业链打开了一扇大门。2015 年，宁波杉杉电动车与内蒙古第一机械集团、北奔重型汽车集团合资成立了“内蒙古青杉汽车有限公司”，主要开发、生产电动巴士，并已实现生产运营。2016 年 4 月，宁波杉杉电动汽车获得了国家专用车生产资质。目前，杉杉已在 15 个城市布局，完成充电桩 3000 个，运营新能源车 600 辆等。至此，杉杉建立了完整的新能源汽车产业链，并在动力电池、动力总成、电容、充电桩、整车制造、储能梯次利用、汽车运营等方面形成技术积累和先发优势。

投资 50 亿元，只是杉杉布局新能源汽车整车制造的第一步。杉杉将在新能源汽车领域不断投入，而这与杉杉多年耕耘金融产业积蓄的力量密不可分。多年来，杉杉在发展实体经济的同时，在金融领域也多有涉足，仅宁波杉杉股份有限公司如今就不仅有宁波银行、稠州银行股份，还有一家融资租赁公司、一家商业保理公司和一个创投公司。

2. 境外尝试布局新能源领域

2016 年 8 月 26 日，据路透援引知情人士报道称，杉杉股份有限公司就购买全球锂业巨头智利化工矿业公司 SQM（Sociedad Quimica Y Minera）30% 股权展开深入磋商。交易价格超过15亿美元。但此交易最终未成，花落天齐锂业。

2014年，天齐集团经过一番波折收购了全球最大固体锂矿供应商澳大利亚泰利森（Talison）公司多数股权，避免了中国锂加工企业完全被国际巨头垄断压制。但是全球锂资源中，绝大多数是卤水锂资源，矿石锂资源约占34%。矿石锂资源的开采成本远高于卤水锂资源，也导致了泰利森公司始终比不过掌握卤水锂资源的三巨头。在锂化工行业，智利SQM与美国雅宝（Albemarle）和美国FMC被称为锂供应商三巨头，几乎垄断了全球80%的卤水锂盐产量，决定了全球锂价。南美的政治形势一向很混乱，增加了收购的不确定性。中国企业收购智利铜矿的过往经历也不尽是美好的，当地住民及文化也添加了整合面临的困难。①

2016年8月，杉杉股份收购SQM部分股权的交易宣布终止。2016年9月，天齐锂业成功购买SQM2.1%的股份。2018年8月，天齐锂业21亿增资子公司，加速收购SQM。交易完成后，天齐锂业持有SQM25.86%的股权，成为其第二大股东。

三、怎样进入一个新的行业

以下力量影响企业进入一个新行业。

（一）政治的力量与科技的力量

政治创造历史，技术创新世界。

在一个社会潮流，在一个时代的技术发展水平之内，世界和东道国总有一个新经济的政治大势、新经济的技术潮流。例如，21世纪初的新材料，现在的TMT、机器人、工业4.0、清洁能源。20世纪80年代，我们是到大百科

① 参见晨哨网2016-08-29：陶永祥，《杉杉进军智利：投下打破锂资源垄断的利矛》，http://mp.weixin.qq.com/s?__biz=MjM5MjczNjk1NQ==&mid=2650242884&idx=1&sn=1c889a3abef3f7b6aa7586fa0ce12113&scene=0#wechat_redirect，最后访问日期：2018年9月16日。

全书中去查资料。现在，百度几秒钟之内就可以找到你要的知识。

2016年3月，李克强总理在《政府工作报告》中，明确提出了“新经济”的概念。以互联网、云计算、大数据等信息技术为主，包括智能机器人、3D打印、无人驾驶汽车等智能制造技术以及纳米、石墨烯等新材料技术，氢能、燃料电池等清洁能源技术，基因组、干细胞等生物技术，这些新兴技术相互渗透，构成了“新经济”的技术和产业基础，发展势头既方兴未艾又风起云涌。这种政治的力量，对企业，尤其是投资型企业的发展方向有很强的引导作用。一方面政府机关部门出台配套的发展规划，另一方面政治对新经济的产业发展有资金等支持。

2017年初春，时任中国兵器工业集团公司董事长、党组书记尹家绪在《春天里，创新正当时》中指出：“当今时代，新一轮科技革命和产业变革正在孕育兴起，新技术突破加速带动产业变革，特别是新一代信息技术的运用和融合发展，不断催生出新产业、新业态、新模式，深刻改变着人类生产生活方式。面对科技创新发展新趋势，世界各主要国家纷纷出台新的发展战略，把科技创新作为培育新的经济增长点、获得长期竞争优势的根本手段；跨国公司纷纷加大科技投入，竭力抢占新兴产业和前沿技术的战略制高点。《环球科学》评选的2016年十大科学新闻，包括LIGO首次直接探测到引力波、AlphaGo击败世界围棋冠军李世石、中国发射世界首颗量子通信卫星、全球最大口径射电望远镜启用、SpaceX完成全球首次海上火箭回收等，每一项都足以载入科技史册，都可能对技术发展、产业变革产生革命性影响。可以说，科技创新已经成为加快转变发展方式、推进结构调整、促进转型升级的核心环节，无论是一个国家、一个地区，还是一个行业、一个企业，谁牵住了创新这个‘牛鼻子’，走好了创新驱动发展这步先手棋，谁就能掌握战略主动，抢占未来发展制高点。”

十年前，全球市值前10名主要还集中在能源、金融等传统产业。现在，已经被苹果、谷歌、亚马逊等高科技与互联网企业占据半壁江山。从发明蒸汽机、发电机、计算机，再到因特网的广泛应用，新的科技浪潮一直主导着生产力和生产关系的大调整，并不断涌现出新的产业，促进社会进步。

新兴产业中，在二次元消费、工业智能、军工、工业服务、环保、新能源、移动互联、大数据、云计算和云端管理、信息安全等领域，都可能出现优秀甚至卓越的公司。在细分新兴产业中，相对更看好：1. 包含大数据和云计算的企业级服务市场；2. 全球来看有技术竞争力的人工智能相关领域，以及虚拟现实等领域；3. 包含医疗服务、体育、教育、旅游、传媒在内的个人新兴消费服务业；4. 国家战略层面支持的大飞机制造、芯片国产化、北斗、新能源汽车以及能源互联网、环保等。

（二）资本的力量

几乎每一个投资公司都有自己的主要投资板块，这些方向引导资本的走向。目前，资本追逐的方向有：

1. 可再生能源、节能环保。可再生能源主要有两个，一个是风能，一个是太阳能。清洁能源范围更大一些，包括所有新能源加一部分传统能源，像液燃气、天然气，虽然是传统能源，但清洁性很好，因此也归类为清洁能源。新能源的技术路线是动态发展的。比如太阳能，到底搞多晶硅，还是搞薄膜发电，暂没有明确定论。新能源汽车是以电动汽车，还是以氢能源汽为主要发展方向？中国是开始以电动汽车为主，近年也关注氢能汽车，日本一早开始就以氢能汽车为主要技术路径，这决定了资本走向。

2. 高端装备制造、智能机器人。无人驾驶、智能机器人离我们越来越近。北京现代制造业有五个要点：一是航空器制造与航天器制造，二是高铁装备制造，三是核电装备制造，四是特高压输变电装备制造，五是现代船舶制造。因为市场对公共产品的巨大需求，笔者预计未来现代制造业可能将逐渐上升成为我们未来支撑经济发展的支柱型产业。

3. 生命生物工程。当前，市场对生命生物工程需求巨大，涉及农业、医疗、健康领域，技术突破也比较快。

4. 信息以及新一代信息技术。芯片、无线传输技术、终端使用（互联网 + 医疗，互联网 + 教育，很多终端使用的市场空间很大）这三个热点投资方向非常有意义。信息技术以及新的技术时代是五个投资亮点：芯片、无线传输、终端使用、大数据、安全性，都将有巨大的投资机会。

5. 现代服务业。发展消费服务[①]、商务服务、生产服务、精神服务[②]是未来中国支柱型产业之一。

传统行业（农产品加工企业、汽车制造、房地产开发等）的资金需求量大，投资机会多，风险小、收益高，一直是私募股权投资基金青睐的行业。目前私募股权投资关注的行业除了传统行业以外，还有服务业、生物医药、广义IT及其他高科技行业等。私募股权投资于其最为熟悉擅长的行业才能够在市场激烈竞争的环境下立于不败之地。

同时，企业并购浪潮呈现了明显的资本时间集聚和行业集聚的特点。兼并活动除了在某一时间段会集中发生外，同时会在一定时间间隔里趋向于某一特定行业集中。由于全球一体化的不断加强，并购活动早已不是孤立行为，企业并购传染现象越来越明显，两家企业的并购往往可能引发产业内相关其他企业也采取类似的并购策略，可见资本的力量是相互影响的。

红杉资本的沈南鹏则认为：做投资，是看长期趋势和未来，不是短期热点。有些风口可以产生长期的价值，适合投资，有些却不会，这就需要静下心来做大量分析。当非常多的投资人都关注某个行业、钱不断涌入的时候，创业者之间的竞争加剧，可能不容易静下心来认真打造产品。对于他来说，不论是不是热点行业，产品的价值都不容忽视。

仁者见仁，智者见智。前腾讯副总裁吴军的投资方式很简单，不投的就3个：半导体、生物制药、新能源。新能源不投，这个行业目前基本上是依靠政府扶植的一个炒作，离开了政府扶持它就不能盈利。这也是资本的力量的一种体现。

（三）一把手的偶然因素

不同决策者具有不同的行业选择偏好。企业原有的战略板块或者公司的

---

① 消费服务包括六个部分：第一是餐饮与商贸，第二是医疗与健康，第三是养老消费服务，第四是儿童消费服务，第五是家政消费服务，第六是信息消费服务，这六个组成部分统称为消费服务。

② 精神服务也是个很宽泛的产业概念，包括影视、旅游、文化、出版等。

股东偏好，与新经济如果有交集，则可能据此通过行业研究缩小出一个短名单，在这个短名单内，由公司相应的部门进行项目搜寻，最终落实到一个具体的投资项目中。

特殊的机缘，特殊的时空，公司领导被推荐了一个投资项目。领导把这个投资项目让投资部进行调研，一旦具备可行性，公司可能就小试牛刀，小小地投一笔。如果第一个项目投成功了，则可能继续投资第二个、第三个项目，当三个项目都取得成功之时，这个战略板块的雏形就可能形成了，就成为新的产业布局。这个战略板块在公司的战略地位就清晰了，可能很多企业走的都是这个路径。

传统企业向新兴行业转型例子俯拾皆是。并购是进入一个新行业最好的办法，但需要长期的等待、准备和磨合。中国民营企业三胞集团自 1993 年创立以来，从无到有，从小到大，至今已发展成为一家以信息化为特征、以现代服务业为核心的多元化业务协同发展的大型企业集团。曾为“中国民营企业 500 强”第 19 名，全球员工总数超过 10 万人，其中海外员工达 4 万人，三胞集团通过国际并购进行新兴行业的转型值得称道。三胞集团的战略首先在其原有的商业、置业、金融和科技板块的基础上，确定了新健康产业发展方向。在此基础上，三胞集团在新健康领域通过国际并购积极布局医疗卫生、家政护理、基因检测、精准医疗等领域。21 世纪初期，三胞集团收购国内居家养老企业安康通；2014 年又收购以色列领先的居家养老企业 Natali；2016 年，三胞旗下 A 股上市公司南京新百进军生物医疗领域，收购了新加坡上市公司康盛人生集团 20% 的股权、山东脐带血库 76% 的股权，并参与设立基金拟收购中国脐带血库企业集团，布局脐带血存储业务，在一系列收购完成后将成为全球最大的脐带血存储企业。此外，三胞新健康还拥有徐州三院等多家医疗健康机构。2016 年 1 月，三胞集团与全球生物医药界知名企业 Valeant 公司在旧金山达成股权收购协议，收购后者旗下美国生物医药公司 Dendreon100% 的股权，从而成为全球首个前列腺癌细胞免疫疗法 Provenge 的拥有者，这是中国企业在美国收购的唯一原创药物，一举跻身世界精准医疗行业前沿高地。

【案例】 美的的汽车和智能机器人行业的扩张

2015年2月，笔者在迪拜去阿布扎比的沙漠路上，见到美的的巨幅广告牌，从而开始关注美的的多元化和国际化之路。

20世纪90年代末，以长虹为首的家电企业引发价格战的同时，家电部分原材料价格上涨，行业的市场竞争进一步加剧。美的的利润从2001年的2.63亿元下降到2002年的1.55亿元。为应对严峻的外部环境，美的开展了多元化与国际化的探索。从2003年后美的发展历程来看，美的选择了在家电领域相关多元化基础上的规模化、国际化，同时进行了汽车行业、智能机器人行业发展的探索。

一、国际化战略下的家电产业链成功扩张

（一）向家电零部件进军

1998年，美的迈出海外并购的第一步，开始向上游核心零部件进军。当年12月，美的集团以5400万元买下万家乐集团持有的广东东芝万家乐制冷设备有限公司和东芝万家乐电机有限公司各40%股权，成立了美芝公司，专业化研发、生产、销售空调用旋转式压缩机、往复球承式冰箱压缩机。自此，美的成功进入被誉为空调“心脏”的压缩机领域，成为当时国内唯一一家拥有空调核心能力的空调厂商。

1999年，美的在产品上进行了大规模的多元化扩张，先后启动了商用空调、微波炉、饮水机、洗衣机等新产品项目，成功地扩充产品线。此后，为了进一步完善产业链，美的向产品核心零部件进发。

2001年10月，美的收购日本三洋的磁控管工厂，进入建立微波炉核心部件——磁管控领域，构建起微波炉产业链。随后，美的又实现变压器的生产，延伸微波炉配套的产业链条。

（二）国际化战略目标

美的集团创始人兼美的集团董事会主席何享健在2008年说[①]：美的实施国际化战略首先是内因，美的的目标是到2010年实现1200亿元的销售收入，光指望着中国市场肯定不够，必须在全球寻找新的增长点；其次美的需要通过整合世界各地、各行各业的资源来提高企业运营效率；最后通过国际化可以降低经营风险，即使是某一地区或环节出问题了，也不会影响整个集团的运营。

2004年年初，美的制定了《美的集团三年战略滚动发展规划》，确定了"美的今后将走多元化发展之路，整体上要从单一的家电制造企业发展成下辖4~5个产业集团、5~6家上市公司，并在不同行业拥有4~5个知名品综合性、国际化制造企业集团。"而实现这个目标的主要途径就是并购。

多元化和国际化是美的发展的主要战略目标，也是两条主要的战略道路。2005年年底，美的制定"十一五"战略确定了"力争在2010年成为一个销售收入突破1000亿元[②]、出口50亿美元的世界级消费类电器制造企业集团，进入白色家电前五"的战略目标。美的"十二五"（2011~2015年）战略目标进一步提升为：到2015年美的集团将"再造一个美的"，实现销售收入超2000亿元，进入全球白电前三强，进入世界500强。美的产品将进入200多个国家和地区的主流市场，用10年时间成为具有全球资源整合能力的白色家电集团。

美的的国际化之路，是一个循序渐进的过程。20世纪80年代，美的最早引进国外设备和产品，立足提供OEM（代工）服务，逐渐在全世界建立分支机构，搭建信息收集、产品推销、客户服务的平台；20世纪90年代中后期开始引进海外技术，陆续与日本、新加坡、美国、韩国等跨国公司进行技术合作、资本合作，建立的合资公司就有十几个；2007年，为防范国际贸易壁垒风险，降低生产成本，在越南投资建厂，以出口到南美、欧洲等地区。此后，小家

---

① 参见搜狐数码2008-09-19：《美的集团：创新机制成就"白电航母"》，来源：中国电子报，http://digi.it.sohu.com/20080919/n259640929.shtml，最后访问日期：2018年9月14日。

②《美的集团：创新机制成就"白电航母"》报道，美的的目标是到2010年实现1200亿元的销售收入。

电和空调产品相继也在越南基地投产，日电微波电器白俄罗斯项目、环境电器泰国项目按计划推进，可以说，美的海外区域布局稳步推进。美的成立了全球化领导小组，有计划、有步骤地推动全球化战略。

美的销售收入由2003年的175亿元增长到2010年的1150亿元，实现了“十一五”末销售额达1000亿元的战略规划目标，且7年时间接近7倍的快速发展。2010年，美的空调、冰箱和洗衣机三大主营业务完成东盟地区布局；在巴西、印度和俄罗斯等开始投资生产基地，美的空调在巴西已稳居销售第一位。

（三）国内外并购进行产业链布局之路

美的经过多年的内部成长和对外收购、整合，在空调、冰箱和洗衣机领域都有了很完善的国内区域布局之后，开始在国际市场施展拳脚。几起并购使美的迅速成为家电行业多个领域的领先企业。

2004年5月，美的与东芝开利签署合作协议，美的以资产，东芝开利以现金，双方共同对美的空调事业部进行重组，美的获得重组后的控股权。2004年6月，美的以低于2000万元的价格收购美泰克国际投资有限公司，间接控股荣事达·美泰克公司。2004年11月，美的收购了华凌42.4%股权。美的在成功收购华凌和荣事达后，一举实现了从空调巨头到冰箱、洗衣机等白电系巨子的转变，产品线进一步延伸丰富，完成了美的制冷的战略布局，打破了冰洗行业的原有格局。

2005年4月，美的收购江苏春花，使春花在吸尘器的产能技术优势与美的在家电方面的渠道优势完美结合，使并购后的新春花成为在国际上有一定影响力的吸尘器制造企业。

2007年1月，美的投资2500多万美元的第一个海外基地在越南建成投产，主要生产电饭煲、电磁炉、电水壶等小家电产品。越南基地建成投产标志着美的国际化战略迈出了重要的一步，它成为美的在东盟的小家电制造基地和重要的战略据点。

2008年1月，美的将2008年定为“全球化年”，大力推进国际化战略，确定推进四大海外基地：一是空调越南基地；二是日电集团的白俄罗斯基地；三是环境电器的泰国基地；四是与开利在巴西、越南河内的合作项目基地。通过国际化战略，美的由全球市场的 OEM 业务为主，转向不断加强自有品牌产品业务。2008 年 4 月，美的以 16.8 亿元巨资收购小天鹅 24.01% 股权，成为小天鹅第一大股东。美的收购小天鹅后，在空调领域仅次于格力，冰箱和洗衣机则上升到第二，小家电则继续维持第一，美的在家电行业的整体实力直逼海尔，拥有美的、荣事达、华凌和小天鹅四个品牌，实行有序的多品牌梯次运营。

2010 年，美的国际化取得了快速发展，空调、冰箱和洗衣机三大主营业务完成东盟地区布局，在巴西、印度和俄罗斯等开始投资生产基地。美的坚守“务实稳健”“循序渐进”、冷静、动态调整的方针，加大在成本较低的发展中国家建立生产基地，让美的实现生产制造的全球化。

2010 年，美的以 5748 万美元收购了埃及最大的家电企业 Miraco 公司 32.5% 的股权，成为其第二大股东。埃及地理位置优越，埃及制造可以辐射非洲、中东和南欧，具有可利用的天然物流辐射优势，Miraco 公司占据埃及市场份额的主导地位，是美的品牌在非洲推广可整合的优质平台。

美的在国际化方面一直注重“宁可慢两步，不能错一步”。在这种思想主导下，美的长期以来一直强调走低风险的国际化道路。这期间，美的与开利的合作可谓是美的稳健开拓国际化市场的一个良好佐证。美国开利是全球最大的冷暖空调和冷冻设备制造商，多年来，开利和美的有过多次合作，从最初的合作到控股并购，业务覆盖方方面面。

2011 年 8 月，美的电器以 2.2 亿美元收购了位于巴西的开利拉美空调业务公司 51% 的权益，收购开利是美的进军越南、埃及等地后的又一次扩军动作，也是美的向国际化进军的又一个大动作。

二、汽车行业扩张的失败

2002 年以来中国汽车市场呈井喷式发展。江苏春兰、宁波波导、河南新飞、宁波奥克斯、格林柯尔、夏新等数十家中国民营企业进入汽车整车制造业，汽车市场虽竞争日趋激烈，但平均利润率仍在 20%~30%，比家电行业的平均利润率高出 3 倍以上。

2004 年 12 月，美的成立美的地产发展集团，正式进军房地产行业。并确定了将逐步走出顺德地区、进入珠三角及其他国内二、三线城市发展，力争五年内发展成为跨区域的中型房地产开发企业集团。

2003年，美的收购了云南客车厂以及湖南三湘客车公司，并计划在3~5年内成为国内领先的客车生产企业，标志着美的在家电行业之外的多元化探索。2003年9月，美的集团与昆明高新技术开发区管委会签订了“云南美的汽车整合项目”，云南美的汽车产业控股有限公司在昆明高新区注册成立。美的5年内计划总投入20亿元人民币，对云南客车厂、云南客车改装厂等企业进行改造，改建现代化生产线，塑造客车品牌，计划建成整车销售额超过50亿元的“云南美的汽车工业城”。2003年7月，美的集团与湖南省三湘客车集团有限公司签订并购意向书，湖南三湘客车开始逐步恢复正常生产。同年10月，签订正式协议入主三湘客车。

2008年年底，美的三湘客车全面停产。2009年7月，美的以6000万元出让三湘客车公司，并宣布美的将退出汽车业，未来将专注家电主业。这标志着美的汽车产业发展战略的失败。

三、2016年一年拿下三个巨头，大手笔进入机器人行业拭目以待

2015年，美的总收入达210亿美元，其中海外销售收入近85亿美元，占整体营收近四成，是国内白色家电行业中海外收入最多、占比最高的企业。2015年，美的集团再次提出力争年销售总额突破2000亿元，进入世界500强，位居全球白色家电前三位的目标，大力增加海外市场份额成了美的实现扩张的最佳途径。2016年，美的以1384.41亿元的营业收入跻身《财富》全球500强第481位。

为了实现这一战略目标，美的在并购领域蛰伏了4年，又在2015年再次出手，2015年3月，美的与国际中央空调巨头开利签署战略合作协议，共同打造一个世界级的大型冷水机研、产、销的平台；同月，美的和德国最大的工业企业博世成立合资公司，双方将在美的合肥生产基地生产多联机，出口到以欧洲为主的国际市场。同年4月，美的又与日本希克斯公司成立合资公司，剑指智能控制领域，拓展业务空间。

2016年将并购触角延伸至日本、意大利、德国，国际化进程开始大踏步

跃进，其国际并购达到一个高潮。

（一）约5亿美元收购东芝白家电业务80.1%的股权

2016年3月31日，美的发布了《关于与东芝深化战略合作的公告》，公告称，美的已与东芝签署战略合作备忘录，同意借助双方的互补优势和资源，进一步深化战略合作，在家电及其他新领域共同探索与开拓新的增长机遇。6月，美的集团收购日本东芝一案尘埃落定，美的以总额约为514亿日元（约5亿美元）收购东芝白色家电业务80.1%的股份，完成实质性交割。同时，美的将获得40年的东芝品牌的全球授权及超过5000项与白色家电相关的专利，还包括东芝家电在日本、中国、东南亚的市场、渠道和制造基地。

（二）收购意大利中央空调企业ClivetS.p.A.80%的股权

2016年6月24日，美的中央空调与意大利中央空调企业Clivet正式签订战略合作协议，收购Clivet80%的股权。此举不仅进一步提升了美的中央空调在欧洲市场的影响力及综合竞争力，也标志着美的全球经营战略再次向前推进。Clivet拟作为高端品牌引入中国市场。Clivet成立于1989年，总部位于意大利，以大型冷水机组产品研发、生产、制造为主，主要产品包括冷水机组、热泵、空气处理及净化系统等，是欧洲领先的商用空调企业。2015年，Clivet实现销售收入约1.2亿欧元（近9亿元人民币）。行业统计数据显示，Clivet约占意大利水机市场份额的5%、欧洲大型水机市场份额的3%、全球水机市场份额的1.4%。

（三）收购德国工业机器人巨头库卡

2016年10月，美的收购德国工业机器人巨头库卡获得欧盟委员会批准。对于美的来说，库卡的核心优势在于机器人综合制造实力强、下游应用经验丰富，美的通过此次收购，可以布局机器人领域的中游总装环节，并积累下游应用经验，为其在中国推广做足铺垫。

2016年4月，中国工信部公布的“十三五”期间我国机器人产业发展蓝图明确“到2020年，我国工业机器人年产量达到10万台，培育3家以上的龙头企业，打造5个以上机器人配套产业集群等”。在“工业4.0”的大背景下，受相关政策的扶持和传统产业转型升级的拉动，我国工业机器人产业将有望迎来强势爆发，因此，诸如美的集团这样的龙头企业将触手伸向了工业机器人制造领域[①]。

2016 年 8 月，美的集团斥资 37 亿欧元通过境外全资子公司 MECCA International（BVI）Limited（MECCA）全面要约收购德国库卡集团，将持有该公司的股份从 13.5% 增至 94.55%。

德国库卡集团作为四大机器人企业之一，拥有百年历史，是德国制造业的典范。库卡集团旗下三个主要业务板块分别为：库卡集团机器人板块（主要从事开发、制造并销售可应用于自动化制造过程的主要核心机器人）、库卡集团系统板块（主要从事设计和建设涵盖整个工厂价值链的自动化制造系统）、瑞仕格板块（为其他领域研发创新自动化提供解决方案）。

2015 年度库卡集团营业收入约 217.7 亿元人民币，其中 45.74% 来自欧洲，34.92% 来自北美，仅约 19.34% 来自亚洲和其他地区。相对于均有“副业”的 ABB、发那科和安川，库卡集团是四大巨头中最聚焦于机器人业务的公司，从 2015 年年报数据来看，库卡集团在四大机器人公司中体量也是最小的，这给美的集团全面收购库卡集团也带来了许多便利。

传统家电业增长趋缓加上利润下降已是不争的事实。美的集团希望借助库卡集团在工业机器人和自动化生产领域的经验和产品线，进一步提高生产效率，并推动美的集团制造升级；双方将联合开拓“广阔的中国机器人市场”，并通过优势互补与协同效应，有效提升美的集团业务多样性、全球业务布局及获利能力。

2015 年 8 月，美的首次在二级市场以相对较低的价格买入库卡集团 5.4% 的股权，2016 年增持到 13.5%，2016 年 5 月，美的集团才正式提出要约收购，拟报价每股 115 欧元。通过逐步增持的方式谋求库卡集团的控股权，既减少欧美政府和大众对于中国企业突然冒进的陌生感和资金压力，也规避了中外

---

① 参见微信公众号“并购菁英汇”2016-07-22：万成文，《听美的故事 看收购大案》，http://mp.weixin.qq.com/s?__biz=MzA5OTI0NDgyMg==&mid=2653033024&idx=2&sn=c26709c798fdf937a318df1f5e060611&scene=2&srcid=0724YkKwDwLkg9KPue1OBWQQ&from=timeline&isappinstalled=0#wechat_redirect，最后访问日期：2018 年 9 月 16 日。

企业合并中经常出现的诸多冲突和操作风险。

企业自有资金加银行贷款，以现金支付的方式全面要约收购，通过高昂的报价诱使控股股东主动退出。在这次“不请自来”的要约收购中，115 欧元的每股报价颇具杀伤力，这个价格不仅打动了小股东们，在美的集团答应库卡集团提出的 5 项承诺后，大股东福伊特集团（Voith）对这宗交易的态度即刻发生了反转。这份报价对于福伊特的意义似乎大大超出了其原先设定的投资目标，根据当时库卡集团的股价，福伊特在 2014 年收购库卡集团 25.1% 的股权差不多花了 3.7 亿欧元，而如今美的集团愿意以 12 亿欧元的价格收购其手中的股权，相当于 2 年净赚 8 亿多欧元，这对于在 2015 年还亏损 9266 万欧元的福伊特来讲无疑是一笔巨款。在美的集团签署 5 项承诺之后，福伊特果断同意转让全部所持股权。

库卡集团是德国上市公司，如果通过发行新股或换股来收购，交易过程存在较大的不确定性和市场风险。从美的集团 2016 年 6 月 16 日发出要约收购[①]，到 6 月 28 日美的集团宣布与库卡集团签订约束性投资协议，前后不足两周时间，对于如此巨额的一宗交易，速度可谓神速，很好地抑制了库卡集团股票进一步上涨，节省了大量交易成本。

本次收购交易通过欧盟、德国、美国、中国、俄罗斯、巴西、墨西哥的反垄断审查，包括通过德国联邦经济事务和能源部的审议，以及美国外资投资委员会（CFIUS）和国防贸易管制理事会（DDTC）的审查，于 2017 年 1 月全面完成。收购完成后，美的共持有库存已发行股本及现有投票权的 94.55%。

本案例推动美的集团制造升级；双方将联合开拓“广阔的中国机器人市场”，并通过优势互补与协同效应，有效提升美的集团业务多样性、全球业务布局及获利能力。

经过多年布局，美的的国际化开拓已成绩斐然。2017 年以来，美的更是

---

① 2016 年 6 月 15 日，德国联邦金融监管局审核通过了就本次要约收购向其提交的要约收购文件（德文版本）。

对外释放出明确的国际化信号，将美的未来目标定位为“全球家电龙头”。美的制定这一目标并非虚张声势，其国际化进程也不是一蹴而就，其背后是美的集团对自身战略的坚持和稳步推进。近年来，国内家电市场相对饱和，家电企业纷纷将注意力转向了国际市场，而美的在2010年前后就已将国际化经营作为公司的核心战略，并一直强调走低风险的国际化道路。

回顾美的在海外并购之路，从东芝、开利、博世、库卡，无一不是各自领域的标杆性企业，东芝拥有家用空调的优势技术，开利的大型机组具有领先地位，博世是制热领域的龙头，而库卡是工业4.0领域的先锋。随着与这些顶尖企业各项合作的落地，美的从全球的大规模制造、分销基地变为技术引领型企业路径清晰。

需要警醒的是，2016年一下吞掉三个国际巨头，能否真正在当地实现本土化、通过整合让这些“翘板”作用得到最大限度发挥，将更考验美的管理团队的能力。美的未来不仅会遇到地域、文化、技术整合等难题，还要考虑实现自身从高性价比到高品质、高技术的转变，这仍然是很大的挑战。美的国际化之路任重道远，其清晰的思路、渐进式变革的能力，让人对这家企业充满了期待。

HOW CAPITAL
LAYOUT

第五章

投资时机选择

投资需要勇敢、智慧，也需要耐性。如果你“买公司不用看价格”，就不用管什么买入时机了。一般来说，为了最终避免高风险，获得高收益，投资时机还是要考量的。企业战略千差万别，并购目的可能大相径庭，并购时机选择也会各不相同。投资家不仅需要超人的勇气“该出手时就出手”，更需要反复考察、评估、筛选投资项目，精心构造投资方案，潜心等待投资项目的耐性。

第一节　顺势而为，徐图天下

一、看政策之势、行业之势和标的企业之势

投资要看大势，看政策之势，行业之势，企业发展阶段之势。

首先，看政策之势。东道国政策现在形势是什么？这些形势又会对资本市场产生什么影响，钱会涌向哪里，和要并购的资产又有什么逻辑上的影响？例如，德国弃核并重点发展风能等新能源的决策，使得新能源领域的投资成为热点；德国削减太阳能补贴的做法使得这一领域的投资吸引力下降；我国设立中德船舶基金、中小企业发展基金及相关的投资鼓励政策也是中资企业选择在德并购时机的重要考量因素。欧债危机及欧元汇率的发展变化，又直接关系到中资企业在德并购成本。

其次，看行业之势。对并购标的所处行业层面，要看其技术路径之势，会不会有什么革命性的技术出现，要看这个行业总市场规模大概是多少，市场占有率如何，有没有竞争壁垒，有没有被打破的可能，该行业未来会有什

么变化，衰退会不会发生，市场对该行业的认同度会是什么趋势……

行业的发展一般会有初创期、规模化期、集聚期及平衡衰退期四个阶段。行业技术不断更新换代，市场竞争格局也会不断变化，在变化过程中蕴含着不同的并购机会。在行业发展的初创期，市场基本上是完全分散或市场集中度极低，此时行业主要以内生性增长为主，行业内发生收购事件的可能性较低。在行业发展的规模化期，企业的规模开始越来越重要，行业领导者开始主动进行产业整合，此时行业中已经很难诞生新创立的企业。在行业发展第三阶段的集聚期，巨头之间将会进行兼并，行业将进入寡头竞争的格局。此时巨头之间就采取相互兼并的方式进行扩张，如2005年联想收购IBM公司的PC业务。在行业发展第四阶段的平衡衰退期，行业规模的增长已十分困难，几个寡头之间的竞争达到一种动态平衡的状态，此时行业中企业将会对涉及产业链上的其他行业的企业进行收购，以取得发展。例如，互联网三大巨头百度、阿里巴巴、腾讯对自己产业链上企业的收购：百度收购PPS及91无线，腾讯收购搜狗，阿里巴巴收购新浪微博、UC、高德等。

在不同的行业发展阶段，不同的企业有不同的并购策略及并购时机选择：在初创期，企业可能更适合于选择内生性的发展方式，以培养自己的核心竞争能力及积累并购资源。在进入规模化的发展阶段后，企业可选择专注于进行行业整合，以期在即将到来的成熟期成为寡头竞争者之一。在集聚期，巨头之间将会进行兼并。在行业进入平衡衰退期时，企业需利用自身的优势向其他行业发展，尤其可以选择收购与自身所处行业产业链相近的标的企业进行扩张。

企业处在行业高毛利率时期对外扩张是未雨绸缪，企业往往有足够的财务能力去面对各种成本与困难。在毛利率转低的时期投资扩张，是因为形势逼人，但此时扩张内外竞争压力巨大，容易陷入被动的局面。

【讨论】 医疗健康产业并购：时机来了

2014年国内医疗健康并购市场宣布的交易数为390起，环比上涨20%，医疗健康领域的并购呈现加速的趋势。2015年，有记者问，目前医疗产业在资本市场估值非常高，并购也非常火，那么目前情况下，是并购的好时机吗？以下几位资本界人士就重组并购过程中的时机、风险、价格区间的控制等问题作了分享：

吴爱民：我认为并购的时机很难说什么时候最好，如果从长远考虑的话，更应该从企业不同的发展阶段来考虑并购重组的问题。当然时机的配合也很重要，更重要的是企业在不同的发展阶段需要做重组加强哪些业务，或者是要做战略的升级转型？一定是要从企业本身个性化的战略发展需求考虑。

邓建民：这个问题很好，但可能今天问这个问题和12个月前问这个问题的答案不一样。从产业结构角度来讲，我觉得总体还是洼地，价值没有被充分释放出来，成长性很好，市场分化度很高，做强做大的机会很大。就看大家怎么看时机，当然基本上我认为这个行业是没有问题。

魏奇：一方面我们看到估值越来越贵，另一方面在医药健康领域并购加速。第一个原因是这个领域外延式的并购增长是不得不走的路，因为你要靠自己研发、生产、销售再做大的话，时间不等人。第二个原因是在这个领域资本的力量是很强大的，上次我参加一个论坛，也有一些境内和境外上市的董事长，他们开玩笑说现在国内A股上市公司都是财大气粗的，在港股和美国上市的中国医药企业就有点难受，因为那边的估值比较低，所以跨市场并购有套利的空间。另外，中国企业并购外国企业的机会很大，资本也起着很大的作用。我们可以看到至少中金公司服务的这些医药医疗企业很多都是想去买东西，在这里面并购更是未来几年的主题，可能比IPO规模大很多。

俞熔：关于并购时机的问题，我这么看，无论是上市公司，还是手里已经拿到钱的未上市公司，现在都应该是非常好的并购时机。我们经常看到销售和利润相差3倍的两家公司可能估值要相差20倍，这种估值的溢价带来并购的优势。当市场逐步恢复平静的时候，如果能把整合的效应发挥出来，我认为应该是非常好的企业壮大的契机。对于快速成长中的企业，并购也是非常好的选择。

王大松：从金融服务中介商的角度考虑，我看到很多企业刚刚开始，规模都不是很大，但是如果借助资本市场领先上市，实现所谓的外延式的增长是可以在比较短的时间里达到规模效应。在竞争日益激烈的中国市场业态下，如果能够成为比较大的行业领袖，肯定可以在未来的市场环境中脱颖而出，尤其在市场变得比较恶劣的情况下。现在市场相对来说融资条件比较充裕，如果能够抓住时机，利用现在充裕的资本环境，做一些收购，肯定对公司是有好处的。但一定要注意匹配性，如果你的业务发展在某一个周期上，你并不需要这样的并购机会，你硬套显然效果不会太好。还有就西方的金融理论而言，如果你的公司市盈率是 20 倍，用股票做收购，显然对股东价值有侵害。现在 A 股市场在 4000 点左右，所有的医药公司，不管在 A 股，还是在境外，也是属于在过去相当长一段时间内估值水平最高的基础上，这时候如果有资金池的支持去寻找一些标的，是对企业发展比较好的手段[①]。

再次，看标的企业之势。

有时候，某个曾经千亿美元估值的资产可能刚过几年就只剩几亿美元了。2016 年 7 月，美国通信巨头 Verizon 宣布以 48.3 亿美元收购雅虎。48 亿美元的售价还不到其巅峰时期千亿美元估值的一个零头。有时候，一些大家认为完全不可能出售的资产，经历一些变故也终被卖。有时候，企业管理层闹矛盾，你说服了其中一部分支持你，就大胆地去收购吧。有时候，该企业爆出你尽调时没发现的问题，尽量去砍价吧。有时候，该企业的行业出现了一个强劲的竞争者，说不定企业主又慌了。

因此，采取恰当的并购策略是必要的。例如，为了提高中资企业在德并购的性价比，大多选择在被并购对象经营出现困难的时点，提高讨价还价能力，用较低的价格获取较高的收益。所以，徐工并购施维英选择了其因欧债危机，经营出现困难的节点；宁夏乐义并购德国海涅选择该家族企业掌门人突然去世，家族利益分配出现冲突的节点；大连三垒并购德罗斯巴赫选择该企业

---

① 参见微信公众号“希波克拉底医疗圈”2015-05-24：温鈊，《医疗健康产业并购：时机来了……》，来源：经济观察报，https://mp.weixin.qq.com/s/CnfYeW3Em1Qvdc3ehwyQ2w?，最后访问日期：2017 年 11 月 13 日。

进入破产程序的节点。此外，原有业务不景气也会影响到中资企业在德并购的时间选择，如目前造船业的不景气，使得不少中资船企在德投资风能等非船业务的愿望持续发酵[①]。

二、并购，我们在等什么

等，是一种投资智慧。

笔者主张研究产业周期波动趋势，把握并购进入时点，主张静待时机的到来，这一投资理念不仅在证券投资适用，在产业投资同样适用。市场的冬天就是投资的春天。当市场泡沫破灭、走向衰退之际，别人不敢贸然激进，此时恰恰是“逢底吸纳”的最佳进场时机。

巴菲特的原则是：不要频频换手，直到有好的投资对象才出手。如果没有好的投资对象，那么他宁可持有现金。据统计，现金在伯克希尔哈撒韦公司的投资配比中占 18% 以上，而大多数基金公司只有 4% 的现金。

证券市场的大投资家有以下名言：耐力胜过头脑（彼得·林奇）。耐心等待确定信号的出现，避免高风险的模糊不清阶段的盲目投资（伯妮斯·科恩）。我只管等，直到有钱躺在墙角，我所要做的全部就是走过去把它捡起来（罗杰斯）。平常时间，最好静坐，越少买卖越好，永远耐心地等候投资机会的来临（罗杰斯）。耐心等待正确的时机可以最大限度地增加我们投资成功的可能性。你不用常常处于市场中。像埃德温·利沃默在他的经典著作《股票作手回忆录》中说的，“华尔街的傻瓜认为他必须在所有时间都交易。对于我而言，从来不是我的思考替我赚大钱，而是我的坐功。明白了吗？我一动不动地坐着”。

产业投资也是这样。海外投资之路不能急于求成，不仅要预先做好对目标行业的研判，对于目标市场政策、法律、资源、环保和相关资质等方面的

① 参见雪球网站 https://xueqiu.com 2015-08-07：《中资企业在德并购之路浅析》，https://xueqiu.com/4658806119/53801226，最后访问日期：2017 年 7 月 7 日。

深入研究，还应该循序渐进。并不是看到好的标的就立刻出手。合适的战略目标，合适的时机，进行尽职调查后到最佳时间窗口再出手，胜算才会大。

2016年，协鑫集团收购了一家成立于1959年的美国太阳能行业巨头。这个行业巨头有一个全球领先的核心流化床技术，最高点的股价是几十美元甚至更高，是一家百亿美元公司。但因为不断扩张、不断用财务杠杆，导致了经营危机。它在百亿美元的时候，就曾问协鑫集团要不要入股。后来，其股价从100亿美元降到10亿美元，又降到1亿美元，向美国SEC申请破产后市值跌到5000万美元以下。2016年4月，他们向美国提交完成破产保护，股价从30多美元跌到0.34美元、市值相应地从100亿美元跌到6000万美元时，协鑫集团开始通过海外上市公司跟对方谈。当时，真正能接手他们企业，在光伏及新能源行业里有能力、资金、占有足够大市场的合格投资人并不多。[①]

可见，投资的所有回报，几乎都来自等待。投资的最高境界是“不投”。

在我们一生的产业投资过程中，我们真不需要每年都去做交易，很多时候我们需要手持现金，耐心等待。由于市场交易群体的无理性，在不确定的时间段内，如3年至5年的周期里，总会等到一个或者一些完美的高安全边际的时刻。市场的无效性总会带来价值低估的机会，此时就是你出手的时候。就如非洲草原的狮子，它在没有猎物的时候，更多的是在草丛中慢慢地等，很有耐心地观察周围情况，直到猎物进入伏击范围才迅疾出手。

在证券投资领域，绝大多数投资者的资产都是在频繁的交易中损耗掉的。因为他们怕踏空，怕错过每一个似是而非的机会。事实上，即使你所有时候都踏空了，你的收益还有0%。要知道这个市场90%以上的股民长期来看是亏损的，就凭0%的收益率，你就可以进入成功的前10%。

因此，争即是不争，不争即是争。

投资并不是只争朝夕的游戏。选择的机会越多，失误的次数也就越多。学习巴菲特投资理念的投资者很多，但最重要的一点却被大多数人忽略了：当

---

① 参见微信公众号“财道家塾”2017-01-20：凌众保，《协鑫集团凌众保：盘点跨国并购那些坑》，http://mp.weixin.qq.com/s/b1vDJjs3tzRZCeKEytFKKA，最后访问日期：2018年9月16日。

对风险无把握时，什么也不做，只是等。这也是巴菲特连续多年保持400多亿美元现金在手的原因。

在证券投资领域，“勤劳”“热情”“奋发”“拼博”“进取”等中华民族的传统美德往往不起作用。有时候，勤劳反而会加速破产，证券投资需要的不是激情和勤奋，需要的而是理性和耐心。

产业投资也是这样，也需要等的智慧。但是，我们在等什么？

（一）目标企业的股东出现困难

目标企业经营良好，但目标企业的母公司面临困境，是最好的收购时机。

1986年，美国Ingersoll公司收购铣床市场世界第一、被誉为德国机床行业皇冠上明珠的德国科堡公司后一直相安无事。2004年，美国Ingersoll公司进入破产保护程序，只好把科堡公司及其姊妹公司Wasi公司捆绑拍卖以偿还债务。北京第一机床厂与科堡公司有20多年的合作历史，送上门的并购机会摆在眼前。北京第一机床厂2005年6月启动尽职调查，10月24日完成签约，100%全资收购，打了一个闪电战。收购资金主要来源于北京第一机床厂位于北京东长安街上老厂址的土地置换款。

标的公司良好并不等于其母公司良好。露露集团是上市公司承德露露的母公司。承德露露是农业产业化龙头企业，在一定程度上垄断了野生杏仁的生产和销售，业绩优良。万向集团洞察到露露集团财务上的危机之后，出手援助，进入上市公司。2001年12月，露露集团有限责任公司与深圳万向投资有限公司签定了《股份转让协议》，露露集团将所持承德露露总股本26%转让给深圳万向投资有限公司，转让价格每股4元，转让总价款26962万元，以现金方式支付。转让完成以后，露露集团持股38.9%，还是公司第一大股东，万向投资持股26%，成为承德露露的第二大股东。

股东面临现金流短缺，可能断臂求生，对相关买家来说就是并购机遇。例如，TCL并购汤姆森公司失败后，卖掉盈利良好的低压电器子公司。2013年5月，希腊总理在北京推介其私有化的港口等国有资产以渡过其财政缺口和偿还外债困难，希腊驻英国大使馆卖价仅2200万英镑。

股东是家族企业，没有接班人，也会出售好企业。中国第一代民营企业家逐渐老去，接班问题开始凸显。一些家族企业的下一代有不同的价值观、人生观或者发展观，可能并不愿意再像父辈那样辛苦，与其每天纠缠在发展家族业务之中，不如多一些享受生活的时间，可能会卖掉父辈的企业。例如，某油田。家族企业创始人退位，家族后代无人接班，变现股权。这个油田后来被一家国有企业收购，收购后很快就收回了投资成本。需要指出的是，要把握好收购这些企业后的过渡期。因为，民营企业的发展往往与创始人的能力密不可分，由于这类规范性和公司治理普遍较为缺失，创始人一旦彻底退出，企业很可能立即走向下坡路，所以在并购谈判时就要考虑好过渡期的安排，不要想着一步投资到位，可以分批分步骤地买走创始人的股份，并且给创始人设计一个 3~5 年的退休计划，在过渡期期间要逐步将公司规范化，并培养接班的管理团队，可以以部分股权激励给予年轻的二把手和核心团队，以促使公司更上一层楼。

其他的并购时机还有：股东战略调整，修枝剪叶，退出非主业、收益还不错的行业，以及基金投资者持有股权到期，寻求退出套现。面对这些机遇，中国企业要耐心等待，不能操之过急。

在并购时机的判断选择上，鲁冠球表现出来一种非同寻常的冷静和耐心。他总是固定自己的目标，并选择最佳时机进入。华冠科技（600371）是黑龙江富华集团总公司的核心企业，是黑龙江省“龙江第一村”兴十四村兴办的乡镇企业，该村与江苏省华西村、河南省南街村、陕西省烽火村并称为中国发展集体经济的典范，是一个强势企业。万向集团进入华冠科技的时机是：标的公司没有上市，正需要有上市经验的股东进入。2000 年 6 月，黑龙江富华集团总公司以 2.2 元 / 股的价格转让给万向集团公司 2375 万股，经过两年的努力，2002 年 8 月，华冠科技终于公开发行股票成功。两年来，万向集团在华冠科技上的平均年投资收益率为 14%，也符合鲁冠球不做暴利业务投资的原则。

（二）目标企业寻求战略投资人共同迎接难得的行业发展机遇

有一家民营企业是高压流体系统集成行业国内隐形冠军，每年的利润

3000多万元，每年有20%左右的增长，账上现金有8000多万，不缺钱，小日子过得很不错，并不想引入新的投资人。2017年以来，氢能源汽车凸显行业发展机遇。该公司开始谋划如何拥抱难得的行业发展机遇，希望通过引入新的战略投资人把氢能源汽车加氢业务的蛋糕做大，从不想引入股东，到开始主动寻找战略投资人，希望通过战略投资人带来的资源，把行业的蛋糕做大，并取得更大的市场份额。这个时候，对于具有新能源汽车行业布局战略的企业，这就是并购的机遇。行业机遇爆发之时，有行业先行优势的中小企业和战略投资人的交集多了，他们有了共同拥抱行业发展机遇的共同理想，这就是并购的时间窗口机遇。

（三）目标企业的股东修枝剪叶之时

低迷时期，公司可能剥离资产或业务，求得轻装上阵。但是往往那些战略协调性差和增长前景不乐观的资产会给企业带来稳定的现金流和利润。因此，CEO在考虑了这些难题后，往往会决定不进行资产剥离。

不管怎样，资产剥离能够起到催化和净化的效果，使企业取得长远的成功。它促使减少管理费用、重新投资孵化新的核心业务。如果某一业务不符合企业的长期战略，那么就应该快刀斩乱麻，尽快剥离那项业务。出版业巨头汤姆森公司，就曾通过剥离那些未来长期不能赢利的业务而重新改造了自己。1997~2002年，汤姆森公司将自己从一家囊括了报纸、旅游服务、专业出版的传统企业集团变成了向特定市场提供电子信息服务的专业公司。在剥离了旗下60家子公司和130家报社后，汤姆森公司出售了大约60亿美元的资产，同时也收购了价值约70亿美元的新业务，兼并了200多家其他相关行业的公司。这样的转型让汤姆森成为市场的领导者，控制信息传播的能力为汤姆森获得了超额的利润，通过这样的兼并重组，汤姆森公司的营业利润提高了6%。

当汤姆森公司剥离业务之时，这些被剥离的业务可能就是某些聚焦这些主业的主并企业的投资机遇。

（四）目标企业价值低估显现的并购机遇

一般来说，东道国经济增长速度下降、出现经济危机、东道国股市低迷、东道国货币贬值母国货币升值、目标企业收益下降出现现金流危机时，目标公司价值可能被低估。主并方可通过并购获得价值低估的资产，实现低成本扩张。

经济低迷时，油田并购价值相对较低。一般来说，境外出卖石油资产的原因一般有：第一，从减少风险，优化自身资产组合的角度考虑；第二，资产已到生产末期，所涉及的弃置费用高；第三，资本开支巨大，比如某公司深水资产太多，其打算出让部分深水开发资产以便减轻公司的资本开支负担；第四，拟出让资产未达到卖方的预期回报；第五，储量上升空间不大或者增产的成本高；第六，所在资源国政治风险高，或者有恐怖袭击，或者安保成本太高；第七，变现退出等。

主并方有时比目标企业更知道它所拥有的某项资产的实际价值。例如，目标企业拥有的土地计提摊销后，账面价值为零，如果忽视了这项资产的现期重置价值，会使得并购者廉价地就买下了这家企业。

（五）不良资产重组的投资机会

不良资产重组是一个重要的投资主题。其基本的流程是，低价接盘→重组→变革→改造→卖出获益。在具体的项目操作过程中，如何把握各债权人的心里，实施有技巧和针对性的谈判，有效地大幅降低债务成本，是项目成功的关键，但同时这也是十分耗费投资人时间和精力的过程。

在国外有专门做 Distressed Assets 的基金，国内有专门接盘四大国有银行不良资产的四大资产管理公司。不良资产要看对谁而言，对内行或者懂得其精华所在的投资人，很容易靠收购后大刀阔斧的变革而大放异彩，或分拆成若干资产后重新出售，突然发现价值变成了原来的数倍，这些就是不良资产收购的魅力所在。

日新租赁是一家进入破产程序的不良资产。TPG 以约 3 亿美元收购日新租赁后改名为恒信租赁，并引入了李思明作为新租赁公司的领军人物，在短短4年多的时间里，恒信租赁在李思明的领导下取得了质的飞跃，从亏损到盈利接近4亿美元。此后，海通证券以超过7亿美元收购TPG所持有的恒信租赁。TGP也获得了超过一倍的投资回报。

还有一个故事也能说明这个问题。2012年，我的一个朋友来到我工作的地方，问我有没有不良土地资产出售的信息。他讲了案例和盈利模式：他从北京一家企业买了一个具有瑕疵、办不下来土地证的土地，完善了手续，把土地证给办下来了，三个月后卖出去，赚了1亿元，交了2000万元的税收，净赚8000万元人民币。

（六）国企改制的投资机会，东道国私有化的窗口期

低效率的国企改制后带来效率提升、竞争力和价值的大幅增长是投资机会。通过改制来改善国企目前的治理结构和团队激励机制并利用好国企过去长期积累的某些领域的优势，可能大幅提升国企的效率就能获得巨大的企业增值。在国际上，由于执政者的经济理念不同，为了打破国企垄断，给非国家控股的企业一个竞争的机会，使得市场能够达到充分竞争，有些政府会推出一些国有企业私有化政策，如英国撒切尔夫人政府的国有企业私有化政策。私有化政策往往蕴含着并购机遇，甚至价值低估的机遇。

如果以上投资机遇正好与我们的战略吻合，机会就来了。中金岭南2009年收购佩利雅就是遇见了撞上门来的兔子。

【案例】 中金岭南等来的国际化机遇

2001年，笔者陪同深圳某铝业公司总经理曾志华去深圳市中金岭南有色金属股份有限公司（000060，中金岭南）参观，并洽谈一个铝型材加工厂的出让项目之时，中金岭南还没有开展国际化，也没有今天的行业地位。国际化使中金岭南获得了高速发展。

中金岭南的主营业务为有色金属铅锌的采、选、冶、加工，及电池锌粉

等储能材料生产、铝型材加工、幕墙安装工程、出租汽车营运和房地产开发等。佩利雅有限公司（以下简称佩利雅）是一家主要从事铅锌等有色金属探矿和采矿的澳大利亚证券交易所上市公司。

2009年、2011年，中金岭南香港矿业通过两次收购，获得佩利雅53.37%的股权。2013年9月，中金岭南香港矿业再次耗资7亿元[①]全面协议收购佩利雅其余所有股权[②]。这使佩利雅成为中金岭南的海外全资子公司和收购平台。

在收购佩利雅之前，中金岭南在2008年上半年一直忙于联合印尼的安塔公司试图收购另一家澳大利亚矿业公司先驱资源公司。这次收购尽管没有得手，却令中金岭南在澳大利亚矿业圈内留下了一定影响，为下一次收购埋下了一个机会。

2008年10月，金融危机肆虐全球，资源价格暴跌，陷入困境的佩利雅面临着资金断裂的风险。佩利雅股价已经一路狂跌，从2007年年初时最高超过5澳元/股，跌至接近0.1澳元/股左右，是历史最低点，公司极度缺乏运营现金。此时，另一家澳大利亚矿业公司CBH资源有限公司提出与佩利雅换股合并。但是，CBH的换股方案并不能为佩利雅带来现金，佩利雅董事会不愿就此作罢，把眼光投向了在澳大利亚上一次收购未成功的中金岭南，通过投资银行找到了中金岭南。佩利雅简直是撞上门来的兔子。

此时，距离中金岭南上一次收购澳大利亚矿业公司先驱资源公司失手还不到三个月，中金岭南的董事们对澳大利亚资本市场和铅锌矿业情况都很清楚，各方面都做好了准备，成为面对这个机会时能快速决策的很重要的一个原因。那时的经济危机，什么都跌得四脚朝天了。但是中金岭南对于矿产品价格还是有信心，尽职调查队伍的眼光也不错。谈判进展十分顺利，很快达成了入股协议。只是中金岭南的要求是要绝对控股，必须收购超过50%股份，

---

① 约1.28亿澳元，公司0.35澳元/股收购价格较佩利雅股票收盘价0.22澳元/股相比有59%的溢价。佩利雅近年来每股净资产维持在0.4~0.5澳元/股，股票价格明显低于净资产。

② 参见搜狐财经2013-09-04：文至、王乐，《中金岭南再次出手7亿元收购澳企佩利雅》，来源：第一财经日报，http://business.sohu.com/20130904/n385814628.shtml，最后访问日期：2017年9月18日。

用意在于要实现佩利雅与中金岭南财务并表。这并没有让佩利雅有太多为难，因为佩利雅没有太多选择。尽管还同时在与另一家中国央企谈判，但是相比之下中金岭南有了不久之前的收购经验，能够快速做出决策和反应，更能解燃眉之急。

2008年12月，佩利雅与中金岭南达成注资协议。此时交易尚待股东大会和监管部门的批准，但中金岭南立刻向佩利雅提供了1000万澳元救急。中金岭南在价格方面也给足了诱惑，所支付的收购价格为0.23澳元/股，相对佩利雅交易前30天的平均股价，有60%以上的溢价，远远超出了一般收购30%溢价的水平，也奠定了佩利雅董事会接受中金岭南的基础。

中金岭南81天完成海外收购，时间之快创造了并购奇迹。2008年12月29日，中金岭南与佩利雅交易获得了中国政府方面的批准。2009年2月5日，澳大利亚外国投资审查委员会（FIRB）也批准了中金岭南的投资申请。2月9日，交易就全部完成。值得一提的两个细节是，佩利雅处境困难，账上现金已经不到20万澳元了，已经开始瘦身裁员。媒体消息显示，如果没有与中金岭南的交易，公司不得不关闭矿山。原来计划与佩利雅合并的澳大利亚CBH公司，也在2010年9月被日本东京的一家上市公司东邦亚铅株式会社全资收购。①

收购佩利雅的成本两年时间就收回了。中金岭南遵守之前的承诺，完全保留了原佩利雅的管理团队，昂特继续担任CEO兼执行董事。一切似乎与以前没什么不同，除了每隔一段时间，他需要飞到中国的深圳出差。按照计划，佩利雅的董事会轮流在珀斯与深圳召开，如果董事们实在难以聚集，则通过视频会议进行。中金岭南对董事会也拥有绝对控制权。在佩利雅六人董事会中，有三位代表来自中金岭南，包括张水鉴、韩敏智和王文，另外三人分别是CEO兼执行董事昂特、副董事长帕特里克·欧康诺和独立董事彼得·哈利。中金岭南董事长张水鉴拥有两票投票权，所以实际上中金岭南在投票权上占绝对多数。但是，中金岭南对佩利雅的日常管理干预甚少。除了韩敏智被派

---

① 参见搜狐财经2010-12-13：赵剑飞，《中金岭南澳洲救火 不足两年资产翻一番》，来源：新世纪－财新网，http://business.sohu.com/20101213/n278253509.shtml，最后访问日期：2018年9月18日。

到珀斯行使董事职责和主管营销，中金岭南只向佩利雅派驻两位考察的中国员工。佩利雅也没有进行大规模的人员扩张，但是业务量已恢复到金融危机前的正常时期，这意味着每个员工的工作量实际上加大了。

2010 年 10 月，中金岭南利用佩利雅这个海外平台发起对加拿大上市公司、铜金矿生产商——全球星矿业公司全面要约收购。三个月后，中金岭南以总投资约 1.8 亿加元（约合 12 亿元人民币），顺利完成收购加拿大全球星矿业公司 100% 股权。

中金岭南巧妙地利用澳大利亚佩利雅公司的地理优势和身份优势，作为全球扩张的跳板和平台，最终成功收购加拿大全球星公司，是中金岭南第一次利用海外平台实现成功收购，也标志着中金岭南由国内的铅、锌业务，正式向铜、镍、锂、黄金等多金属产品国际化战略的转型，拓展了企业海外发展的版图，而且取得当期净利 7.15 亿元，同比增速达到 78.6% 的良好业绩。

海外并购经验，让中金岭南实现了跨越式发展。董事长张水鉴说：“我们先是打造佩利雅这个平台，然后利用这个平台去辐射全世界。”“我们第一步国际化战略走得很稳，在建立澳洲和美洲这两个国际化平台的同时，下一步中金岭南瞄准的目标是做世界矿业巨头。”

这个做“世界矿业巨头”的目标离我 2001 年参观中金岭南时，已经提高了很多。

三、有合作基础的并购优于没有合作基础的，渐进多次并购优于一次并购

并购如婚姻。“先恋爱，后结婚”是婚姻美满的法则。成功的并购，合作双方往往有长期的往来。长期合作、日久生情、顺势而为、水到渠成比一见钟情往往更靠谱。

以“主并方与标的企业的合作基础”为横坐标，以“同一标的并购次数”为纵坐标，将并购交易分为以下四个并购交易类型。

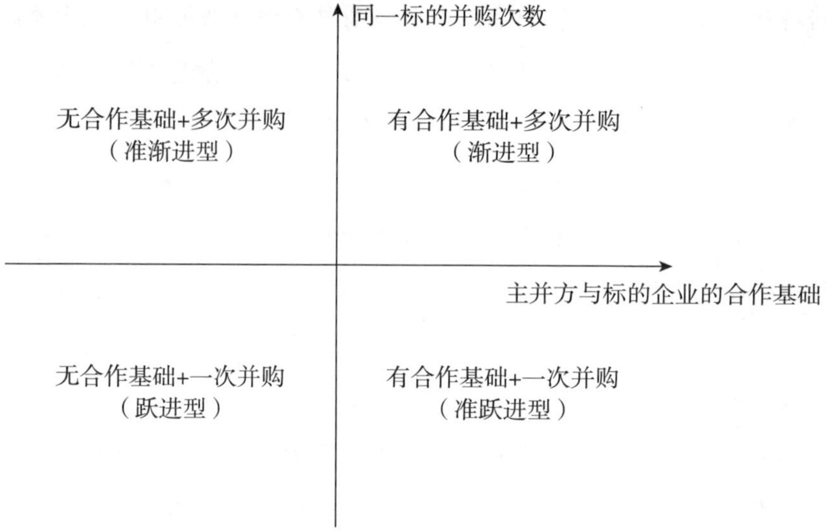

（一）第一象限，有合作基础 + 多次并购，渐进型收购

这类案例并不多见。海尔集团收购日本三洋电机是渐进型并购的一个代表性案例。[①] 其特征是收购双方在收购交易之前存在合作基础（营销合作、技术合作、生产合作，战略合作等），收购方分多次收购标的物的全部，每次只收购标的物的某个部分。

早在 2002 年 1 月，海尔与三洋就开始建立了战略合作关系，双方合作的主要内容包括以下四个方面：（1）三洋充分利用海尔的销售网络，在中国市场销售三洋品牌产品；（2）在日本大阪，海尔与三洋合资成立“三洋海尔股份有限公司”，在日本市场销售海尔冰箱和洗衣机等家电产品；（3）双方在生产基地方面进行合作；（4）扩大三洋零部件向海尔的供应及技术协作，在技术和人员交流上进行合作。这些合作毫无疑问地为成功收购奠定了坚实的基础。

据研究，合作双方是否存在合作基础，是中国企业跨国并购成败重要的“分界线”，拥有合作基础的收购成功率远远大于没有合作基础的收购。为什么？因为收购后的文化整合 / 融合是收购成功的关键之关键。当收购双方拥有

① 参见搜狐滚动 2012-04-06：柯银斌、康荣平，《跨国并购交易的“海尔方式”》，http://roll.sohu.com/20120406/n339919961.shtml，最后访问日期：2017 年 7 月 15 日。

合作基础，而后来某方收购另一方时，可以理解为收购方在双方合作启动时就开展了文化整合 / 融合，这必将大大地提高收购的成功率。而当双方没有合作基础时，收购交易是第一次接触，其后的风险自然更大。闪婚的风险高于有谈恋爱经历的。并购交易也是这样。即在 1 个月或几个月内完成“闪电式”交易的风险又大于 1 年以上完成交易的收购。

海尔分三次收购三洋家电业务。第一次发生在 2006 年的日本，收购三洋在日本的电冰箱研发业务。第二次发生在 2007 年的泰国，收购三洋在泰国的电冰箱生产工厂。第三次发生在 2011 年的日本，从松下电器手中收购三洋在日本、东南亚的白色家电业务。如果我们把三洋在日本、东南亚的白色家电业务视为一个整体，那么针对这个标的物，海尔不是一次性地全部收购，而是分三次历时五六年才完成收购。这就是我们早就指出的跨国并购交易成功的法则之一：事缓则圆，少吃多餐。当收购标的物达到一定的规模时，多次收购，每次收购其中的一部分，其收购成功率往往大于一次性整体收购。

在条件允许的情况下，可以采取分步并购的进入模式，即先进入小部分股份，成为被并购方的小股东，有权参与目标企业的经营和财务决策。并购方在对目标企业进行了一段时间的了解和考察基础上，认为目标企业的价值较高，并购对企业发展有利，则可以进一步收购其股权，最终达到控制该企业的目的。如果并购方认为目标企业管理、经营等方面与前期调研出入较大，或者并购后的整合不利以至于双方利益无法协调，则可及时退出股权。

相对于一次性收购方式，由于参股比例较小，退出股权的损失要小得多。同时，分步并购方式也能有效地降低目标企业的敌意对抗，有利于并购过程的和谐、有序。此外，参股进入并享有优先购买权是一个不错的进入方式，需要注意的是，尽管并购方在前期占有较小股份，但也要不遗余力地参与企业的各项决议事项，有条件可以考虑派员参与该企业的经营管理，充分了解企业实际情况，为下一步的决策奠定基础。考虑到可能存在的相关抵制及反对情绪，新股东可以通过签署保密协议、屏蔽媒体追踪和公众关注低调进入标的公司，也可以寻机采取“搭便车”的方式作为其他公司合作伙伴的身份进入标的公司。

渐进收购是控制境外投资风险，提高交易成功率的手段。拥有合作基础的收购案成功率高于没有合作基础的，多次收购的收购率高于一次收购的。因此，在其他因素相同或相近的情况下，渐进型收购的成功率高于“跃进”型和“准渐进”或“准跃进”型。据悉，海尔采取“渐进”型跨国并购交易方式，不是事前设计的结果，而是随情势变化，顺势而为，水到渠成的。

（二）第二象限，无合作基础 + 多次并购，准渐进型

上市公司用“股份支付”来购买标的公司，动辄几十亿的并购层出不穷。但随着监管的收紧，跨界并购大跃进已经翻篇。今天，上市公司用真金白银进行跨界并购时会更加理性、更加谨慎，“分期收购”“分个收购”成为新的潮流，基于“产业逻辑”的跨界并购崛起。

2016 年 6 月，北京奥瑞金包装容器有限公司之全资子公司堆龙鸿晖新材料技术有限公司拟以自筹资金 12 亿元，收购西藏道临信息科技有限公司持有的天津卡乐互动科技有限公司 21.8% 的股权。这是继跨界体育后，奥瑞金在跨界的道路上向手机游戏行业迈出的新的一步。即使只收购卡乐互动 21.8% 的股权，奥瑞金也没有采取一口吃掉的收购方式，而是分步进行：受让方在协议约定的交割条件满足及交割前准备完成后的 5 个工作日内向转让方支付 6.6 亿元，以获取目标公司 12% 的股权；在 2017 年 6 月 30 日前，受让方有权选择是否向转让方支付 5.4 亿元以获取目标公司另外 9.8% 的股权。

“小步慢跑”时代来临，“大跃进”式的跨界并购渐行渐远。

在以往的跨界并购中，以“打包”的方式一次收购多个标的公司股权成为很多上市公司豪赌转型的重要特征。在新的形势下，把“资产包”拆解开来、分次收购，成为很多上市公司在进行跨界并购尝试时的现实选择。即使是选择现金支付，以往那种“一掷千金”式的跨界并购也很难行得通。与股权支付相比，现金支付一是对企业的资金压力比较大；二是后期整合的压力比较大。特别是对于跨界并购来说，因为对方套现走人，留给上市公司的整合压力较大；三是在缴纳所得税方面，如果股权支付还有一定的缓冲期，而现金支付则需要一次性都缴齐。

（三）第三象限，无合作基础 + 一次并购，跃进型

许多跨国并购案例属于这一类型，如 TCL 集团收购汤姆逊的彩电业务和阿尔卡特的手机业务。此不赘述。

（四）第四象限，有合作基础 + 一次并购，准跃进型

“有合作基础 + 一次并购”的并购案例也很多。

2005 年，中国化工集团下属蓝星公司以 4 亿欧元收购世界一流的法国安迪苏公司 100% 股权被列入 2006 年中国十大并购事件。这个成功收购首先在于收购方与并购目标长期交往。其次归功于合适的并购时机和充分的战略准备。2003 年非典，全球家禽存栏和养殖量减少，安迪苏公司蛋氨酸产品受到影响，出现财务困难，而中国化工集团“老化工、新材料”的战略定位后，汇集了一批优秀的国际化人才，掌握了各子领域最前沿的并购情报。

1997 年到 2007 年，万向集团成功收购美国、欧洲 6 家老牌汽车零部件制造和营销企业。收购标的企业都是历史悠久的老牌汽车零部件制造和营销企业，大多与万向具有多年的合作关系，或者具有多年的关注和交往历史，知根知底。

2010 年，奥康公司收购意大利鞋业第一品牌万利威德大中华区所有权。双方的合作路径是，从多年的代理权，到战略合作到兼并收购区域所有权。奥康践行了中国鞋企的国际高端品牌战略和中国鞋企国际合作的新模式。

这三家公司成功收购的共同特征是，与并购方有多年的合作关系，一旦时机成熟，水到渠成实现并购。这类并购，知根知底，风险一般比较小。

总之，拥有合作基础的收购案成功率高于没有合作基础的。对大型标的公司，采用分次渐进收购可以一定程度上降低并购风险。

第二节 新兴行业的第一轮洗牌是较好的并购时点

产业投资，一个合适的切入时机至关重要。大势已过的尾端市场、对核

心资源又没有掌控力，显然不宜投资。

对新兴行业的并购既要抱有希望，又要抱有戒心，防止成为第一批烈士。新兴行业往往蕴含机遇、起伏和洗牌，要把握新兴行业的脉搏。中国新兴行业风（周期）刮得太快，21 世纪初期的互联网，2010 年以来的光伏、互联网金融、风电、TMT 成为投资者的追捧对象。火起来的时候，风起云涌，波澜壮阔。危机来的时候，遍地哀号，民不聊生。因此，创业者和投资专家需要做一个预判，大范围爆发的市场时间是在什么时候。如果市场爆发来临之前的时间周期需要七八年甚至是十年，过早进入市场很可能成为先烈，当然过晚进入就没什么机会了。

在第一、二轮洗牌后是并购进入的好时机，一般有大资本的进入。处于导入期与成长期的新兴中小型企业，若有投资机会但缺少资金和管理能力，则可能会出卖给现金流充足、有行业资源的成熟产业中的大企业。我们来看看中国光伏、风电和人工智能行业的第一、二轮洗牌的并购机遇。

一、2012 年，光伏行业的第一轮洗牌

光伏产业始于德国、西班牙，以政府补贴催生。我国光伏产业一哄而上之后引来 2012 年第一波洗牌，2014 年以来又迎来一波新的发展高潮。

（一）施正荣准确预测行业洗牌，没想到自己最先被洗掉

2000 年，施正荣带着技术和在澳洲的 40 万美元积蓄回国创业，2001 年在无锡创立尚德电力。2005 年年底，尚德电力成为第一家在纽约成功上市的中国民营企业，是全球四大光伏企业之一。在 2005 年年底到 2008 年，产能从 100 多兆瓦猛增至 1000 兆瓦，由业内新兵跃升至全球第一，甚至计划到 2012 年要增至 5000 兆瓦。

事实上，中国光伏行业的产能过剩在 2008 年、2009 年、2010 年就开始形成了。中国光伏行业呈现两头在外的格局，其中有一头，就是光伏原材料控制在国外少数大型化学企业手中。2008 年，只要签了多晶硅的 10 年长约，

企业就可以用100多美元拿到多晶硅。没签到就是三四百美元。当时的背景和环境下，面临巨大利润空间的诱惑，大家都一哄而上争上游，在产业链上游投资布局。当时有色金属协会统计出具的每个月的报表显示，行业里增加的一些新面孔，往往都是来自地产、贸易、纺织这些跨界的企业。在不拥有技术，不拥有品牌，不拥有成本的情况下，快速地投资了大量的多晶硅产能。站在产业角度，这种争上游的精神让中国摆脱了多晶硅对国外的依赖，形成了今天中国硅业的这种状态，但是他们却最终失败了。[①]

2011年出现阶段性的产能过剩，2012年是光伏行业艰难的一年。全国300多个城市致力于发展光伏新兴产业，100多个城市建设了光伏产业基地。2011年统计的光伏企业数为262家，2012年已经降至112家。

施正荣曾预测到2010年，国内光伏产业会有一个比较大的洗牌过程。不幸被言中，没想到施正荣自己也被洗牌。2011年，随着整个光伏产业“大跃进”式的发展，光伏产能过剩的问题在全球经济走低、海外市场“双反”（反垄断、反倾销）等多重压力下，2012年年底无锡尚德的银行贷款已攀升至37亿美元。2013年3月，无锡尚德的债权银行向无锡中院递交无锡尚德破产重整申请。两天后判无锡尚德破产重整。无锡尚德总债务107亿元，其中71亿元银行债务，其他为供应商。按重整方案，债务将以三折进行清算。

半路杀出程咬金。就在无锡尚德准备破产之时，2013年12月，顺风光电以30亿元完成收购无锡尚德。没想到的是，尚德被收购后的次年（2014年）光伏市场又悄然变好。

投资，就是要发现这样的机遇，在恰当的时间出手。

（二）商务通的创始人张征宇在光伏行业第一轮洗牌时出手并购

2012年，是光伏行业最困难的一年。这一年，商务通的创始人张征宇投

① 参见微信公众号“无所不能”2016-09-26：豌豆，《央视“对话”光伏大佬：除了回忆过去，我们更想知道这些》，http://mp.weixin.qq.com/s?__biz=MjM5OTA3NTAzNg==&mid=2652376995&idx=1&sn=3a66eb8720077c68ed8b6dc5f5013148&chksm=bd2da2108a5a2b06aa6da3328145acbf8a589f591893fb24cb0b630b6090f07b606f268e2d26&mpshare=1&scene=2&srcid=1006tFvjxOUAJsrNVOU81KLm&from=timeline&isappinstalled=0#wechat_redirect，最后访问日期：2018年9月17日。

巨资在光伏行业抄底。

张征宇是中关村元老级人物，1987年创立北京市海淀四达技术中心。1998年创立了恒基伟业等3家公司，经营“商务通”全中文掌上手写电脑等产品。1999年，张征宇卖出100万台“商务通”，创造了销售收入达7亿元的神话。由于手机功能的崛起，“商务通”逐渐淡出了市场。

恒基伟业曾以“商务通”名噪一时，后在光伏领域逆势扩张，已悄然变身为光伏业隐形巨人，从2008年开始率领恒基伟业进入新能源领域。仅2012年，恒基伟业就与嘉峪关、张掖、呼和浩特、莘县4地签订了金额达269亿元的光伏投资项目。例如，恒基伟业在莘县投资75亿元，建设产能为1000MW的碲化镉薄膜太阳能电池生产线项目。2012年10月，莘县恒基首阳薄膜太阳能电池项目开工奠基仪式举行，该项目是恒基伟业在山东省投资兴建的第一个薄膜太阳能电池项目。

除此以外，在2012年，张征宇通过江西恒瑞公司投资江西赛维公司。江西赛维是光伏行业的领先者，是一体化光伏产品制造商。由于光伏行业低迷，2012年10月江西赛维股价持续低于1美元，2012年11月5日连续30个交易日公司的美国存托凭证平均收盘价小于1美元，不再满足纽约证券交易所的连续上市标准之一。如果6个月内无法将股价恢复到1美元以上，将被勒令退市。

其兴也勃焉，其衰也忽焉。江西赛维创建于2005年，是亚洲规模最大的太阳能多晶硅片生产企业，位于江西省新余市经济开发区，注册资本为11095万美元。2007年6月，江西赛维在美国纽约证交所上市，被誉为“江西走向世界的一张顶级名片”。在2008年鼎盛时期，赛维实现多晶硅片产能1000兆瓦，成为世界第一个实际产能进入吉瓦俱乐部的光伏企业，当年赛维年销售收入达128亿元，员工有7000余人。公司创始人彭小峰也以400亿元身家成为中国能源业首富。此后3年，江西赛维一跃成为世界上产能最大的太阳能硅片生产商，并不断向光伏产业上下游拓展，触角遍及光伏领域几乎每个端口，这就是被外界广泛关注的“垂直一体化”战略。

江西赛维作为世界领先的垂直一体化太阳能多晶硅企业，技术领先。

2012 年，赛维却背上了 300 多亿元的巨额债务，在破产的边缘挣扎。从兴盛到衰落，赛维仅用了 7 年的时间。

2012 年 6 月底，江西赛维总资产 64 亿美元，负债率为 93%。在江西赛维的颠峰时期的 2007 年 10 月，其市值 102.85 亿美元。两相比较，令人唏嘘。2012 年，江西新余市政府一年之内三次向赛维伸出援手：赛维以硅片、组件等产品抵押给政府，以获近亿元资金，解了燃眉之急；新余市政府会议决定，将赛维偿还信托贷款的 5 亿缺口资金，纳入年度财政预算；同时参股江西恒瑞，参与收购江西赛维 19.9% 的股权。这被称为“中国光伏重组第一单”。

江西恒瑞公司于 2012 年 9 月成立，注册资本 1000 万元，北京恒基伟业投资发展有限公司持股 60%，另外 40% 的股权由新余市国资公司拥有。从时间点来看，江西恒瑞明显是为收购江西赛维股权成立的。

2012 年 10 月，江西恒瑞以 2293.28 万美元（0.86 美元 / 股）收购赛维发行的普通股，占此次增发前全部发行及流通股本的 19.9%。在完成股权收购后，江西恒瑞成为江西赛维的第一大机构股东，持有赛维 16.59% 的股权，位列创始人彭小峰之后成为第二大股东。值得注意的是，按照前赛维的总股本为 1.34 亿股计算，此次股权转让总价值恐怕还不够帮助赛维支付一个月的银行利息。

由于深陷沉重的债务危机，赛维的股价从高峰时期的 70 美元缩水近 100 倍。而对于赛维超过 300 亿元的长短期债务来说，2300 万美元的注资也可谓杯水车薪，甚至不够偿付已经到期的 4 亿元短融券，但却让赛维拱手让出了 16% 的股权。

不到两年之后的 2014 年，光伏行业又迎来新的发展机遇。2007 年光伏组件价格为 30000 元 /KW 左右，2012 年就下降至 10000 元 /KW 左右，2017 年最新价格已低至 2000 元 /KW。成本的下降，增加了光伏行业在能源领域的竞争力和可持续发展能力。

二、2016 年，中国风电行业的第二轮洗牌

1997 年，在国家“乘风计划”的支持下，中国风电设备制造从科研走向

市场，并在国家大力发展清洁能源的政策引导下，得以迅速发展。

2006 年前后，以华锐风电为代表的企业通过门槛低、成效快的技术引进迅速占领新兴的风电市场，企业蜂拥而至。经过五年高速发展的风电行业，2010 年，我国风电市场新增装机达到了 18.9GW，累计装机容量达 44.73GW，首次超过美国成为世界上风力发电量最大的国家。

大规模的产业应用促成了大幅度的成本下降。风电的成本主要为机组成本（核心部件发电机、传动系统和叶片）、风场建设成本（包括塔筒与基础等）、风场运维成本、人员成本与材料费等。以 2017 年南方低风速地区为例，机组成本约为 4000 元 /KW、建设成本为 4000 ~ 4500 元 /KW、运维成本为每年 120 ~ 130 元 /KW、人员成本约为每年 30 元 /KW、材料费等约为 70 元 /KW[①]。

成本的优势也使得中国风电成为世界新能源市场的领跑者。2008 年我国风电装机容量只有 1200 万千瓦左右，上网发电量仅为 120 多亿千瓦时，占全部发电量中的比例几乎可以忽略不计。[②]2012 年年末中国风电装机 61GW、光伏装机 3.4GW，风光年发电量总计 1066 亿千瓦时，占总发电量的 2.1%。至 2016 年年末，中国风电装机达到 149GW、光伏装机达到 77GW，风光年发电量总计 3072 亿千瓦时，占总发电量的 5.1%。[③] 中国的风光装机均已稳居世界第一。

（一）2011 年，中国风电进入第一个冷却期

风电行业的快速发展，也在资本市场上掀起了一阵财富风暴。2011 年，华锐风电（601558）IPO 当日，就为其股东深圳东方现代产业投资管理有限公司创造了 580 倍投资收益。也在这个 2011 年，风电整机厂商出现明显业绩下

---

① 参见微信公众号“犀牛之星”2017-10-10：犀牛君，《风电发展超预期 这 26 家新三板公司正“御风而行”》，http://mp.weixin.qq.com/s/k00soRu_xHecqC59kGg1LA，最后访问日期：2018 年 9 月 17 日。

② 参见微信公众号“股票无忧”2017-11-10：无忧君，《风电行业有望迎来拐点，跟踪上市公司业绩改善情况！》，http://mp.weixin.qq.com/s/tPs3J2Bf5sNUrpllZuBhzQ，最后访问日期：2018 年 9 月 17 日。

③ 参见东方财富网 2017-11-29：《尽快转变风电光伏补贴方式》，来源：中国证券报，Http://finance.eastmoney.com/news/1355,20171129807112831.html，最后访问日期：2018 年 9 月 18 日。

滑。盲目无序的竞争导致风电进入了工信部工业行业淘汰落后和过剩产能的名单，并引发中国风电第一轮洗牌。

1. 制度要求前期开发审批

2011 年 8 月，国家能源局下发《风电开发建设管理暂行办法》（国能新能〔2011〕285 号）规定，风电项目开发企业开展前期工作之前，应向省级以上政府能源主管部门提出开展风电场项目开发前期工作的申请。按照项目核准权限划分，5 万千瓦及以上项目开发前期工作申请由省级政府能源主管部门受理后，上报国务院能源主管部门批复。真正的项目核准权力已经收归至中央。《风电开发建设管理暂行办法》出台后，新项目审批速度放缓，风电行业的高热时期宣告结束。

2. 标准统一

风电开发“一日千里”，风电设备制造能力突飞猛进。成长相伴烦恼。并网的技术标准烦恼是：并网难除了价格因素外，从技术层面来看，由于标准的缺失和执行不够规范，增加了上网风电的不稳定性，电网有些消化不良。

2011 年 11 月，国家能源局“大型风电场并网设计技术规范”等风电产业发展急需的 18 项重要技术标准开始实施。这一标准出台的背景是，通过风电特许权的方式，引入市场运作机制，我国已成功降低了风电的上网电价和风电设备的造价，但与风电设备制造、安装、维护、检测等整个产业链相关的技术标准体系中，要么存在空白；要么是早期制定了，更新太慢；要么采用的是欧洲标准，面对我国特殊的风电状况时，有些“水土不服”。18 项风电新标准的出台，直接冲击着本来产能就过剩的风机制造商，加速了风电制造业兼并重组的进程。

3. 行业整合之路

2011 年，国内从事风电设备制造的企业有 80 多家。产能远远超出我国风电的投资需求。金风科技、华锐风电、东方电气是行业前三的企业，占据国内 60% 的市场份额。行业洗牌成为共识，最后能够留存在市场上的风电整机制造厂商不会超过 10 家。

2011 年，风电行业的整合方向有三个：（1）风电场兼并下游制造企业，从下往上延伸产业链。因为，风机制造业的资金链岌岌可危，小风电制造厂商处在半停产或停产状态。一些风电运营商开始将触角伸向风电制造产业链条，投资开发风电整机制造或核心零部件。（2）风电企业之间的互相兼并。例如，2011 年 7 月，大唐收购山东华创风能 70% 股权。（3）风电制造业向风电场转移。一些风电整机企业采取自建风电场，消化自身的风机内存，然后再出售风电场的模式来增加企业盈利点，如金风科技是最早采用这种 BOT（建设、营运、转让）模式的企业。

（二）2016 年中国进入第二次风电调整期

2011 年进入第一个低谷的中国风电在 2013 年迎来了新的发展。

2013 年至 2015 年，三年的新增风电装机一直处于持续增长态势，尤其到了 2015 年，新增风电装机高达 32.97GW，创下新高，同比增速高达 66.41%。2016 年新增风电装机 19.30GW，出现明显回落，同比下降 41.46%，由此前高增长逆转为负增长。[①]

中国风电产业将加速淘汰整合，进入第二个调整期。2016 年以来，出现了几个现象：

其一，弃风率增加，产能利用率降低。

弃风限电，是指在风电发展初期，风机处于正常情况下，由于当地电网接纳能力不足、风电场建设工期不匹配和风电不稳定等自身特点导致的部分风电场风机暂停的现象。大规模风电的消纳一直都是世界性难题，我国在这方面的问题更加突出。

2016 年年底，我国风电的装机规模已经达到了 1.69 亿千瓦，发电量为 2410 亿千瓦时，占全部发电量的 4%，电力消费结构不断得到优化[②]，但电网

---

① 参见微信公众号“股票无忧”2017-11-10：无忧君，《风电行业有望迎来拐点，跟踪上市公司业绩改善情况！》，http://mp.weixin.qq.com/s/tPs3J2Bf5sNUrpllZuBhzQ，最后访问日期：2018 年 9 月 17 人。

② 参见中国经济网 2017-11-06：王轶辰，《风电产业的下一个风口在哪？》，来源：经济日报 - 中国经济网，http://m.ce.cn/yw/gd/201711/06/t20171106_26772814.shtml，最后访问日期：2018 年 9 月 18 日。

的扩建则相对滞后，上网难成为风电发展主要的制约。国家能源局发布的《关于2017年度风电投资监测预警结果的通知》明确2017年风电投资监测预警：内蒙古、黑龙江、吉林、宁夏、甘肃、新疆等省区被定位风电开发建设红色预警区域，这些区域将不得核准建设新的风电项目，并且需要采取措施有效解决弃风问题。这对其他省区也起到示警作用。

其二，不少制造商迫于技术标准等方面的压力已经退出市场，行业淘汰加速，优势企业迅速扩大市场份额。风电机组制造商由鼎盛时期的80多家下降到20多家。叶片厂商最高时超过100家，但到2017年已不足20家。[①] 例如，天顺风能（002531）2017年通过收购昆山风速时代叶片制造工厂，新增风力发电叶片产品的生产和销售业务。

2014年，回暖后的风电整机制造企业数量明显减少。中国可再生能源学会风能专业委员会的统计显示，2015年中国风电装机的整机制造商共26家，其中，前四大风电整机厂商总装机容量占全国当年总装机容量的55%，市场份额最大的新疆金风科技股份有限公司装机达到775万千瓦，占比高达25.2%；前10大厂商占据了超过81%的市场份额。相对于国际风电市场，中国26家风电整机厂商的数量依然庞大。

其三，光伏、风电价格的下调带来冲击。《国家发展改革委关于调整光伏发电陆上风电标杆上网电价的通知》明确，2018年1月1日之后，一类至四类资源区新核准建设陆上风电标杆上网电价分别调整为每千瓦时0.40元、0.45元、0.49元、0.57元，比2016~2017年电价每千瓦时降低7分、5分、5分、3分；海上风电不做调整。随着风电标杆上网电价逐步下调，未来风电运营商将投入更多精力提高风电场的效率而不是继续大力扩大风电规模，这将加快设备制造市场的整合。

在这一背景下，中国风电市场两极分化较为严重，部分中小企业或许将在新一轮洗牌中被淘汰出局。未来订单下降，不足以支撑这些企业运营，这

---

① 参见微信公众号股票无忧2017-11-10《风电行业有望迎来拐点，跟踪上市公司业绩改善情况！》，文章来源：无忧君原创。http://mp.weixin.qq.com/s/tPs3J2Bf5sNUrpllZuBhzQ，最后访问日期：2018年9月24日。

些风电装机企业就会考虑关闭和出售。另外，未来不计划将风电作为主营业务的集团，也会逐步剥离退出风电业务。从2016年开始的未来几年为中国风电的第二次洗牌期。这一轮洗牌以整合为主。这就是风电行业并购的窗口期。中国风电企业在新一轮洗牌中，加大产业链上下游的并购，将形成几个较有实力的全产业链风电企业集团。

风电运维市场和后风电市场整合值得关注。

为越来越大的存量市场做好服务，从单纯出售风电机组到提供全生命周期解决方案的转型。2016年，丹麦风电巨头维斯塔斯先后收购了北美运维公司Upwind和德国运维公司Availon。这两次收购都是围绕维斯塔斯的盈利性增长战略，以便于其能够发挥出运维服务业务的全部潜能。

2015年7月，国家能源局发布《国家能源局关于推进新能源微电网示范项目建设的指导意见》，“十三五”期间，微电网将完成从示范项目到大范围推广应用。根据MAKE对中国风电历年装机容量及质保期的计算，未来十年，风电后市场的体量也将从目前的80亿元成长为400亿元左右。这让部分处于生存线上的中小企业看到了希望。据不完全统计，目前专注于风电后市场的企业已经超过50家。然而，金风科技、远景能源、湘电风能等巨头都已经把后市场作为重要的业务板块。相对于行业巨头，中小企业无论从规模还是技术上都难以具备竞争优势。而新兴的智能微电网还处于应用示范阶段，尚难以突破成本等关键问题，并未形成合理商业模式。对于意图在风电领域掘金的广大中小企业来说，前景难言乐观。

（三）2015下半年以来，全球风电市场已经出现明显的并购趋势

1. 整机制造商之间的横向并购

（1）2016年4月，德国Nordex收购西班牙Acciona风能业务。[①]

2016年4月，德国风机制造商Nordex斥资7.85亿欧元（3.664亿欧元现

---

① 参见微信公众号“北极星风力发电网”2016-12-26：《今日头条 | 2016年国际风电并购大盘点》，https://mp.weixin.qq.com/s/pvXrWjNKqb3U4a9zGf1BwA，最后访问日期：2018年9月18日。

金及 1610 万股新股）完成收购西班牙风机制造商 Acciona 旗下风能业务。由于其他大股东在交易后出售股份，交易完成后 Acciona 将拥有 Nordex 29.9% 的股权，根据交易协定，Acciona 在 3 年内不可将持股提高到 30% 以上。

Nordex 市场范围虽然横跨二十多个国家，但仍以欧洲为主，Acciona 风能事业则更多地将触角伸向美洲与新兴市场，在美国、巴西、西班牙、印度等地都设有工厂。Nordex 收购 Acciona 风能事业有助于其扩展美洲与新兴市场。

（2）2016 年 6 月，西门子收购风电整机商歌美飒[①]；半年后的 2017 年 1 月，歌美飒拿下海上风电霸主 Adwen。

2016 年 6 月，西门子与西班牙风电整机商歌美飒（Gamesa）签订约束性协议合并风电业务，合并双方的风电业务（包括西门子风电服务业务）。西门子将从合并后的公司获得新发股份，并拥有 59% 的股权，歌美飒现有股东将拥有 41% 的股权。新公司的法定注册地和全球总部将设在西班牙，并在西班牙保持上市地位。陆上风电业务总部将设在西班牙，海上风电业务总部将设在德国汉堡和丹麦瓦埃勒。2017 年 4 月，西门子收购歌美飒正式完成，全球风电巨无霸诞生。

西门子合并歌美飒刚刚尘埃落定。2017 年 1 月，歌美飒以 6 千万欧元从阿海珐手中购得 Adwen 50% 股权，这意味着歌美飒已经 100% 拥有 Adwen，终将归于西门子。Adwen 是歌美飒与阿海珐于 2015 年 3 月合资成立的公司，如何处置 Adwen 成为西门子—歌美飒并购案的最大历史遗留问题。

（3）2016 年 8 月，德国风电整机商巨头 Senvion 收购印度风电整机商 Kenersys；2016 年 12 月，Senvion 收购欧洲叶片公司 EUROS Group。

2016 年 8 月，Senvion 收购 Kenersys 在巴拉马蒂的 250MW 的生产厂以及其 220MW 的风电场运营。Senvion 还获得销售 Kenersys 河西系列产品 2MW 和 2.6MW 风机的权利。Senvion 此次并购也有助于其打开印度市场，缩小与目标

① 参见微信公众号“北极星风力发电网”2017-06-05：龙涎香，《今日头条 | 2016-2017 年全球风电并购 Top10》，https://mp.weixin.qq.com/s/ilcnIVkOsTNTm3LO46nWlA，最后访问日期：2018 年 9 月 18 日。

市场的距离，加强全球布局。2017 年 1 月，主并方 Senvion 也顺利斩获印度超过 500MW 的风机订单，风机机型正是 Kenersys 的风机产品序列。

2016 年 12 月，Senvion 以全现金 100% 收购欧洲叶片公司 EUROS Group。Senvion 的叶片生产主要在德国的不来梅港和葡萄牙的 Vagos。随着在波兰增加 EUROS 生产基地，Senvion 将控制端到端生产周期，并将叶片制造能力扩大 25%。收购 EUROS Group 后，Senvion 可以更快生产出新的风机叶片，大大缩短交货时间。这一战略举措是为 Senvion 进入下一个风电市场做准备，也将大大降低生产成本和本地化。

由于中国本土公司的主导地位非常牢固，外资风机企业占有的中国市场份额不足 5%，近期的一系列国际并购对中国的风电市场格局不会产生太大影响。但是，随着中国风电制造行业的整体崛起，“走出去”已经成为风电整机厂商一个近在眼前的目标。那么，无论是要打入欧洲、北美等传统风电市场，还是进入南非、东南亚、拉美等新兴风电市场，都不得不与西门子、GE、维斯塔斯等国际巨头短兵相接。

2. 拓宽上下游产业链的纵向并购

（1）2015 年 9 月，美国 GE 公司收购阿尔斯通电力和电网业务；2016 年 10 月，GE 并购全球最大风电叶片制造商 LM，全球布局再下一城。

2015 年 9 月，美国 GE 公司以 123.5 亿欧元完成对阿尔斯通电力和电网业务的收购，收购完成后，GE 将成立可再生能源集团，其中包括 GE 与阿尔斯通的风电业务，以及阿尔斯通水电业务。GE 能源管理集团旗下的数字能源业务将与阿尔斯通电网业务合并成为新的电网解决方案事业部。2015 年 9 月，欧洲最高反垄断机构宣布批准了美国 GE 公司对阿尔斯通电力和电网业务的收购交易，同时，美国司法部也批准此项交易的进行。至此，进行了一年多的 GE 对阿尔斯通的收购交易最终通关，GE 坐拥全球燃气轮机市场半壁江山，带来全球电力装备格局大变动。

GE 在竞购 Adwen 失败后，2016 年 10 月，即与和 Adwen 有合作关系的全球最大的风电叶片制造商 LM 敲定了并购协议。并购 LM 对延伸 GE 风电产业链、开拓亚欧美以及新兴市场、降低制造成本提升全球风电竞争力都大有裨益。LM 被并购后仍将独立运营，仍将由原来团队继续经营管理，总部仍在丹麦。2017 年 4 月，GE 以 16.5 亿美元完成对 LM 的收购。

2016 年发生的"GE 收购全球最大风电叶片制造商 LM"与"Senvion 收购欧洲叶片公司 EUROS Group"均为"整机商 + 叶片"并购。在风电巨头之间并购日趋激烈的大背景下，整机商出于提升自身生产能力、降低成本，也正在将并购眼光投向零部件制造商。

（2）2015 年 12 月，丹麦维斯塔斯收购北美 UpWind 布局运维后市场；2016 年 1 月，维斯塔斯再次宣布收购德国风电独立运维公司 Availon。

丹麦维斯塔斯风力技术集团是世界排名第一的风力发电设备生产商。2015 年 12 月，维斯塔斯宣布收购北美领先的风电服务供应商 UPWind Solutions 及其下属子公司，收购价为 6000 万美元。该公司拥有 310 名员工，在美国的 9 个州提供风电场运维服务，运维总容量超过 3GW。

一个是著名风机整机制造商，另一个是专业的风电运维企业。二者的结合可谓各取所长，优势互补。收购 UpWind，显然是维斯塔斯更长远的战略转型的需要。即从整机制造销售这一单支点向整机制造和运维服务双支点转型。[①]

2016 年 1 月，在收购美国最大的风电运维公司 Upwind 后，维斯塔斯再次宣布收购总部位于德国莱茵的风电独立运维公司 Availon，收购价 8800 万欧元，以现金方式一次结清。收购涉及 Availon 约 400 名员工和逾 260 万千瓦的服务业务。该项收购将形成规模效应，有利于增强维斯塔斯技术和运维服务的能力，赢得更大市场份额。

2015 年，维斯塔斯运维业务的收入已经占到公司营收的 50%。这两起并购也是维斯塔斯布局风电后市场的一步先手棋。

（3）2017 年 5 月，英国伍德麦肯兹并购丹麦风能咨询机构 MAKE。

---

① 参见微信公众号"北极星风力发电网"2016-07-20：张子瑞，《聚焦风电 | 全球风电产业并购风起云涌 国内整机商如何应对并购潮？》，来源：中国能源报，http://mp.weixin.qq.com/s/8g6bqiHB2MaZGn6gzL5ekw，最后访问日期：2018 年 9 月 18 日。

随着巴黎协定的签订，人类迎来可再生能源新纪元。传统能源行业也纷纷谋求转型，不光是传统能源企业在战略转型，咨询机构也在随市场而动，加码可再生能源行业。

英国伍德麦肯兹（Wood Mackenzie）是全球能源和金属行业最权威的资讯来源和专业顾问。2017 年 5 月，伍德麦肯兹并购丹麦风能咨询机构 MAKE。并购后，MAKE 可以向其客户提供能源化工领域的咨询报告，伍德麦肯兹也将可以为其客户提供风电光伏行业的咨询报告。MAKE 仍将独立运营。

全球风能理事会发布的《2015 全球风电发展报告》显示，拉美、非洲、亚洲等新兴市场正成为驱动全球风电增长的重要力量。在巴西、阿根廷、南非、印度等市场，风电行业都呈现出蒸蒸日上之势。

新能源产业必须要在全球配置资源。中国风电整机企业专注于自身的研发，也要学会并善于运用并购等资本运作手段，通过并购提升技术创新水平，提高在全球不同区域市场的驾驭能力。2008 年金风科技斥资 4120 万欧元收购了德国 VENSYS 能源股份公司 70% 的股权，并在德国建立生产基地，并由此取得了中国风电产品进入国际市场的许可证。2010 年湘电风能以 1000 万欧元收购了荷兰达尔文公司，借此获得其拥有的 5 兆瓦直驱式海上风机和相关专利。

2015 年以来，国际风电并购潮风起云涌，国际风电巨头为了抢占更大市场份额、应对竞争压力纷纷出手并购。全球风电浪潮滚滚，淘尽多少英雄。弱肉强食，或为竞争抱团，或为破局重生，全球风电市场上迎来了一股并购潮。国际风电格局也随之发生变化，成为风电发展的未来趋势。

这一拨国际并购势必影响中国风电企业的并购行为。

（四）2016 年以来的中国风电并购

2016 年，中国风电新增装机回落，市场增长乏力，优质风资源越来越少，上网电价持续走低，整机商之间的竞争更加激烈，风电市场的集中度也进一步提高。行业上下游出现更多的企业合并、收购。不仅有产业内部调整产业链的并购，也有其他行业对风电的跨界并购。

1. 2016 年 12 月，丰盛控股收购全球最大风电齿轮箱制造商南高齿

2016 年 9 月 9 日，房地产商丰盛控股向南高齿董事会提出自愿有条件收购建议。9 月 19 日，丰盛控股与南高齿发布联合公告称，就丰盛控股将以自愿有条件要约形式收购南高齿达成一致意见。每 2 股受要约人的股份可以获发 5 股新丰盛股份。9 月 29 日，538357500 股新丰盛股份根据认购协议予以配发发行。10 月 31 日，丰盛控股召开股东大会，确定第一个截止日为 11 月 21 日，若该日下午 4 时达到约定条件，那么该收购将变成无条件收购。丰盛控股董事长季昌群通过 Glorious Time 间接持有南高齿 148562000 股股份，占南高齿全部已发行股本约 9.08%。11 月 17 日，丰盛控股召开特别股东大会，通过追认、确认、批准收购南高齿已发行的全部股票的议案。

11 月 21 日，丰盛控股接获南高齿 1113051072 股股份（占投票权 68.07%），加上季昌群董事长的已获得股份，构成南高齿投票权的 77.15%。收购正式变成无条件收购。12 月 5 日，丰盛控股正式收购南高齿。

2. 2017 年 3 月，中国建材并购中国中材，叶片巨头归一家

中复连众和中材叶片分别是中国建材与中国中材的下属子公司，都是我国名列前茅的风电叶片制造商，在优质风电叶片颇受追逐的情况下，这两大巨头却归入一家，创新出一个全球风电叶片巨头。

中国建筑材料集团有限公司与中国中材集团公司两大央企实施重组在 2015 年 8 月获得国务院批准。2017 年 2 月，并购通过中华人民共和国商务部反垄断局审查，并决定“对中国建筑材料集团有限公司收购中国中材集团有限公司股权案不予禁止”。并购顺利于 2017 年 3 月完成。

3. 2017 年 4 月，盾安集团收购华创风能

2017 年 1 月，大唐集团持有的华创风能 82% 的股份在北交所挂牌转让，底价为 25566 万元。2017 年 3 月 3 日，盾安集团以 55666 万元价格成功竞购华创风能，一个民营企业以 2.2 倍于转让底价的价格竞购了一家连年亏损的国有企业①，

① 参见微信公众号“北极星风力发电网”2017-03-17：朱泉生，《今日头条 | 盾安收购华创究竟意欲何为？》，https://mp.weixin.qq.com/s/QXZ9FYeNHqEtlmDuJ1AI0g，最后访问日期：2018 年 9 月 18 日。

究竟意欲何为？

盾安集团涉及的风电业务种类繁多，旗下子公司的业务涵盖风场开发、风机制造、风机发电机制造等。2017 年 1 月，盾安旗下的一家上市子公司安徽江南化工股份有限公司宣布将收购盾安新能源 100% 的股权，包括盾安新能源全资持股的风机整机制造商久和能源。此次再次出手收购华创，表现出盾安接下来发展风电事业的决心。

根据 MAKE 的初步数据统计，华创风能、久和能源分别凭借 580MW、301MW 的吊装容量位列第 10、第 16 位。若两家合并，两者将重新整合资源，全新的整机商有望位列第 9。同时，借助华创风能的储备订单与相对久和能源更加多元化的客户群也将有利于盾安与其他大型国有发电企业建立更稳固的合作关系。

风电发展从无到有，实现规模化，目前正从依靠计划、补贴向市场化逐步转变，要在 2020 年到 2022 年基本上实现风电不依赖补贴发展。风电在过去被认为是一种昂贵的能源。风电的成本现在还在进一步降低，未来它将是成本最低的新能源，这就是它的希望所在。在风电发电量占到电力消费总量超过 10% 的国家当中，没有中国。中国的风电发电量只占到全部发电量的 4%。在中国有 7 个省（区）风电的发电量达到了 10% 以上，甚至在内蒙古、新疆、甘肃等风电发电量占比较高的省份，这一数字也仅达到了 16% 左右[①]。

当前，风电产业发展尚面临着很多问题和挑战，首当其冲的就是限电问题。2017 年“两会”政府工作报告提出，要抓紧解决机制和技术问题，优先保障可再生能源发电上网，有效缓解弃水、弃风、弃光状况。这是第一次在政府工作报告当中把解决可再生能源利用作为一项重要的任务，目前该工作已经取得一定进展，相信到 2020 年，中国弃风、弃水、弃光的问题都将会得到基本解决。

---

① 参见经济观察网 2017-10-17：李紫宸，《国家能源局：中国在 2020 年到 2022 年取消风电行业补贴》，http://m.eeo.com.cn/2017/1017/314829.shtml，最后访问日期：2018 年 9 月 18 日。

三、人工智能和机器人行业的洗牌会来吗

已经发展了60年的人工智能（AI），如同互联网一样，将改变整个社会的格局。2000年以来，人工智能相关产业企业的数量增加了14倍，风投金额增加了6倍。在线招聘网站的数据显示2013年以来美国AI相关岗位增长了4.5倍①。

中国人工智能产业起步相对较晚，正面临高速发展的势头。科技、制造等业界巨头正逐渐完善人工智能的产业链布局，不断涌现出的创业公司将持续在垂直领域深耕深挖，人工智能产业的规模将进一步扩大，将出现更多的产业级和消费级应用产品。中国人工智能产业规模2016年已突破100亿元，以43.3%的增长率达到了100.60亿元，预计2019年将增长至344.30亿元②。

资本大量涌入，巨头纷纷布局，人工智能概念铺天盖地袭来。当心有一大批的人工智能创业公司会倒闭！

（一）2015年是中国人工智能创业元年、2016年是中国人工智能元年

2015年是中国人工智能创业元年。

从2014年起，中国人工智能产业的创业潮就开始兴起，2015年是名副其实的人工智能创业年，涌现出了相当一部分优秀的创业公司。iiMedia Research（艾媒咨询）数据显示，根据对中国168家以人工智能为驱动技术或业务的非上市公司的信息整理，其中，34.5%的人工智能创业公司于2015年成立，20.8%成立于2014年，16.7%成立于2016年。

2016年人工智能创业公司发生融资事件77起，其中包括商汤科技1.2亿

---

① 参见搜狐财经2017-12-03：《斯坦福101页年度AI报告：人工智能全面逼近人类能力》，http://www.sohu.com/a/208211923_115978，最后访问日期：2018年9月18日。

② 参见微信公众号"弄懂"2017-11-29：《人工智能最全最新报告》，http://mp.weixin.qq.com/s/M0PMEPB9FNMbVXKwA4hDaQ，最后访问日期：2018年9月18日。

美元、碳云智能10亿人民币等大额融资。根据公开信息，有27.4%的公司未获投，39.3%的公司处于A轮（包括Pre-A和A+），而处于天使轮的公司则占比21.4%，处于B轮（包括B+）的公司有7.7%，仅有2.4%的公司已经进入C轮及以上[①]。中国人工智能创业发展较晚，超过一半的公司成立时间在两年之内，较高的获投率也说明了资本市场对人工智能产业发展的信心。目前超过60%的人工智能创业公司集中在A轮和天使轮阶段，说明了大部分人工智能创业公司正处于成长期，在技术和资本的支持下，后续的发展成长值得期待。中国人工智能创业公司所属领域分布中，计算机视觉领域拥有最多创业公司，高达35家，紧随其后的是服务机器人领域，有33家，而排名第三的是语音及自然语言处理领域，有18家，智能医疗、机器学习、智能驾驶等也是相对比较热门的领域之一。

中国人工智能产业的大公司产业链布局广，创业公司专业性强。产业链特征方面，中国人工智能产业生态中，基于资源能力，大公司的参与布局较广，在基础层、技术层及应用层皆有所布局。百度是较早布局人工智能的企业之一，自2013年起就开始投入研发，人工智能是百度战略和战术上的核心，基于庞大的基础数据和计算能力，有非常大的研究投入和团队建设，涉及多项人工智能相关技术领域，目前已有多款成功产品。科大讯飞创始于1999年，是国内出色的智能语音和语言技术企业，将人工智能应用到语音识别、自然语言处理、语音合成等技术领域，包括应用产品、解决方案等产品，是国内智能语音和人工智能领域的杰出代表。

2016年被定义为“中国人工智能元年”。

云计算、大数据的发展是人工智能爆发的基础。2016年5月，国家发改委、科技部、工信部、网信办联合发布了《“互联网+”人工智能三年行动实施方案》，设定包括智能家居、智能汽车、智能安防等在内的七大工程。2017年3月两会，“人工智能”正式写入政府工作报告。人工智能技术已开始融入各

---

① 参见微信公众号“弄懂”2017-11-29：《人工智能最全最新报告》，http://mp.weixin.qq.com/s/M0PMEPB9FNMbVXKwA4hDaQ，最后访问日期：2018年9月18日。

行业，正在成为变革社会的重要推动力，在不远的将来将会形成千亿级的庞大市场。在2017年两会上，百度总裁李彦宏提交三项提案，都和人工智能有关，并强调人工智能是百度的核心战略中的核心。

20世纪90年代末的互联网和技术繁荣，导致一些互联网公司在没有一分钱赢利的情况下市值达到数十亿美元。投资者盲目涌入有着.com网络域名的公司，年轻的互联网大亨一夜暴富。许多互联网公司都在以“画饼”盈利预期为基础，价值被严重高估之时，资金枯竭了。随着大量互联网公司亏损，以科技公司为主的纳斯达克市场螺旋形下跌，投资者损失了数万亿美元。如今的新风口人工智能，一些初创公司的估值已经高达几十亿美元，行业热度已经超过了当初的互联网。

概念导入——梦幻起来——泡沫破灭，谁坚持下来谁才可以往前，所以人工智能一定要拒绝神话，脚踏实地，强调应用是硬道理。承认泡沫并不意味着看淡未来。就像当年看互联网泡沫一样，站在2002年看是大泡沫，站在2014年，互联网是人类历史上最大的一次产业浪潮。人工智能下一步将超过互联网，Google董事长说，互联网将消失，未来是人工智能的时代。《科学》杂志预测：到2045年，人工智能会取代全球50%的就业岗位，而在中国，这个数字是77%。[①]

因此，人工智能也将引来一波洗牌，但行业有大的发展。

（二）机器人的“诱惑”

如果说，人工智能的三大核心支撑是：计算资源、算法资源、数据资源，那么，人工智能的三大投资板块是出行、感知和工业机器人。

2015年5月19日，国务院印发了《中国制造2025》，其中就明确将机器人称为重点领域之一，促进机器人标准化、模块化发展，并扩大市场应用。自《中国制造2025》公布以后，机器人行业已然成为业内关注度较高的行业，

---

① 搜狐财经2017-12-17：佟亚涛，《预测：人工智能公司明年将大批倒闭？》，http://www.sohu.com/a/211048036_142473，最后访问日期：2018年9月18日。

在国家政策方面，其利好消息也是层出不穷。2017 年在浙江宁波召开的第四届中国机器人峰会上，相关负责人表示，相关部门正在组织调研我国机器人产业，未来将再出台一系列扶持和引导政策，到 2020 年，我国将形成完善的机器人产业体系，产业将迈向中高端。

我国的机器人历史可追溯到 1992 年中科院沈阳自动化研究所研发 AGV 机器人。15 年后，脱胎于该研究所的新松 AGV 与通用汽车全球采购部签订 AGV 机器人供货合同，结束了中国机器人只有进口没有出口的历史。

2016 年，我国工业机器人产量已经达到了 7.24 万台，同比增长了 34.3%，产业规模日益扩大。物流和工业机器人的数量和进出口急剧增加。业内人士预计，未来 10 年，中国工业机器人市场的总规模将达 6000 亿元。根据工信部发布的机器人产业指导意见，到 2020 年，机器人要建立完善的智能制造装备产业体系，产业销售收入超过 3 万亿，实现装备的智能化及制造过程的自动化。为鼓励我国机器人产业健康发展，工信部、国家发改委、财政部在 2016 年 4 月联合公布了《机器人产业发展规划（2016—2020 年）》要求，五年内将形成我国自己较为完善的机器人产业体系[①]。近些年，机器人从工业逐步扩展到医疗、教育以及服务型机器人，其智能化的程度也在不断提高。

上到中央政府的政策鼓励支持，下到各级地方政府的机器人产业规划，在国家与地方政府的政策支持鼓励与市场的双重利好下，机器人产业规模迅猛发展。有资料显示，国内重点发展机器人产业的省份有 20 多个，机器人产业园区 40 余个。近两年，机器人企业数量也从不到 400 家迅速增至 800 余家，而产业链相关企业超过 3400 家。其中，仅浙江机器人企业数量就有 280 余家。

虽然机器人产业投资热情高涨，但是当前市场多数都是中低端，有的或购买国外设备集成，或采购国外核心零部件组装，有知识产权的机器人企业不到

---

① 参见微信公众号“伺服与运动控制”2017-05-24:《解读 | 机器人产业面临“洗牌”，半数企业或将被淘汰》，http://mp.weixin.qq.com/s/hMpjtAIcNvhkwzAmmiRF3g，最后访问日期：2017 年 7 月 25 日。

1/3。不少地方政府部门或通过补贴用户间接支持，或对机器人生产企业直接给予技改资金、股权投资、首台套保费补助等资金扶持，此举一方面导致了产业重复建设，支持制造企业采购本地设备的政策，使机器人企业遍地开花，造成大量低端产能；另一方面引发恶性竞争，扶持政策在一定程度上造成企业重生产、轻研发，催生了一批拿快钱的小散弱企业，引发低廉的恶性竞争。

（三）新兴行业都要死两拨吗？

新兴行业都要死两拨，必须死两拨，才能稳定健康发展。前腾讯副总裁吴军在《硅谷来信》里有一个理论，叫"第三眼美人"。第一眼，美女可漂亮了。但她跟你没关系啊。大多数老百姓是接近不了她的。你也没机会。她是科技圈子里自己人的事儿。第二眼，很重视打扮，比较精致。苹果手机等系列产品就做到了，最早也失败过。第三眼，美国微软公司 windows 出来了，老百姓都能用了。一般来说，第三波的产品价格才低，大众才开始接受。

人工神经网络在世界上已经死过两拨了。今天用的人工神经网络的方法，20 世纪 70 年代就已经有雏形了。20 世纪 90 年代，觉得有希望的，也死了。20 世纪 90 年代中期，全世界开人工神经网络学术会议，100 人的会场，稀稀落落仅第一排座 7~8 个人。今天大数据出来，云计算出来，这才可能做得规模比较大，才有可能做。

类似的，人工智能的第三拨才显示出一个生命力。1956 年达特茅斯会议上，科学家们探讨用机器模拟人类智能等问题，并首次提出了人工智能（AI）的术语，同时出现了最初的成就和最早的一批研究者。20 世纪 50 年代末是第一波高潮，很多死掉了。20 世纪 70 年代，国家自然科学基金会都不支持了。1980~1990 年活跃起来的人工智能第二拨又死了。2000 年，你要说自己是学人工智能的，都找不到工作。自 2012 年开始，全球产业界开始对人工智能进行高强度的持续投入，并在 2016 年产生了一大批诸如 AlphaGo、Master、微软小冰之类的人工智能标志性成果。人工智能行业经历了寒冬，迎来了温暖的第三波春天。

目前存在 AI 泡沫。这个泡沫是不是会破裂？

破灭之后我们如何面对投机冷却，如何面对新一轮 AI 寒冬？事实上，像任何新兴产业发展路径一样，人工智能领域高速发展后遭遇洗牌是不可避免的，未来几年还会迎来行业紧缩。关键在于技术发展中实现其价值，关注其社会影响和经济效益。

机器人产业过度发展，面临“洗牌”，半数企业或将被淘汰。

机器人越是在风口，大家越是要清醒，企业规模扩张固然重要，但是能力还是要跟上脚步，否则会摔倒。国内机器人产业存在过热隐患，并且已经呈现出高端产业低端化的趋势，目前国内的机器人企业发展处于风口浪尖，有市场需求以及金融机构助力的原因，也可能有盲目发展的虚火。各地现在都很重视机器人产业，机器人企业无论体量大小都会成为政府的座上宾，并得到资金、土地等各类扶持政策的支持。一方面，机器人产业存在重复建设等问题。另一方面，自主品牌的工业机器人大多还是一些中低端产品，机器人产业有高端产业低端化和低端产品产能过剩的风险。

值得欣慰的是，目前正在联合各省市和机器人产业联盟研究，出台差别化指南，细化行业准入条件，提高准入门槛，严控工业机器人高端产业低端化和低端产品产能过剩风险，推动产业实现健康、有序、可持续发展。

产业监管政策或许即将出台，那么接下来的两年，机器人市场也会进入调整期，整个产业“新陈代谢”将加速。进入机器人这个行业的门槛提高了，那么，国内机器人低端产能也将被淘汰，今后，整个产业将发力高端领域。

当前，机器人市场中还充斥着数量不少的炒作者，势必会加速形成机器人“泡沫”。所以，未来机器人市场注定要来一次“洗牌”，一大批达不到国家要求的企业将会消失。一旦监管政策出台，那么，机器人产业格局重塑将毫无悬念。技术领先，规模优势突出的大型龙头企业将从中收益，后续会有一定的并购整合。今后几年将是机器人产业的“洗牌”时间，开放的市场对国内外所有企业的机会是均等的，对于国内企业来说，最重要的是打破低端低质的“魔咒”，防止机器人产业也陷入低端化。

显然，经历了行业洗牌的新兴行业，走出国门，步伐才会更加稳健。

第三节　周期性行业的“冬天”布局

一、李嘉诚的反周期投资

危难之中往往蕴含机遇，这是反周期投资的基本道理。2015 年秋天，一位来自上海的朋友问我。我现在有 1 亿美元，你如何能够保证投资收益？不考虑战略投资，仅考虑财务投资的前提下：1. 在经济周期的低潮期，资本市场的价值严重偏离，股权价值跌破净资产，收益不错的股票，买下来，捂着，静待经济周期的复苏和资本市场的花开。2. 大宗商品在经济低迷时，价格低，相应的资源（油田、矿）价格较低，购买在手里，等待大宗产品价格回升后卖出去。这个流动性不好。3. 拟上市股 pre-IPO，投入。4. 成立一个基金，吸引更多的资金加入基金，再成立一个基金管理公司，专注一个深入洞悉的、好行业进行投资。可见，所有这些投资思路都是时机的判断与适时投入。

2009 年年初，房地产一片萧条，房产无人问津，网上的房产信息不像今天这么丰富。我写了一篇文章“好房子、新生活”，开篇第一句话“我坚信百年一遇的经济危机是最好的置业机遇”。当时，正值我的博士学位论文即将完稿之际，深夜网上看房，很想出手买房。不到半年，房价大涨。

2015 年上半年，股市如火如荼，楼市惨淡无人问津。这一年 6 月上旬的一天，我去北京建外 SOHO 看房（那时，北京建外 SOHO 的房子也就 3 万元 / 平方米），一个北大毕业的律师朋友正好打来电话问我在干什么？知道我在看房后批评我、教育我说，股市这么好，为什么要去看房？有意思的是，此后不久股市断崖下跌。一年以后，北京建外 SOHO 的房子上涨了近 70%。

2016 年，全国一、二线地产价格迅速上升，有朋友又涌入买房潮。我在微信中留言：“当大家都去看房的时候，我不会去看，当大家都不去看房的时候，我会去看房，比如 2009 年年初和 2015 年春天。好比大自然的春夏秋冬，任何一个行业都会有生命周期，都有初创期、成长期、成熟期和衰退期。”

行业可以分为经济周期敏感性行业和非敏感性行业两种。经济周期敏感性行业主要包括大宗原材料（如钢铁和煤炭等）、工程机械、船舶、房地产、建筑等，具有更加明显的周期性特征。非敏感性行业通常是关系到国家安全和民生的行业，如农业、公用事业、基础设施投融资、食品，等等。周期敏感性行业经营表现得波动性较强，在经济的下行期，通常会表现出盈利水平下降、现金回流困难、负债经营等现象。而周期敏感性较低的行业的经营表现通常相对稳定，但盈利水平通常不高。

面对周期性的行业，我们的投资应该注意什么？反周期管理！

反周期管理就是在生命周期高点的时候把现金握在手里，把资产变成现金，在生命周期低点的时候把现金用于投资。因此，我们一定要学会判断大势，不仅要低头拉车，更要抬头看路，清楚地判断公司目前的处境及宏观经济环境，充分利用反周期投资策略，未雨绸缪对公司现金流进行管理和决策。

行业是有生命、有生死的，如人的脉搏，处于不断的“扩张”“收缩”的周期性波动之中。行业的周期性波动已经摧毁了不少的企业，那些经历过数轮周期，并能借助周期壮大的企业均有一个伟大之处，就是赶在经济大幅衰退前收缩，在经济回暖前扩张。他们比竞争对手更加懂得产业整合周期的内涵，具备要素组合的并购战略思维。

2008 年，弘毅投资做的第一个海外并购是和中联重科一起收购 CIFA。从战略上来说，这次收购是正确的战略，从行业整合、行业属性、能力提升、技术提升、市场扩大上都有很好的协同效应，但时点选错了。并购宣布以后 10 天，欧洲整个市场下降了 70%。到 2013 年、2014 年退出的时候，把本金和必要的收益收了回来。[①] 白酒行业是一个周期性行业，与固定资产投资有极大的正相关性。在前两年白酒行业如日中天，遭遇 2013 年打压三公消费的寒冬冲击，白酒企业的价值瞬间一落千丈，但可以断言，白酒行业的辉煌期还会再次出现（虽然不一定会有 2011 年、2012 年时的这般火爆）。

---

① 参见搜狐财经 2017-01-03：刘慧，《资本海外并购 中国产业大整合》，来源：中国经济时报，http://www.sohu.com/a/123323653_396046，最后访问日期：2018 年 9 月 18 日。

反周期投资可以区分真正的领袖与庸才。虽然都知道“要在低迷时期投资”，但鲜有人真正能按此规则行事。那些懂得在这样的危机中寻找战略投资金矿的企业，通过选择合适的对象，把握好交易时机与条件，以最低的代价把昔日的竞争对手或明日之星收归己有，这些企业在每一次全球性的金融或经济危机之后，都会成长为新的企业巨头。

李嘉诚就是这样一个成功的例子。

李嘉诚之所以能有今天的成绩，主要是因为他在 1966 年①、1973 年②、1997 年③和 2008 年④这四个资产价格低谷期，果断投资，低价吸纳大量资产。同时在资产高估的 2007⑤年及 2013 年⑥前瞻性地洞悉商机，高点提前抽身，为收购低价资产赢得了先机。

一件事，被所有人都认为是机会的时候，已不是机会了。好的投资往往

---

① 1966 年之后香港处于金融危机期间，中国大陆爆发“文化大革命”，成千上万的红卫兵北上首都。在香港的英国人看不懂形势，他们非常担忧，万一这些年轻的红卫兵走错方向，往南边走，那岂不是要踏平香港了吗？所以当时香港的英国财团大部分从香港撤退，大量资产被英国人抛售，导致香港经济衰退。李嘉诚却坚定地看好香港的未来，在衰退期抓住第一个投资机遇，用远远低于市场价的成本投资大量的资产。

② 1973 年爆发第四次中东战争，导致第二次石油危机爆发。英国作为一个发达国家，对石油的依赖非常强，英国的财团受到石油危机的影响，大量企业撤离香港，导致香港再次遭遇经济衰退。而李嘉诚依然非常看好香港的未来，再次低价拿到大量投资项目。

③ 1997 年这一年对于香港人来说，即将发生一件大事——回归。这时候英国的资本在香港已经撤离得差不多了，但是香港当地的部分财团也看不清方向。这个阶段香港企业家办理移民手续的特别多，一部分移民到新加坡，一部分移民到加拿大。李嘉诚再次大量接手那些即将移民的当地财团抛售的资产。

④ 2008 年，爆发了由美国华尔街的次贷危机蔓延开来的金融危机，香港作为全球金融中心之一，自然未能幸免。仍然是李嘉诚，他以极低的价格接手了东亚银行的资产。

⑤ 2007 年当年全球资产泡沫出现，石油价格涨到 140 元一桶，香港的恒生指数上涨到 28000 点，当时香港亚洲股神李兆基先生说恒指会涨到 33000 点，很多人都跟风，李嘉诚非常冷静，他已经看到一波金融危机即将到来，所以他从 2007 年下半年开始，在二级市场大量抛售股票，并出售一些非上市公司股权，把大部分资产都变成现金（1821 亿港元），期待着又一次投资机会的来临。

⑥ 由于近几年欧洲一直处于经济低迷期，特别是希腊危机的影响一直冲击着整个欧洲，李嘉诚则独具慧眼，将从中国高点出售资产获得的资金，果断投入至欧洲，全球配置资源。过去 18 个月，他投资 200 多亿美元进行各种交易，包括收购英国第二大移动运营商、一家荷兰连锁药店和一家英国列车车厢制造商，以及将他旗下意大利电信公司和规模更大的竞争对手合并等。这些交易的规模超过李嘉诚此前 10 年在欧洲进行的所有收购交易之和。

都是踏准了一个经济周期，踏准了一波浪潮。

逆周期投资理论知易行难。

为什么李嘉诚能看到机会，而且有足够的钱抓住这些机会？李嘉诚善于驾驭生命周期，他总在生命周期低点时配置大量非现金资产，而在生命周期高点时大举持有现金资产。我们把生命周期分 A、B、C、三个点，A 点处于成长期，B 点处于成熟期，C 点处于衰退期。李嘉诚在 A 点的时候，他就把现金资产变成非现金资产；在 B 点的时候，他就把非现金资产转换成现金资产。

“当所有人激动时，我们会变得更加谨慎。”反周期投资策略是什么？ A 点采用激进的经营策略，可以高负债、高杠杆经营；B 点采用稳健的经营策略，适度负债，适当享受杠杆借力经营；C 点采用保守经营策略，少负债，防范杠杆借力经营[①]。

在高点抛售资产，深蹲起跳，伺机待发。其实李嘉诚的发家史，本质上源于其反周期操作——在关键的几次时刻，于市场恐慌时买入资产，于市场繁荣时卖出保留现金，从而在风暴眼中傲然独立。

经济是有周期的，周期里面是有机会的。周期是你的朋友，不是你的敌人。不要去对抗周期，要顺应周期，并坦然对待起起伏伏的现实。

二、储备现金，捕捉周期性行业的低潮机遇

周期性投资面临两个问题：其一，储备现金；其二，如何判断并准确捕捉周期性行业的低潮机遇。

（一）维持资产负债表的灵活性，储备现金

“现金为王”的逻辑是，关键时期企业要有充足的资金做准备。经济低谷

---

① 参见微信公众号“CPA 洞察”2015-09-19：《李嘉诚发家史，屡次抄底逃顶成功——反周期现金流决策法》，http://mp.weixin.qq.com/s/I8iK0WJUCDCpEgtzs8be4w，最后访问日期：2017 年 7 月 18 日。

时期，金钱能“以一当十”。企业要发展，口袋要有粮。一般来说，如果预期“经济冬天”还没有到来，就应该“现金为王”。

那些能够从经济衰退中脱颖而出的行业领导者，在经历萧条时都扩展了自己的核心业务，有些是有机的增长模式（通过内部投资），或是无机的扩张途径（如并购）。与抗经济周期能力较差的企业相比，这些领导者所表现出的不同恰是在于它们反周期而行之的策略：在萧条发生之前，成功的企业在并购上投入相对较少，更注重内部有机的发展。重视内生增长，为这些领先的公司积累了实力和未来收购的资本，让它们得以在经济萧条的时候，享有更大的收购上的自由度。在 2000 年，跃入行业顶尖前 25% 的企业在资本投入上要高 15%，在并购行为上也多 7%，这些并购行为可能多是从无法忍受经济萧条的企业手中低价购买资产。此外，它们也能够更快地向其供应商付款，并以此来同供应商协商，取得更低的价格和更好的服务。

经济“危机”，既是“危”也是“机”。经济不景气时期，所有的资产价格会大幅度缩水，如地产、矿产、有色金属等；并购企业价格会大幅度降低，很多企业因为资金断裂、不得不低价甩卖；不仅实体经济会很缺钱，所有行业都会很缺钱，所以此时进入实体经济的成本会很低；另外经济下行时期，银行和法院手里会有大量的被封存、扣押的优质资产。在这个阶段，对于投资节奏掌握得比较好的私募基金或者手中握有大量现金的私募基金，可以用比较低的成本进入实体经济。此阶段的私募基金有更加强势的议价空间、地位和主导权。

对于那些希望通过并购实现业务升级或战略增长的中国企业来说，应该如何避开并购的惯常陷阱，谨慎地在金融危机中展开收购行动呢？维持资产负债表的灵活性！

尽管萧条的经济对不同行业所产生影响的周期、范围、程度都大不相同，但是那些能够顺利地渡过经济危机并得以大规模发展的行业领导者却表现出了一些共性。其中一个重要的特征就是，这些公司通常能够在进入衰退期时保持资产负债表上较低的负债率，拥有充足的现金，确保了企业在战略安排上的灵活性。例如，与很多房地产公司在经济上升期大举举债来进行投资所不同的是，即使在市场最乐观的时候，新加坡嘉德置业公司也同样严格地将负债率控制在 80% 以下，这样谨慎的投资理念，为嘉德在市场低迷时保存了收购优质资产的大量现金储备。

而星巴克则是另一个通过维持现金流上的弹性而成为市场领导者的例子。1996 年时，星巴克的平均净债务股本比为 8%，而行业的平均值为 14%。星巴克一直努力持续降低公司的负债率，1999 年星巴克的平均净债务股本比降到了只有 2%，而行业平均值则达到了 31%。

（二）把握石油、矿产行业等周期性行业的低潮机遇

在经济处于极度低谷时的投资往往容易以极低的价格拿到优质的资产。趁经济周期的低点，并购行业中的领先企业，通过提升企业的效率或者补足短板，帮助企业进行行业内并购或者战略布局，这些工作的前提是并购团队对行业的深入理解和精准选择，以及团队具备提升企业效率和价值的能力。问题是，公司里有多少可以深刻认识经济周期的人才？有多少人可以理性认知本行业的国内发展空间和境外的发展空间？能够较为准确地预测风口行业的周期？中国风（周期）刮得太快，如互联网金融的迅速热与凉。因此，在笔者此前宣扬的“尽职调查、可行性研究和估值”三项投资人员基本功之外，还要加上两条：对行业的深刻认知，和经济周期趋势的准确判断。专注行业的投资才专业，才更能把握行业的脉搏和周期性，才少失败。

怎么判断一个行业的低潮？成本倒挂。比如，2008 年广东广州番禺某房地产公司的商品佳宅成本是 4000 元 / 平方米，售价是 3500 元 / 平方米，房地产行业处于低潮，可以出手买房。2016 年，已经有相当一部分大宗商品出现了成本倒挂，国际矿山的价值出现了大幅度缩水，并购机会显现。

产业整合周期并不容易把握。

科尔尼通过长期对全球范围内并购行为的研究，发现绝大多数行业都以一种可预测的方式、按照一个明显的整合周期发展。科尔尼将一个产业整合

周期划分为四个阶段，分别为起步阶段、积累阶段、集中阶段及联盟阶段[①]。一个行业在开始时集中度通常较低，通过不断兼并和收购直到饱和，并在周期的最后阶段呈现联盟的形式，而这个周期通常需要 20 年。其中，各阶段的特点和驱动因素主要是：

起步阶段。分散的市场中充斥着各种规模的参与者。这一阶段往往始于某个新兴行业，或解除行政管制的行业或初创企业，如生物制药、电子商务、能源、文化传媒等行业。处于这一阶段的企业，往往需要更多地关注营业收入而非利润、更多地关注技术创新和市场开拓，来增强企业的关键资源能力以提高竞争壁垒。重要的是，企业还应该关注自身并购能力成长。

积累阶段。这一阶段的行业步入快速成长阶段，市场分散度开始降低，企业发展策略通常是内生和并购并举以实现规模经济，获得行业的领导地位，这一阶段通常需要持续约 5 年的时间。在这一阶段，并购将成为必需，企业需要提升、锤炼自身的并购能力，同时谨慎地保持企业的核心文化。另外，在这一阶段慢半拍的企业往往成为下一阶段被并购对象。例如，家电连锁零售行业，国美、苏宁、大中及永乐等企业不同的命运轨迹。

集中阶段。企业已经通过收购达成了拥有相当的规模优势而更加注重利润，需要通过并购来重塑盈利模式、业务系统及自由现金流结构，这些活动使产业并购呈线性增长。与此同时，基于自身的战略选择，企业还会对弱势业务，要么大力扶持，要么干脆放弃。这一阶段，如 2013 年以后的中国互联网产业，腾讯对搜索和电商的处置方式。

联盟阶段是产业变迁的最后阶段，通过产业的集中阶段后，产业中的行业前几名企业已经占据市场 70% 以上的份额，竞争已成均势，价值链上的每一层次都形成了联盟。由于增长变得比较艰难，在成熟行业中找到核心业务扩展的新途径，同时将一些新业务衍生到正处于整合早期的新兴行业，以创造新一轮的增长机会。

---

① 参见搜狐财经 2017-02-15:《并购重组大潮下，企业如何“修炼”并购能力？》，http://www.sohu.com/a/126354911_463952，最后访问日期：2018 年 9 月 18 日。

企业长期发展能否成功取决于是否能和行业整合曲线同步发展。反观美国过往的六次并购浪潮中，GE 等大型企业无不是通过要素的重组整合，创造了更大价值，并沿着行业整合曲线不断壮大。与美国相比，中国企业大多处于规模化的积累阶段或集中阶段。在这一阶段，企业无论是通过横向并购进一步扩大规模优势，还是通过并购扩大业务范围、创造新的利润来源，抑或是通过跨行业收购在不断发展的产业结构中重新定位自己，企业都需要认清自身所处的行业在合并曲线上的位置，更多关注自身并购能力的成长。

中国的石油海外经营，基本上走过了一条从获取陆上老油田提高采收率项目，到大中型油田自主开发建设项目，再到风险勘探、油气资产收并购，再到获取并运营非常规及深水油气项目的稳健成长道路。

2008 年以来的数年间，国际油价呈现“V”字形触底反弹，很快回升到了 100 美元 / 桶以上，这直接加速了石油央企和一些民营企业海外扩张与收并购的步伐。不料，从 2014 年下半年开始油价呈现断崖式下跌，2016 年年初已跌至不到 30 美元的低点，导致新获取的油气资产价值“大幅跳水”。在乐观预测情况下，石油央企收购海外油气资产时，以长期油价 80~100 美元 / 桶作为经济评价的参数。如果当时若以 50 美元 / 桶作价，可能在第一轮投标时，就被淘汰出局了。

2012 年 7 月，中海油以 151 亿美元，溢价 61% 的现金收购了尼克森（此外中海油还需承担尼克森原有 43 亿美元债务，直接并购成本近 200 亿美元）。中海油将此视为战略投资——通过并购尼克森，中海油证实储量增加了约 30%，产量则增加了 20% 以上。另一层标志意义是，此举一洗中海油 2005 年并购优尼科的失利之痛。时任中海油能源经济研究院首席能源研究员、原中海石油物探公司总经理、中海油副总经理陈卫东就明确反对。他的理由很简单，趋势判断，能源需求会大幅下降，高油价很难维持。两年后的 2014 年，陈卫东依然维持这一判断：在高油价难以维持的背景下，花如此代价去收购一个高成本开采项目，很不合时宜。尼克森这桩收购是不是中海油国际化经营乃至全公司的“滑铁卢”？

钢铁领域。随着全球经济的下滑，能源与众多矿产品价格在 2008 年创出历史新高后，出现了雪崩式的暴跌。但全球矿产资源稀缺的长期趋势不可能因金融危机而改变，经济调整恰恰为中国企业投资境外能源矿业提供了很好的机遇。

中国五矿集团的反周期并购策略可圈可点。2000 年，五矿集团确定了“以贸易为基础、以资源为依托，打造国际领先的跨国金属和矿产企业集团”“紧缺资源开发商、优势金属生产商、产业综合服务商”的战略定位，指导战略性并购。舍比取重要。中国五矿大量的项目在前期论证过程中被否决，“高战略契合度的投资项目，咬定青山不放松；低战略契合度的项目，顶住诱惑不动摇”。2003 年，中国五矿开启国内并购项目，同年开启境外并购。2004 年收购美国 SHERWIN 氧化铝厂（北美第二）51% 的股权。2006 年在智利通过合资获 85 万吨电解铜供应。2007~2008 年，行业内景气异常，该公司发布投资指导意见，控制投资节奏，果断放弃机会。2008 年收购德国硬质合金加工 HPTEC 公司 100% 的股权，联合江西铜业收购加拿大北秘鲁铜业公司 100% 的股权，收购南非 VIZ 公司 100% 的股权，取得 2 亿吨资源量的铬铁矿探矿权。2009 年，收购澳大利亚 OZ 矿业公司。2010 年，全球铁矿石反弹走高，五矿放弃长期跟踪的国外项目。

2013 年开始，铁矿石的价格开始不断下跌，矿产行业萧条。2013 年 2 月，浙江吉利控股集团以 1104 万英镑收购英国百年企业——锰铜控股的核心资产与业务。此次全资收购英国锰铜已经是吉利的第三次海外并购，前两次分别是收购澳大利亚 DSI 变速箱公司和瑞典沃尔沃轿车公司。此次收购是通过吉利的子公司——吉利英国集团有限公司按零现金、零债务模式完成的，收购的资产包括英国锰铜的厂房、设备、不动产、全部无形资产（包括知识产权、商标、商誉等），以及锰铜与吉利在中国设立的合资工厂中 48% 的股份和库存车辆。

反经济周期投资是一个长期且明确的并购基金投资主题，只有最优秀的投资团队才能把握精髓。这些优秀的高手们能在市场高点或过热时保持不投资的冷静，而在市场最悲观和绝望的时候仍能看到企业的价值。

三、该出手时就出手，上海复星在中国经济周期起起伏伏中，准确果断抓住机遇

多数人往往看不到经济繁荣背后的风险，也容易忽视经济危机中的机遇。

经济稳定增长，给企业的并购后整合和发展带来了很大的便利，但也掩盖了一些潜在的风险。因为，景气周期是不可避免的，一些企业等落潮了才发现自己在裸泳。在经济危机面前，企业经营者总是忧心忡忡，夜不能寐。事实上，一些企业的冬天，恰恰是另一些企业的春天。冬天越是严寒，春天越是樱花烂漫。要把逆境作为动力，实现更大的飞跃。萧条是成长的机会，企业就是应该通过萧条这种行业逆境来谋取更大的发展。

每一次闯过萧条期后，某些企业的规模都会扩大一圈、两圈。萧条成为这些企业的成长机会。根据麦肯锡的估算，在2000~2001年的经济萧条中，有近40%的美国实业公司从行业中前25%的位置上跌落下来，顶尖的美国银行中也有三分之一遭到了同样的命运。但同时，也有15%的企业虽然在萧条之前并不是行业领先者，但在萧条中却跃进到了领先行列之中。

产业投资有一个绝好的机会，当市场泡沫破灭、走向衰退之际，别人不敢贸然激进，此时恰恰是“逢底吸纳”的最佳进场时机。市场的冬天就是投资的春天，各路社会资本一定要预先做好对目标行业和新兴投资区域的研判，把握好发展良机。

越是在银根紧缩时期，越能考验CEO的胆识和洞察力。因为，这个时候，CEO们需要面临一个抉择：到底是进行战略收缩，消减成本，以求安然度过这场风暴，还是寻找机会，选择购买有助于自身发展并能为股东创造未来价值的廉价资产？反周期投资可以区分真正的领袖与庸才。

行业的领先者与一般公司的区别恰是在于在对待经济低迷的态度上，它们总是将经济低迷作为增强领先优势和出手进行收购的大好时机，该出手时就果断出手。在经历亚洲经济危机之后的短短几年间，三星实施“数字化战略”，通过收购进行资产的重新组合，成为超越摩托罗拉、索尼的市场领导者，三星电子还被《商业周刊》排在2002年度IT100强首位。

同样，上海复星的成功，就在与其在中国经济周期的起起伏伏中，准确、果断地抓住了机遇。

股市暴跌，市场充满一片恐慌之时，上海复星创始人郭广昌称：“你也许贪婪过，也许恐惧过，现在应该勇敢一点。你如果不敢在别人贪婪的时候变得恐惧，就没有资格在别人恐惧的时候变得勇敢。贪婪与恐惧相辅相成，当整个市场都在狂欢，都在纵情贪婪的时候，我们应该非常小心，要有恐惧之心。而今天当市场一片恐慌的时候，价值的地板已经很坚实。这个时候，我们反倒应该勇敢起来，这就是我之前所说的，站在价值的地板上与泡沫共舞。”

在中国经济前 20 年的发展中，复星牢牢抓住了钢铁、医药、房地产等机会，进入这些产业的时间点都踏准了行业低谷期。其实阿里巴巴也是一样，每次的窗口期马云都把握住了，可以去查阅阿里巴巴的融资史。[①]

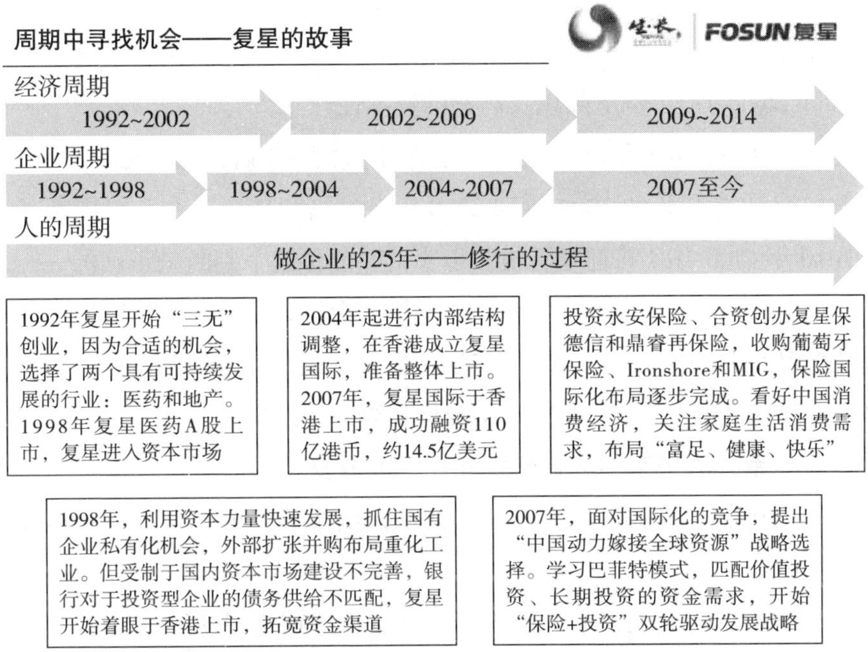

复星在创业初期无资金、无人才、无技术。但复星抓住了矿业、钢铁、房地产和医疗医药行业等产业的周期，抓住了中国资本市场发展的周期，并参与到国有企业体制改革之中。例如，上海复星在 2003 年前后控股或参股了一批医药公司，那时正是医药行业受产能扩张、医改等影响，毛利率开始逐步下降的时期。

---

① 参见搜狐财经 2018-01-23：《郭广昌：复星投资哲学（湖畔大学授课内容全文 +PPT）》，来源：复星集团官网，http://www.sohu.com/a/218468531_479794，最后访问日期：2018 年 10 月 8 日。

2010年，上海复星收购Club Med（地中海俱乐部）7.1%的股权，随后又通过在二级市场上不断增持成为其第一大股东。这是复星第一个国际化项目，也是复星将反周期运用在海外收购的开端。

由于欧洲旅游业处于下行周期，Club Med在2009年亏损高达5300万欧元，约5亿元人民币。Club Med成立于1950年，1966年在巴黎上市，股价曾在2000年达到顶点147欧元，但随后持续下跌，复星在2010年首次介入时，Club Med的股价正处于历史低点——跌至12.6欧元。在2004年之前，Club Med的核心市场是中低端度假游，2004年新上任的CEO开启了高端化战略，陆续关闭了二星、三星度假村，升级和新建四星、五星度假村。这一计划导致了Club Med的销售额下降以及高额的资本性开支。

复星在Club Med亏损时进入，这源于其对旅行行业升级周期的判断：Club Med从改造开始的2004年到2010年已过去六年，一个升级周期基本结束，2010年Club Med将迎来转折。事实证明复星这个判断是正确的——复星首次持股7.1%后的第二年，Club Med就扭亏为盈。这增强了复星将Club Med打造成产品平台的信心。从2012年起，复星开始运作，终于在2015年耗资9.58亿欧元、溢价44%完成Club Med私有化要约，并退市。

与海航系、清华系的产业投资相比，上海复星系的产业投资更加关注现金流和退出机制，更加关注在经济周期低估期布局，更加关注资源类等的周期性行业投资。

对产业本身的发展，郭广昌更多的是进行反周期投资和行业错配，等产业周期重新恢复后逐步退出。复星对建龙钢铁投资时，正处于中国钢铁行业的低迷时期及建龙本身的发展阶段，复星以极低的成本投资建龙；2003年投资德邦证券时，证券业也正处在低潮期；2004年投资招金矿业，黄金价格也处在历史低点；2007年投资矿业等，这样的投资理念使复星以低成本获得了高收益。

在反周期投资的同时，上海复星保持周期性行业与非周期行业，实业与金融业……的行业错配，比如医药行业就是弱周期，防守型的行业。实业资本不像金融资本那样，可以通过期权期货等手段进行风险的对冲，所以往往可以使用风险分散的方法就是通过错落有致的行业搭配，来进行风险对冲。

经济、股市、产业、企业和人都有周期，也为企业间的并购重组带来机遇。越是在银根紧缩时期，越能考验 CEO 的胆识和洞察力。因为，这个时候 CEO 们需要面临一个抉择：到底是进行战略收缩，削减成本，以求安然度过这场风暴，还是寻找机会，选择购买有助于自身发展并能为股东创造未来价值的廉价资产？

HOW CAPITAL LAYOUT

第六章

投资区域选择

全球市场、全球配置资源成为企业的一种战略取向。资本布局的走向不再是简单地从发达国家转移到中国来，近几年我们的一些行业也在向印尼、越南、巴基斯坦等国家转移。

2011 年中国 FDI 流量，八成流向发展中国家，六成流向中国香港、英属维尔京群岛（BVI）、开曼群岛。2011 年中国 FDI 存量的国家聚集度较高，七成分布在亚洲地区。对发展中国家投资存量占 89%，发达国家占 11%。经过多年的发展，中国企业的境外投资逐步由发展中国家转向发达国家。全球法律信息提供商律商联讯和中国公司法务研究院联合发布《2016 ~ 2017 年中国企业"走出去"调研报告》指出，从整体的投资情况看，北美、西欧和东南亚是中国企业境外投资的首选国家和区域。

"走到哪里去"是实施"走出去"战略和"一带一路"倡议的大问题。面对世界地图，中国企业到哪个国家开始境外投资呢？国别如何选择呢？

一般来说，在地域和进入方法上以"渐进式"为好，也即首先进入在消费能力和产品需求上同中国市场较为接近的国家和地区，如东南亚和南美及东欧等地，选择重点地区进入再进行延伸发展。

资本的走向不仅要看东道国的国际优势产业或资源优势，而且还要看主并方资本布局的战略目的，投资项目的战略吸引力、投资回报水平和风险程度。缺乏对目标所在市场消费者、竞争状况、渠道和政策的深刻认知，缺乏从政经环境、市场状况、竞争程度、投资回报等多个维度来观察当地的最佳投资机遇，更多的时候，来自中国的淘金者们，披上的只是机会主义者的收购外衣。

第一节　区域选择理论与东道国选择的一般原则

国际直接投资区位理论回答的基本问题是影响投资区位选择的因素。这些理论和研究林林总总，归根结底，企业之所以要向它国跨国投资主要是受利益（利润或者通过战略地位改变获取利润）驱动。跨国投资国别选择包括成本取向、市场取向、利润取向，要素取向和公司战略取向。

区位论成本学派认为，生产成本最低的区位为企业所追求的最佳区位。公司在国家间（最小成本可在一国之内找到，也可发生于多国之间）进行成本比较，当它国生产成本明显低于本国时，便会倾向于向这些国家投资。德国经济学家韦伯 1909 年出版《工业区位论》创立了工业区位理论。韦伯工业区位论的最大特点或贡献之一是最小费用原则，即费用最小点就是最佳区位点。①

区位论市场学派则认为，当一国具有较大的潜在市场，而公司在国内生产出口这一国家受交通运输成本影响，或者更为重要的是受国家关税和其他贸易壁垒影响时，公司便会自然的选择在这一国家直接投资。区位论利润学派认为，企业在生产成本、运输费用和市场价格的综合考虑基础上，当投向他国比在本国可以获取更大收益，自然会选择他国。由此，预期利润较高的国别，易于成为跨国投资地。②

要素取向观点认为，由于资源的区位差异，以及不同企业又有不同的要素需求，为了充分利用他国的资源优势，公司必然会在相应国家跨国投资。战略取向观点则认为，为了公司整体利益，为了通过并购获得行业地位，会从战略上考虑而在战略重点国别投资建立相应生产或经营机构。

境外资本布局一定是有目的的，根据目的来选择国别和地区。一般有哪些

---

①　参见 360 百科 – 韦伯工业区位论，http://baike.so.com/doc/8886801-9212597.html，最后访问日期：2018 年 9 月 18 日。

②　参见找法网 2009-12-15：《跨国公司的国别选择》，http://china.findlaw.cn/info/jingjifa/gjmyf/gjtz/tzgl/80289.html，最后访问日期：2018 年 9 月 18 日。

目的呢？同行或竞争者之间的水平并购主要是为了扩大产能、获得市场、获得技术、转移产能、增强行业地位；上下游企业之间的纵向并购为了拓展企业的盈利模式，为企业找到稳定可靠的供应渠道和销售渠道，降低采购费用和销售费用；跨行业的横向多角度并购可以使企业迅速进入前景良好的行业或领域。

实务中，区域选择的一般原则如下：

一、追逐东道国产业或资源的国际比较优势

如果境外投资的主要目标是获取战略性资源，就应该进入具有这些战略性资产（技术或矿产资源）的国家或地区。什么地方资源丰富就到什么地方投资。

不同的区域有不同的行业优势。比如，西北欧和北美的先进制造、汽车、重工、智慧产业；南美、澳洲的重金属资源；美国的金融、时尚、影视、动画、娱乐、传媒；英国的金融服务、高端制造、文化创意产业、环保新能源、生命科学、信息通信、时尚零售，以及传统的基建和房地产业；德国的工业部件、装备制造；法国的奢侈品、时尚。意大利的 IT、高科技；我国台湾地区和韩国的电子。日本，先天资源不如美国，土地面积小，人口老龄化，但医疗服务、养老很发达。我们的养老社区师从日本，未来中国的大健康和养老、医疗服务很可能会和日本很像。亚洲人比较压抑，所以日本的文化产业包括电影、电视剧、动漫很发达。中国也是如此，有闲人，也有压抑的情绪，所以文化创意产业也有前景。

二、能够发挥中国企业比较优势的国家布局资本

中国现在正在从工业化向后工业时代转型，制度红利、资源红利、人口红利驱动变成技术、资本、市场和全球驱动。

钢铁、水泥、玻璃、电解铝、家电、机械、纺织、轻工、电子通信等行业在中国已经过剩，行业利用率下降，但在非洲等一些发展中国家和地区具有比较优势。在这些国家进行资本布局，不仅可以转移中国过剩产能，寻求新的发展空间，还能造福东道国。2005 年前后，埃塞俄比亚就非常短缺水泥、

玻璃等建筑材料，中国企业后来在埃塞投资水泥、玻璃厂获得了不错的收益（如中地海外布局玻璃厂）。

东盟和一些非洲、拉丁美洲国家和东欧的部分国家在石油天然气、金属矿产、森林和渔业等领域的力量比较薄弱，需要较大的投资，中国企业容易进入。发达国家对容纳就业机会较多的轻工、服装、玩具等中小企业也往往鼓励。"一带一路"沿线64个国家中，有相当一部分跟我国的农业互补性非常强，容易发挥中国企业的相对优势。

到一个不能体现中国企业相对优势的国家去是不可思议的。所谓对外投资合作，事实上就是两个市场、两种资源在国际范围内进行重新配置、优化组织的一个过程。要把你的资源、你的长处和当地结合起来。要先搞清楚境外发展战略思路是什么，你想干什么。搞清楚这个之后，再找哪些地方可以投资。这里面可以参照商务部对各个国家的情况介绍及国别产业导向目录，了解哪些国家可以容纳哪些产业。需要注意的是，除经济考量外，还要考虑安全问题[①]。

"十三五"期间，国家电网投资行业和项目选择的整体思路是：以构建全球能源互联网为战略引领，以能源电力资产投资运营为核心，进一步扩大境外资产规模，通过全面提升境外能源电力投资、建设、运营、管理一体化运作能力，实现国际业务效益最大化，进一步增强公司内部发展能力和国际竞争力。在投资方面，按照国家电网公司"三电一资"国际业务重点，以收益模式稳定透明的输配电、输配气监管资产为主，稳妥开辟水电、风电等清洁能源领域。投资区域主要包括成熟稳定市场和新兴发展市场两类，重点投向政治环境稳定、投资环境优良、监管机制透明、经营风险可控的国家和地区。根据投资区域差异，采取不同投资策略，不断优化境外业务市场布局。以构建全球能源互联网为契机，积极培育和开发新项目。以周边国家互联互通为重点，加快推进系列跨国联网和跨国输电项目；发挥特高压技术优势，进一步加大新兴市场拓展力度，加快推进南美、非洲等有关特高压输电项目。

---

① 2007年7月11日下午3时，商务部部长助理陈健接受中国政府网专访，就"实施'走出去'战略"与网民进行在线交流。参见中央政府门户网站 www.gov.cn2007-07-11：《中国企业要根据自己的情况来选择投资的国别和地区》，http://www.gov.cn/zxft/ft32/content_680736.htm，最后访问日期：2018年9月18日。

三、去投资环境合适的东道国投资

2013年与2014年，笔者密集去阿联酋与科威特，2015年一年之内去了4次迪拜。那时，考虑一个问题，迪拜适合有装配中心吗？公司曾经考虑和国内某知名企业联合在中东开设工厂。后来，发现这个不合适。因为，其一，阿联酋的散件进口和整机进口，在税收上没有优惠。其二，在阿联酋的人工成本比中国、东南亚要高。其三，所拟生产的光伏空调并不存在贸易壁垒。这三个通常在境外设厂的条件都不具备。最后，我们放弃了在中东建立工厂的想法。

不同东道国有不同的优势与风险。制造型企业关注东道国是否有廉价的土地和劳动力成本。东南亚的佛教国家越南、柬埔寨、泰国等有廉价资源、土地和人力成本。知识密集型产业，关注东道国的知识产权保护力度。金融企业在投资地区选择上应考虑政治制度稳定、金融制度完善、外汇交易自由、现代化通信设备和完善的金融设施、优越地理位置。

亚洲之外，南美和东欧可以作为农业、旅游业、制造业和工程业发展的方向。这些国家处于工业化进程的中后期，需要的产品刚好是中国生产的。

东道国对于外国投资者的开放及限制程度也有差异。西北欧，开放程度最好，限度最低。有些发展中国家，一方面以低所得税甚至免税来吸引外资，如韩国、智利、马来西亚、新加坡、泰国、印度等国家都有这方面的规定；另一方面又对外资企业的利润汇出实行限制，希望以此促进外商进行再投资。利润汇出包括境外企业的利息、许可费和汇回利润等。世界各国利润汇出的政策有宽有严，标准各异，发展中国家一般比发达国家更严格一些。例如，阿尔及利亚，有外汇汇回额度限制，但审批慢。

限制性措施通常有两种：一种是利用外汇管制等行政政策加以限制。另一种是利用预提税率等税收政策加以限制。当今世界各国的预提税率差别很大，企业选择投资地点时不可忽视。由于双边税收协定可使缔约国相互征收的预提税大为降低，因此，还须注意东道国与母国之间是否签订了有关的税收协定。在石油，矿产等领域，往往设计复杂的交易路径，其中一个重要的原因就是根据税收协定，降低预提所得税率。

了解东道国的有关情况有两个渠道：商务部的《对外投资合作国别（地区）指南》和中国出口信用保险公司每年出版的《国家风险分析报告》《全球投资风险分析报告》。

2009年，商务部首次发布《对外投资合作国别（地区）对外投资合作国别（地区）指南》。每年的《对外投资合作国别（地区）指南》主要是介绍中国企业投资目的地国家、地区的基本情况、经济形势、政策法规、投资机遇和风险，对有关“走出去”普遍关心的问题给予回答。2016年版《对外投资合作国别（地区）指南》共覆盖全球171个国家和地区，每国一册，涵盖我国企业对外经济合作业务的主要市场。为顺应国际国内形势变化，增加了与我国签署货币互换协议、产能合作协议、基础设施合作协议、自由贸易协定（FTA），以及我国企业在境外投资建设的经贸产业合作园区等部分的内容，全面反映了有关国家和地区的经济形势和投资环境、商业机遇和经营风险。

中国企业在选择进入某一国别市场之前，必须首先对东道国国家风险保持理性认识。上文所述的《国家风险分析报告》《全球投资风险分析报告》是中国企业决策层识别和规避国家风险的有效指引。从法律救济角度进行国家风险识别的简易方法是，东道国是否为1958年《纽约公约》、1965年《华盛顿公约》生效成员国，以及是否与中国签订双边投资保护协定这三个国际关系“晴雨表”，来判断国家风险。

第二节 发达国家的投资

中国对欧洲和美国的年投资额从10年前的26亿美元增至2016年的942亿美元。2000年以来，中国对欧洲和北美直接投资的一半以上都发生在过去的2014年、2015年和2016年这三年当中。[①] 欧洲和北美等发达国家成为越来越多的中国企业海外投资的首选。

---

① 参见微信公众号“奋迅贝克麦坚时”2017-02-07:《2016年中国对美国投资增至三倍，对欧洲投资增至双倍》，http://mp.weixin.qq.com/s/h8TRgSaUC_nY4VJ-ZuARmg，最后访问日期：2017年5月10日。

2008年以来，发达经济体一直疲软，至今未全面复苏。中国企业到发达国家进行资本布局，不仅可以获得中国企业欠缺的高端技术、国际品牌和先进的管理经验，而且发达经济体一般经济基础好、政治风险低、社会弹性高。相对于刚性社会，弹性社会中人们在面对困难、矛盾和冲突时，能够保持平常心，"张弛有度"，有舒展的心态、舒展的灵魂。但是，发达经济体普遍承担较高的债务。受意识形态等因素影响，有些国家对来自中国的投资存在歧视。

一、到美国去投资

美国的市场体制、法律制度和税收体系给外国投资者充分的经营自由，是世界上规模最大和最发达的经济体和吸收外国投资最多的国家。吸引中国在美国投资的因素有：美国具有巨大的消费市场、全球研发中心，领先世界的技术、品牌，强大的知识产权保护和严格的执法制度、受过良好教育的工作族群、劳动生产率持续提高、完善的基础设施、移民国家的多元文化氛围，拥有容纳世界多元文化元素的习惯，承诺以公平、平等的方式对待外国投资者。

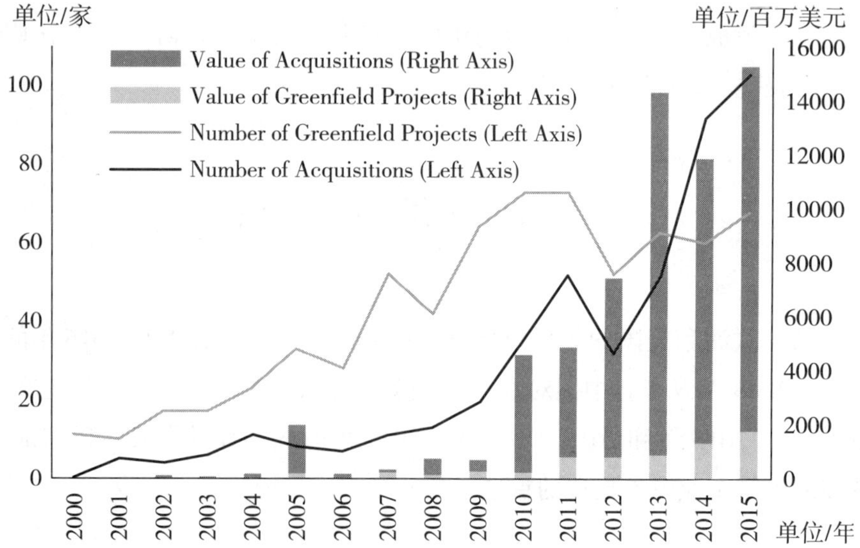

中国对美国投资情况

资料来源：Rhodium Group

伴随着中国经济转型的不断推进，中国企业对美投资重心逐渐从产业链低端向产业链高端转移，半导体、生物医药、文化娱乐等将吸引越来越多的中国资本。比如，中国对美国半导体工业的投资不断增长，2014年之前只有2亿美元，而2014年和2015年加起来达到了8亿美元。

2015年，中国对美投资流量为157亿美元，中国企业连续第二年在美国完成了超过100宗并购交易。数额最高的交易包括复星集团斥资24亿美元收购美国保险巨头Ironshore Insurance，安邦保险投资19.5亿美元购买位于纽约的华尔道夫酒店，烟台新潮实业股份有限公司斥资13亿美元投资得克萨斯州油田，一个中国财团投资8亿美元收购美国半导体公司芯成（Integrated Silicon Solutions）。2015年，68家中国在美国绿地项目破土动工，大型项目包括山东玉皇化工在路易斯安那州投资18.5亿美元建设甲醇工厂，山东泉林纸业投资20亿美元在弗吉尼亚州建厂，吉利汽车旗下的沃尔沃在南卡来罗纳州设厂。其他已经在建的大型中国绿地项目，包括福耀玻璃集团在俄亥俄州建设的汽车玻璃厂和延锋汽车饰件系统有限公司在田纳西州建设的汽车内饰厂。

2016年中国对美投资流量增长3倍，超过500亿美元，私营企业兼并成为主力。包括万达集团35亿美元收购传奇影业（Legendary Pictures），由华创投资和中信资本牵头的一个中国财团投资19亿美元收购了半导体公司豪威科技（Omnivision）。此外，代表性的有，中国对美收购包括海航集团60亿美元竞购英格雷姆麦克罗公司（Ingram Micro），海尔集团54亿美元收购通用电气的家用电器部门，中联重科34亿竞购美国起重机制造商Terex，万达集团11亿美元投资美国连锁影院卡麦克影业（Carmike），安邦保险15.9亿美元收购美国信保人寿保险公司（Fidelity & Guaranty）以及65亿美元收购策略酒店集团（Strategic Hotels）。

与担心中国投资者收购美国资产然后将生产移到中国的恐惧相反，生猪及猪肉生产商史密斯菲尔德公司（Smithfield Foods）在2013年被双汇收购后，增加了1500个工作岗位。耐世特汽车集团（Nexteer Automotive Group Ltd.）2010年被中国航空工业集团收购后，员工人数已从6000人增长到超过1万人。

在美国投资需要注意以下问题：

（一）关注某些并购的国家安全审查

2012年，中国工程机械制造业的佼佼者三一集团在美国的关联公司罗尔斯公司（Ralls），以600万美元收购了美国俄勒冈州的一个风电项目，美国外国投资委员会（CFIUS）以威胁美国国家安全为由勒令罗尔斯公司终止该项目，撤出所有股权，奥巴马总统签发了相关总统令。罗尔斯公司随即就此案向美哥伦比亚特区联邦上诉法院起诉美国外国投资委员会和奥巴马总统。2014年7月，该法院裁定奥巴马未经适当程序，剥夺了罗尔斯公司风电项目受宪法保护的财产权。2015年11月，罗尔斯公司与美政府正式就此法律纠纷达成和解，相互撤诉。

在美国，政府官员出于国家安全考虑，介入并阻止了若干中国投资者的技术收购。美国对外资审查的主要机构是美国外资投资委员会（CFIUS）。该委员会报告显示，2016年有30项交易被取消（欧洲20项、美国10项），总价值高达740亿美元，史无前例。中资企业已连续三年成为遭受审查最多的外资企业。虽然很多中国企业已经成为有经验的买家，能应对CFIUS国家安全审查等类似的监管程序，但是作为整体交易策略的一部分，制定政治风险评估和监管机制对在美国投资的中国投资者来说，将越发重要。

2016年12月，美国新一任当选总统特朗普就任后对中国企业赴美投资的态度直接体现在美国外国投资委员会审批的尺度上，民企投资会相对容易些，但即便如此，一旦涉及敏感领域或者行业，即使获得批准，批准也是有条件的，如有些知识产权必须是在美国境内完成研发而不能拿到境外。因此，这类项目需要在项目一开始就组建熟悉美国安全审查程序的专家团队，尽早与美国政府相关人员进行沟通，从而顺利通过CFIUS审查。

（二）关注美国刺激外国投资的政策和行业投资机遇

2011年6月，时任美国总统奥巴马发起“选择美国倡议”（Select USA Initiative），成立由美国商务部牵头、23个部门参与的“联邦部际投资工作小组”，旨在通过鼓励和支持在美投资，实现创造就业、拉动经济增长。美国商务部下设“选择美国（Select USA）”办公室，负责提升在联邦层面协调吸引外国投资的力度。

美国商务部建有介绍美投资环境的官方网站 www.selectusa.gov。该网站旨在联邦层面展示美国作为全球最佳商业地点的有关情况，为投资者了解美国投资整体环境、查询联邦投资政策等提供便利，借此吸引外国投资。对于有赴美投资初步意向的中国企业和个人而言，“选择美国”网站 www.selectusa.gov 可提供入门基础信息。

1. 网站内容

（1）可搜索、查询联邦政府为在美经营企业提供的各类项目、服务，其中包括：政府支持、贷款及贷款担保、税收优惠政策等。网站还提供了美国主要行业概述。（2）详细介绍企业在美经营的各类优势。（3）以地图形式，与全美各州政府主管投资事务部门的网站建立链接。近年来，随着中美经贸关系日益密切，阿肯色、加利福尼亚等 26 个州（市）在华设立了 31 家代表处，中国企业可以通过联系上述驻华机构获取赴美投资信息。

2. 具体栏目

（1）行业概览。根据行业划分，简要介绍 18 个行业的基本情况，提供相关行业协会网址链接。具体包括：航空、汽车、生物技术、化学、消费品、创意及媒体、能源、环保科技、金融服务、卫生医药技术、物流交通、机械设备、药品、专业服务、零售业、软件及信息技术、纺织品、旅游观光。（2）为什么选择美国？简述了投资美国的 9 大优势：全球最大经济体、最具吸引力的商业和投资环境、领先的消费市场、巨大的国内需求、研究创新中心、顶尖高校云集、信息技术制高点、保护知识产权、劳动力受过良好教育且生产效率高。（3）联邦投资优惠政策。可根据关键词组合，搜索美联邦政府为商业投资提供的各类项目介绍、具体支持措施以及优惠政策。（4）案例介绍。简述大众、宜家等外国公司以及杜邦、卡特彼勒等本土企业在美投资案例。（5）全美 50 个州。提供了各州政府主管投资事务部门的网站链接。由于美各州拥有立法权，因此各地外资政策、外企设立程序、税收等法律法规等存在一定差异。各州（市、郡）商务厅（局）或经济发展署等部门设有专门机构，具体提供外商投资服务事宜。有意赴美投资者可登录 www.selecusa.gov 首页，查找到全美各州商务主管部门的官方网站。（6）其他资源。提供了美国中小企业局、商业法律法规、国际贸易、专业咨询公司报告、美国境内商业展会的网站链接。

美国是全球税负最高的国家之一，而特朗普 2017 年将税率从 35% 降到 15%，对于美国受控外国企业可能会加强征管，意在希望美国境外企业利润回归本土。这也意味着对外国投资者的投资回报会提高，无疑也会刺激中企赴美投资。特朗普提出的一些经济政策主张，如解除对能源行业的限制，重点关注天然气和其他可再生能源；放松对金融机构的监管等，可能吸引有关行业的中企赴美并购，分得市场的一杯羹。[①]

在目前美国的政策环境下，大量前期中期的美国医疗器械企业都正在遭遇“资金寒冬”，由于 2.3% 的“医疗器械销售税”，大量以养老金为基础的 VC 和 PE 不再那么青睐“医疗器械”。这导致很多美国中小企业都在努力地寻求更多资金来源，并且愿意更多地接触各国的投资者，国际投资者在谈判过程中也拥有更大的议价空间。很多国家的资本也都嗅到了这一商业价值。日本已将医疗器械作为其最重要的发展产业之一，并迅速与美国各类中小企业接触洽谈投资等活动。越来越多的新加坡家族企业也正在美国物色收购中小型医疗器械企业。

（三）苦练内功，注重法律和国际惯例

投资者要明确自己的投资目的到底是什么，还要熟悉美国 VC 和 PE 的退出策略和过程，在投资前期就想好不同时期的退出路径、策略及潜在接盘者。

对中资企业来说，进入美国市场几乎难以避免会遭遇法律诉讼，如果没有创新能力和知识产权做支撑，很多中资企业很可能在这一步就会倒在法律

① 参见微信公众号“中国贸促”2017-03-11：赵爱玲：《2017 年中企海外并购机遇在哪里？》，来源：《中国对外贸易》杂志，http://mp.weixin.qq.com/s/RUOAnQEauT8Z2QFohjFIlA，最后访问日期：2017 年 7 月 23 日。

诉讼阻击之下。在美中企须将目光放长远，务必遵守当地法律法规，潜心做好语言、文化、管理等方面的磨合工作。

注意借助外部力量。美国的总体专业细分程度要高于中国，每个专业所涉及的内容都比较多且比较细致。因此，投资前免不了需要专业人员（如律师、会计、商业顾问等）帮助分析。除非项目比较小，如果什么都自己干，在美国目前的商业环境下是很有挑战性的。

寻找项目要非常仔细：在筛选投资对象的过程中，会产生大量的文本文件，这些都需要投资人认真阅读与理解、提出疑问并逐一标注作为后续谈判的依据，对于措辞微妙的部分（即没看明白的地方）要逐一澄清。有很多国内投资人应酬太多，对投资材料的阅读不够仔细，往往卷入不必要的风险，这点在投资美国的时候要切记。此外，对于员工比较多的企业，要特别留意工会和员工宗教背景可能产生的问题。此外，谈判要符合国际商务规则，这也意味着很多中国式的谈判规则在与美国人谈判的过程中，可能不仅无效而且有副作用，甚至还会闹出不少尴尬和笑话。

二、到中小企业隐形冠军机会丰富的德国去投资

中国主并企业多数是有钱、有市场、没技术，欧洲被并企业大多有技术、没钱、没市场。由于欧洲经济低迷和不景气，他们愿意中国企业前去并购。越来越多的企业正通过收购欧洲先进技术和品牌来实现企业的转型升级。此外，欧元汇率的下降使中国企业到欧洲进行跨境并购的成本大大降低。

据彭博社统计，2011 年起，中国企业在欧洲的跨境并购金额呈现不断上升态势。2013 年，中国企业在欧洲的跨境并购已经与在美国和澳大利亚的跨境并购不相上下，但仍然落后于在加拿大的跨境并购。2014 年，中国企业在欧洲的并购已经跃升到首位，并接近在美国、澳大利亚和加拿大的总和。随着中国企业跨境并购的重心转移到欧洲等发达国家，中国企业跨境并购的标的也从大宗商品转向品牌、技术、渠道，借道欧洲寻找转型升级。

2016 年是中国企业对德投资突飞猛进的一年。

近年，中德两国在“工业 4.0”和“中国制造 2025”框架内进行了一系列合作，中国对德投资进一步加速，并购多涉及机械、可再生能源、汽车等行业，并购对象包括一些具有行业领先优势的德国中小企业。中国企业对德国投资流量从 2015 年的 13 亿美元增至 2016 年的 121 亿美元，比上一年暴涨 10 倍。更为重要的是，2016 年一年就出现了 16 起上亿欧元的中资对德并购，其中有 3 起在 10 亿欧元以上：美的收购库卡（46 亿欧元）、三峡集团收购德国最大海上风电场 Meerwind（约 16 亿欧元）、北京控股收购 EEW 垃圾能源公司（14.38 亿欧元）。而此前的数据是，在德国，2010 年以前未出现过 1 亿欧元以上的中资并购；从 2010 年到 2015 年 6 年间，中国投资者在德国投资了将近 150 个并购项目，其中 19 个项目交易额超过 1 亿欧元，但没有出现 10 亿欧元以上的交易。

（一）德国的优势投资领域

欧洲由四十多个国家和地区组成，每个国家的语言、文化各不相同，不同地区的法律体系，资本市场制度差异更多。中国公司去欧洲收购必须事先了解这些差异，因为在欧洲一个国家的成功经验未必适用于另外一个国家。另外，欧洲每个国家都有自己的优势行业，到欧洲投资相比去其他地区来说更加复杂，也更具挑战。中国投资者必须熟知每个国家不同市场的格局，才能找到好的投资标的。

中德两国的经济结构存在很大的相似性。德国经济主要以私人中、小型企业为特色。在所有商业中有 99.7% 为中小企业，这使得德国的工业结构十分灵活、多样化且富有竞争力。许多高端专业领域的公司均为全球市场的领军者，德国也因此在诸多领域被视为科学与技术的佼佼者。这其中尤以汽车、机械工程、电子工程和化学领域为强项。德国未来工业领域如环境友好型能源产品也正在逐步显现其重要性。因此，对德国细分市场隐形冠军企业的并购有投资机遇。

2010 年之前，中国企业主要投资德国传统机械制造业或工业产品行业，并且将近 1/3 为破产企业收购。目前，制造业领域的交易（汽车产业、机械工程、一般工业产品）仍占总数的一半左右，并将保持稳定，同时中国投资者逐渐将兴趣转移至德国的医疗、服务、环保技术和消费品行业等领域。比如2016年中国企业首次全资收购了一家德国私人银行。另外，民营企业在对德投资中发挥的作用越来越大。[①]

根据外商直接投资吸引力调查，汽车行业仍然是德国的旗舰行业，排名第二的是能源公共事业行业，通信技术行业排在第三位。值得注意的是，在吸引力调查中支持率增长最为迅猛是银行和保险业。此外，处于世界领先地位的德国装备制造业，在金融危机背景下遭遇经营困难，正“低价待沽”。[②]

德国装备制造业是创新力度最高的行业之一，企业具有“大者强、小者精”的特点。在31个机械制造门类中，德国有27个门类占据世界前三位。技术领先、工艺精良、品质优秀、管理严谨，人才聚集、研发及创新能力强等独特优势，使德国装备制造业成为国际投资的热门选择。2008年金融危机爆发后，欧洲装备制造业增长一度停顿。德国装备制造业也受到不同程度影响，其中与消费相关的细分行业受影响最大，被迫破产或寻求并购的企业越来越多。以机床工业为例，德国企业平均员工数不足130人，多数为家族企业，抵御经济危机能力较弱，但技术水平较高，不少具备国际品牌，正好符合中国资本海外并购的条件。

中国企业对德国并购可以获取国际品牌、打开国际销售网络、吸收市场营销经验以及有效的经营管理经验等。并购完成后利用对方作为培训实践基地，用多种交流方式来提高中方技术与管理人员水平，提高中国企业在国际市场上的知名度及融入国际经济循环的活动能力。

（二）德国的行业审批

除国防和保密领域外，德国不对外商投资设限，向所有领域和来自世界

---

① 参见人民网201701-06：管克江，《中企对德国投资并购持续发力（国际视点）》，来源：人民日报2017年01月06日，http://paper.people.com.cn/rmrb/html/2017-01/06/nw.D110000renmrb_20170106_1-21.htm，最后访问日期：2017年7月25日。

② 参见微信公众号“中国走出去”2015-05-22：《“海外投资”国别篇：盘点最佳投资机遇》，http://mp.weixin.qq.com/s/D-phTdg0gKWIFE6hSWWJQw，最后访问日期：2017年7月23日。

各地的企业家们开放，但德国经济与技术部保留审查的权利甚至在特定情形下可以禁止或限制交易。在国防和保密领域，外国投资者收购战争武器控制法案所附战争武器清单中列出之产品的生产或研发型企业25%或以上比例股权、投资特定的IT安全产品或为军用坦克及其他武装军用履带车辆专门设计的发动机或引擎，必须预先通知德国经济与技术部。为了保护德国核心领域的安全利益，德国经济与技术部有权禁止上述交易（参考《德国对外贸易与支付法案实施细则》第60条及以下条款）。收购合同的效力取决于德国经济与技术部的批文。如果未能遵守上述预先通知义务，将可能支付高达50万欧元的罚款。故意违反相关禁止性义务将遭受刑事处罚。

来自欧盟以外的意图收购德国企业25%或以上比例股权的投资者仍然需要通过德国经济与技术部的审查，如果相关交易可能危及德国的公共政策或安全（参考《德国对外贸易与支付法案实施细则》第55条及以下条款）。如果投资者在欧盟境内，但其某一股东位于欧盟境外第三国且希望收购25%或以上比例的股权，则该投资者仍然需要通过审查。如果德国经济与技术部审查后认为相关交易将对公共政策或安全造成威胁，有权对其禁止或限制。通常，审查适用于所有工业领域和企业。虽然投资者没有向德国经济与技术部披露的义务，但在收购合同签署之后三个月内，德国经济与技术部可以要求审查相关交易文件，且有权在其后两个月内禁止交易从而导致收购合同无法生效。因此，为了扫除相关交易的法律障碍，在交割完成之前，投资者应该申请获得德国经济与技术部签发的无异议函。

2016年11月，中鼎股份与Bavaria France Holding S.A.S签署《购买协议》。中鼎股份拟以现金方式收购德国Bavaria France Holding S.A.S全资子公司Tristone Flowtech Holding S.A.S 100%的股权，交易作价1.85亿欧元（后调整至1.7亿欧元）。本次交易前后，上市公司实际控制权未发生变更，控股股东仍为中鼎集团，实际控制人仍为夏鼎湖。从这个项目的生效和交割条件可以看出德国的相关政府审批情况。

在这个案例中的交割条件是这样约定的：

1. 德国联邦企业联合管理局。

（1）已采用书面形式通知卖方和/或买方，德国企业联合管理局不会无条

件禁止或者在符合某些条件或者承担某些义务的情况下禁止本次交易；或者

（2）在根据《反限制竞争法》第39条规定提交本次的申请后一个月内未通知卖方或者买方其已启动正式调查；或

（3）未在《反限制竞争法》第40条第2段规定的时间内根据该法第40条第1段第1句规定发布命令。

2. 根据任何司法管辖区范围内的法律规定已经获得为签署或者完成本协议所需的政府或者法院做出的所有批准、决议或者弃权声明，特别是（但不限于）可能需要中国政府机构做出的批准，完成本协议预期的交易时不得违反任何司法管辖区范围内的适用法律规定，或者本协议各方或者集团应当遵守或者对本协议各方或者集团具有约束力的政府或者法院命令或者法令规定。

3. 在预期的交割日，无任何有管辖权的法院或者主管的政府机构（反垄断机构除外）做出的禁止交割的生效判决、颁布的禁令、命令或者做出的其他决定。

4. 已经根据中国证监会提出的要求实施与本次交易有关的审计，中国证监会不会禁止本次交易。

（三）德国的居住证的办理

超过3个月或无论期限长短而出于工作目的在德国逗留，都需要持有居住许可证。但是欧盟/欧洲经济区国民在德国逗留和工作不需要居住许可。只要他们前往德国是为了工作或学习，或通过某种方式在经济上自立，他们在欧盟即可享有充分的机动性。尽管如此，在抵达德国后，他们仍需要在当地地方机关注册。非欧盟成员国的所有外国居民，不论他们的原籍国，计划逗留时间超过90天都需要居住许可证。短期旅游签证只有在特殊情况下可以延期，如在预期离开日之前罹患重病。

第三节　发展中国家的投资

新兴经济体经济基础薄弱，政治风险较高，社会弹性较差，偿债能力分化较大，但增长潜力较大，投资回报率较高，再加上与中国的良好关系，成为一些中国企业“走出去”的首选。

根据国际货币基金组织的统计，2015 年发展中经济体的实际 GDP 增速虽然明显高于发达经济体，但其已连续第五年减速。既然投资主要是取决于经济增长预期，那么从现在这个趋势来讲，投资者更看好发达经济体。新兴经济体和发展中经济体的增速从 2010 年的 7.5% 逐年回落，到 2015 年已降至 4%。发达经济体则是连续第二年提速。2013 年发达经济体增速仅为 1.1%，2014 年提至 1.8%。

亚洲发展中经济体与非洲、拉丁美洲国家在吸引外资层面最明显的差异是外资流向的产业结构不同。非洲等地区吸引的外资流向资源类比重偏高；外资投资亚洲发展中经济体时，产业多元化倾向更为明显，且多以制造业、服务业为主。造成亚洲发展中经济体吸引外资增长较快的原因包括近年来经济维持较快增长、凭借劳动力廉价优势承接日本等国的制造业转移、国家推动的基础设施建设的动力较大、东盟经济一体化不断加快等。

中国制造业的廉价劳动力基础消失，中国将制造业基地大举迁到非洲和东南亚等地区。非洲、亚洲一部分经济发展水平较高的发展中国家成为国际产业转移的主要承接国。这部分国家国内经济规模较大，劳动力数量和素质不断提升，市场化改革空间较大，工业化和城市化方兴未艾，一些新的市场领域有待开发，财政和金融状况稳健，外汇储备充实，有条件保持经济长期增长，巨大的需求潜力为跨国并购提供了持续的动力，外国企业对并购的预期也比较乐观。

一、埃塞俄比亚重演中国改革开放的投资机遇

埃塞俄比亚是我从事跨国并购的处女地，我对埃塞有特殊的情感。从 2003 年到 2011 年，每年都要去亚的斯亚贝巴 2 次以上，那里有我的黑人好兄弟。

埃塞俄比亚，旧称阿比西尼亚，110 万平方公里，是中国国土面积的 11.46%。平均海拔近 3000 米。国际金融机构和西方主要国家也看好埃塞，每

年对埃经济援助在10亿美元左右。埃塞俄比亚前景光明，印度、土耳其、韩国、孟加拉等国的企业，也在大举进军埃塞。埃塞政府在对外合作中支付信誉较好，信用度较高。相对于其他的第三世界人口大国，埃塞俄比亚更希望学习中国，打造出一个中国模式移植非洲的成功样板。

埃塞俄比亚是咖啡、高粱的故乡。咖啡是1800年前在埃塞俄比亚被发现。埃塞俄比亚被喻为人类的发源地，公认的最早的人类露西（Lucy）于1974年在埃塞俄比亚发现，生活的年代是320万年前，被认为是目前所知人类的最早祖先。埃塞是非洲航空的枢纽，每天有成千的客人在此转机，走向非洲各地。

埃塞是非洲唯一未被殖民过的国家。埃塞人自傲，一直到20世纪90年代都认为全世界美国第一，埃塞第二。之后中国人来了，才发现原来世界上美国第一，中国第二，埃塞第三！与一般非洲国家不同，埃塞俄比亚在第二次世界大战被意大利入侵（1936~1941年）之前，一直维持其古老的君主制度，并未受到殖民主义浪潮的吞噬。1974年，一次军事流血政变将1930年以来一直统治埃塞俄比亚的皇帝海尔·塞拉西一世推翻以后，埃塞俄比亚改为奉行社会主义，直至1991年放弃社会主义。埃塞以农牧业为主，工业基础薄弱，吸引国际服装生产线，鞋类和皮革制品的成功，源于早期的农业政策。埃塞奉行从农业发展开始，走向以农业为基础的工业化战略，因而首先鼓励贴近农业的产品，如纺织品、服装和皮革。埃塞俄比亚在皮革和纺织品方面具备比较优势，牛、羊数量世界领先。

2012年8月，与疾病搏斗了一年的梅莱斯·泽纳维去世，享年仅57岁。小10岁的副总理兼外长海尔马里亚姆继任总理，平稳接班。2013年10月，同样由执政党提名的穆拉图·特肖梅出任新一任总统。1976年，19岁的穆拉图以公派留学生的身份来到中国留学，先在北京语言学院学习汉语，之后进入北京大学哲学系学习，终获北大国际政治系博士学位。2003年，本人有幸与穆拉图在埃塞俄比亚的斯亚贝巴共进晚餐，他当时任埃塞议会的议长，亲自关心过笔者首次参与的埃塞境外投资项目。

如今，在埃塞俄比亚生活着6万～20万中国人（不同统计口径和来源数据有所不同，其中注册登记的就有6万人)，中国人已经成为埃塞俄比亚第一大外国人群体。在亚吉铁路，在首都轻轨，在电网与电站，来自中国的各种专业技术人员正在手把手向当地员工传授技术，并帮助他们建立成熟、先进、现代化的营运管理体系，为该国未来的发展奠定长久基础。

中铁工、中铁建、华为、中兴、中国路桥（中国交建)、中地海外、中国水电（中国电建)、葛洲坝（中国能建)、三一重工等工程建设承包商和设备商在这里扎根。它们在铁路项目本身带动下，深度参与到当地的经济建设中，包括了房地产开发、土地整理改造（如火车站改造、填海)、物流、工业园、厂房（如钢结构厂)、设计咨询、工业矿业、国际贸易等。

（一）制造业是向东南亚还是向非洲转移

世界产业转移路径规律是，从欧美到亚洲，再到非洲。

产业转移是中非合作的大舞台。劳动密集型产业是走向东南亚还是非洲？东南亚具有文化接近、运费便宜、与中国距离更近、来去方便等优势，为什么产业转移走向非洲？非洲有轻工产品饥渴的需求，接近市场。非洲的劳动力便宜，有丰富的皮革资源。广东东莞华坚集团是从“转型困境”走向“海外腾飞”的代表。成立于1996年的东莞华坚集团是高端品牌女鞋制造企业，旗下拥有广东东莞、江西赣州和非洲埃塞俄比亚3大生产基地，以及埃塞俄比亚—中国（广东）华坚国际轻工业城、东莞世界鞋业总部基地等十多家子公司，形成了鞋业完整产业链。

2011年8月，时任埃塞俄比亚总理的梅莱斯在他去世前一年，前往深圳参加世界大学生运动会开幕式。其实，他那次中国之行有个更重要的目的，找寻合适的中国制造业带回埃塞。正巧，华坚集团作为国内鞋业的领跑者，开始着眼考虑转移部分生产制造环节，进行全球布局。在梅莱斯的邀请下，2011年9月，华坚集团董事长张华荣率领由华坚、利威、派诺蒙、兴昂、建发等鞋业企业组成的“埃塞俄比亚东莞商务考察团”到埃塞考察，很快确定了投资意向。2012年1月28日，华坚公司在非洲开始生产鞋子。从决定投资到生产，短短100天内，华坚集团在埃塞俄比亚建立起2条现代化生产线，产出了埃塞俄比亚第一双出口美国的鞋子。2013 年，华坚集团再次扩大投资，建立华坚国际轻工业城（埃塞俄比亚）有限公司。从最早的 6000 当地人，中方员工仅 160 余人。发展到 2015 年的 36000 人。

2015 年 4 月，华坚集团在埃塞俄比亚的第二个重大投资项目——位于首都亚的斯亚贝巴的“埃塞—中国（广东）华坚国际轻工业城”正式开工建设，埃塞俄比亚总理海尔马利亚姆亲自前往剪彩。这是中国在埃塞俄比亚投资的唯一一个位于首都的工业园区，占地 137.8 公顷，以轻工业制造为主，集出口加工、商贸、服务等功能于一体，是“一带一路”中国—非洲国际产能合作新平台，也是广东—非洲工业合作的先行区和埃塞俄比亚产城融合发展的示范区。项目计划总投资 10 亿美元，计划于 2020 年建设完成。预计每年可为埃塞创汇 20 亿美元，提供 3 万至 5 万个就业机会。不仅承接埃塞华坚鞋厂自身扩大生产的部分，同时也主动承接国内纺织服装、鞋帽、电子等劳动密集型产业转移，争取将国内面向欧美出口的生产制造环节转移到埃塞。

非洲当地职员的操作熟练度和生产效率较低。他们的生产效率只有中国工人的一半甚至不到一半。一方面，非洲丰富低廉的人力资源弥补了生产效率的差距，多雇佣两、三人还能赚取利润。比如，在组装生产冰箱和平面电视的海信中国工厂，一般是一人负责一台机器。而在开普敦工厂则是两人负责一台机器。另一方面，为了提供非洲员工的工作效率，华坚在员工培训方面下足了功夫。新员工的培训，他们建立了专门的培训教室，由经验丰富的中方老师手把手教学；对于表现优异的本地员工，更为他们提供去中国总部学习的机会，让他们在中国接受华坚的企业文化、专业技术和管理技巧培训。

米娜纺织有限公司在埃塞俄比亚也小有名气，自 2008 年以来三次出手，累计投资达 1 亿美元。2008 年，米娜纺织公司首次尝试在埃塞俄比亚投资 470 万美元开办了一家木材厂，第一年便收回了投资成本。2011 年，米娜纺织公司控股股东魏长军收购了当地一家最大的国有纺织企业。2014 年 5 月，魏长军第三次在埃塞俄比亚投资，购买 30 多亩土地，建成了占地 3.6 万平方米的印染生产车间，建设 5 条集针织、梭织、印花、染色于一体的生产线。

该项目印染车间生产采用欧洲标准，生产的产品全部销往欧美市场。

去非洲投资，除谨慎外，企业必须转变“短、平、快”的回报思想，必须在人才队伍组建及管理上下功夫。据了解，米娜公司为此次新投产的印染项目，在国内组建起一个45人的管理团队，还送优秀员工到意大利等国际时尚之都学习培训。此外，魏长军每周一次与当地所在团队举行视频会议，及时了解企业动态。

轻工、纺织是埃塞一类投资机遇。另一类更早的投资机遇是基础设施建设和房地产。

（二）基础设施建设与房地产

建设非洲“航空网、铁路网和公路网”三大网蕴含着投资机遇。

要致富，先修路。埃塞，也经历了与中国一样的先修路的历史发展阶段。埃塞近20年来，道路网络翻了一倍，使得其农产品能快速推向市场。1999年，本人所在的公司就开始了埃塞公路总承包业务，分别修建了78公里、117公里、220公里的三条公路，是埃塞公路施工总承包建设的先行者之一。那时，中国路桥同时在兴建亚的斯亚贝巴的环城公路。

埃塞的第一条轻轨于2015年9月正式开通运营。一年之后的2016年9月，埃塞的第一条铁路投入运营。

埃塞的第一轻轨全长34公里，也是东非首条电动轻轨，由北向南穿过亚的斯亚贝巴，总投资4.75亿美元，85%融资由中国进出口银行提供，由中国中铁承建，全部采用中国标准，项目由中铁二院设计，中铁二局承建，中车长客提供车辆，华为提供通信设备，最后，由深圳地铁负责先期运营。

2003年4月初到埃塞，我曾很惊讶埃塞居然没有铁路运营，2012年，埃塞的铁路就开始建设了。亚吉铁路从亚的斯亚贝巴到吉布提全长752.7公里，总投资40亿美元，全线采用中国二级电气化铁路施工，设计时速120公里。2012年开工，2016年10月举行通车仪式。从埃塞首都亚的斯亚贝巴到吉布提港口的运输时间由一周缩减到7个小时。这条铁路是中国企业在海外建设的全产业链“走出去”的铁路，从融资、设计、施工、装备材料，到通车后的运营（运营六年后交给埃塞），全部由中国中铁和中国铁建中土集团两家中国公司负责。据悉，埃塞要在这个铁路沿线建设经济特区。

埃塞房地产及相关投资一定有人赚钱了。2004 年，某合资公司就拥有亚的斯亚贝巴中埃友谊路上的一块占地 10 万平方米的土地，在合资协议中，埃方也一再承诺此地可以进行房地产开发，中国的设计院甚至还进行了勘察设计。最终没有成行，成为遗憾。该合资公司某部门经理（我记得她的名字叫 Hanna）的先生曾在日本留学，在 21 世纪年代中期来北京，我陪他到北京西四环边的红星美凯龙观看家具样品。后来，听说他在埃塞私人投资搞房地产，滚动开发别墅项目取得了成功。

2011 年前的 8 年内，我每次去埃塞，总能发现埃塞的一年一年的基础设施建设和房地产的变化，到处是工地，到处是脚手架。有一天，在下榻的亚的斯亚贝巴 CMC 散步时，抬头一看，远处就起来了一座房地产开发区。2017 年年初，我乘坐埃塞航空公司去刚果（金），从航班杂志中的房地产广告来看，埃塞的房地产产品做得很漂亮，从外立面、平面布局，有中国房地产的痕迹。当时，我的第一反应是，谁抓住了这些商机？

（三）垃圾处理厂的投资机会

我见证了埃塞公路和房地产、房建市场的发展，也见证了相关的水泥厂、玻璃厂、砖厂等相关建材的发展故事，也关注了埃塞铁路、轻轨的发展机会。令我没有想到的是，埃塞的环保和垃圾处理厂的投资来得这么快。中国的改革开放 20 多年后，到 21 世纪初，垃圾处理等环保产业才逐步大量进入投资者的视线。而埃塞，仅仅在发展 10 年之后，就开始了垃圾处理的投资。这，也许有中国资本的推手吧。

非洲首座垃圾发电厂开始运营，采用中国标准和设备。

莱比垃圾发电厂 2017 年 9 月运营，这是埃塞俄比亚推进绿色能源、低碳发展的重要一步。同时，作为非洲首座垃圾发电厂，这一项目在非洲具有示范效应，为非洲城市化发展提供了新思路。

长期以来，亚的斯亚贝巴的垃圾处理采用填埋法。这不仅占用大量土地，而且污染地下水及周围环境，不利于生态环境的改善和资源的综合利用。目前，该市现有的垃圾填埋场已接近饱和，解决“垃圾围城”问题迫在眉睫。亚的斯亚贝巴市西南郊有一座规模巨大的垃圾山——科舍垃圾填埋场。50 多年来，亚的斯亚贝巴的生活垃圾绝大多数都倾倒在这里，久而久之形成了丘陵一样的垃圾山。这里是埃塞俄比亚最大的垃圾填埋场。许多居民就住在垃圾山四周，小巷里散落着拾荒者捡来的各种玻璃瓶、麻袋，数百名拾荒者以捡垃圾为生。整个区域都飘浮着一股恶臭，生活环境很差。

埃塞俄比亚政府决定投入 1 亿美元兴建莱比垃圾发电厂，由中国电力工程有限公司承建。项目于 2014 年 9 月开工，计划 2017 年 9 月开始运营[①]。在科舍垃圾填埋场不远处，一座现代化的厂房拔地而起。整个厂区干净整洁，整个“变废为电”的过程都在厂房内完成，自动化程度非常高。

这是中国和埃塞俄比亚在环保领域的一个合作项目，采用炉排焚烧的技术，目标是建设一座日处理 1280 吨生活垃圾的发电厂，可以将整个城市环卫系统每天收集的垃圾消化掉。该项目为亚的斯亚贝巴城市发展找到了一条绿色道路，未来新产生的生活垃圾全部在电厂内焚烧，出来的灰渣没有异味和有害物质，同时还产生了电力，一举两得。埃塞俄比亚电力公司对中国在这一领域的经验和技术非常认可，整座电厂采用的都是中国标准和技术，全部设备均来自中国。

这是埃塞乃至非洲的标志性工程。随着埃塞的经济水平不断发展，垃圾处理投资还有机遇。就像中国的垃圾处理投资一样，亚的斯亚贝巴这样的大城市，处理生活垃圾成为越来越关键的民生问题，有着非同寻常的社会意义。

（四）清洁能源的投资机会

在埃塞，我有两个没有想到。如果说没有想到埃塞的垃圾处理项目来得这

---

① 参见微信公众号“走出去服务港”2017-07-21:《产业信息动态：埃塞俄比亚、巴西、法国、突尼斯》，资料来源：普华永道，http://mp.weixin.qq.com/s/7vQTQV7bmyKo9VAFCJUjrQ，最后访问日期：2017 年 7 月 25 日。

么快，更没有想到的是埃塞的光伏和风电等清洁能源投资项目来得也这么快。

埃塞水利发达，电站建设先行。N 公司就是 21 世纪初在埃塞建设 TECZH 水电站、赛德水电站开始进入埃塞市场的。埃塞的电力和输变电线路快速发展。到 2010 年，埃塞的复兴大坝电站，总投资高达 50 亿美元。尽管这样，在埃塞俄比亚有 150 万农村家庭缺电，相当于全国 25% 的农村人口生活在没有电网的地区。对于生活在埃塞俄比亚偏远农村地区的数百万人来说，他们无法接入电网或无法负担电力，太阳能是能源供应阶梯上的重要一步。

埃塞俄比亚拥有充足的阳光非常适合于利用太阳能照明，世界银行的信贷计划将确保埃塞俄比亚人能够获得最好的离网可再生照明和能源产品。2012 年 5 月，埃塞俄比亚政府获得世界银行总值 2 亿美元的电力网络信贷。2016 年 5 月，世界银行董事会批准 2000 万美元信贷额度，作为额外融资 2 亿美元的一部分，向家庭太阳能供应商提供流动资金贷款，以及为家庭提供微型融资购买太阳能灯和太阳能家用系统。目前，80 万个符合照明全球质量标准的离网产品已经由八家批准的零售商进口和分销，为超过 300 万埃塞俄比亚人提供清洁、安全的照明和现代能源服务。2015 年埃塞全国进口 1600 万美元（由于进口商的虚报实际进口额倍增）的太阳能灯具产品，比上年增长 64%[①]。值得一提的是，2012 年第一个太阳能供电亭在埃塞 Langano 开业。印度商人看好埃塞太阳能三轮车市场。

风电的发展速度也出乎我的意料。2006 年，三一产品正式进入埃塞俄比亚。在随后的十余年当中，三一为当地的基础建设增添助力，深度参与了阿达玛二期风电场、沃尔迪亚至阿瓦什铁路、丹格特水泥厂等重大工程。尤其是阿达玛二期风电场，这一埃塞最大风电项目采用了 102 台三一风机，总装机容量为 153 兆瓦。2016 年 5 月，该风力发电厂完成试运行并移交，海尔马里亚姆总理亲自启动了风电机组。同年 12 月，这一项目又被中国国家主席习

① 参见微信公众号“投资埃塞”2017-03-25，龚芬妮，《重磅！埃塞俄比亚最有前景的投资项目》，资料来源：原创，http://mp.weixin.qq.com/s/0FMG30ru2su0MqXxclJazQ，最后访问日期：2017 年 5 月 10 日。

近平推介给参加中非合作论坛的非洲各国政要——风电场累计发电约 8.5 亿千瓦时，为埃塞首都提供了 20% 以上的用电需求，在促进当地社会经济增长和转型发挥了重大作用。

二、阿尔及利亚，非洲最具投资价值的资源大国投资并不理想

阿尔及利亚的投资环境优越，是非洲非常重要的经济体。国土面积 2381741 平方公里，是世界第十大国，也是非洲、地中海沿岸和阿拉伯地区中面积最大的国家。

1958 年阿临时政府成立后，中国是第一个承认阿的非阿拉伯国家。阿尔及利亚为恢复中国在联合国的合法席位作出过重要贡献，是两阿提案国（阿尔及利亚、阿尔巴尼亚）之一。

1994 年，我受中国北方工业公司的委托，第一次来阿尔及利亚君士坦丁安装调试该公司出口的轻工生产线。那时，阿尔及利亚恐怖袭击猖獗。1994 年 4 月，初到阿尔及尔，住在该公司代表处，晚上能听见稀稀落落的枪声。次日早上，代表处的任先生，换车牌，贴胡子假扮当地人驱车 400 公里把我们从阿尔及尔送到君士坦丁，防止恐怖分子对中国人的袭击。任务完成后，我们去商场买了一次东西，唯一的一次出入公共场合。于 6 月初安然回到了国内。阿尔及利亚人非常热情，大街上两人视线相遇，基本都会说一声 Sa va？还记得那年每逢下班回到驻地路上，当地孩子追着我们的车用法语和英语夹杂高喊“Chinois，What Is Your Name？”

阿尔及利亚是典型的伊斯兰国家。

陆、海丝绸之路曾把中国和伊斯兰国家紧密地联系在一起。伊斯兰教经丝绸之路传入中国，既是中国五大宗教之一，中国伊斯兰文化也成为中国文化的重要组成部分。伊斯兰国家位于“一带一路”沿线的主要地带。中国与伊斯兰国家就此开展多领域的合作交流，有助于实现双方资源禀赋、资金优势、市场潜力的有效对接，促进资源要素在中国和伊斯兰国家之间有序自由流动和优化配置，突破中国与伊斯兰国家务实合作转型升级面临的“瓶颈”

制约，共同应对全球增长、贸易、投资格局和资金流向正在发生的深刻变化。

中东有着丰富的自然景观、充满生机的文化、大量的历史宝藏，也有ISIS、基地组织、真主党、哈马斯及其他组织。中东地区的潜力不可限量。65% 的人口不到 30 岁。中东是伊斯兰国家最集中的地区。沙特阿拉伯是伊斯兰信仰圣地的所在地。每一年，全世界数百万的穆斯林前往麦加朝圣。埃及，数千年前曾是繁荣的学术中心。金字塔、卢克索和亚历山大港的奇迹正是古代遗产的丰碑。伊拉克曾经是文明的摇篮，有着丰富的自然景观。阿联酋则通过玻璃和钢铁达到了不可思议的高度，并且把大地和水变成了壮丽的艺术品。①

处在非洲的阿尔及利亚，少了非洲本土的特色，又没有法国的开放。虽然这里有不少法国文化的踪影，但是它不是欧洲，由于当初法国对它的建设，这里的主要景观和风格是法式的，然而，它也便失去了非洲风格所特有的简单、自然。表面的法式化并未在思想上对他们有太多的影响，由于是伊斯兰国家，这里仍然无法有法国一样的开放思想和形式。

阿尔及利亚大部分的人都不错，就是办事不靠谱，效率低下，时间观念不强。我记得他们的一句口头禅是“A DEMAIN（明天再说）”。

阿尔及利亚还受限于历史上的两场战争。第一场战争是 1954 年至 1962 年的民族解放战争。战争中涌现了大量阿尔及利亚的民族英雄，他们现在仍出现在各类书刊上，他们的名字还被用来命名阿尔及尔的各条大街。100 多万名阿尔及利亚人的牺牲换来民族的独立。第二场战争是 1990 年政府与伊斯兰武装分子的战争，相比第一场，这场战争更加隐晦，但影响却更加深远。

中石油、中石化、中海油等企业在阿尔及利亚主要有扎尔扎亭油田、阿德拉尔油田及 102a/112、350、438b 区块等，形成了约 200 万吨 / 年原油和 20

---

① 参见微信公众号“保守主义评论”2017-05-22：《特朗普总统在阿拉伯伊斯兰国家—美国峰会上的演讲（全文）》，来源：白宫官网，http://mp.weixin.qq.com/s/di-Hc5bcO520GXz_GD3cCA，最后访问日期：2017 年 7 月 25 日。

亿立方米 / 年天然气的生产能力。中国能源企业的投资打破了欧美石油公司在阿尔及利亚的垄断格局，对该国实施油气开发的多元化战略具有重要意义。阿尔及利亚近几年大兴土木：高速公路、地铁、新机场、港口、大清真寺、会议中心、体育场、剧院等，政治经济文化全面包括。中国建筑在阿尔及利亚有大量的公路和建筑项目。

自 2014 年下半年油价下跌以来，阿尔及利亚经济陷入困境，社会不稳定因素急剧上升，政局面临巨大考验。阿尔及利亚石油、天然气和页岩气资源丰富，为其经济社会发展提供了资金保障。国家近年来连续实施基础设施五年规划，公路、铁路、通信、电力等领域都得到一定发展，但较规划目标还有一定距离。此外，阿尔及利亚农业、工业、旅游业等发展程度较低，私人领域发展也相对落后，发展潜力仍很大。油价下跌对阿尔及利亚经济造成了一定冲击，但同时也为经济模式转型提供了契机，可能带来新的经济增长机遇。

阿尔及利亚政府为促进国家发展投入了大量的资金（2004 年至 2009 年，投入了 2000 亿美元；2010 年至 2014 年投入了 2860 亿美元；2015 年至 2019 年将投入 2620 亿美元。它们都属于公共投资）。阿尔及利亚新的产业复兴政策重点放在了十二个战略领域，即钢铁与金属加工、水硬性胶凝材料、电子产品和家用电器、工业化工、机械制造和汽车、药品制造、航空航天领域、建筑与船舶修理、高端技术、食品加工、纺织和服装、皮革及木制品生产、木材和家具工业以及外包业务。同时，阿尔及利亚制定了一些行业发展计划，其中包括，农业及农村振兴计划；到 2025 年渔业和水产养殖发展计划；旅游业发展总体规划；到 2030 年使可再生能源（包括太阳能、热能和风能）规模达到 22000 兆瓦的规划。[①]

中国是阿尔及利亚的第一个经济合作伙伴，2017 年有 1000 多家中国公司在阿尔及利亚经营业务，其中有 100 家公司既设有总部，还成立了分公司。

---

① 参见中国投资网：阿尔及利亚驻华大使艾哈桑·布哈利法，《阿尔及利亚：多领域的投资需求》，http://www.chinainvestment.com.cn/type_hgzc_tzsj/8009.html，最后访问日期：2018 年 9 月 18 日。

居住在阿尔及利亚的中国人已经超过了 55000 人[①]，他们分布在建筑、贸易等各个行业。由于工作效率和工程质量得到阿尔及利亚政府和民众认可，中资企业在当地信誉较高，承揽了一批重要的基础设施项目和大量的住房项目。目前，阿尔及利亚经济形势严峻，新上项目随之减少，阿尔及利亚政府不断为本土企业提供优惠政策扶持，国外公司不断进入阿尔及利亚市场，导致竞争越发激烈。中国公司在当地属地化经营比例不高，投资较少，阿尔及利亚政府、民众对此颇有微词[②]。

阿尔及利亚（非洲国土第一大国）是我第一个去安装调试设备的国家，埃塞俄比亚（非洲国土第三大国）是我第一进行境外投资的国家。我对这两个国家都充满了感情。阿尔及利亚曾被称为是非洲最具投资价值的资源大国，这些年的经济发展并不理想，从我个人的直观感觉，阿尔及利亚不如埃塞俄比亚发展的好，中国企业也更多地在埃塞布局，而没有在阿尔及利亚布局。在 1994 年，阿尔及利亚的首都阿尔及尔不输于北京。到了 2008 年我再去的时候，没有太多的变化。同样是非洲的两个国家，自然禀赋也差不多，为什么有不同的发展水平呢？

其一，埃塞政府真正学习中国模式。

我初到埃塞的 2003 年，埃塞的朋友说，埃塞的政府官员都要求学习中国的先进经验，人手一册小本子。

产业园是中国工业化和城镇化的主要经验之一。埃塞的产业园也很到位。除了前面提到的“埃塞—中国（广东）华坚国际轻工业城”，拟围绕亚吉铁路建立的工业园区，值得一提的还有埃塞·湖南装备制造合作园区。这是湖南积极对接“一带一路”倡议的重要项目，也是我国在非洲国际产能合作的第一个先行先试样板开发区。埃塞政府规划将埃塞·湖南装备制造合作园区打

---

① 参见中国投资网：阿尔及利亚驻华大使艾哈桑·布哈利法，《阿尔及利亚：多领域的投资需求》，http://www.chinainvestment.com.cn/type_hgzc_tzsj/8009.html，最后访问日期：2018 年 9 月 18 日。

② 参见搜狐财经 2017-08-03：《企业在阿尔及利亚投资问题分析》，资料来源：京师律所国际部主任封跃平律师深度解读在阿尔及利亚投资合作的法律问题，http://www.sohu.com/a/161935364_451318，最后访问日期：2018 年 9 月 18 日。

造成国家级开发区，是未来埃塞的经济中心。园区内拟安排汽车及零部件、能源电力、工程机械、通用设备、轻工纺织五大产业板块。作为此项目主要的参与者和发起者之一，三一公司积极参与投资该园区，并成为首批入驻企业。设备本地化生产是三一公司与埃塞深度合作的重要方向。三一公司表示："三一的风电叶片、泵送设备、起重机、钻井设备等都是目前埃塞亟须的，我们更希望能实现这些设备在埃塞的本地化生产。"

总体来看，外商在埃塞的投资主要分布在建筑业、房地产、酒店和旅游业等服务业领域，但埃塞政府更欢迎能为当地带来技术注入、利用当地资源、促进更全面就业的纺织、制鞋、建材、食品加工等行业，尤其是目前几乎还是空白的药品、化肥和钢铁制造业。国内的二线汽车品牌力帆，进军埃塞近10年，并已修建了独资工厂和生产线。在国内极不起眼的力帆，行驶在埃塞的老旧拉达出租车和日本日产二手车当中，就犹如奔驰宝马在中国的地位一般。

中国结束30年持续高速增长期，转入中高速增长期。埃塞是近年来全世界增长速率最快的国家，已经连续12年基本都保持在10%以上。对外开放、出口加工、经济开发区、五年计划、复兴大坝……过去30年间，中国人熟悉的一幕幕，正在这个遥远的非洲国家上演。许多到过埃塞俄比亚的中国人都说："这个国家，很像30年前的中国。"

第三世界宣布要学习中国发展经验的不少，真正付诸有效行动的国家当属埃塞俄比亚，而且已经长达10年以上。中国模式在埃塞精英阶层中认同度极高。

什么是中国模式？中国模式首先就是人民渴望用自己的勤奋努力获得更好的生活；其次是政府大力招商引资，吸引外来投资与技术引入；再次是要有必要的基础设施支撑，同时以投资不断改善基础设施，拉动经济增长；还要有政府的产业政策引导；最后是一个总体稳定的社会环境。这些在东非高原的埃塞俄比亚几乎都能找到一一对应。与许多依赖矿产、石油资源繁荣起来的非洲国家不同，埃塞俄比亚民众只能依靠劳动致富。来自农村的年轻人来到大城市寻求梦想，首都亚的斯亚贝巴的人口从前些年的300万迅速增长到500万。

就像中国改革开放有邓小平这样的核心人物，埃塞俄比亚有2012年已故总理梅莱斯这样强有力政治人物的推动。

阿尔及利亚的军政体制萌芽于民族解放战争时期，在布迈丁时代正式确立，1978年进入调整阶段。军政体制产生的根本原因是传统向现代政治的转型。生于1937年的布特弗利卡于1999年当选阿尔及利亚总统，此后于2004年和2009年成功连任。2014年第四次（每次五年）当选总统时已经77岁。布特弗利卡总统执政以来，政治发展仍处于军政体制框架内，也表现出权力总统化的趋向，并以军队与政府间制度化的妥协来推动政治发展。

其二，政府的稳定性，劳动力资源的红利。

埃塞俄比亚是非洲政治局势最稳定的国家，没有大的反对派，没有严重的宗教冲突，与中国和西方均关系良好。既是中国的经济合作伙伴，也是协同美国打击索马里恐怖主义的重要盟友。更关键的是，执政党埃塞俄比亚革命阵线是一个成熟有力的执政精英集团，可持续的、超越个人威信的强统治力，是非洲最缺少的东西。

埃塞俄比亚，每年有140万新生劳动力。埃塞俄比亚人口超过1亿人，其中一半在18岁以下，70%在30岁以下，这就意味着几千万并且源源不断的廉价劳动力资源。劳动密集型产业在中国早已陷入用工荒、用工难，在埃塞俄比亚招工则非常容易。从相反的角度看，非洲国家要想解决这么大数量的劳动力问题，唯一的途径就是发展制造业。

相比而言，埃塞俄比亚更重视教育。我在埃塞俄比亚的一个好朋友Gitachew，他和他女儿的英文就特别好。

其三，埃塞俄比亚的投资环境更好。

中国企业在阿尔及利亚开展投资合作与工程承包的环境有以下特征：（1）当地控股在阿方公司。为防范外国公司的投机行为，阿尔及利亚政府2009年出台新规定，所有外国投资或合资项目中，阿方须占股51%。（2）土地可租不可买。关于投资用地，暂停租赁2年后可通过转让方式购买的做法，改为永久租赁方式，根据项目运行时间长短，租赁期限可延至44~99年不等。（3）利润再投资。阿尔及利亚政府就投资项目的总体税收优惠制定了一项新政策，促使投资者将公司税减免的利润用于再投资，且投资额不低于其4年内获得的所有税收减免额度总和。如公司拒绝再投资，将无法再享受税收优惠，还将受到其他的税收制裁。（4）2009年以来，阿尔及利亚政府陆续出台限制外资利润汇出的政策，例如，规定合资企业外方利润的30%必须用于再投资，利润汇出须征收15%利润汇出税等。（5）联合投标。随着中国企业的大量进入，与当地企业间的沟通和合作也越发重要。中阿企业联合投标已在一些项目中取得成功经验，充分利用当地企业熟悉市场、环境、政策的优势，结合中国企业自身优势，对于开拓市场是一个很好的尝试[①]。（6）在阿尔及利亚经过20世纪的动荡之后，随着国际石油价格上涨，国内一切百废待兴，政府对基建有着迫切需求。看到商机的不少中国企业陆续前来洽谈合作。对于中国的投资方，阿政府总是给予特别优待，尤其在汽车制造、手机、电脑等电子产品制造业。

相比之下，埃塞的投资环境更好。阿尔及利亚的经济结构更加单一。

其四，非洲，谁是埃塞之后的下一个投资热点？

仁者见仁，智者见智。

有人说是安哥拉，其建筑、房地产、旅游、能源、消费品同样有投资机遇。在资源日趋紧张的时代，一个幅员广阔、资源丰富、人口不多、民族组成复杂的非洲国家，成为大国争夺的对象，不足为怪。“石油与钻石之战”，正是对安哥拉曾经经历的27年内战的生动描述。掌握石油资源的政府军与控制钻石资源的安盟反政府武装长期拉锯，珍贵的资源被用来置换武器，在昔日“非洲巴黎”罗安达的许多建筑上留下数不清的震慑后人神经的枪眼。据世界银行一份调查报告说，由于潜力巨大，未来20年安哥拉将成为世界最大钻石生产国。安哥拉当地人消费观念前卫，一般发工资后几天集中消费。有些外国企业在发工资后的几天甚至找不到工人。收入虽然还不高，但安哥拉人买东

---

① 参见搜狐财经2017-08-03:《企业在阿尔及利亚投资问题分析》，资料来源：京师律所国际部主任封跃平律师深度解读在阿尔及利亚投资合作的法律问题，http://www.sohu.com/a/161935364_451318，最后访问日期：2018年9月18日。

西毫不吝啬。[①]

第四节　农村包围城市还是城市包围农村

“农村包围城市”是毛泽东同志打天下的成功经验。这一策略在中国经济领域有三个应用。

其一，“农村包围城市”是互联网和保健品领域的发展策略，如互联网巨头抢占农村市场，淘宝的淘宝村建设，京东的农村推广员都在农村展开争夺。史玉柱的脑白金市场战略是避实就虚，首先选择从竞争不激烈的低端市场入手，初战告捷后，再把低端市场上获得的利润用在高一级市场的开拓上，逐级拾阶而上，最终完成了“农村包围城市”的战略目标。

其二，“农村包围城市”是中小企业的制胜之道。随着全球一体化的不断深入，众多的中小企业将面临更为严峻的挑战和考验，此时，采用“农村包围城市”的营销战略，选择竞争相对薄弱的三、四级市场作为启动市场，逐步进入二级和一级市场，将是企业在竞争中应对挑战、克服弱点、发挥优势并获得生存与发展空间的重要途径。

其三，是中国企业国际化发展之路。先从发达国家开始，走“城市包围农村”之路，还是先从发展中国家开始，走“农村包围城市”之路，不同企业有不同的选择。

海尔早期“走出去”直奔最高端的美国市场。按照海尔的设想，通过进入欧美市场，可以树立国际知名度，再进入其他国家就会非常顺畅，这就是“先难后易”的思路。购买美国家电厂可以实现设计、制造、销售一体的本土化，融入当地市场。

海尔先难后易的进入策略并不顺利。海尔并没有赢得美国市场的认可，

---

① 参见微信众号“中国走出去”2015-05-22：“海外投资国别篇：盘点最佳投资机遇”，http://mp.weixin.qq.com/s/D-phTdg0gKWIFE6hSWWJQw，最后访问日期：2017 年 7 月 23 日。

长期在低端市场徘徊，不仅难以实现战略目标，海外工厂还拖累了公司的总体业绩。海尔在 GE、惠而浦这些顶尖高手的包抄堵截下，在美国市场鲜有作为，并购美泰克却被惠而浦半路劫杀，并购韩国大宇电子又遭遇有汤姆逊撑腰的印度家电巨头 Videocon。

如果说海尔最早在美国的“城市包围农村”之路并不顺利，那么华为则成功地走出了一条“农村包围城市”之路。

华为在 1988 年创业之初，技术力量和产品实力薄弱，因此任正非制定了中国的“农村包围城市”的战略。先是以用户机 PABX 积累经验和实力，继而拿下农村网络，再升级到县城 C4 网络、地级市 C3 网络，然后占领省会城市 C2 网络，最后攻取国家骨干网络 C1，华为成为中国国家级通信网的主要供应商。

从华为的成功经验中，我们不难发现，“农村包围城市”的战略运用并不只狭义地限于一个国家之内的“农村”包围“城市”，在更广泛的世界范围内，先从竞争不太激烈的发展中国家入手，积累经验和力量，再伺机进入发达国家竞争更为激烈的市场，同样是“农村包围城市”思想的具体应用。

2002 年华为历史上首次出现负增长。内忧外患之下，任正非坦言：“我们不尽快使产品全球覆盖，其实就是投资的浪费，机会的丧失。”“我们总不能等到没有问题才去进攻，而是要在海外市场的搏击中，熟悉市场，赢得市场，培养和造就干部队伍。我们现在还十分危险，完全不具备这种能力。若三年至五年之内建立不起国际化的队伍，那么中国市场一旦饱和，我们将坐以待毙。”

此后，华为开始加快国际化经营，华为模式也逐步形成。华为模式的特征是自主品牌研发、农村包围城市、优质低价、狼性文化和全球化的人才战略、“全球多个运营中心和资源中心”的国际化管理。

华为模式的第一个特征是研发和产品国际化中坚持“自主品牌、自主研发”。

华为的并购并不多见，多见的是华为研发中心。为配合市场国际化的进展，华为不断推进产品研发的国际化。1999 年，成立印度研究所。2000 年之后，又在美国、瑞典、俄罗斯建立研究所，通过这些技术前沿的触角，华为引入了国际先进的人才、技术，为总部的产品开发提供了支持与服务。华为在国内外都成立了很多的研究所，在国外有美国硅谷研究所、美国达拉斯研究所、瑞典研究所、印度研究所和俄罗斯研究所，在国内有华为技术总部以及北京、上海、西安、成都、杭州、南京研究所。还有，华为将销售额的10%以上用于科研研究，研究及开发人员占员工总数的46%。[①]

华为模式的第二个特征是“农村包围城市”。

从行业巨头贝尔无暇顾及或不放在眼里的偏远落后的地区做起，渐入佳境，体现了华为的渐进式国际化。很多中国公司都在重复华为当年“摸着石头过河”的故事，偏爱金砖国家，认为这些国家发展状态及商业环境和中国类似，可以得心应手。殊不知，巴西市场的高关税，印度市场看似很大，但超低成本的要求，政府的低效率和政治因素，使大多数公司一直在赚吆喝。因此，如何选择最适合自身情况的国际化路径以及区域市场，是中国公司国际化首先要过的一个坎。进入金砖国家市场受挫之后，华为重新思考战略方向，回归到“农村包围城市”的道路。

非洲（含中东）、东南亚等成为华为的主要“产粮区”。这个过程可分为四个步骤：第一步：进入香港。1996年，华为与和记电信合作，提供以窄带交换机为核心产品的“商业网”产品，这次合作中华为取得了国际市场运作的经验和记电信在产品质量、服务等方面近乎苛刻的要求，也促使华为的产品和服务更加接近国际标准。第二步：开拓发展中国家市场。重点是市场规模大的俄罗斯和南美地区。1997年华为在俄罗斯建立了合资公司，以本地化模式开拓市场。2001年，在俄罗斯市场销售额超过1亿美元，2003年在独联体国家的销售额超过3亿美元，位居独联体市场国际大型设备供应商的前列。1997年华为在巴西建立合资企业，但由于南美地区经济环境持续恶化以及北美电信巨头稳定占据市场地位，直到2003年，华为在南美地区的销售额还不

---

① 参见道客巴巴网：《华为国际化战略》，http://www.doc88.com/p-196575794260.html，最后访问日期：2018年9月18日。

到1亿美元。第三步：全面拓展其他地区。包括泰国、新加坡、马来西亚等东南亚市场，以及中东、非洲等区域市场。在泰国，华为连续获得较大的移动智能网订单。此外，华为在相对比较发达的地区，如沙特、南非等也取得了良好的销售业绩。第四步：开拓发达国家市场。在西欧市场，从2001年开始，以10G SDH光网络产品进入德国为起点，通过与当地著名代理商合作，华为的产品成功进入德国、法国、西班牙、英国等发达地区和国家。北美市场既是全球最大的电信设备市场，也是华为最难攻克的堡垒，华为先依赖低端产品打入市场，然后再进行主流产品的销售。①

2005年，华为海外销售额第一次超过国内，海外业务比重指数（收入占比和利润占比加权）越过国际化成熟度四象限的基准线，开始向全球化运营挺进。②这一阶段，华为主动在全球布局，特别是针对发达市场和战略客户吹响了冲锋号。在冲击发达市场的过程中，英国电信等战略级客户启动了对华为的战略供应商认证，促使华为的管理实现了第二次质变。在这个持续三年的认证过程中，华为人更加深刻地理解到客户在公司业务流程中的价值和作用，不但在初期需要客户输入需求，中间控制和后期交付都需要有客户参与，相关系统还需要和客户的系统对接。经过不断迭代，流程体系得到了全面改进，为全球化运营奠定了基础。

华为模式的第三个特征是"高技术含量、低价格诉求"。做到如此的市场业绩和市场占有率，在华为风光无限的国际化背后，低价策略起了至关重要的作用。

华为模式的第四个特征是狼性文化和全球化的人才战略。

华为的"输出革命，赤化全球"几乎将其所有的高层管理者"驱逐"到海外去开拓海外市场。随着华为国际化的深入，华为培养当地的优秀人才，开放更多的高级职位给当地人，让当地人逐渐替代华为派驻的人员，从而持

① 参见中国社会科学网2014-01-23：沈诗理，《华为的国际化战略不同之路》，来源：世界经理人，http://www.cssn.cn/glx/glx_jdal/201401/t20140123_951247.shtml，最后访问日期：2018年9月18日。

② 参见道客巴巴网：《成功不是神话：华为国际化的坎坷历程》，来源：兰涛 lantao2ted@gmail.com 2015.9.05，http://www.doc88.com/p-5085275026048.html，最后访问日期：2018年9月18日。

续保证国际化竞争优势。[①]

华为在国际化进程中，推行的文化是“狼性文化”。当面对强手如林的国际通信巨头和被瓜分殆尽的“七国八制”的电信市场，“放眼一望，所有良田沃土，早已被西方公司抢占一空”，狼性文化成为市场竞争的重要手段。狼有嗅觉好、反应机敏、发现猎物集体攻击的特性。华为人发挥他们的土狼精神，对市场猎物有机敏的嗅觉，发挥团队合作的精神，为获取猎物不择手段，不计后果。

华为模式的第五个特征是“全球多个运营中心和资源中心”的国际化管理方式。

整合全球最优资源，打造全球价值链，并帮助本地创造发挥出全球价值，华为形成了全球的多个运营中心和资源中心：（1）行政中心：在美国、法国和英国等商业领袖聚集区，成立本地董事会和咨询委员会，加强与高端商界的互动。在英国建立行政中心，在德国成立跨州业务中心，提高全球运营效率。（2）财务中心：新加坡、我国香港财务中心，罗马尼亚财务中心，英国全球财务风险控制中心，降低财务成本，防范财务风险。（3）研发中心：俄罗斯天线研发中心、紧靠着爱立信和诺基亚的瑞典及芬兰无线系统研发中心、英国安全认证中心和5G创新中心、美国新技术创新中心和芯片研发中心、印度软件研发中心、韩国终端工业设计中心、日本工业工程研究中心等有效利用全球智力资源。（4）供应链中心：匈牙利欧洲物流中心（辐射欧洲、中亚、中东非洲）、巴西制造基地、波兰网络运营中心等，提高全球交付和服务水平。

华为模式使其在国际市场脱颖而出获得成功，也遇到一些争议：“农村包围城市”战略牺牲了品牌形象。“高技术、低价格策略”影响企业健康、持续的发展。传统中国企业的管理制度不适应国际化竞争，管理制度还需时间来完善。较发达的海外电信市场开拓度不足。尽管这样，华为已经从行业的后起之秀，蜕变为响当当行业的领导者，我们期待华为模式有新的内涵，新的创造。

---

① 参见道客巴巴网：《成功不是神话：华为国际化的坎坷历程》，来源：兰涛 lantao2ted@gmail.com 2015.9.05，http://www.doc88.com/p-5085275026048.html，最后访问日期：2018 年 9 月 18 日。

HOW CAPITAL LAYOUT

第七章

投资进入模式选择

对外直接投资进入模式包含两项内容：一是投资方式的选择，即投资方通过新建投资（也称绿地投资）还是通过跨国并购进入海外市场。二是股权结构的选择，即投资方在境外设立独资、控股还是参股公司。

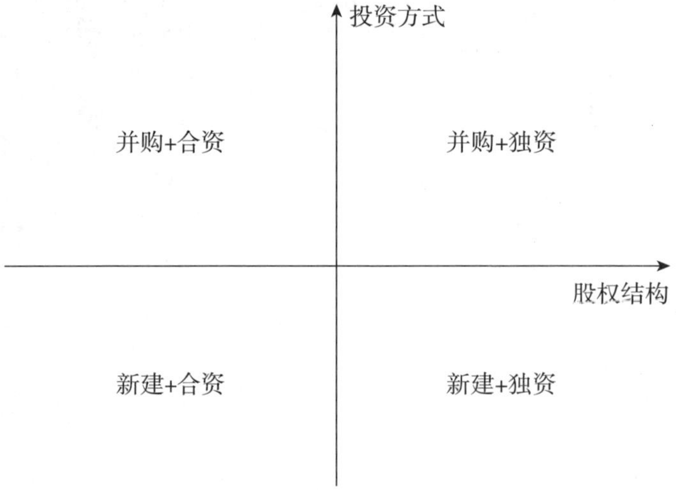

避免急功近利、好高骛远，投资方应当综合考虑自身条件、行业特点、既定目标、东道国政策以及各种投资模式的特点等因素，选择适合的进入模式进行投资。

第一节　新建还是并购

一、跨国并购逐渐成为主流

跨国并购是经济全球化的重要内容。经济增速放缓，世界经济结构转型，跨国公司对全球资产组合战略进行调整，从内部整合转为外部扩张，通过并购的形式增加市场份额，维持盈利水平。与此同时，新兴市场国家力量步入上升期，产业结构调整，低资产价格、低利率的资本环境、新型能源、环境类产业的快速扩张刺激企业进行大规模并购。此外，不少国家进一步放宽了外资准入限制，也为跨国并购创造了有利的条件。但全球金融市场的波动以及与此相关的贸易保护主义等将给上述趋势带来不确定性。

新建或并购各有利弊，具体如下表。

	新　建	并　购
投资成本	相对便宜	相对贵，并购价格一般高于重置成本 并购后一般还要追加投资
行业竞争	增加市场供给，行业竞争加剧	减少行业竞争，化敌为友 减少竞争对手，改变竞争格局
进入快慢	慢，有基本建设期 队伍和市场建设也有一个过程	快，迅速获得市场、生产、技术、人员、资质等资源，减少基本建设时间
审批难易	不必接受并购安全、反垄断审查	可能需要反垄断、安全审查
整合难易	没有文化冲突，无并购整合之烦恼	需并购整合，易食不消化，易失败
新旧比较	新，干净 厂房、设备新，易采用最新技术 没有负债，或有负债、隐含的风险	旧，可能不干净 可能有看不见的诉讼、隐形负债等险

在以上六个因素中，企业采取并购模式的主要优势是“减少行业竞争程度”和“能快速获得相关资源”，不足是风险可能更高。

（一）并购可减少竞争程度

主要竞争者之间合并，提高行业集中度，强强联合、避免两败俱伤。新建投资则由于新增生产能力影响行业的供求平衡。如果新增生产能力很大，行业内部将可能出现过剩的生产能力，从而引发价格战。2005 年，联想在全球成功收购了国际电脑巨人 IBM 的 PC 业务，联想通过此次并购，成为全球第三大电脑生产商，同时也获得了原 IBM 的技术和市场，并购减少了竞争，改变了竞争结构。在国内，2015 年互联网企业合并浪潮此起彼伏，滴滴与快的战略合并成国内最大的叫车平台，赶集网与58同城合并，美团网与大众点评网合并，神州专车与e代驾战略合作，均通过并购减少了竞争，改变了竞争结构。

（二）并购能快速获得相关资源

并购能快速获得技术、管理优势和战略原材料，有效降低进入新行业的壁垒，迅速进入东道国市场，迅速打造完整的产业链，实现行业上下游之间的整合，实现行业转型和业务多元化战略，培育新业务增长点。比如，海航集团收购瑞士空港，迅速完善了海航集团现有的航空、机场、物流和旅游服务产业链。

2002年，上海电气与晨兴集团联手，以900万美元成功收购了日本秋山印刷机械株式会社，持股50%，开创了国有印刷设备制造企业收购国际先进设备品牌的先河。上海电气并购日本秋山印刷，使国产印刷技术有了15年到18年的跃进。[①] 并购不失为中国企业提高技术的好方式，如果我们自己研发高档印刷设备技术，要实现对欧美发达国家的赶超，恐怕很难，但通过收购，就走了捷径。

并购可以省掉建厂的时间，迅速获得现成的生产要素，可以迅速建立国外的产销据点，有利于企业迅速做出反应，抓住市场机会。新建投资不仅仅涉及建设新的生产能力，企业还要花费大量的时间和财力获取稳定的原料来源，寻找合适的销售渠道，开拓和争夺市场。企业通过并购方式发展时，不但获得了原有企业的生产能力和各种资产，还获得了原有企业的经验，以及包括企业在技术、市场、专利、产品、管理等方面的特长，也包括优秀的企业文化。企业通过并购可以在以上各方面、各分部之间实现共享或取长补短，实现互补效应。

境外投资平台不一定要新建。中国泛海于2014年收购了香港上市公司“和记港陆有限公司”，将其更名为“中泛控股有限公司”，并通过资本运作，使

① 参见慧聪印刷网2010-06-08：王凌，《上海电气收购美高斯国际 炒概念还是藏真金？》，来源：中国新闻出版网，http://info.printing.hc360.com/2010/06/081508211051.shtml，最后访问日期：2018年9月18日。

其从业务单一的物业投资管理公司转型为综合性投资控股公司，成为中国泛海在境外的综合发展平台。[①]2015 年，中泛控股投资于多个上市公司，包括中国汇源果汁集团有限公司和广发证券股份有限公司等，并收购美国房地产项目和印尼燃煤发电项目。中泛控股也成为公司布局产融一体化、进行海外并购和国际化运营的主体平台。

（三）并购风险高

对于并购能力不足的企业而言，新建要优于并购模式。这是为什么呢？

其一，由于卖方与买方信息严重不对称，被并购的标的企业可能有复杂的债权债务关系，有看不见的“窟窿”。尽职调查能在一定程度上减少并购风险，却不能完全排除风险和意外。形形色色的风险可能包括：被收购公司关键人员或客户的流失；被收购公司之前隐藏的技术问题显现，可能导致产品召回，带来巨大经济损失，严重损害收购方的形象；未公开的悬而未决的法律问题可能会浮出水面；根据某项新的立法规定，被收购公司之前污染的土地需要整治；由于欧洲的固定福利体制，养老金债务可能成为一颗财务定时炸弹等。

其二，即使经过长期的慎重考察和遴选后找到了适合的并购对象，并购的成功率仍然不高。被并企业也比新建企业更加难以管理。据相关统计分析，中国企业海外并购案例失败率高达 70%。2004 年 TCL 收购法国阿尔卡特手机业务，到 2014 年中国家电商长虹和美菱收购意大利第一大、欧洲第三大家电制造商 Indesit（意黛喜）的遗憾出局，都在提醒中国企业不要忽视在欧洲并购过程中的各种风险。

为实现并购的协同效应，收购方要付出大量努力来应对并购带来的复杂问题，有时这些努力是非常痛苦的。比如，由于冗员，收购方可能要关闭工厂，停止产品线，解雇整个部门人员；双方 IT、会计、技术等系统可能完全不兼容，

---

① 参见人民网 2016-05-20：《走出去——社会责任海外探索》，来源：人民网 - 房产频道，http://house.people.com.cn/n1/2016/0520/c164220-28367105.html，最后访问日期：2018 年 9 月 18 日。

需要进行艰难和昂贵的整合；被收购的欧洲公司员工薪酬可能高于中国收购方员工的薪酬。

尽管中国企业的资本非常受欢迎，但在欧洲存在许多不信任的声音，担心中国公司会窃取他们的技术。此外，中国企业青睐的并购对象——有规模、有设计研发能力、有成熟管理经验、经营正常的企业，往往不会轻易接受中方的并购要求。并不是中国企业在并购过程中愿出高价就会在谈判中占据主动性。

其三，不容易找到合适的并购标的。寻找适合的收购对象本身就是一个巨大工程，因为待收购公司极少会公布自己即将被出售的信息。而许多中国企业为了节省成本，不会考虑雇用专业咨询公司去物色收购对象，购买尤其是成功整合欧洲目标公司的难度会更大。实际上，我们经常见到中国企业首先试图收购，当发现情况远比预计的复杂之后，他们认识到独资新建是最好的方案。

在欧洲，越来越多的各国企业在欧洲成立自己的子公司/代表处、研发设计中心、市场营销中心、销售采购部等。瑞士特别是瑞士西部日内瓦伯尔尼大区，日益成为极具吸引力的辐射欧洲、中东、非洲三个地区的区域总部/代表处聚集地。仅2014年一年，已有超过85家各国企业在瑞士西区经济发展署的免费专业服务和政府的补贴帮扶下，以独资新建的方式落户瑞士日内瓦伯尔尼大区6个州。

新建投资与并购各有千秋，各有利弊，企业在“走出去”的过程中，要根据自身的情况选择自己的道路。在并购声声入耳的大环境下，华为的收购就很少，其扩张更多是依靠自身发展。仅做小规模的以技术为导向的并购。

总体上，并购是发展方向。海尔就是一个例子。

【案例】海尔的“出口起步——海外建厂——渐进性并购——大规模并购”

类似华为，海尔的早期也是走自我发展之路。但是到后期，海尔进行了并购，渐进并购了日本三洋公司，并在2016年以55.8亿美元并购美国通用家电。可见，海尔“走出去”模式选择的路径是，“出口起步——海外建厂——渐进性并购——大规模并购”。

一、从出口转向新建投资

海尔以制造电冰箱而闻名，后在家电领域全面开花，继而走国际化之路。早年间，海尔一直坚持走自主品牌发展之路，其海外经营以新建投资为主，同时开展小规模的跨国并购，在海外逐步树立海尔品牌。

20世纪90年代开始，海尔就在欧、美摸爬滚打。起初，海尔的策略是出口产品，但是发现国外对来自中国的家电认可度不高，而且各国贸易保护主义对出口有种种限制。屡败屡战的海尔开始在海外投资工厂，以本土化生产、本土化销售为方向，可绕过贸易壁垒，而且使海外销售迅速发展起来。1999年4月，海尔在美国南卡罗来纳州的生产基地破土动工。海外新设工厂虽好，但是美国的高成本几乎吞噬了海尔在中国市场积累的低成本优势。因此海尔开始寻求新的并购战略，形成以新建为主，并购为辅的“走出去”模式。

二、海尔渐进收购日本三洋公司

2001年，海尔并购了意大利迈尼盖蒂公司所属的一家冰箱厂，这是中国白色家电企业首次实现跨国并购。2005年到2009年，海尔进行了5次海外收购，其中3起成功。①

2002年1月，海尔就与三洋建立了战略合作关系，

2006年开始，海尔分三次收购三洋家电业务。2011年10月，海尔集团和日本三洋电机株式会社第三次签署收购协议，正式收购三洋电机在日本的洗衣机和家用冰箱业务及其在印度尼西亚等东南亚4国的洗衣机、家用冰箱和其他家用电器销售业务等9家子公司。张瑞敏因此获2011年中国并购十大人物之一。

三、2016年，海尔以55.8亿美元并购通用家电

2016年1月，海尔签署协议，通过现金方式购买通用家电，交易金额为54亿美元。此后，双方就交易金额进行了调整，最终金额定为55.8亿美元（约合人民币366亿元）。同年6月完成交割，通用家电正式成为海尔一员。该笔收购是中国家电业最大一笔海外并购。此时，海尔在美国市场的份额只有1.1%，而通用家电在美国市场占据了将近14%的份额。此次并购也是海尔继

---

① 田泽《中国企业海外海外并购理论与实践研究》，化学工业出版社2010年版，第143页。

2012年收购新西兰家电明星品牌斐雪派克、2011年收购日本三洋后又一并购大动作。

值得一提的是，三一重工的境外投资进入模式也走了一条从新设到并购之路。2009年，三一印度产业园、三一美国产业园、三一德国工业园均采用新建的方式。那时，三一执行总裁向文波说“并购是需要谨慎的事情，不是说买不起，这些企业现在都很便宜，最大的问题是供不起、养不起，如果我们没有做好几年这些企业大面积亏损的准备，如果盲目地并购可能会把中国企业拖垮，中国企业可能走上一条不归路”。三年之后的2012年1月，三一重工公司控股子公司三一德国斥资3.24亿欧元，联合中信产业基金共同签订协议收购德国普茨迈斯特100%股权，其中，三一德国持股90%，而中信产业基金持股10%，于同年4月完成交割。可见，很少的大企业只采用新设的方式开展国际化的征程。

相对来说，多元化发展更需要并购。华为集中在电信领域发展，走专业化的道路，产品扩散优先，小规模并购优先，在高速发展的同时，依然“元气充沛”。因为，专业化道路也相对容易通过自身发展获得成功，不做行业上的大规模并购，可以规避食多不消化的风险。

相对大手笔并购，小规模并购是企业发展的有效催化剂，也是保证技术领先的有效手段。小规模收购或招募有核心技术的团队是华为弥补技术短板的手段，仅2014年公开消息获知的华为收购的企业就包括电信网络管理解决方案提供商Fastwire Pte、英国蜂窝物联网芯片和解决方案提供商Neul等[①]。

二、“小规模、多并购”还是“大并购、大跃进”

一般来说，国有企业的跨国并购往往“财大气粗，一掷千金”，讲究豪放型的“大并购、大跃进”。而一些民营企业讲究“花小钱、办大事”，追求精

① 参见微信公众号“老杳”2015-04-19:《小规模国际并购才是大陆产业发展捷径》，来源：老杳原创，http://mp.weixin.qq.com/s/iRWQhVVj6UN7v4Aridb5Qw，最后访问日期：2018年9月18日。

到的“小规模、多并购”。

中国和海外的法律、财务、文化体系不同，海外并购比国内并购难度要大得多。在复杂而充满不确定性的情况下，如何减少海外并购的风险呢？2017 年 3 月 29 日，我在刚果（金）出差，与某上市公司在刚果（金）的一个部门经理等三人聊到中国企业到境外产业园的投资布局节奏。我们谈出三条道路：第一种想法是，2 亿美元搞境外产业园小试牛刀，再渐入佳境。第二种想法是，中国企业的境外产业园只有布大局才有机会。第三种想法是，对懂的行业，中国企业可以到境外一开始就布大局；对不懂的行业，中国企业应该渐进地进行境外布局。此外，如果有好的上层沟通，有好的大形势，可以布大局，也应该布大局，而不是布小局。

一般而言，中国企业可以先从收购小标的做起，这样资金压力和管理难度都会相对小一些。声势浩大的大型并购引人注目，也可能埋下定时炸弹。著名的大型并购失败案例包括戴姆勒与克莱斯勒、阿迪达斯与所罗门运动品牌、时代华纳与 AOL（美国在线）。这些大型交易都低估了并购所带来的挑战：并购规模越大，并购双方的组织就越复杂，各自的企业文化也就越强势，并购整合风险也就越高。

与大规模并购相对应的是“小规模多次并购”。这是一种新兴并购发展方式，将注意力集中于收购类似或者相关领域中规模较小且更易管理的企业，降低整体风险，成为大规模并购的有效补充。2014 年 7 月，罗氏的 CEO Severin Schwan 在接受外媒采访中称，罗氏计划避开大规模收购浪潮，专注于小规模的收购和合作。罗氏收购的判断标准，一是考察一个产品或技术是否有改善健康标准的潜能，二是考察产品或技术是否符合公司两项业务范围，即药品和诊断。[①] 医药行业公司的高估值抑制了罗氏进行大交易的胃口，不能因为过于昂贵的收购使得公司面临危机。

“小规模多次并购”审慎扩张，不错失投资机会，又不过度冒险。主并方

① 参见微信公众号“CPhI 制药在线”2014-12-29：《罗氏谈医药并购：避开大并购 专注小规模并购》，http://mp.weixin.qq.com/s/Azjtd0uGtTuLsPqBXKEQ4w，最后访问日期：2018 年 9 月 18 日。

往往可以在行业集中度不高的行业中寻找众多小型收购目标，并且确认该目标符合其并购策略与商业运作模式。他们一般遵循以下简单原则：充分利用小型公司估值相对较低的特性；重点关注被收购公司的核心商业模式，充分利用其规模优势改善被收购公司的各项职能绩效。采用这种扩张模式的企业总是比较忙碌的。在5~10年间，收购主体企业可能会进行几十甚至几百宗交易。相应地，需要一个专门的组织实体以及持续的资源来进行目标研究、收购与整合。

在全球各地，各个行业都有这种“小规模多次并购”扩张模式的公司。最典型的代表是鲁冠球的万向集团。这里介绍两个特别有趣的案例是丹麦ISS公司以及美国Filter公司（该公司于2004年加入西门子）。

丹麦ISS公司是世界上最大的设施管理服务提供商之一，其市场遍布欧洲、亚洲、拉丁美洲以及澳大利亚。这家公司拥有超过40万名员工，服务范围涉及50个国家的10万以上的电子商务客户以及公共部门客户。ISS的服务包括车间地板和办公室清洁、维修、饮食与安全。

ISS公司提前预见到了设施服务将外包给外部供应商的全球趋势，公司于1997年确立了自己的“小规模多次并购”扩张模式。在刚开始的时候，公司将目标定位于与其自身的核心产业即设施清洁产业相近的或者相关的企业，随后又将眼光转向更多元化的服务领域，如饮食和安全。ISS公司的策略旨在建立一个全方位的服务网络，并通过为所有相关设施服务提供一站式整合服务，以提高客户价值。该公司集中的客户关系管理模式提高了服务质量，并且精简了服务流程。同时，该策略还使ISS公司扩大了区域市场份额，从而进一步发展海外市场。与此同时，ISS公司还收购了超过450家小型企业，销售额增加至110亿美元。大部分被收购企业的年收入在被收购之前少于190万美元。ISS仅收购了两家大型企业：1999年收购的法国企业Alibis和2006年收购的澳大利亚公司Tempo。

ISS通过其“小规模多次并购”扩张模式对其市场进行大规模整合，且继续关注小型收购计划，从而降低交易与整合风险，最大化利用当地市场知识。

第二个案例是美国Filter公司（也就是现在的西门子水技术处理部）。当年的Filter公司在北美分散的水处理技术产业成功地运用了“小规模多次并购”

扩张模式。该产业充斥着大量的小型零售公司，产品包括超洁净水以及离子交换服务。美国 Filter 公司遵循了大多数经营“小规模多次并购”扩张模式的原则：通过提高设备利用率、快速执行行政职能的中央集权以及部署标准化进程，改善绩效。在短短三年的时间内，美国 Filter 公司在美国和加拿大管理并且整合了 70 家被收购企业，在水技术领域拥有超过 120 项设施网络，取得了市场领先者的稳定地位。

“小规模多次并购”扩张模式对于在分散型产业内的企业最为有效。科尔尼兼并数据库的资料显示，这些分散型产业通常处于“起步”与“发展”阶段，如电信、保险和公共事业。处在这些阶段的公司可以在最佳市场条件（获得大量小型收购目标，且竞标压力相对较低）下使用标准且简单的方法搜索、收购与整合核心业务企业及相关企业。

毋庸置疑，“小规模多次并购”是大型并购的重要补充。“小规模多次并购”扩张模式的成功需要有以下三个关键因素：

1. 必须符合企业战略。

2. 有系统的目标选择流程。

在现代化决策工具的帮助下，对市场进行持续且系统化搜索、筛选和选择，从而发现高质量的收购目标。这一流程必然会带来更加成功的收购对象，相比于投机或被动条件下选择的目标，执行更快速，且风险也相对较低。这一流程包括针对类似或补充型细分市场内的小型或者中等规模公司的清晰评估计划以及初选和决选标准目录。收购目标应当提升或者可能补全收购方的产品或服务组合，同时增加市场份额。通常会用到的标准如下：典型的公司最小规模必须是收购价值在 150 万美元到 580 万美元之间；业务重点与收购公司的业务模式相符合；地区业务与收购公司的业务模式相符合；当前的业务稳定；人才与经验流失的风险适度或者很低。

3. 以标准化的整合框架，根据以往的经验教训尽快整合收购目标。

各个产业的企业都可以从“小规模多次并购”扩张模式中借鉴一些系统性的有效手段。在正确的时机下，谨慎地进行战略调整，这种产业并购流程可以更快地带来利润增长和价值创造，而且相比其他战略带来的风险更低，最终使企业成为产业领先者。“小规模多次并购”扩张模式并不是一个单一的策略。企业可以将这些策略整合起来，在多变的市场与经济环境下，共同发挥作用以维持高效的成长[①]。

值得指出的是，从海外并购与国内新设相结合的境外投资进入模式，即通过并购，获得境外强势企业的技术和经验，通过国内的新建，将并购获得的技术和经验与中国制造的成本优势结合起来，力量无敌。例如，2006年，中国化工集团收购法国罗地亚公司的有机硅技术改建蓝星星火有机硅厂的同时，在天津临港新建一套年产40万吨的有机硅单体装置，使该公司的有机硅年产量达到100万吨。就是这个中国化工集团，2017年6月，完成了440亿美元（包括收购先正达普通股和ADS的对价，以及相关交易费用等）收购了美国先正达公司（Syngenta，NYSE：SYT），这个巨额的收购金额远远超过了2012年中海油收购尼克森的151亿美元，成为目前中国史上最大的海外收购项目。

第二节　参股、控股到全资

一、火候不到，不急于控股

中国的改革开放初期，外国投资者在20世纪80年代、20世纪90年代进入中国投资时，走了一条“先参股，再控股，最后全资”的道路，这种青蛙效应的渗透同样适用于中国企业的境外投资。

中国五矿集团公司原总裁周中枢说：“曾有中央领导跟我说中国五矿‘走出去’比较早，也比较成功，能不能谈一些成功的经验。我说最大的启示有三点：第一，要有资金优势，做矿山拿资源不是小盘，动辄几个亿，大则几十

---

① 参见豆丁网（另见中金在线网2009-05-05）：尤尔根－鲁特布赫、马丁－汉德苏，《聚沙成塔式并购》，来源：21世纪商业评论，http://www.docin.com/p-1549877460.html，最后访问日期：2018年9月18日。

亿、上百亿；第二，一定要有专业背景，你做铁的、做铜是不行的，不是哪个行业好就进军哪个行业；第三，不同的市场、不同的客户要有不同的政策。咱们有时候走出去拿资源，上来就要控股，有的要去自己管理，你管理得了吗、控制得了吗？这些东西要综合考虑、量力而行，你的目的就是要拿到资源。我觉得这三点是这些年来我们开拓市场、开发资源方面的三点启示[①]。”周中枢还说：“海外并购应量力而行，循序渐进。所谓量力而行，就是指你的资金够不够，然后就是你了不了解对方的文化，在业务上达到 1+1 ＞ 2 的效果，在文化上形成 1+1 ＝ 1 的效果；至于循序渐进，就是要讲究策略，中国企业‘走出去’往往要求控股，这容易引起别人的警惕，发达国家的表现尤为明显。在五矿和智利国家铜业公司合资的过程中，我们先成立合资公司，然后再向资源领域渗透，这种迂回的方法就不会招致对方的反感。”

复星在 2010 年首次入股 Club Med 后，就与 Club Med 在中国的亚布力合作开发了一座滑雪度假村，经过三年的磨合，复星 2013 年年初要约收购了 Club Med。Club Med 管理层在众多竞争者中选择支持复星，在最后一轮竞价中联名写信反对另外两家财团收购方。因为，那两家财团具有较明显的财务投资属性，但复星是有战略协同的，双方的价值观更为契合，并且有三年的磨合基础。

境外并购中，上海复星先选择小规模入股，再增持为大股东，一步步获取对方信任。如果双方价值观一致，复星对优质公司会寻求控股。复星收购 Club Med 体现了复星海外收购的一个特点：制订计划，小额入股，评估公司价值及团队，并一步一步地获取管理层信任，再寻求控股，在持续的收购中积累平台的辐射能力，并与中国市场紧密对接。

（一）上海汽车集团参股韩国大宇成功、控股韩国双龙失败

2002 年 10 月，上海汽车工业（集团）总公司出资 5970 万美元，收购美国通用汽车在韩国的新合资公司（通用大宇汽车科技公司）10% 的股份，上

---

① 参见中国经济网 2008-12-05：《五矿集团总裁周中枢：中资企业走出去注意三大启示》，来源：国务院国有资产监督管理委员会，http://intl.ce.cn/zgysj/200812/05/t20081205_17587473.shtml，最后访问日期：2018 年 9 月 18 日。

汽集团总裁胡茂元将作为中方股东代表进入该公司的董事会。

随着大宇集团的解体，大宇汽车，这个曾经是仅次于韩国现代汽车的第二大汽车生产企业也被整顿。2002 年，通用公司出资 2.51 亿美元，收购在大宇汽车基础上成立的新公司。新公司中，通用公司持股 42.1%，大宇汽车的债权人持股 33%，上汽投入 5970 万美元获得 10% 的股份，日本铃木获得 14.9% 的股份。同时，新公司向债券银行提供 12 亿美元的可赎回长期优先股票，债券银行向新公司提供 20 亿美元的长期贷款作为新公司的运行资金。新公司还背负原大宇汽车 5.73 亿美元的债务。

这是中国汽车企业首次走出去参与全球汽车工业重组。由于是参股，当时在海外投资还很稚嫩的上汽借助通用公司的实力获得了成功。

形成鲜明对比的是，两年之后的 2004 年 10 月，上海汽车击退通用、法国雷诺等 10 多家企业斥资 5 亿美元收购韩国双龙汽车 48.92% 的股权，次年通过证券交易，增至 51.33%。经过四年磨合，最后失败。

1997 年金融危机后，韩元贬值一半，双龙由于到期债务而资金链断裂，双龙债权团邀请海外企业对双龙汽车股权进行投标。有意思的是，双龙汽车的债权人朝兴银行此前选择中国化工集团作为竞购双龙汽车的优先买家，随即剥夺了中国化工集团的优先购买权，最后由国家发改委批准的唯一一家获准收购韩国双龙汽车的上海汽车工业（集团）总公司摘得桂冠[①]。

由于韩国强势的工会、2008 年金融危机等原因，上汽并购整合失败，于 2009 年 1 月向韩国法院申请由他们来接管双龙。虽为控股股东，却从来没有真正掌握过该企业，全部投资打了水漂。

双龙失败还有控股权以外的其他原因。例如，2006 年双龙欲裁员 986 人，遭工会 43 天的罢工；收购后 2005 年盈利不达标后原社长苏镇琯及其派系 20 多人被罢免后，员工恐慌；并购后，在金融危机下，汽车市场需求严重萎

---

① 中国化工集团打算一直是先敲定交易再获取发改委的批准，而这个想法一直得到了双龙债权人的默许。未料到风云突变，根据韩国媒体报道，双龙汽车的债权人将中国化工集团下属的蓝星集团提出竞标价的最后期限延长至 2004 年 3 月底，并要求投标者必须提供一个固定价格，而不是一个价格区间，此外还要求蓝星必须提供中国政府给予支持的信函。这两点中国化工集团显然都没有做到。

缩……我们还是可以得出这样的结论，中国企业“走出去”绝对控股不一定就是合适的，要看并购方自身和被并购标的的具体情况。

（二）N 公司参股 YL 胜利，控股埃塞失利

并购活动不一定都要花大钱、大动作，有时可以透过持有另一家公司的少数股权，就可以延伸企业的商品、服务、通路等战线。参股，同样能够达到战略目的，同样可以获得良好的投资回报。有发生在 2003 年前后 N 公司的两个案例为证。

为了巩固地区市场优势，寻求与 YL 业主深层次的合作方式，N 公司作出了最快速的反应。2003 年 3 月，N 公司与 Y 方签订《地铁组装合作框架协议》，正式启动合资公司的进程。2003 年 10 月，×× 车辆制造公司正式成立，初始注册资金为 1.25 万美元。Y 方持股 51%、N 公司持股 29%、CK 持股 20%，主营地铁车辆和双层客车的生产、组装、维修以及与地铁运营有关的业务。2005 年合资公司增资至 1200 万美元，2007 年增资至 1630 万美元，股权结构均不变。

虽然，YL 合资公司中方仅参股，仅派 2 人兼职，但从合资公司获得了数十亿美元的订单，巩固和扩大了 BF 国际 YL 轨道交通市场，带动了我国工程项目承包和原材料、零部件、散件出口；也促进了 Y 方降低采购成本，提高技术能力，符合中 Y 两国的产业政策和发展战略，实现了“双赢”，成为行业内口碑相传的典型投资案例。

YL 合资公司的成功在于：（1）让在战术，赢在战略。2008 年，YL 合资公司注册资金 1630 万美元，利润仅 30 多万美元，从合资公司本身的散件组装和机车维修的业务来看，投资回报不够理想。但是，公司通过合资公司获得了数条地铁的车辆采购市场：2003 年 11 月，合资公司从 YL 地铁部门获得订单后，向 N 公司采购 1.56 亿美元的机车、轨道客车、整车及散件，2007 年向 BF 国际采购 4.24 亿欧元的机车、轨道客车、整车及散件。合资公司成为公司战胜对手、争取 YL 机车采购市场的重要战略工具。（2）决策和行动迅速。在 N 公司得到伊方的合资动机后，眼光独到，决策迅速，第一时间与 Y 方签

订了合作框架协议，抓住了决定性的合作先占优势。同时，采用了注册资金由小而大的渐进投资方式，初始注册资金仅1.25万美元，提高了成立公司的速度，又降低了投资风险。（3）以获得机车大散件的采购市场为目标，用开放的心态引入国内战略投资者。中方有渠道优势要市场，Y方有市场需求要技术，CK轨道客车公司有技术要走出去。N公司以参股的形式进入合资公司，虽未控股但得到了市场，Y方主导了公司获得了技术，CK提供了技术并使产品成功走出去，实现三赢。

相反，在埃塞俄比亚，同样的投资主体，在2004年同样的时间，N公司控股设立了一家工程公司，双方的股份比例是中方持股51%，埃塞方持股49%。东道国对中方赋予了很高的期望，入资的资产是每年能够盈利相当于1000元人民币的企业。七年以后，合资形成僵局。恰恰在这个七年时间内，埃塞的房建、基础设施建设市场如火如荼，到处都是工地，到处都是脚手架。

（三）控制的程度

达到控制的方式有三种：全资、绝对控股和相对控股，三者各有千秋，取决于主并方的投资风格和战略考虑。

相对控股是一种以小博大的策略。万向集团始于1969年，是从乡镇企业发展起来的跨国公司。1997年到2007年，万向集团在美国、欧洲完成了6起并购，除了收购舍勒公司为资产收购，其他5起均为股权收购，均取得第一股东，但不全资收购。

全资收购便于绝对控制。中国化工集团的2006年的3起成功的收购均为全资收购，其总经理任建新认为全资收购是必需的，只有这样才能牢牢掌握控制权。

多层架构容易以更低的资本获得控制权。通过下图所示的多层持股路径，A公司实现了对D公司的实际控制。此时，A公司对D公司持股13.27%（51%×51%×51%=13.27%），就达到了A公司直接持股D公司51%的控制目的。

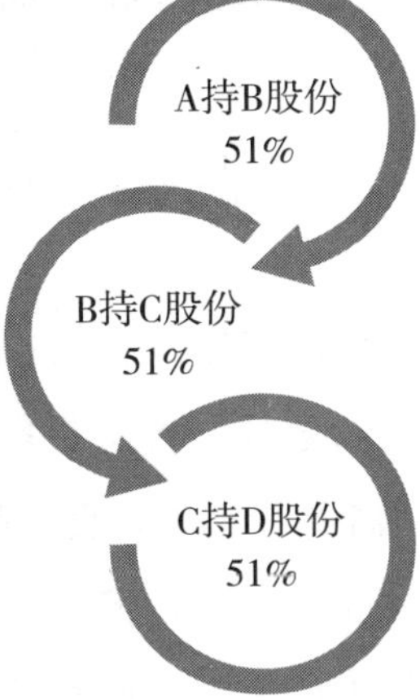

二、平分股权的隐患

中小民营企业中常见的“二人五五对等（如 1：1）”，或是“三人平分天下（如 34%：33%：33%）”的股权分配往往蕴藏危机，这种股权结构在境外投资中也不合适。这是为什么呢？

首先，没有核心人物，这种情况未来可能形成决策僵局。一山不容二虎，如果你是刘备，就不要找曹操、孙权合伙开公司了，你应该找的是关羽和张飞。公司需要有高效的决策机制，需要拥有明确的灵魂人物，尤其是在创业公司早期的时候。无论是美国的苹果、Facebook、微软，还是中国的 BAT（百度、阿里、腾讯），大家都能很快地对应上一个灵魂人物。

随着公司的不断发展，可能就会在创始人之间出现意见不合的情形，如果长期无法达成一致意见，“股权对半分”或者“三分天下各占其一”的股权结构没有核心股东，容易造成创始人之间的对峙，从而导致公司决策的僵局。因此说，这种股权结构，出问题是早晚的事。

其次，利益分配未来可能出现问题。“平分股权”对于初创公司早期而言是好的，因为创始人之间会互相信任，不会计较利益得失，一般不分贡献大小、投资大小，而完全追求股权的平均分配。股东们度过了创业初期的“蜜月期”后，每个股东对企业的贡献肯定是不同的，有人贡献大有人贡献小，拿的却一样多，势必会导致贡献大的人心里不平衡。而企业的股权比例对等意味着股东贡献与股权比例不匹配，这种不匹配到了一定程度，就会造成股东矛盾。

因此，创始人要控制公司，最简单、直接、有效的办法，是控股股权比例，要有大股东、小股东之分。

股份比例的设置是一个平衡的艺术。在公司设立之初，合伙人之间不要平分股权，要有大股东、小股东之分，大家要紧密团结在以大股东为核心的周围。大海航行靠舵手，公司需要有一个大股东负起老板的责任来。

公司创始人应该从公司成立之时就把握好对公司的控制权。公司的初始股权架构设计，首要解决的是创始人的持股权数量。根据创始人核心创业能力的集中程度与团队组成，创始人的持股有绝对控制型（2/3 以上）、相对控制型（50% 以上）与不控制型（50% 以下），可以考虑 7：3（两位合伙人）或者 7：2：1、5：3：2 及 6：3：1（三位合伙人）。基于公司法股东大会一般决议事项须 1/2 以上同意才通过，特别决议事项须 2/3 以上同意才通过的规则，相对理想的股权分配比例是大股东持 1/2 以上股权，更理想的是 2/3 以上。这点比较成功的案例是京东，失败的有雷士照明。

2017 年 12 月 21 日，三个自然人谈一个合伙项目，如何进行股权分配？三个人分别是技术掮客、政府掮客和资本掮客。技术掮客在信息领域有 20 余年的工作经验，有三个成型的主打的系统集成产品，与三个业内一流公司有业务外部战略合作协议，是公司的核心，有一个成立于 2006 年的全资公司。政府掮客出身于电影制片人，有丰富的政商人脉关系，不懂信息产业，能协调订单。资本掮客，具有资本领域的人脉。最后商定不用成立新公司，而是在技术掮客原有公司的基础上，进行新的股权结构设计：引入 500 万持股 10% 的投资人，资本掮客占 10%，政府掮客占 29%，技术掮客占 51%。这个项目虽然未做起来，股权结构设置却可圈可点。

此后不久，我在北京建外 SOHO 参加一个形象密码的简短讲座，形象讲师讲到“三色面积法”的一种穿衣色彩搭配原则是“主色（如裙子）占 50%~60%，辅助色（如短袖外套）占 30%~35%，点缀色（如露出的内衣）占

10%~15%”。三位合伙人 6：3：1 的股权设置原则与穿衣服的“三色面积法”有异曲同工之妙，和谐好看，好相处、好决策。

如果创始人不能很好地控制股权，最终有可能会失去公司。实践中出现了很多各占 50% 的股份比例。已经是平分股权了怎么办？

（1）增资扩股，不愿意继续投入的股东自然就降低了股份，打破股权和权利均衡的局面。

初创公司。每一次融资都是一次大股东股权稀释的过程，都是新的投资者逐步获得话语权的过程。随着股权的分散。会出现两个问题，其一，创始控制人的股权稀释。尤其是拟上市公司，股权稀释是难免的。上市后，创始人持有多少股权，算是合理区间？马云是 7.8%，马化腾是 14.43%，周鸿祎是 18.46%，刘强东是 20.468%，李彦宏是 22.9%，谷歌的佩奇与布林是 14.01% 与 14.05%，Facebook 的扎克伯格是 23.55%。因此，20% 上下算是常态。其二，控制权转移问题。

（2）股权比例小的“小股东”也是可以实际控制公司的。如果股权份额已经平分，大家还想把公司开下去的话，股东的权利就不要平分了，要将投票权、股东表决权、控制权、管理权等适度集中，出现股东权利的“大股东”。不控股也可以控制公司的方法有：投票权委托、一致行动人协议、有限合伙（普通合伙人 GP 负责企业管理经营并对合伙企业债务承担无限连带责任；有限合伙人 LP 不参与合伙的经营与管理，对合伙债务仅以出资为限承担有限责任）、AB 股计划（公司发行同股不同权的 A 类、B 类股票，B 类股票的投票权远高于 A 类）等。京东上市前用的是投票权委托，上市后用的是 AB 股计划，上市前后无缝对接。

（3）如果股权平分的局面很难改变，那就协商一致，努力去改变分配权，尽量做到多劳多得，贡献大的多得收益。

公司的股权架构设计理论，不管说得多天花乱坠，很难精确计算各方的具体持股数量，只能是算大账，让团队感觉相对公平合理，股权不出现致命的结构性问题。

【案例】“血雨腥风”的真功夫股权之争与“海底捞”的成功经验

真功夫的前身是小舅子潘宇海在广东东莞长安镇107国道旁边开的一家168甜品店。

1994年，姐姐潘敏峰和姐夫蔡达标加入，投资了4万元，潘宇海自己也出资4万元，把168甜品店改为168快餐店。股份结构是潘宇海占50%，姐姐潘敏峰和姐夫蔡达标各占25%。初期，企业经营以小舅子为主，姐姐管收银，姐夫做店面扩张。小舅子潘宇海掌握着企业完全的主导权。

1997年，真功夫借助其“电脑程控蒸汽设备”，攻克了中式快餐业的“速度”和“标准化”两大难题，开始在全国各地开设连锁店，企业快速发展起来。在这个阶段，负责店面扩张的姐夫蔡达标对企业的贡献越来越大。2003年，企业的主导权从小舅子潘宇海手中转到了姐夫蔡达标手中。

2006年9月，蔡达标、潘敏峰夫妇离婚，潘敏峰所持有的25%股权归蔡达标所有。2007年10月，真功夫引入了今日资本和中山联动两家PE的投资，两家PE对真功夫估值高达50亿元，各投1.5亿元，各占3%的股权，蔡达标和潘宇海的股权比例都由50%摊薄到47%。

PE投资真功夫，主要看中的是姐夫蔡达标的能力，因此，无论在股东会还是董事会，PE都支持蔡达标，力图企业经营确立蔡达标的核心地位。这样一来，本来平衡的天平，倒向了蔡达标，而潘宇海被逐步边缘化。在PE的建议下，蔡达标开始着手“去家族化”改革，从肯德基、麦当劳等餐饮连锁企业挖来众多职业经理人，而在此过程中，真功夫多位与潘宇海关系密切的中高层离职或被辞退，这使得潘宇海被进一步边缘化。这无疑也引起了“小舅子”潘宇海的反弹，股东冲突由此引爆。

2009年年初，真功夫向银行申请1亿元贷款，“小舅子”潘宇海却向银行称“两大股东有矛盾，贷款有风险”，银行只能停止贷款，最后还是真功夫的两名来自PE的董事担保，贷款才得以放行。2009年7月23日，潘宇海将真功夫告上法庭，要求履行公司股东知情权，并请求法院查封该公司2007年7

月至2008年12月的财务报告、财务账册以及会计凭证。

2010年2月，广州市天河法院作出判决，判定真功夫拒绝大股东查账审计属于违法，要求真功夫将财务报告、财务账册、会计凭证、银行对账单提供给股东潘宇海委托的会计师事务所进行账目审计，并提供不少于10平方米的办公场所。随后，潘宇海向公安报案。2011年3月17日下午，“姐夫”蔡达标和真功夫的部分公司高管被公安部门“带走”。当晚11时，广东省公安厅在其网站发布公告称，“广州市公安局对广州市真功夫餐饮连锁有限公司个别高管人员涉嫌经济犯罪展开调查，已在广州、东莞两地与该公司部分管理人员接触并核实情况。目前，案件仍在进一步调查中[①]”。

真功夫的投资者之一今日资本的总裁徐新，早在2005年就向蔡达标表达了对真功夫蔡潘两人各占50%股权的忧虑，徐新以自己多年的经验告诫蔡达标，这是一枚定时炸弹。即使引入PE以后，蔡达标和潘宇海的股权比例仍然是47%对47%。

真功夫股东之间的不信任合作，最后导致激烈冲突，应该是意料之中的事。其实从投资之初，两家PE就一直为改变这种股权结构而努力，并且在2010年似乎看到了曙光。PE和两大股东蔡达标、潘宇海达成协议，由PE逐渐受让潘宇海的股份，从而降低潘宇海的股权比例，使得真功夫的主要贡献者蔡达标成为核心股东。

但股权变更尚未完成，潘宇海由于不满于被边缘化，而继续揭发蔡达标挪用公款，几番博弈后，“姐夫”蔡达标锒铛入狱。“小舅子”潘宇海大权独揽。看起来胜负已分，但其实两败俱伤。真功夫因为这事发展降速、融资不畅、上市遇挫，估值也缩水了一半。

一家公司，只有控制，公司才有主人，才有方向。只有失控，公司才能走出创始人的局限性和短板，具备爆发性裂变的基因和可能性。控制中有失控，失控中有控制。

---

① 参见微信公众号“杭商学堂”2014-12-09：《真功夫VS海底捞：股权平分不公平的陷阱与出路》，http://mp.weixin.qq.com/s/ietIEU01GnlbVJV74xHvYw，最后访问日期：2018年9月18日。

海底捞则给我们提供了一个成功解决股权结构问题的案例。

1994 年，四个要好的年轻人在四川简阳开设了一家只有 4 张桌子的小火锅店，这就是海底捞的第一家店。现在的海底捞董事长兼总经理张勇没有出一分钱，其他 3 个人凑了 8000 元钱，4 个人各占 25% 的股份。后来，这四个年轻人结成了两对夫妻，两家人各占 50% 股份。也是最差的股权结构。

随着企业的发展，没出一分钱的张勇认为另外 3 个股东跟不上企业的发展，毫不留情地先后让他们离开企业，只做股东。张勇最早先让自己的太太离开企业，2004 年让施永宏的太太也离开企业。2007 年，在海底捞步入快速发展的时候，张勇让无论从股权投入还是时间和精力的付出上都平分秋色、20 多年的朋友施永宏也离开企业。

匪夷所思的股权转让。张勇在让施永宏下岗的同时，还以原始出资额的价格，从施永宏夫妇的手中购买了 18% 的股权，张勇夫妇成了海底捞 68%（超过 2/3）的绝对控股股东。2007 年，在海底捞成立 13 年后并且快速发展的时候，一方股东却将 18% 的股权，以 13 年前原始出资额的价格，转让给了另一方股东，这简直就是匪夷所思。但是，施永宏却如此回答："不同意能怎么办，一直是他（张勇）说了算……后来我想通了，股份虽然少了，赚钱却多了，同时也清闲了。还有他是大股东，对公司就会更操心，公司会发展得更好。"

海底捞以匪夷所思的方式解决了股权结构不理想的问题。这一方面得益于海底捞从一开始就是张勇为主、施永宏为辅，形成了张勇是核心股东的事实；另一方面也得益于施永宏的大度、豁达与忍让。

因此，境内企业是这样，境外的民营企业合伙也需要这样。

HOW CAPITAL LAYOUT

第八章

投资项目来源

没有具体的投资项目，国际化战略和资本布局都是一句口号。选择优质标的是资本布局中的重要问题，并购对象的合理选择是成功并购的重要前提。

根据公司战略、并购战略及并购标准筛选出的公司，在策略上与主并企业的配合度较高，容易产生长久性的综合效益。投资分为机会型投资和主动型投资两类。相应地，投资项目来源也可以分为等来的项目和找来的项目两类。

机会型投资是指企业因为某种特定的时间、空间、人物、机缘，被动地获得机会，进而进行投资的行为。联想在2004年并购IBM的PC业务之前，曾经请美国麦肯锡公司做过一个战略规划。麦肯锡的建议是多元化，结果这条路走不通，联想被迫裁员，这个时候IBM主动找到联想，希望向其出售PC业务，据说柳传志当时的第一反应是很吃惊，据此，也可以推测联想的这次并购也有机会型投资的影子。

主动型投资是企业为实现事先设定的战略目标，主动出击，寻找合适的投资项目的行为。例如，某企业“十二五”中期战略目标，需控股一个镍矿，主动通过各种渠道，探寻新的镍矿投资项目的行为。主动型投资要整体考虑公司的总体战略和各业务板块的发展战略，要和行业发展阶段、企业发展水平、自身的资源和境外市场驾驭能力相适应，选好合适的投资国别和项目，从决策的源头上控制风险。

第一节　等来的项目——机会型投资项目来源，妙手偶得、顺藤摸瓜

机会型境外投资可能因为眼前的机遇和利益而偏离公司的发展方向，要防止境外投资中的没有战略指引、盲目跨行业的机会主义行为。

一、偶然的资讯正好符合公司的规划

2003 年前后，我在某上市公司任资本运营部主任期间主持和参与了三个投资项目。从这三个投资项目的来源来看，第一个是来自某公司的董事长在和朋友打高尔夫球时，听说北京亦庄有一块 10 万平方米的土地，后来我们去调研，开发了这个项目并取得了成功，开创了公司房地产新的业务板块。第二个是某国政府官员推荐的一个项目，后来成立了该国当时最大的合资公司。第三个是与某国业主合作中产生的合资项目，我们公司是该国业主企业地铁业务的总承包商，后来，这家企业拟筹建新的合资公司进行地铁车辆维修等业务，向我公司抛橄榄枝，我们接了，项目取得了很大的成功。这三个项目其实都不是找来的，而是偶然的资讯送上门来的。事实上，当时为了寻找公司新的经济增长点并进行资产市场融资，我带领资本运营部的下属四处寻找项目，参加一些投资会议，主动接触了不少投资项目。

"有心栽花花不成，无心插柳柳成荫。"有时候，偶然的投资机会资讯反而成为公司主流的投资项目来源。这个场景在很多公司都发生过，也正在发生，未来还会继续发生。我注意到，一些响当当的大佬的并购项目也就是这么来的。比如，香港的一位大佬曾经在一个酒会上，偶然听说，有一个知名酒店要出让，回来后，大佬马上派自己的人马去调研、接触，最后成交。

二、对合作伙伴的长期跟踪，对某一领域的长期关注

生意不是一天就可以做出来的，很多人是在认识和交往了很久以后才成为客户的。投资项目的寻找也是这样。很多人找投资很有意思，认识了一个

投资人，没谈成就再也不联系了。有过经验的投资人都是先认识、交朋友，买卖不成仁义在。“凡事必有原因”，项目现在没谈成肯定有其原因，也许，今天谈不成的项目明天成熟后就可以交易了。也许，和他谈不成，他的朋友未来可能介绍一个新的项目投资成功。人生也是这样，一次偶然的不起眼的相遇，可能就注定了未来某一天的人生重大转折。

世界上通过并购重组做成500强的企业都非浪得虚名，他们的投研团队都经过长期行业历练。诸如海航、中化等近些年频频成功搞定全球瞩目的大并购，提炼出来就是“3个有”：有一以贯之的并购战略、有多中选优的项目来源、有对某一领域长期持续关注。当任何一个好的投资机会出现的时候，他们肯定第一时间了解，并行动迅速果决，最后一举拿下。当然，这种当机立断一定是建立在对某一领域长期关注的基础之上的。

2016年，海航以25.55亿美元一举拿下爱尔兰飞机租赁公司Avolon，市场一片惊叹，在我看来，这是理所当然。为什么？因为这是海航在这一领域长期关注的结果。早在1993年，海航成立不久在买第一批两架波音737时，海航就已经体会到飞机融资租赁业务的魅力。2010年，海航通过旗下香港子公司香港航空公司（HKAC）以1.5亿美元收购澳大利亚ALLCO航空租赁业务，并于2011年注入其上市资本平台渤海租赁。同年，又以25亿美元收购通用电气（GE）旗下的集装箱租赁企业SEACO，2013年又从GE手里收购欧洲第一大拖车租赁公司TIP。2014年，渤海租赁收购Cronos进而成为世界最大的集装箱租赁公司。在做Avolon交易之前，海航对全球交通运输行业租赁业务早就了如指掌，特别是对大本营在爱尔兰的航空租赁业务有深度理解。海航之所以对航空租赁这么执着，除了跟自己主业有极大的协同效应之外，这些业务只有在中国才能实现最大程度的增长。2005年，中国还没有飞机租赁公司，到了2015年，已经有了6家达800亿美元的资产规模，发展速度令人惊叹。这个业务的国际化和专业化的高要求使得收购海外成熟的航空租赁公司成了海航的必由之路。

搜寻大量的收购对象具有两个好处：一方面能了解到目前存在何种并购

机会及其对价，另一方面还能更好地对比评估收购标的价值。成功的并购者总是在不断地寻找机会。他们对公司所在行业、产业链上或者跨领域的公司进行系统搜寻，搜寻的对象保持较大的数量，而仔细调研考察的对象比例在20%~30%之间，最终收购达成的可能仅有1%~2%。他们专注于2~3个需要关注的市场，并对每个市场中的5~10家目标公司保持密切关注，了解其业务、团队、经营、资源、被收购的潜在意愿等情况与信息，并将所有的搜寻信息与调研考察纪要等数据，形成公司收购标的数据库。

“三十年河东，三十年河西”，世界第一的企业也可能被并购。例如，全球知名企业International Havester Co.（IHC）于20世纪80年代被Dresser Industries收购，之后Dresser Industries又被Komatsu Dresser Co.收购。在一个小的细分行业内，世界一流的、与本企业曾经有过接触的企业往往是最好的猎物。暗地选中目标企业之后，就需要持续跟踪这些企业，当其财务或者其股东的财务状况出现问题时，往往是比较好的下手时机。

第二节　找来的项目——主动型投资项目来源，交易主题、产业地图、各类渠道

缺少清晰的战略规划和部署盲目出击，过分依赖投行等中介机构，企业自身搜寻和筛选标的物经验不足，自己动手尽职调查和估值的能力欠缺是我国企业在境外投资中出现的普遍问题。

主动型投资取得投资项目，在布局投资项目渠道之前，往往需要在战略指引下确定交易主题，绘制产业地图。

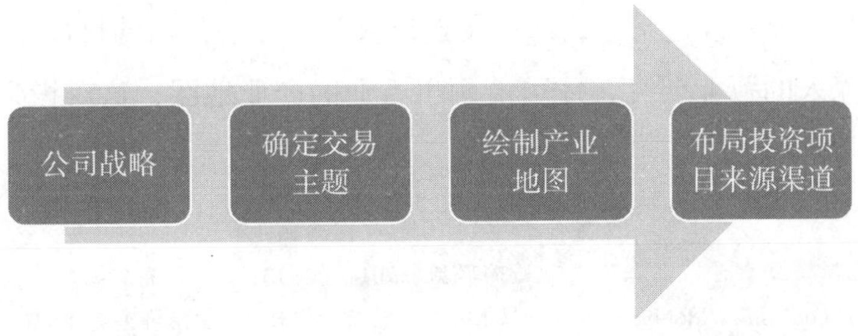

一、确定交易主题

成功的收购者会从所谓的投资主题入手来展开并购交易。一个有效的投资主题，可以解释新的投资为什么能够改善现有的核心业务以及如何进行改善。贝恩公司对250名进行过大规模并购的高管的调查中，几乎有一半承认他们的交易没有具有说服力的投资主题[①]。在提出一个具有说服力的投资主题之前，管理者必须对企业当下的商业模式以及未来可能的商业模式都进行分析，也就是说，在企业完成一项收购之前，就必须开始考虑如何利用企业战略来引导收购。

每项兼并收购都要有一个深思熟虑的交易主题，即明确如何通过一笔交易来提升企业的核心战略。例如，“这项交易会让我们获得新客户、新渠道”“这项交易会让我们在五个重点市场中占据明显的领先地位”“这项交易扩大了原有业务规模”。是否设定明确的、深思熟虑的交易主题是训练有素与初出茅庐的收购者之间的本质差距。企业可以依靠自己或通过与财务顾问合作，根据企业行业状况、自身资源、能力状况以及企业发展战略确定并购战略进而明确并购主题。

二、绘制产业地图

在战略指引下确定交易主题，知道自己想要去哪？想要寻找怎样的目标企业之后，应绘制本行业、本领域的全球产业地图，明确目标企业的搜寻标准，包括行业、规模、必要的财务指标、地理位置，再通过特定的渠道搜集符合标准的企业。最后经过筛选，从中挑选出最符合并购公司的目标企业。显然，只有进行深入的行业研究，才可能画出行业的产业地图，这对投资者有很高

① 参见微信公众号“上海陆家嘴并购联盟”2014-09-13:《反经济周期的并购成功法则》，http://mp.weixin.qq.com/s/td6N5qsa-fldgnlsCGMuHg，最后访问日期：2018年9月18日。

的要求。

（一）什么是产业地图

产业地图是中国著名金融投资家李小军从欧美日引进的一种全新的产业经济、社会发展数据解读形式，是介于年鉴和行业报告之间的经济、金融普及类和深度数据挖掘类读物，其表现形式是以图表为主，配以精练的文字，提纲挈领地呈现社会经济各产业、行业和子门类的发展脉搏与轨迹，直观、便捷地考察中国的产业发展现状。

李小军2003年与全球并购研究中心合作，出版了首本《中国产业地图2003》。此后，陆续出版了《中国产业地图2004》《中国金融产业地图2004》《中国房地产产业地图2004》《上海产业地图2004》《中国能源产业地图2005》《中国汽车产业地图2005》《长江三角洲产业地图2005》《中国医药产业地图2005》和《中国IT产业地图2005》《上海软件产业地图2006》《中国上市公司产业地图2007~2008》《成都市产业地图2008》。

2011年：李小军团队解散。

2011年，浙江富阳市绘制了该市的产业地图。2015年，《烟台市产业地图》按照上市公司、高新技术企业、省级以上创新平台、收入过10亿元企业等进行细分，标注了主要产品、重点园区、铁路三部分，专门列出纳税前十位的企业及纳税额，并制作图表直观显示22项子行业的企业数量和营业收入。

产业地图的应用越来越广，我们可以看到《中国石墨烯产业地图白皮书（2017年）》《中国风电产业地图2017》《中国大健康产业地图》《中国/世界光伏产业地图》，以及中国信息通信研究院发布的《全球人工智能产业地图》……

自2015年起，中国光伏行业协会每年开展《中国/世界光伏产业地图》编制工作，从中国和世界两方面介绍产业链各环节的主要企业分布情况。比如，2016年版《世界光伏产业地图》[①] 如下图所示。

---

① 参见微信公众号“中国光伏行业协会CPIA”2017-05-25：《中国/世界光伏产业地图（2016年版）正式发布》，来源：中国光伏行业协会原创，https://mp.weixin.qq.com/s/hDVR1PHHRx1D85C9BnU99A，2019年9月29日最后访问。

为了确保产业地图的信息的准确性、全面性，中国光伏行业协会秘书处在已有产业监测的基础上，向国家和地方行业主管部门、地方行业组织等机构进行了充分调研，整理并吸纳了骨干企业供应商以及国内主要检测认证机构提供的信息，调研企业数量多达上千家。同时，为充分正确反映境外光伏企业信息，秘书处参考引用了 IEA（国际能源署）等国际权威机构的公开数据。在 2015 年版的基础上，经过多轮调研核实，2016 年版《光伏产业地图》的内容更新超过了 25%。

《中国 / 世界光伏产业地图》从中国和世界两部分介绍了产业链各环节的主要企业分布情况，基本涵盖了我国乃至全球主要企业的分布情况。中国部分按照省份整理了多晶硅、硅锭、硅棒、硅片、电池、组件、辅料辅材、光伏设备、光伏应用端等各产业链环节企业，并根据企业生产规模进行排序，涉及企业数量达 1200 余家，并对符合工业和信息化部《光伏制造行业规范条件》的企业进行了标注。世界部分整理了全球主要国家和地区的 300 余家多晶硅、硅片、电池片、组件等光伏产品的制造企业产能情况。为充分反映我国及全球 2016 年光伏产业发展的整体情况，《中国 / 世界光伏产业地图》还引用了诸多《2016~2017 年中国光伏产业年度报告》的研究成果，并对 2010~2016 年产业链各主要环节生产规模全球前十的情况进行了统计。其作为该协会内部资料，无偿提供给行业主管部门、地方政府、行业组织以及会员单位使用。

和君咨询集团合伙人、和君医药产业研究中心副主任李文明说："进和君快三年了，大大小小做过十几个医药类项目，参与洽谈过几十个项目，接触了上百位医药企业家，再加上以前的工作积累，我总结了一下，共涉及生物制药、化学药、中药、原料药、植物药、医药流通、连锁药店、研发机构、医疗器械、医疗机构、制药机械、保健按摩、医药传媒、医药电子商务……如果把这些业态和所接触过的企业按照产业价值链进行排布，一张产业地图赫然成型！"①

这张产业地图究竟有什么用？李文明认为：

首先，产业地图可以用于医药企业咨询，尤其是战略咨询。有了这张图，就能把该企业的战略思路提出来，也就是做假设。项目操作时更简单，就是围绕假设进行结构化论证即可。另外很多证据性的东西都是现成的，可以省去很多时间，比如政策影响、产业变迁和标杆研究等等。对于医药企业战略咨询项目，还可以结合这张产业地图，把医药企业的战略规划标准化，并把战略规划中的很多细节形成方法论、标杆和案例。但是这种方式也有一些局限性，就是太拘泥于已存在的行业现实，创新的东西或者大思路可能出不来，好在医药行业比较成熟了，受政府管制也比较多，太创新的东西不容易出现。

其次，产业地图可以用于医药行业投资，有助于投资项目的判断。最近，经常有投资界的朋友问我对一些医药类项目的判断，我就直接把他们所说的项目往地图上来对应，看它属于价值链哪个环节？哪个领域？都有哪些竞争对手？成功的关键因素是什么？企业家的种群特征是什么？……一分钟，基本搞定！这些东西其实对投资机构的项目选择、估值等工作是很有价值的。

其三，产业地图可以用于投资机构的产业研究。近段时间，曾经给几家PE基金做过一些培训，讲的就是这张地图，从反响来看，效果非常好，可以

---

① 参见微信公众号"和君商学"2014-04-27：李文明：《从商必读：画一张产业地图！》，文章来源，和君咨询集团合伙人李文明原创，https://mp.weixin.qq.com/s/l215OQY16L34tcXPviclMw，最后访问日期：2018年9月29日。

迅速帮助这些投资经理们建立对医药产业的认知。

个人该如何去画这张产业地图？“项目历练＋产业研究”！项目历练经常是深入到一个点，而产业研究则可以连成线甚至是形成一个面，慢慢就可以把这张产业地图勾画出来，接下去，不断地进行项目积累，会让你从省，到市，到县，到乡镇。

近年来，产业地图在招商引资中产生了新的交集，这是产业地图接地气的发展方向，因为有微观的需求，这些需求让产业地图这个管理思想有新的生命力。

（二）产业招商地图在精准招商引资中的应用

产业招商地图是在摸清本地区产业优势和产业缺失的情况下，根据区域战略规划和产业发展需求，绘制出潜在的招商目标图系。它描绘了区域发展所重点关注的产业和技术在全球的分布与趋势，解构出细分技术领域的关联图谱，结合区域现有产业基础与优势，分析出亟须解决的关键技术“瓶颈”和所需引入的配套或互补性产业环节，并能够根据需求实现全球范围的产业与技术搜索，最终锁定潜在目标企业、机构或领军型人才。

精准招商。从招商产业、招商区域、招商企业、招商项目等多个维度出发，全面提升招商引资的精准度，实现招商有重点、行动有路线、聚焦有目标、衔接有项目，从而大幅提升招商引资效率。实现精准招商的关键是绘制一张专业的产业招商地图。

产业招商地图不仅仅是确定招商路线的产业分布图，而且是围绕自身产业招商需求，基于产业大数据和企业情报信息共同绘制的产业招商行动路径。绘制产业招商地图，就要清晰地回答“具有区域特色的产业是什么？招商重点是什么？基于战略导向的产业招商行动路线是什么？当前具有投资意愿的核心目标以及自身独特优势和招商卖点是什么？”等四大核心问题。

第一，绘制产业招商地图要系统研判、确定符合自身产业经济发展方向的重点招商细分产业及其价值链节点，做到重点突出、先后有序，把握关键领域，实现聚焦突破。换句话来讲，区域（园区）产业发展规划应当作为招商方向的指引。

第二，充分把握各细分产业及其价值链节点的实际分布特征，在各节点区域市场，寻找有效的区域性招商合作伙伴，进行科学布局，实现借力招商。

第三，聚焦产业、聚焦区域市场，最终目的还是要锁定真正有可能落户当地的重点企业目标。要锁定重点招商目标，其关键在于找准企业目标投资战略与地方政府产业招商的结合点，进行聚焦突破，才能真正锁定当前具有投资意愿的核心企业目标，真正实现精准招商。

第四，提炼招商卖点，筑巢引凤。投资战略结合点是一方面，而自身区域的产业化项目承载能力和优势，则是吸引企业落户投资的另一项重要因素。我们经常看到一些招商人员在介绍自身的产业发展优势时，把区位交通、上位战略、资源要素、扶持政策等作为重要优势介绍给潜在投资者，然而，项目的个性化承载与配套优势，以及项目市场机遇可能更受投资者的青睐。所以，在绘制产业招商地图的过程中，不仅要精准锁定招商重点、行动路线、核心目标，更要专业提炼针对性、个性化的招商卖点，打造良好的产业承载空间，筑巢引凤，真正实现精准承载。

制定产业招商地图是一个系统工程，但是对于长期跟踪研究产业和拥有产业大数据、企业情报信息管理系统的咨询机构而言，并不复杂。从深圳市国开联投资发展有限公司为一些地方政府、开发区、产业园等机构招商部门绘制产业招商地图的运营成本来看，单个细分产业招商地图的制定成本才几千元[①]。而产业招商地图，实现了精准招商、高效招商带来的效益是远远超过这个数额的。

产业招商地图能让地方政府有更清晰的方向和目标，运用得当便可事半功倍。不过，如何绘制产业招商地图难倒了不少地方政府。国开联投资发展有限公司是一家专业的产业发展集成服务机构，基于市场需求大数据，专注提供区域产业规划、园区发展规划、招商（投资）促进规划和投资咨询等专

① 参见搜狐滚动 2016-06-14：《国开联：精准招商从产业招商地图开始》，http://roll.sohu.com/20160614/n454280946.shtml，最后访问日期：2018 年 9 月 18 日。

业顾问服务。国开联已先后为多个国家级开发区、东中西部地方政府部门和大型投资机构等提供了卓有成效的产业发展规划、产业招商行动策划、产业招商地图制定、招商引资项目精包装、500强企业在华投资情报研究等专业顾问服务。

（三）如何绘制招商产业地图[①]

1. 做好产业发展规划，尤其是园区产业发展规划

许多地方政府对区域、对园区的整体规划重视，但具体发展哪些主导产业和配套产业、各类产业在空间上如何布局、不同阶段产业如何培育和发展等问题并没有清晰的思路。缺乏清晰的产业发展规划，招商引资从源头上就是“无头苍蝇”，后续工作没有方向。因此，制定产业发展规划是绘制产业招商地图的第一步。

2. 进行产业链分析

进行产业链分析是以图表的形式清晰呈现所选产业的上下游细分产业、相关产业。只有分析产业链，才有“延链”“补链”，形成一定规模的产业集群。比如，某市绘制的机械设备产业链图，分为基础零部件、关键部件和成套机械装备三个部分，其中成套机械装备又细分为工程机械、金属加工设备、纺织服装设备、农业专用设备等。

3. 行业内企业分析

不同产业、行业内企业数量众多，产业招商地图不可能每个企业都列入。因此，需要分析哪些是龙头企业（如世界500强、国内500强、央企等），哪些是本地区或本园区可以重点合作对接的企业，研究每个潜在目标企业的实力、产品、行业地位，为“点对点招商”提供明确的对象。产业招商地图需要将这些重点企业的基本情况整理出来，包括企业名称、所处区域、简介、联系方式等。比如，四川省就列示了世界500强名单，分为已入川投资及尚

---

① 参见搜狐财经2016-11-10:《如何绘制产业招商地图？》，http://www.sohu.com/a/118630779_423490，最后访问日期：2018年9月18日。

未入川投资的详细名单，为当地“招大引强”明确了具体的目标。

4. 目标企业的区域分析

这一环节很容易被忽视。实际上，对目标企业进行区域分类，可以为“驻点招商”提供便利。此外，对于重点区域，可以借助在当地召开专门的投资洽谈会、招商推介会等活动，以及与当地协会、商会合作，达到更好的招商效果。

5. 绘制完整的产业招商地图

提炼前四个步骤的分析资料，突出分析的结论，绘制主要图表，便可形成最终的产业招商地图。比如，河南《济源市产业招商图谱》按照不同产业，分别绘制了八大产业链招商图谱，从原始材料至链条末端，每个节点相对应的百余家国内外行业巨头，都有详细介绍。

产业招商地图有明确的主导产业、有清晰的产业链、有清楚的目标企业、有确定的重点区域，地方解决了“招什么产业的商、招哪些环节的商、招哪些商、去哪里招商”等一系列问题。这样，地方招商可以按图索骥，有的放矢，围绕重点产业、重点环节、重点区域，紧盯国内外行业龙头，开展“一对一”招商和“点对点”对接，效率自然显著改善。

（四）产业地图在境外投资中的应用

产业地图对企业，如同军事地图对军事一样，有着无可替代的至关重要意义。目前，各个企业进行行业研究，购买行业研究报告的比较多，而在跨国并购中绘制产业地图，并以产业地图作为并购指引的还不多。但笔者相信这是正确的方向，也是未来的道路，更是中国“走出去”需要的一个中介服务。

产业地图如果未来能与企业的跨国并购相结合，一方面解决了企业走出去两眼一抹黑，靠机会型投资的问题；另一方面也让中国的主动型并购更加有目标基础，真正实现“瞄着打”。这对相关中介公司来说是商业机会，对企业来说，也是投资部门工作的一种重要延伸。

需要指出的是，无论是企业还是为企业提供产业服务的中介公司，要聚焦。只有聚焦才能有力量。比如，针对全世界所有钴原料开采的产业地图。

很多行业数据往往通过文献来找，数据不痛不痒，与投资项目真正关切的目标市场不完全是一回事。这不仅是我国企业在可行性研究过程中的短板，也是我国境外投资基础工作的短板。中小企业本身完成这个有一定难度，中介公司可以考虑提供这样的服务。

三、布局投资项目来源渠道

当公司战略、交易主题与产业地图都已完成之后，通过布局投资项目来源渠道获得投资项目信息。这时，如同适婚的青年男女，遇见什么样的投资项目就有一定的偶然性，也有一定的必然性。投资者是如何布局投资项目渠道的呢？并购信息是如何进入主并视线的呢？

一名中国投资业内人士指出：一个合格的 VC 投资经理或者 VP 一年大约要看 300~400 个项目。这些项目渠道的比例可能因人而异，大体四种：40%~50% 来自 FA（财务顾问）；20%~30% 来自同事和朋友（以及朋友的朋友……）；10% 来自各种孵化器和路演；5% 是自己 Coldcall 或者其他渠道主动 Approach 的；5%~10% 左右的其他渠道。

一般来说，股权投资机构的项目主要有以下三个来源。

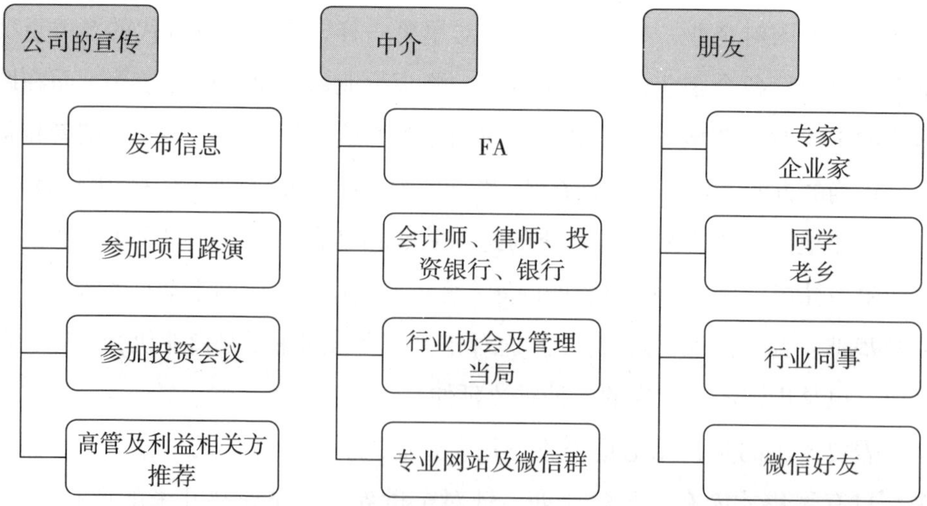

（一）公司的宣传

1. 发布信息

可能是投资方发布需要并购项目的信息，也可能是项目方发布需要资金的并购信息。可以是公开发布，也可以是通过公司代表处等机构在业内流传。在一个小的细分行业内，洞察行业的主并方是应该了解需要并购什么样的企业的。当业内知道投资方的行业偏好，有些项目就会自动找上门来。例如，某上市公司，由于在境外投了一个风电的项目，行业内知道该公司的投资需求和投资取向，找上门来的新能源投资项目就不少了。

找海外项目，无非是“推”和“拉”这两种途径。“推”和推销的“推”差不多，都是自己主动去挖掘项目来源。“拉”指的是一个机构建立了一定的市场知名度以后，项目自己会找上门来，这跟做 marketing 差不多的效果。例如，上市公司在年报里披露公司的未来战略投资方向，或者成立 ×× 产业基金等，市场是很敏感的，也会捕捉到这些信息并向上市公司推荐相关项目。又如，海航在航空、旅游、酒店、地产、物流等领域，复星在金融大健康休闲等领域都已经做出了有全球影响力的投资并购案例，全世界的中介机构都会想尽办法向他们推销各种投资机会，他们的选择余地当然就大多了。

2. 参加项目路演

路演译自英文 Roadshow，是国际上广泛采用的证券发行推广方式，指证券发行商发行证券前针对机构投资者的推介活动，是在投融资双方充分交流的条件下促进股票成功发行的重要推介、宣传手段。路演也逐渐演变成产业投资领域中的投资项目推介会，随着网络技术的发展，这种传统的路演同时搬到了互联网上，出现了网上路演。

项目路演可以展现你个人魅力和项目特色。但是，很多没有训练过的项目方很难清楚地勾勒出项目亮点，加上一次路演项目太多，信息庞杂且肤浅，路演效果往往不是太好。有人也认为，好的项目往往是在好朋友之间流传的，不会参加路演。把路演作为一个社交的场合是有效的，能见到一些投资人，并可能和这些投资人成为朋友，就有机会可以认识更多的投资人，未来产生项目的机会。境外投资中也有这样的路演。例如，2016 年 9 月 25 日，由浙江股权交易中心发起组织的法国项目展演交流会吸引了中国上市公司和多家投资机构负责人。这是该股交中心“浙里融”平台继一个月前美国“新能源卡车”项目之后，海外高科技项目第二个专场路演。

3. 参加投资会议

一些重要的投资洽谈会也是很好地收集项目信息的渠道。这类洽谈会很多，如我国举办的厦门 9・8 投洽会、天津洽融会等。例如，2014 年第六届中国对外投资合作洽谈会（外洽会）圆满落幕。2 天时间里北京展览馆云集了世界 100 多个国家和地区的投资机构官员、驻华大使、企业家等，中外嘉宾 6000 多人出席本届外洽会。60 多个国家和地区设置展位进行洽谈，18 场主题论坛，9 个国家专场推介会，简朴而热烈的答谢酒会，这些活动都在 2 天时间里平行举行。远到巴西、阿根廷、秘鲁、哥伦比亚，近到俄罗斯、哈萨克斯坦、缅甸、印尼，世界各国和地区来华参加外洽会。这次会议的目的非常明确——吸引中国投资。与此同时，众多中国企业，特别是民营企业也纷沓而至，目的也非常明确：寻找境外投资项目“走出去”。

投融资对接会和交流会是很容易促成项目成交的，参加这样的聚会必须经常性、持续性，不要指望参加一两次就可以找到合适的投资人。参加一次投资会议，可能交互了一堆名片，真正沉淀下来、后期具有继续合作的朋友往往只有一两人。就是这一两个人，有可能在未来产生交集，促成项目合作。值得注意的是，投资经理要善于整理这些行业人脉资源，最好按照行业分类管理。做一个扎根行业的投资者，除了要懂行业、懂专业之外，积累行业投资者、企业家和创业者人脉是非常重要的。

4. 高管及利益相关方推荐

通过股东、公司高管、合作伙伴、利益相关者推荐的项目往往成功率更高。在项目还不错的前提下，越是高层的领导推荐的项目成功的可能性越高。例如，2017 年，某公司收购欧洲某风电项目。

推荐这类项目，需要考虑项目与投资方的发展战略有交集，项目本身质地也要不错。作为投资方，也要善于在第一时间否决一些不靠谱的项目。有一家房地产公司接受朋友、领导推荐的项目（包括那些第一眼就能否决的项目）都认真地分析，书面回复。这种严谨的作风固然不错，但是，投资方需要具备对完整产业链的掌控能力和专业判断能力，投资方的时间是有机会成本的，把公司投资部门的时间耗费在一些第一眼就能枪毙的熟人推荐的项目上，会耽误公司的发展时机，贻误战机。

（二）通过中介机构和行业协会

专业的中介机构能帮助投资方制定适应变化的并购策略以及资金运用方案，同时在并购标的选择上提供支撑。成熟的中介机构可深入双方的诉求，对并购的共识和信息进行统一，筛选优质资产、防范并购风险，同时帮助企业渡过并购整合的痛苦期。但是，中国企业在境外并购中常常因无法找到合适的中资金融机构而感觉“孤立无援”。

能提供投资项目资源的中介机构包括FA（财务顾问，Finace Advisor），会计师、律师、银行、投资银行、产权交易市场、专业网站等。这些机构活跃在市场一线，往往有一线的项目信息。FA需要付费而且良莠不齐。通过中介获取项目很多是二手项目，投资价值普遍偏低。从趋势上来看，通过中介来寻找项目越来越成为共识和发展方向。越来越多的FA在介入中国企业的境外投资，也有越来越多的企业在办各种投资项目撮合平台。我身边的三个朋友都致力于这项服务：中国并购菁英汇推出的项目APP，北京华诺信诚公司推出的“找项目网”，天津马斯特公司通过自身的人脉资源在熟人圈子里专业从事境外投资项目撮合服务。

中资跨境并购还有另一“痛点”：传统投行从顾问费用和成本的角度考虑，一般倾向于服务5亿美元以上的大中型交易。而现在，越来越多的中国中小企业“走出去”的标的很多都是1亿美元以下，有些甚至仅百万美元至一两千万美元级别，这些小交易不被关注。

1.FA

中国国内油气公司都有一支专门寻找项目机会的团队，这些团队长期跟踪、分析一些潜在的项目机会，定位目标资产或者目标公司，并等待适当的时机出手。某石油公司从2003年以来的6个境外投资项目来源是：2个来自合作伙伴的联合投标，2个来自该公司控股股东的境外代表处，2个来自FA。这家公司的实践证明，FA提供的项目不错，也逐步树立了靠FA来提供项目来源的观念。

中国企业聘请FA在境外物色标的公司或者投资人，主要遇到三个问题：不成功的情况下，是否支付中介机构费用？是否给中介机构独家授权？如何寻找合适的FA？

（1）是否提前支付FA费用？

政府机构推荐的投资项目一般是不收费的，比如，英博在伦敦有一个投资署代表政府，会推荐一些潜在的标的和客户，安排他们见面。

中国人一般不愿意付寻找标的的中介费，或只愿意付成功费，前期不愿意支付费用。在美国等相对成熟的市场，很多投行、中介机构，不付钱很难拿到有价值的信息。

2016年，中国公司的两个项目，一个是W矿，一个是医药。项目方要求找到FA。卖家都不愿意支付前期的投资顾问费，只认可成功了给一定比例的佣金。在美国寻求并购或者投资标的时，大多数美国投资银行都要求买方在其寻找标的过程中，按月支付一定数额的服务费。这些前期费用主要用于调研、分析、整理潜在标的们的信息，与潜在标的们进行初步接触。这些工作可能让潜在买主意识到其计划的并购或投资在商业上没有可行性，或条件不成熟必须暂时搁置计划。如果买方只愿意支付成功费，那美国投资银行则认为自己在这种情况下劳而有功，却颗粒无收。这是文化差异，文化差异背后的现实是中国目前还缺乏西方诚信的市场环境。

（2）是否给FA独家授权？

在美国寻求并购或者投资标的时，中国公司很多试图利用多家中介机构寻找标的来提高命中率，但是美国的中介机构一般希望获得独家授权。如果几家FA都向同一买家推荐过某一标的，最后成交到底归功哪一家FA？这容易造成混乱与争议。FA间显然不愿意为一单业务诉诸公堂。所以美国的中介机构希望通过独家排他授权，没有争议地获得聘用协议下的报酬。

（3）如何选择合适的FA？

中国公司选择评判中介机构时，往往在找过于简单化的“排名”，或者以比较收费额度为主。选用FA，如同选择律师一样，第一个问题也是最重要的问题：贵公司有多少相关的经验，与同业竞争者相比，对完成本次聘用任务有哪些专业能力或者其他方面上的优势？在专业化程度高，分工细的美国，投资银行（尤其是中小型的）对地域、产业都有专攻，甚至有些对代理中国客户有专门经验。

由于经验不足、团队专业度不够、资源不全，无法满足企业对项目筛选、海外资源相互撮合的要求，这就造成了很多公司跨境并购时，或者绕过中介自身成立单独部门进行运作，或者寻求外资机构的投融资支持，中方机构能够扮演的角色目前还很薄弱。

由于以上三个观念上的差别，中国公司遍地撒网寻找“项目”，经常出现以下局面：有能力寻找合适的标的的中介不愿接受中国公司的聘用，而愿意接受中国公司无开销补偿加无独家授权聘用的机构，经常没有能力寻找到合适标的。

2. 律师、会计师、投资银行、银行

据悉，北京SC集团入股法国的境外产业园，就是通过银行介绍成功的。

中国银行中小企业部走出传统的服务模式，为中小企业提供跨境撮合服务，一方面开始把中国中小企业带出国门，到国外去和国外中小企业进行一对一的对接；另一方面也把国外中小企业引进到中国，来和中国中小企业进行对接。中国银行与其他国家和地区的政府、银行、商会等建立合作机制，为中小企业匹配对接国际资源提供信息。为有跨境合作需求的中小企业开展远程网上交流、现场“一对一”洽谈、后期实地考察等服务，打造中小企业跨境交流合作平台。发挥APEC中小企业技术交流暨展览会、中国国际中小企业博览会、中德中小企业合作交流会以及各地组织的展览会、洽谈会、项目对接会等对外交流合作平台的作用，联合开展跨境撮合、金融产品推介等活动。

3. 行业协会及管理当局

通过各东道国的行业协会能够迅速了解该行业的基本情况，迅速了解行业人脉和潜在的投资项目。行业主管部门也有这样的功效。我曾经思考过在税务部门从某一个行业的企业纳税情况来初步选择投资标的。

4. 专业网站和微信群

21 世纪初，我在某上市公司资本运营部，为寻找投资项目信息，一个个网站轮番访问，登录之苦费时费力。现在，只需要使用免费公告的“公告定制”功能，只需设置一次条件，跟踪器便会自动将相应公告推送过来。不用重复工作，也没有漏网之鱼。

在网站上和社交群里发布需求信息，也是一些中小企业寻找项目的方式。

（1）在各种报刊、杂志、网络媒体中。会出现大量投资者寻找项目的信息，事实上项目方也可以刊登一些广告，发布一些信息来主动寻找投资者。比如说 www.cyzone.cn 就是个不错的选择。

（2）门户网站。比如，新浪财经。

（3）还有些专业的投资撮合的公司。比如，①投融界，http://www.trjcn.com/400-858-9000：0571-56132500。②中国走出去，http://www.chinagoabroad.com/zh/。按照国别和行业进行分类。③中国企业走出去，http://www.icoce.net/。“中国企业走出去”网站是由天津网亿科技有限公司于 2015 年 7 月开发运营的专业网站信息平台。该网站以国际项目对接和国内国际产品对接为主线，使企业足不出户，随时了解对接动态，把握对接的最佳时机，随时随地做好对接的备战工作。2015 年开启“中国企业走出去—直通车”微信平台，与此同时在国外开设办事机构，通过国外商会和使馆的工作人员的多方努力，将国外好的项目及时地引进国内，并将国外需求信息第一时间在网站和微信平台上发布，吸引了各界企业家的广泛关注，该网站通过“走进非洲”“走进俄罗斯”“走进一路一带”“走进东盟联合体”等几个板块。找项目、看行情、了解咨询尽在“中国企业走出去”网站。这类公司或平台百花齐放，难免离合起伏，我们期待产生一个大的平台。

据悉，柳工并购波兰某企业，最早来自其在东道国的员工看到了当地政府网站上有出售信息。

（4）投融资和贸易撮合网站

中国企业利用阿里巴巴和 Google 关键词搜索开展境外业务是一个办法。2016 年中国人民大学 MBA 的一名面试考生的创业项目，其外贸市场开拓有一半来自老客户，一半来自谷歌的关键词广告。该考生的外贸产品是一种精致的、采购于浙江义乌的玻璃工艺瓶。

江西某民营制罐机械公司，也是通过阿里巴巴网站不到五年就获得了 1000 万美元的出口业务。

（三）通过朋友

投资的核心是“人脉 + 智慧”，在投资项目来源和选择上，人脉也是至关重要的。不同人的圈子是分层的。当项目被大老板的朋友圈推荐，当这些推荐的项目与主并方的战略和投资偏好有交集时，大老板让主并方投资部经理带领队伍进行初步调研，从技术、经济上判断可行时，往往就能投资成功。因此，作为一个投资专业人士，要善于管理自己的人脉圈。好的圈子，有助于你去考察一个人或者了解一个人的背景。反过来，利用这个圈子关系也可以获取一些项目。

Pizza Express 1965 年成立于英国伦敦，是一家专注于意式披萨的连锁休闲餐厅，在英国经营 435 家门店，另在全球其他地区拥有 70 家门店。其中，大中华地区有 22 家。2012 年，弘毅投资董事总经理袁兵从一位英国同行朋友那里获悉该品牌将被出售，这让他眼前一亮。“通过实地调研，我们发现这个品牌顺应了当前中国向消费大国转型的趋势，未来应有良好的发展前景。”2014 年 3 月，袁兵促成了弘毅投资总裁赵令欢与 Pizza Express CEO 理查德 · 豪德森（Richard Hodgson）在香港的首次会面。其后弘毅团队实地对 Pizza Express 业务经营、行业表现、产品结构以及管理团队进行了全面的考察。有了前期的这些准备，在双方真正坐下来商讨并购细节时，进展快速——从启动并购到最后签字落定，弘毅仅仅用了 3 个月的时间。

朋友是最好的项目渠道来源之一。

首先，朋友推荐的项目大多基本算是一手项目，质量普遍较好，背景好调查，投资人竞争小，交易好谈。朋友越多，意味你的人脉圈子就越大，认识投资人和投资项目的机会也就越大。那些虽然没资金的人也许会认识不少投资者，多一个朋友就多一次机会。因此，相信大佬的朋友圈以及项目质量，跟投为主的投资项目选择策略往往成功率不低。

其次，投资人混圈子。圈子质量越好，越能接触到第一手好项目情报。这类渠道项目的成功率 70% 来自项目质地优良，30% 取决于推荐人和投资人之间的信任关系。投资人要看你本身所在的交际圈子，很多海归创业者就是通过留学时期获得的投资人关系回来创业的，如果你在国内认识投资人，在国内找也是一个好路子。越是成功的人，越注重人脉，或者说看中人脉才能成功。

最后，光靠自己的力量是无法取得成功的，必须依靠或者是借助别人的力量。为什么那些亿万富翁赚钱那么快？因为他周围的圈子会给他带来大量的机会。朋友就是信息，朋友就是商机，朋友就是信任，朋友就是专家，朋友就是灵感，朋友就是财富。在投资领域，借力和看清趋势一样重要。

HOW CAPITAL
LAYOUT

第九章

投资项目的初选标准

并购如同婚姻，选择比努力重要。

恋爱之前，每个人有不同的择偶观和择偶标准。公司投资并购时，也有不同的投资理念、投资取向。这些投资理念和投资取向需要转化为投资项目的初选标准，以便进行市场搜寻，捕捉并购对象。

投资以结果论英雄。好项目是投资的关键，好项目决定了投资项目成功的 70%。很多公司的海外并购经验并不丰富，如何寻找并购标的，寻找什么样的并购标的，如何在全球找到最好的标的与自己的产业协同是他们遇到的第一个难点。因此，找到一个合适的项目是投资成败和战略成败的关键，优质的投手比优秀的 CEO 更稀缺。

类似择偶，并购所要选择投资项目的画像越清晰，并购越容易成功。所不投项目（如什么类的项目不碰）的画像越清晰，越不容易失败。有一个年轻的女教师恋爱中发现对方有家暴倾向，果断放弃，我为她点赞。并购目标的选择标准和筛选机制也应坚守“底线”，即出现什么类型的情况，坚决放弃收购。例如，被收购方的股东人品有问题、债务关系特别复杂、税务黑洞无法补救、企业文化差异过大且没有可行的解决方案等。

第一节 战略投资的项目选择标准

主并方不仅需要考虑经济环境、产业周期、资本市场波动等外部因素对并购本身的影响，还要考虑自身的行业地位、财务资源、并购整合经验的积累、被并购标的的价值判断等内部因素，尤其是并购能力——并购团队、并购资金、战略整合能力，来选择投资标的。

一、不同行业、不同企业的投资项目的标准不同

不同行业、不同投资主体的选择项目的标准不同。其一，从不同行业的产业链特征来看，比如，农业行业涉及的细分领域众多，产业链各个环节众多，因此，投资农业的特征是小品类优于大品类，下游优于上游，轻资产优于重资产。其二，从投资资金来源来看，如果募集资金来源偏向短期，一般在3~5年即需要退出，则选项也注重短期收益和快速退出。如果资金来源为政府、战略转型企业，资金的回收期长，一般在7~10年（甚至更长），则对项目退出的要求低，在选择项目时自由度就更大。其三，从投资方的资金实力来看，实力较强的产业资本、外资资本，以及大型私募投资基金，有更大的空间选择大型项目、规模化项目，如黑石6亿美元投资中国寿光农产品物流园。凯雷资本1.9亿美元投资中渔集团。而实力相对较弱的投资基金，单笔投资规模在几千万元人民币，则选择项目大多是中小型的民营农业企业。

投资如找对象，萝卜青菜各有所爱。每个投资者都有自己的投资项目选择标准。但是，还是有一些趋同的投资项目选择标准。

坚守既定的产业并购战略，围绕公司发展的战略布局寻找并购机会。首先，要审视自有的产业发展战略和布局，深入了解自有产业链发展情况，了解目标企业在产业链中的位置，对并购中的产业匹配进行合理预期。同时，对并购中存在经营、财务、管理等方面不协调的风险因素进行充分预计，并加以防范。对于不利于企业产业链完善发展，以及处于下游低利润环节的目标企业应当适当放弃。往往会有一些机会看似令人振奋，但却偏离产业并购战略，需要抵抗住诱惑。

目标企业筛选一般要符合以下原则：风险、收益达到公司的基本要求；风险看得比较清楚，可以接受；与主并方自身发展目标和规模相适应；与主并方自身管理和经济实力相适应；考虑双方战略、文化上的匹配；与主并方具有产业协同效应；为并购方带来新的增值潜力。

海尔的并购被称为“吃休克鱼”，即收购的对象是在硬件上没有问题，只

是企业的经营管理出现问题导致困难或亏损的企业。这种选择项目的逻辑是，主并方有能力通过输出管理，产生新的并购协同效应。

光明集团的投资目标选取有以下特点：第一，集团公司资产负债率控制在一个合理的空间，不过度负债；第二，被并购企业自身的现金流较好，没有风险；第三，并购之后都在推进与中国市场的协同，把产品带入中国市场，利用光明在国内的渠道协同推进；第四，加快海外企业的上市步伐，充分利用全球资本市场来为光明的国际化战略服务；第五，建立有效的海外企业风险管控体系；第六，与团队形成协同融合，建立长期的合作关系[①]。

某个在中国投资的全球著名集成电路制造商，为实现公司战略目标，拟通过并购整合全球优质产业资源，发挥协同效应，加速实现公司占据行业全球引领地位。该公司并购目标的基本标准是：①应为集成电路设计商，位于产业链上游，且在业内积累了丰富而深厚的行业经验，拥有较强影响力和行业竞争力；②拥有优秀的研发团队和领先的关键技术；③具有强大的市场营销网络。

国网国际公司原总经理、现国家电网公司副总工程师兼国际合作部主任朱光超认为，国网国际的投资项目选择标准是：1. 在投资目标上，国网国际公司以回报稳定、风险可控、现金流充沛的监管资产为投资重点，平衡存量投资和绿地投资两种业务模式的比重，确保公司盈利和投资回报率的持续稳健。2. “十三五”期间，国网国际公司投资区域主要包括成熟稳定市场和新兴发展市场两类，重点投向政治环境稳定、投资环境优良、监管机制透明、经营风险可控的国家和地区[②]。在这一项目选择标准理念之下，2016 年 9 月，国网正

---

① 参见百度文库 2005-07-10：葛俊杰，《光明集团国际化案例：从中国企业到全球企业》，https://wenku.baidu.com/view/da05357d7c1cfad6185fa77c.html，最后访问日期：2018 年 9 月 18 日。

② 参见微信公众号“走出去智库”2016-10-24：高雅、刘艳丽，《国家电网朱光超：境外项目投一个赚一个的策略》，来源：《国家电网》总第 148 期有节选，http://mp.weixin.qq.com/s?__biz=MzA4NTI3NzExNg==&mid=2651253662&idx=1&sn=583acb0006404ba48860e50701436512&chksm=84282b4db35fa25b5951f19e5498c0442f1a38d2c58b4272878f596109b002b618d242d258eb&mpshare=1&scene=2&srcid=10245OhUliinprssyfFRJeT5&from=timeline&isappinstalled=0#wechat_redirect，最后访问日期：2018 年 9 月 18 日。

式收购巴西卡玛古集团持有的巴西配电领域标杆企业 CPFL 公司 23.6% 的股权。交易完成后，国网将在巴西市场实现电力发、输、配、售业务领域的全面覆盖。作为国网实施海外电力能源资产投资运营的专业平台，国家电网国际发展有限公司成功投资运营了欧洲、亚洲、大洋洲和南美洲 7 个国家和地区的骨干能源网，截至 2015 年年末，境外投资项目无一亏损。

云南鸿翔一心堂药业集团股份有限公司自 2014 年 A 股上市后，共先后整合海南广安堂、山西长城、四川蜀康、桂林桂杏霖春、郑州仟禧堂等多家连锁企业，云南鸿翔的并购方式与标的的选择标准是：（1）更青睐于根据企业市销率作价，"假如企业销售规模 1 个亿，那么按照这个企业经营的实际情况，作价比率从 0.2 到 1.0 都有可能"。（2）一心堂收购标的企业的选择标准很简单，必须是盈利的企业或门店。根据经验，如果单店月销售少于 15 万元，房租占比大于 8%，那么这个门店盈利的压力会很大。（3）一心堂在已分布子公司的省份主要采取资产并购的方式，如在山西、广西等市场上以资产收购为主；而在没有子公司布点的省份，如海南则采取股权并购的方式。在股权收购方面，依据大型连锁的并购经验，多数会更青睐省会城市的标的，因为大型连锁企业把子公司设立在省会城市，有利于提高后台管理和物流仓储的效率。（4）一心堂还会关注标的的净资产，尤其是那些商圈地段较好的门店，如果是自有房产，可提高收购价格。①

还有一家公司认为，投资项目选择的主要标准是现金流如何。一方面，要看被投资项目的现金流状况。因为，有现金，企业就能活。很多公司为什么死？因为现金流断裂！不是你公司没利润，是要不过来钱，货卖掉了，钱却被他人无偿占用，也就导致了你的资金链紧张，战线过长、现金使用效率低。另一方面，要防止主并方短贷长投——用短期贷款进行长期投资。并购是一种风险较高的长期产业投资，若将短期融资作为产业资本使用，必将埋下风

① 参见微信公众号"第一药店财智"2016-05-27：吴尚荣（整理），《揭秘一心堂的并购方式与标的企业选择标准》，来源：原创，吴尚荣根据首届中国县域连锁药店发展峰会现场录音整理，已经本人审阅，http://mp.weixin.qq.com/s?__biz=MjM5NjQ2ODMwMA==&mid=2650993914&idx=2&sn=df7fef6bfa2ab6bc1de97202f749d06a&scene=7#wechat_redirect，最后访问日期：2018 年 9 月 18 日。

险的种子，如德隆与三九的两个投资领域的行业领袖就是因此而倒下的。如果并购当中使用企业的自有资金，或者是可以承担较大风险的产业投资资本，则可以化解这种风险。

我们选择一些代表性的境外投资的项目选择标准，深入讨论选择投资项目的基本标准。

二、首创集团收购固体处理厂的标准：行业地位与并购协同[①]

优势行业中的优势企业的基本特征是行业地位突出。优势行业是指具有广阔发展前景、国家政策支持、市场成长空间巨大的行业；优势企业是在优势行业中具有核心竞争力，细分行业排名靠前的优秀企业，其核心业务或主营业务要突出，企业的核心竞争力要突出，要超越其他竞争者。

北京首都创业集团主营基础设施和房地产，其投资包括京港澳高速、京津高速、北京地铁 4 号线和 5 号线以及北京 400 多万平方米的地产项目等。作为基础设施的一部分，首创在全国拥有 100 多家供水、污水处理厂。

2014 年 6 月，首创宣布以 9.5 亿新西兰元（约合 51 亿元人民币）收购新西兰最大固废处理公司 Transpacific New Zealand（以下简称 TPI NZ）100% 股权，这成为当时中国企业在环保领域的最大海外收购。这个项目恰好吻合首创时任董事长刘晓光进军境外垃圾处理之前提出的收购标的 5 个条件：产业链完整，规模大（垃圾处理能力必须在 2000 吨 / 日以上），拥有自主知识产权，客户支付能力高，具备未来增长潜力。

按照刘晓光提出的这 5 个标准，从 2013 年 2 月起，首创开始在全球范围内寻找并购目标，从希腊、西班牙到马来西亚、葡萄牙，全世界进行过一轮“摸底”后，刘晓光对全球垃圾处理企业形成了自己的看法：国外垃圾处

① 参见房车旅游网 2014-07-18：《首创董事长刘晓光独家解密中企最大海外环保收购案》，https://www.lvyouw.net/12/8047/，最后访问日期：2018 年 9 月 18 日。

理技术普遍高于中国，管理规范化程度高于中国；跟能源矿产资产一样，固废处理资产也属于“买一个少一个”的资源性资产，首创应当尽快下手。

首创所搜寻标的企业一直不理想：要么规模过小无法满足首创胃口，要么政府深陷经济困境支付能力存疑，直到2013年10月，TPI集团对全球发布招标信息，宣布出售其在新西兰的垃圾处理业务。TPI NZ是TPI集团旗下公司，2013财年收入约3.69亿新西兰元（约合19.7亿元人民币），净利润1.07亿新西兰元（约合5.7亿元人民币）。然而，其母公司TPI集团却在金融危机中受到重创而未能恢复，不得不通过出售资产筹集资金偿还巨额债务。所有的条件，都符合刘晓光的胃口。

作为新西兰垃圾处理行业排名第一的公司，TPI NZ前端建立起了一个面向大众的全国垂直收运网络，中间则是针对生活、建筑、医疗等各种垃圾的中转与分选系统，后端产业还包括填埋处理、沼气发电、废液处理，甚至环卫特种车辆设计的产业链各个环节，当之无愧“产业链堪称丰满”。公司资产包括1100名员工，800辆汽车，29个垃圾转运站和5个垃圾填埋场。打开TPI NZ的官方网站，页面都是针对居民、企业和医院等不同客户出租不同型号垃圾桶的介绍，人们在网上就可租到任何需求的垃圾桶。

这个项目取得了较好的并购协调效应。应该说，这也是一种基于并购协调效应选择投资项目的思路。价值 = 目标公司内在价值 + 协同效应创造的价值。能否产生协同效应在投资标的选择上就很关键。

什么是未来可能产生协调效应的并购？一般的情况是：（1）经营高效的并购经营效率欠佳的，如民营企业并购老国企。（2）技术先进的并购技术弱的，如GE并购技术需改进的公司。（3）有销售渠道、网络以及市场准入的并购缺乏销售渠道的，如国内的制药公司并购美国胰岛素医药公司，因为有进入医保和进口药的批文。（4）融资成本低的并购融资成本高的，如天津泰达并购万通地产。（5）并购境外的优势技术，运用到中国市场。航天科工海鹰集团就有“并购境外的优势技术，运用到中国市场”，从而发挥并购协同效应的例子。

【案例】 航天科工海鹰集团的技术并购标准

一般来说，中国企业境外并购技术类标的有两个标准：一是，中国没有这项技术，但其在国外已发展得很成熟；二是，这对中国很重要。航天科工海鹰集团收购卢森堡IEE公司案例印证了这一标准。

2011年开始，海鹰集团将资本运营提升至战略高度，并作为实现战略规划目标的重要路径进一步强化。海鹰集团认为，要实现可持续快速发展，国际化经营和资本运营是重要的手段，必须主动出海，拓展外部市场。当时海鹰集团并没有相关经验，但通过海外并购，海鹰集团有机会获得国外先进成熟的技术、产品和先进的运营管理模式，完成国际化经营布局。

2012年6月，卢森堡抛来了橄榄枝，在汽车安全电子领域享有世界盛誉的著名品牌IEE公司因基金股东到期清算拟出售全部股权。这个项目正好符合海鹰集团的战略取向和投资项目选择标准。IEE公司成立于1989年，总部位于卢森堡，与国内外知名OEM制造商均有良好的合作关系。公司全球拥有近2000名员工，研发部门的员工比例在15%左右。2012年罗兰贝格分析报告称，IEE汽车乘客识别系统市场占有率近80%，是世界第一。公司2012年销售额超过1.6亿欧元，根据美国知名汽车咨询机构LMC发布的报告，公司所在细分产业，由于受全球汽车安全法规、成员安全需求等因素推动，全球市场规模到2020年将达到42.18亿欧元[①]。

IEE公司给大汽车厂家提供一个关键零配件，质量经过高端车型厂家的承认。通常这些大厂家都是全球布局，因此中国市场是必不可少的一块。收购IEE符合选择收购标的的两个标准即中国没有这项技术，且这对中国很重要。

为抓住此次机遇，海鹰集团引入买方投行参股投资并提高其持股比例，最大限度地协同买方与投行间的利益，有利于获得更为客观的信息，降低风

---

① 参见微信公众号“中国走出去”：《寻找适合中国企业的海外并购标的》，http://mp.weixin.qq.com/s/UXUCAcO2Q0dLs87_NfE8DQ，最后访问日期：2018年9月19日。

险。海鹰公司还取得了卢森堡政府对并购的积极支持，同时承诺在完成收购后继续向IEE公司提供政策支持，并直接对IEE公司管理层施加了正面影响。经过多方面协调，海鹰集团最终锁定了胜局。

海鹰成功收购该公司，加速了海鹰集团相关产业的转型升级、结构调整和规模提升，并促进国内相关行业的标准出台，抢占细分市场先机，建立领导地位，同时，借助该公司完善的客户体系和良好的客户关系，搭建航天科工海鹰集团在欧洲发展和布局的平台，培养和储备国际化经营人才。

值得一提的是，不同的行业，不同的发展阶段，不同的投资主体，技术类并购项目的选择标准也有差异。比如，某企业对医药行业投资项目标准可以概括为三点：（1）创始人要有远见，有精干的团队；（2）研发能力强；（3）在大的细分领域，拥有优势产品或服务。

三、万向集团的投资项目选择标准——专注与裁剪①

万向集团创建于1969年，从鲁冠球以4000元资金在钱塘江畔创办农机修配厂开始，发展成为营收超千亿、利润过百亿的现代化跨国企业集团。

2017年10月25日，常青树鲁冠球与世长辞。他是改革创新勇敢的开拓者，是走向国际卓越的先行者，是清洁能源执着的探索者，是以工促农成功的实践者，是回馈社会真诚的毅行者，是共产主义坚定的追随者。

（一）战略发展目标明确，带来投资目标选择的专注

万向目前的业务板块包括“新车零部件、新能源产业、万向三农和万向海外”四个板块。20世纪80年代，万向走了一条产品专业化、生产系列化的路子，集中力量生产汽车万向节。20世纪90年代，形成了以生产汽车零部件为主业的企业集团，是中国汽车零部件制造代表企业之一。1999年，万向开始布局清洁能源，大力发展电池、电动汽车、天然气发电、

① 许波、吕爱兵:《鲁冠球的并购五绝招》，载《中国投资》2004年10月。

风力发电等产业，累计投入数十亿元。在美国、英国、德国等10个国家拥有近30家公司，40多家工厂，海外员工超过16000人，是通用、大众、福特、克莱斯勒等国际主流汽车厂配套合作伙伴。万向拟投资2000亿元以上，启动“万向创新聚能城”的建设，整体规划，统筹实施，发展新能源零部件、电池、客车和乘用车，目标是建成一家国际化、高科技的清洁能源公司。此外，万向积极响应反哺农业的号召，从事种业研发、远洋捕捞及海洋产品深加工等。现有7家公司，其中上市公司3家，直接带动40多万农民致富。

万向的创始人鲁冠球曾说：“没有‘走出去’，就没有万向的今天，没有完全彻底的国际化，就没有万向的明天。”早在1984年，鲁冠球就把产品销到了美国，实现了产品“走出去”；1992年派员常驻美国，实现了人员“走出去”；1994年，万向美国公司在芝加哥成立，实现了企业“走出去”。通过三个“走出去”，初步实现了万向的跨国发展。在鲁冠球的指导下，万向海外实施“本土化”战略，实现了“在洋人的土地上，利用洋人的资源，做洋人的老板，赚洋人的钞票”。经过30多年的耕耘，万向国际化经历了从国际营销到国际生产再到国际资源配置的过程。在这个过程中，万向的国际地位得到了扭转。过去参与国际化，更多的是“走出去”参股，资源被别人组合，被动接受别人的分工，在服务别人需要中获益；现在更多的是“引进来”控股，主动地影响别人，组合别人的资源，服务自己的需要。万向不仅是中国最早“走出去”的企业之一，也是中国国际化最成功的企业之一。

2017年10月，在鲁冠球追悼会上，他的儿子鲁伟鼎代表家属、代表万向致答谢词《最可爱的父亲》[①] 中的“七个一切”[②] 与“父亲的专注”感人肺腑。“父

① 参见万向集团管网2017-11-01：《最可爱的父亲》，http://wanxiang.com.cn/index.php/news/info/2027，最后访问日期：2018年9月19日。

② “伟鼎：我要干的事业，我要经营万向，你妈妈五十五年，一切都听我的；家里的事，我一切都听你妈妈的；这一次，我若不能过关，身后的事，一切听你妈妈的；我的医疗、差旅、包括丧事，一切费用，均由家里支付，你妈妈懂的；万向到现在的程度，到那时，员工要纪念，公司如何办，一切听你跟公司高管商量决定，你妈妈会理解的；丧事一切从简，不能向组织提要求；组织有什么指示，一切服从。”后来，我给他总结是“七个一切”。

亲的专注，一直让我认为，他创建的万向，是他的‘儿子’，是我的哥。在他完成第一次治疗，恢复健康以后的一年，他拼命地工作，2015 年 7 月 1 日，《严以修身无止境实干兴业写新篇》；2015 年 7 月 8 日，《清洁能源引领国际化万向全面提速》；2016 年 1 月 30 日，《坚守责任彰显价值》；2016 年 6 月 29 日，《紧跟时代步伐做合格共产党员》；2016 年 7 月 8 日，《时代契机等待我们把握》，这一篇篇讲话，冥冥之中，他在争分夺秒地安排万向的未来！每当治疗遇到危险时，他想得更多的，不是我这个儿子，而是这个叫万向的‘儿子’，我终于明白，这才是他的‘大儿子’。面对离去，他最牵挂的，是把更好的万向，留给我们，留给大家！”

鲁冠球的专注不仅体现在专注万向这个企业，不仅体现在 20 世纪 80 年代的专注万向节的发展，还体现在并购标的选择标准上的专注。而万向并购目标的专注、明确，是因为其战略的明确。事实上，很多企业在选择投资项目的时候，并不确定要往哪些行业发展，他们为了寻找新的经济增长点，才着手分析行业，试探地发展、孵化新的战略业务。这个时候，投资目标的选择往往是模糊的。

鲁冠球延续了其一贯的专注风格，专注战略方向，严格地按照自身的产业及战略规划布局来选择合适的并购对象。例如，鲁冠球通过收购美国上市的 UAI 公司，使万向在汽车制动零部件领域进一步得到先进技术的支撑，打开新产品的世界市场渠道，并为万向在海外融资拓展了更大的空间。

（二）选择强势企业，也在自己熟悉的领域青睐有亮点的非优势企业

2009 年，鲁冠球在万向集团创立 40 周年庆祝会上的讲话中提到：前面 40 年万向做了三件事：一是“奋斗十年添个零”；二是从田野走向了世界；三是从世界返回了田野。基于对农业的理解以及赢利的预期，万向集团在稳定了现有的汽车零配件领域以后，再朝农业产业化战略方向发展。因为万向集团农业产业中的弱势，所以在进入对象选择上，首先是选择在该领域中的强势企业，并甘愿做学生，做第二大股东，如参股华冠科技和承德露露。

如果说鲁冠球选择强势标的企业参股和学习的策略，那么其青睐有亮点

的非优势企业并加以裁剪，则体现了他另一种选择标的企业的思路。

鲁冠球一直坚持朴素易懂的商业智慧，要求万向奉行的投资原则是四个“不做”：暴利行业不做、千家万户能做的不做、指定给国企的不做、没有技术含量和附加值的产品不做，甚至因为竞购而可能产生矛盾的时候，鲁冠球也会选择退出。

四个“不做”体现了他在管理战略上的“不争”。鲁冠球曾对属下说：“不要争，慢慢来。事情是干出来不是斗出来的，所以一切让时间来说话。”

而在战术上，除了选做别人不能做和不想做的领域之外，在具体的操作上，万向的实践也有着鲜明的鲁氏风格。进入 21 世纪之后，万向大量采用并购方式扩张自己的产业，但鲁冠球在并购对象选择上从不争夺优势企业，甚至盈利企业也很少参与。通常都是通过破产拍卖来完成并购，鲁冠球自己总结说：“拍卖破产企业，一方面通常价格上有一定的优势，另一方面未来的管理也容易做。”

（三）妙手裁剪，只取所需

“并购容易，消化困难。”即使确认了要进行收购的对象，万向集团也还要仔细考查，看看到底对方有哪些是自己最需要的，哪些是不需要的。留下需要的，出售不需要的。这一点常可见于鲁冠球完成的所有并购案例之中。在 20 世纪 90 年代并购美国舍勒公司的案例上，万向集团把“妙手裁剪，只取所需”的手法用得淋漓尽致。

美国舍勒公司始建于 1923 年，具有良好的技术历史，是美国汽车维修市场的 3 大万向节供应商之一，曾经是世界上万向节专利最多的企业，拥有广阔的产品范围，向全美及全球市场提供了高质量的产品。它还在欧、亚、美、澳各大洲都设有分公司。舍勒公司总部设在美国俄亥俄州，总裁为麦克·舍勒和凯文·舍勒兄弟。

1984 年春，美国舍勒公司亚洲经销处代表最初与万向联系，并将当时的杭州万向节厂 3 万套万向节产品首次销往美国，美国舍勒公司成为万向的第一个国际客户。1990 年年末，由于市场竞争日趋激烈及内部决策失误，舍勒经营每况愈下，公司的主人舍勒兄弟致信万向，愿意以 1936 万美元的价格把公司卖掉。

对于“送上门的姑娘”，万向集团并没有急于与对方接触，而是详细调研和分析了舍勒公司的优良和不良资产，对照自身的情况，找出万向并购舍勒最需要的是什么。当了解到美国的另一家公司LSB也在与舍勒公司接触，而他们并不需要舍勒的品牌、专利等无形资产时，鲁冠球当机立断，派人前去与LSB公司接洽。

经过周密考虑，万向集团向LSB公司打出一条双赢妙计：从舍勒各取所需，你可以从舍勒拿走你需要的，而我拿走我需要的。很快万向集团与LSB公司达成协议：LSB公司接纳舍勒的工人，收购厂房；而舍勒的品牌、技术专利、专用设备及市场等归万向所有，剥离了大部分固定资产的舍勒成为万向集团麾下的美国子公司。就在对方经营不善、公司的主人舍勒兄弟致信万向，报出1936万美元的出售价格时，万向集团通过裁剪，最后将支付价格下降到42万美元。

标的企业不可能完美，裁剪让完美成为可能。如果说，并购舍勒公司是联合其他主并方一同裁剪，那么，万向2003年拟并购ST襄轴最后放弃的案例再次显示，万向集团只接受裁剪后的标的公司。

襄阳汽车轴承股份有限公司，股票简称：ST襄轴（000678），是中国最大的汽车轴承专业生产厂家、国家轴承出口5大基地之一。从产业角度讲，万向集团为国内最大的汽车零部件生产厂商，其产品不仅在国内市场占据着垄断地位，同时在国际市场也有着较高知名度。襄阳轴承虽然历史负担沉重，经营业绩受到了较大的影响，但其产品技术水平和市场并没有出现大的变化。双方结合，一方面实现了产品互补性；另一方面也延伸了万向集团的产业链条，有利于内部资源的整合与配置。

然而，ST襄轴并不是一个很“好买”的企业，鲁冠球要求被并方瘦身裁剪。

自2003年4月起，万向集团几次派人对ST襄轴的资产和经营状况进行详细的摸底和勘察。之后，万向集团要求对ST襄轴进行瘦身丢包袱。双方的焦点最终集中在3个问题上，这3个问题分别为人员、有效资产和成本。关于人员，资料显示，截至2002年年底，公司在职员工7081人。而万向能接收的数目不超过 2500 人。关于资产及成本问题，涉及相关不良债务及无效资产的处理，其实也就是收购价格的问题。从最终 ST 襄轴转让的情况来看，其措施是员工大幅减少，无效资产由大股东承担，如原有的 7000 多名员工，只保留了 1600 余人，改制资金（包括遣散的职工补偿金等，有 2 亿多元）由大股东襄轴集团解决，不足部分襄樊市政府帮助筹措，而历史遗留对职工个人的负债（近 1 亿元），也尽数转移至 ST 襄轴的母公司——襄轴集团。

这种“ST 襄轴的员工大幅减少、无效资产剥离”裁剪对主并方是有价值的和必要的，也距离成功不远了。遗憾的是这个交易最终没有达成。没有达成的原因是，按照鲁冠球的习惯做法，如果要真的购买，会像并购承德露露一样，对方应先将股权质押给自己。既然没有这个动作，鲁冠球认为 ST 襄轴的整合难度太大。万向集团最终放弃了对 ST 襄轴的收购。

从这个 ST 襄轴没有达成的案例，也看出鲁冠球对并购标的选择的一个态度——裁剪。在并购实务中卖方的态度一般是，“不管主并方需要不需要，好坏搭配着卖”。这种情况下，有些主并方可能被迫接受，而鲁冠球的思路是不凑合。这种不凑合，可能会丧失一些机遇，但更多的是控制了投资风险，降低了并购整合难度，提高了并购成功率。

在此不做和不争原则下，如今的万向集团走得异常稳健。对于不好的企业，鲁冠球尽量进行裁剪，接受裁剪后的并购标的让并购成功率更高。

第二节 财务投资的项目选择标准

战略投资注重所投资项目的长期发展前景、产业布局意义，而对项目的短期收益、退出等条件相对降低。一般来说，财务型投资则更加重视短期的回报，考虑业绩增长、估值水平、退出等因素，在选择标准上更偏向于短期化。

某财务投资者对投资项目初步筛选的量化标准是：（1）成长性：所处行业具有较快的增速，具备保持公司持续盈利能力的核心优势：如拥有关键核心技术、核心原材料、核心客户、突出的研发优势、创新的业务模式、较强的核心开拓能力。最近一个会计年度净利润或主营业务收入同比增长率不低于35%，净资产同比增长率不低于15%。（2）盈利规模：最近一个会计年度净利润不低于870万元，且净利润同比增长率不低于35%。（3）收入规模：最近一个会计年度主营业务销售收入不低于7200万元，同时主营业务收入同比增长率不低于35%。（4）收入和利润标准应该至少满足一项。（5）主营业务突出性要求：报告期上一年标的主营业务未发生变更，最近一个会计年度主营业务收入及净利润占比大于70%，且非主营业务收入及净利润降幅超过15%。（6）净资产及股本要求：最近一个会计年度注册资本不低于6000万元，且净资产同比增长率不低于15%。（7）股东人数不超过200人。

投资就是观察一个企业的大势，判断一个企业成功的概率。大体上，财务投资项目的初选标准如下图：

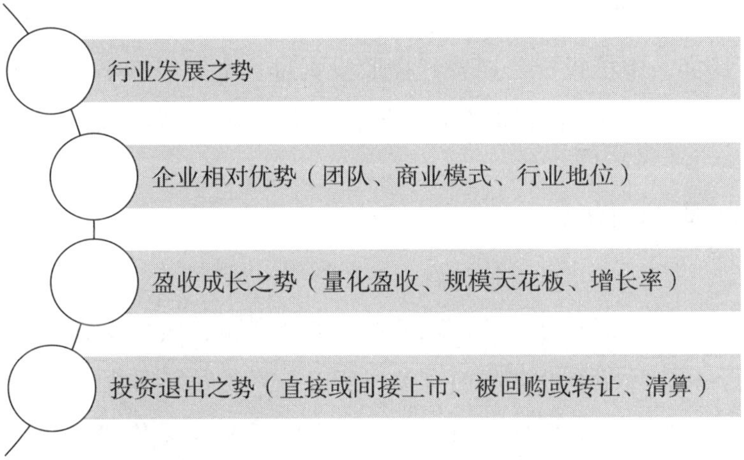

一、行业发展之势

投资就是嫌贫爱富，那些日薄西山的产业，是无财务投资者问津的。如何分析行业发展之势？从三个方面考量：最浅层次的是行业供需分析（比如说产能是否过剩），中层次的行业分析是行业竞争要素分析，深层次的行业分析是行业结构分析。此外，我们还应关注行业规模与成长性、行业差异化程度和行业竞争格局等指标。

财务投资者往往聚焦在几个相对固定的、有发展前景的行业。财务投资人所关注的行业取向，与那个阶段的政策导向，资本导向有很强的相关性，有较强的时代属性。21 世纪初，北京某风险投资公司的投资方向是新材料等四个方向。前五年，互联网金融是个热词，是个热门的投资行业，2017 年则被人工智能、军民融合等投资领域内的热词代替。投资项目与财务投资者所关注的这些重点发展行业有交集，才更容易继续往下谈。

好的投资项目，是要选择投资人的。行业相关，也是被投资者与财务投资人之间互相选择的尺子之一。财务投资人（如基金、投资公司）一般没有战略投资人（如某个产业的市场领导者）拥有那么多的行业资源。但是，财务投资人可能投过同行业上下游产业的公司，这些行业资源对于需要被投资的项目方就是资源，甚至是重要的资源。比如，中信产业投资基金就投过的一个公司副产品有大量的氢，中信产业基金在氢能行业上下游之间，具有产业资源。比如，中植投资公司曾经控股投资过一个氢能汽车制造企业，对某个氢能源汽车产业链上的供应企业来说，这个资源就非常有用。

二、企业相对优势

郭广昌有一个著名的“三七”理论：“很多人讲，做企业 70% 的利润是大势带来的，30% 才跟企业基本面有关，所以，只要做好那 70% 就够了。我认为恰恰相反，70% 很难把握，只有企业基本面那 30% 是你能把握住的，如果做不好这 30%，大势红利你是享受不到的。”

可见投资不仅要看大势，也要看企业，看企业的核心能力，看企业的相对优势。公司要获得持续成长，除了行业大背景之外，还需要自身具备独特、不可替代性的公司核心能力。巴菲特总是寻找那些具有长期竞争优势、对竞争者构成巨大进入壁垒、使他对公司价值的预测更安全的公司。

就像一个相亲对象，你的主要优势在哪？我们结合的理由是什么？我们是否能产生共振与协同效应？判断投资项目公司的核心竞争力或者说相对优势也是财务投资者最关心的考察点。被投资企业的相对优势有很多内容，仁者见仁，智者见智。我认为有以下三个方面：一个什么样的团队，采用什么样的商业模式，取得了什么样的行业地位。

（一）团队

众所周知，投资就是投人，尤其是天使、风险投资所投的早期投资项目。一个高素质的、具备丰富行业经验、能力互补、执行力强的团队，无疑是吸引资本最大的亮点之一。

某投资公司的种子期项目标准三个：1. 创始人。靠谱的，有野心的，对财富有强烈欲望的项目；2. 项目。特色的，细分的，符合趋势的项目，未来 2~5 年，以国内行业细分市场前三位作为奋斗目标的项目。3. 进度。不仅仅是计划书的，一定是已开始行动的，有产品或雏形的项目。

投资者要善于总结成功的企业家和团队有哪些共同的特质。

（二）商业模式

商业模式是指企业提供哪些产品或服务，企业用什么途径或手段向谁收费来赚取商业利润。通常来说，我们尽可能用简短的语言说明白企业的商业模式。很多技术出身的创业者不能简明地说清楚其商业逻辑。2015 年 6 月 3 日，我作为导师在北京中关村工业设计创意基地参加“海峡两岸第二届创业项目封闭对接会”，我建议他们要在三分钟内把产品和盈利模式、商业模式说清楚。

有人认为，一个商业模式由四种要素构成：客户价值主张（即公司通过其产品和服务所能向消费者提供的价值）、资源、流程和赢利模式。也有观点主张设计自己的商业模式需要考虑如下九个要素：价值主张——消费者目标群体——分销渠道——客户关系——价值配置（资源和活动的配置）——核心能力——合作伙伴网络——成本结构——收入模型。本人认为，设计商业模式要回答三个最基本的问题：你的顾客是谁？顾客付钱的逻辑和方式是什么？你准备向他提供什么样的产品或服务，解决他们什么样的痛点问题？一个有技术含量、被市场认可的好产品必须具备如下三个特征：（1）产品解决的痛点在哪？解决什么痛点？越痛越好。（2）它必须具有独特性，具有良好的扩展性、可靠性，能保持一定的竞争水平，企业所面对的竞争既包括同类产品的竞争，同时也包括替代品的竞争等。（3）不易被模仿，容易被模仿和替代，就很难保持其市场地位。

投资者通常从哪些方面分析被投资者的商业模式？

首先，投资者要分析整个产业链中有哪些不同的商业模式，并进一步分析决定该商业模式能否成功的关键因素。比如，要看企业是同质化的商业模式，还是个性化的商业模式？商业模式涉及企业所处的产业链的位置如何？处在产业链的上游、中游还是下游？企业与客户的关系是否具备很强的黏性？哪些是最有定价权的企业？等等。

其次，要分析企业商业模式可能蕴含的风险。例如，中国电动汽车行业资深专家谢子聪2014年认为特斯拉的商业模式存在定价过高、“车电销售”的方式、“超级充电站”快充三大风险。第一是定价过高，不符合中国政府大规模普及电动汽车的目的。目前，特斯拉的产品定位为“少数富人的玩具”，因此特斯拉若不改变产品定位和商业策略，在中国很难有所斩获，或会重蹈Better Place的覆辙。第二是“车电销售”的方式，车辆捆绑电池销售，除产品价格高以外，其动力电池与整车生命周期不同，将会出现用户购买第二组电池的问题。第三是“超级充电站”的快充模式，在现有技术条件下会缩短电池的寿命，从而增加用户的使用成本。同时，由于国家电网的承载负荷无法实现“快充”模式，因此还面临着电网的线路改造，而这也将成为其入华的最大一道技术门槛①。

（三）行业地位

被投资企业在行业中的地位最能反映其价值。当投资者确定关注某一个领域的时候，这个行业的领先者显然就是最好的投资对象。股权投资者往往

① 参见新浪财经：《专家：特斯拉商业模式存三大致命风险》，来源：21世纪经济报道，http://finance.sina.com.cn/review/jcgc/20140703/103519596646.shtml，最后访问日期：2017年12月29日。

选择行业中的领导企业，直接嫁接产业和行业的优势，达到资本与行业经验的互补。

某一个细分市场的领导者，也就是隐形冠军是投资者最欢迎的。行业领先的标准可能是市场份额，产品和技术创新能力。行业地位的描述，有国际领先、国内领先、区域领先等。行业有很多细分行业，资本喜欢关注业内的前几名。如果能够做到细分领域龙头，或者在产业内有不可替代的地位和优势，对资本的吸引力就大大提高了。

需要说明的是，我们应该对所投资的企业在行业内的竞争潜力也非常关注。有的企业规模、效益都很一般，眼下虽然没有一定的行业地位，但是在特定的区域内和行业内具备相对的发展潜力，有望在未来几年实现产业目标，这样的企业不要错过。

三、盈收成长之势

投成长的企业，这是投资的基本逻辑。企业未来不成长，你投是没有用的。投资就是投未来，投成长性。若在一个行业里，行业老六在各个竞争要素上都比老大好，但是规模只有老大的四分之一，我肯定投老六，因为它具有赶超的潜力。

成长性可体现在收入和利润两个指标上。两个企业，一个赚 1 亿元，利润增长率 10%。另一个企业利润 100 万元，利润增长率 30%。财务投资者会投哪一个企业？必然是后者。因为，投资的本质是对企业未来的判断和投资，企业的未来取决于企业的成长性，一个项目是否具备良好的成长性，是投资成功的关键。京东 2016 年盈利 10 亿元，扭亏为盈，此前 12 年亏损。但是它一直在成长而且越来越强。此外，京东有巨大的用户数量，良好的商业模式，不可替代的行业地位，尤其是在特殊的互联网应用行业。

（一）量化盈收

某投资公司对入选投资项目的选择标准如下：（1）企业净利润 1000 万元

左右;（2）主营业务突出，成长性高、非限制性行业;（3）退出路径清晰，如有上市计划。

量化被投资对象的营业收入和利润，有时也可以转变为总投资。在房地产投资领域，可以考虑总投资的概念。比如，某一个房地产公司2003年在北京做了一个总投资7亿元，建筑面积10万平方米的项目，之后，又在广州开发了一个15万平方米总投资12亿元的房地产项目。后来，这个公司对自己寻找项目的初步筛选标准是，位于长三角、珠三角和京津冀地区，总投资不高于20亿元人民币，占地面积不低于5万平方米的项目初选标准。这个20亿元人民币的总投资为寻找项目提供了较好的、清晰的画像，可以减少投资项目寻找过程中的盲目性，也能在第一时间否决不合适的投资项目。

（二）企业规模天花板

天花板是指企业或行业的产品（或服务）趋于饱和，达到或接近供大于求的状态。有些零散型行业是永远做不出大企业来的，如休闲食品是做不大的，因为不同地域对休闲食品的喜好不一样。有一种行业，是靠平台积累的行业。要判断这样的企业能不能做大，这个平台流量累积的速度够不够快。

企业做大了有“瓶颈”怎么办？投资者要不断思考这个企业的天花板在什么地方，如现金流的陷阱、组织退化的陷阱、核心管理能力的陷阱，要能看到哪些东西在倒退，哪些东西在前进。从公司和行业报道中深刻了解一家公司的行业地位和未来想象空间。明确有没有天花板？面对天花板，企业都做了些什么？

中国农业领域近几年，基本完成了对大宗农产品种植、生猪和牛养殖、鸡鸭养殖、主要水产品养殖等领域的投资，这些领域的企业规模大，短期内难以超越。目前的资本关注重点已经转移到小类目农业产品的种养殖（如茶叶、板栗、油脂作物、羊、马、禽鸟类以及其他小品类种养殖等）、农业配套行业和服务行业（高技术含量的农药、兽药、生物安全、检测、贮存包装等）。这些小类目农业行业和配套行业目前的规模较小，但是增长快，未来的发展空间大。

既要重视行业前景，也必须关注企业素质。明确企业属于下列哪一种情况，并针对不同情况给出相应的投资策略。

（1）已经达到天花板的行业——极度饱和的行业（如钢铁行业）。投资机会来自具有垄断经营能力的企业低成本兼并劣势企业，扩大市场份额，降低产品生产和销售的边际成本，从而进一步构筑市场壁垒，获得产品的定价权。如果兼并不能做到边际成本下降就不能算是好的投资标的。

那些在行业萧条期末端仍有良好现金流，极具竞争能力的企业在大量同类企业纷纷陷入困境之时极具潜在的投资价值。判断行业拐点或需求拐点是关键，重点关注那些大型企业的并购机会，如国内大型钢铁公司。

（2）产业升级创造新的需求，旧的天花板被解构，新的天花板尚未或正在形成，如汽车行业和通信行业。这些行业通常已经比较成熟，其投资机会在于技术创新带来新需求。“创新”会打破原有的行业平衡，创造出新的需求。关注新旧势力的平衡关系，代表新技术、新生产力的企业将脱颖而出，其产品和服务将逐步取代甚至完全取代旧的产品，如特斯拉电动车（TSLA）和苹果的创新对各自行业的冲击。

（3）天花板尚不明确的行业。这些行业要么处在新兴行业领域，需求正在形成，并且未来的市场容量难以估计，如新型节能材料；要么属于“快速消费”产品，如提高人类生活质量、延长人类寿命的医药产品和服务。这类行业历来都是伟大企业的摇篮，要重点挖掘那些细分行业里具备领军地位的优秀企业——小行业里的大公司。

（三）增长率

一般情况下，传统的银行等融资通道比较关注企业的历史表现，私募股权投资基金则更注重企业的成长性以及企业日常经营时产生的现金流量。

成长性侧重未来的成长，而不是过去。对于新兴行业来说，历史数据的参考意义不大。而对于成熟行业来说，较长时间的历史数据（最好涵盖一个完整的经济周期）能够提供一些线索，作为参考还是很有必要的。

九鼎投资董事长吴刚认为，PE 注重考虑企业未来发展，选择每股收益能够不断增长的项目。挖掘具有增长潜力的企业需要关注：1. 资本回报率；2. 增长机会，不投没有增长空间的高回报企业。关注企业成长性，是私募股权投资基金最核心的投资理念，是各家机构获得持续盈利的关键因素。

行业地位的成长性。一家企业可能开始是新进入者，后来成为行业第三梯队、第二梯队，直至第一梯队。有些企业可能是某一个城市的第一名，后来发展为省内第一、发展到中国第一、东亚第一、亚洲第一、全球第一。这种特殊的行业地位和行业地位成长性是反映一个企业最好的指标，也是本人在投资过程中首先关注的。

如何判断一个企业的成长性呢？正的方面，要看它的成长动因是什么；驱动力是什么，是行业带来的，还是企业带来的。如果是行业带来的，早晚有一天会饱和，如果是企业带来的，相对来说安全一点。还要总结发现企业的天花板，也就是它成长的陷阱和“瓶颈”在哪里。

市场份额提高所带来的成长是最有质量的成长。在充分竞争的行业里，“市场份额”这个词是非常有用的。市场份额是从竞争对手那里抢过来的蛋糕，真的是要靠实力的。上海复星投过一个汽车零部件的项目，六七年的时间市场份额翻了两倍，比行业增长速度快很多。这说明这个企业是有前景的，产品是好的，产品性能的提高、生产成本的下降、新产品开发速度的保证等是企业发展的内因。所以，上海复星喜欢看自我改善能力强的企业，自我改善能力决定企业成长速度和成长边界。

四、投资退出之势

投资必须考虑进退。

官场是进退的艺术，投资也是一种进退的艺术。资本的安全性与退出机制，是我考虑一个项目是否投资最核心的四个指标之一。上海复星也特别注意退出，特别注意投资项目如果跟资本市场对接，会不会有什么明显的障碍。有很多企业做得非常大，却始终进不了资本市场，实现不了放大的效应，这样的企业就不是最佳的财务投资对象。实业资本进行扩张，常会面临现金流的问题，一旦出现现金流断裂，不但无法完善收购公司的改造，甚至自己都自身难保。所以，退出机制是非常重要的。

总体上，复星集团通常从下图五个方面判断项目值不值投资。

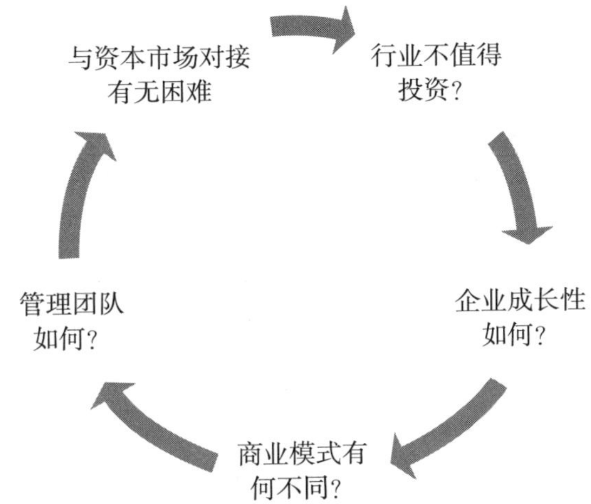

私募股权投资基金的投资目的在于通过培育企业成长壮大，然后得以退出实现其投资收益，并不断接手新企业。因此，私募股权基金比较倾向于选择股权流动性较好的企业。高流动性的企业是以市场价值为基础的，因而更符合资本市场的发展要求。

HOW CAPITAL LAYOUT

第十章

投资项目的风险管理

毛泽东主席诗赞“天生一个仙人洞，无限风光在险峰”。

在境外投资领域也有这个逻辑，越美丽的地方越危险，越危险的地方越可能蕴含着机遇。另一方面，船要行得快，但面对风浪一定要挨得住。这就需要投资方要甄别哪些是险滩，哪些是暗流。扩张中不忘谨慎，谨慎中不忘扩张，在稳健与进取中取得平衡。

中国企业所面临的境外投资各种风险和困难呈现复杂化、隐性化和系统化的趋势，有效的风险管理是海外投资和资产能够长期安全持有、取得丰厚回报的关键因素之一。2003 年以来，中国企业雄赳赳、气昂昂地加速“走出去”了，轰轰烈烈地来了、到东道国投资来了。但是，境外投资的中国企业能在东道国待多久？我们看见多少“走出去”的中国企业赔得血本无归，辛苦赚来的资本盲目跟风，却打了个水漂。福耀集团从 1995 年尝试国际化到 2014 年到美国大规模投资建厂，其董事长曹德旺说：“国外的水很深，如果只是一味有钱而盲目地走出去，那肯定会有去无回。”

时代的趋势会越来越不稳定，21 世纪的企业内部控制和风险管理不可或缺。随着国际一体化、信息经济的到来，在这个充满不确定的时代，企业竞争的高度已经进入了一个新的风险管理时代。2016 年 7 月 26 日，某大型中央企业公司总裁在 2016 年上半年工作总结中说，“管理风险、识别风险是公司的核心竞争力”，要实现“以人为本，安全发展”。2017 年 7 月 31 日，该公司总裁在 2017 年上半年工作总结中再次提到风险管理能力是该公司最重要的核心能力，并且从重点国别市场的国家风险，大宗产品风险以及制度流程管理风险三个维度进行了详细解读。

并购不成功的原因有：不合理的并购假设，如行业趋势（如对太阳能多晶硅的行业判断）；并购战略错误；文化冲突的忽视；不合理的定价；并购时机的错误；资源流动障碍；价值缺失；错误的时机；缺乏协同效应；尽职调查不彻底；控股权缺位；缺乏有效的并购激励；现金流缺失；并购陷阱；融资计划失败……从时间来看，这些风险分别处于尽职调查、决策、并购整合几个阶段。本书根据这个时间线索来分析境外投资风险。同时，境外投资最大的特殊性是国别风险。因此，本书提出如下投资风险的分析架构：

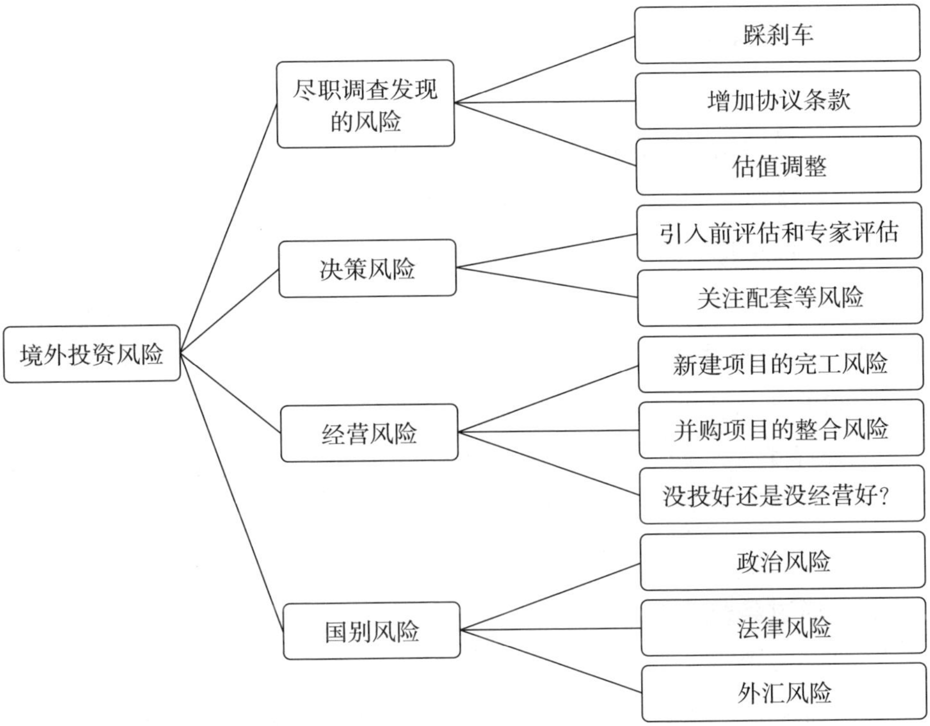

第一节　通过增加协议条款、估值调整和踩刹车来规避尽职调查发现的风险

尽职调查应当在交易过程中持续进行，防范随时可能出现的交易风险。2014年，有一个学员问我，同一个投资项目，尽职调查可以不只做一次吗？我说可以。国家电网有一个投资项目，先后进行了三次尽职调查。一个到位

的尽职调查报告应会简要列出发现了哪些问题，分别采取了什么措施来降低投资风险。

对尽职调查发现的风险，有三种应对情况：一是风险回避，遇到颠覆性风险及时踩刹车；二是风险接受，即不采取任何改变风险发生可能性或影响的行动；三是风险降低或者分担。如何降低或者分担境外投资尽职调查中发现的风险呢？主要做法有：

一、在交易估值中做相应的减值处理

某公司尽职调查报告发现标的企业有200万美元财务处理应费用化却被资本化。在谈判中，据此要求出让方降低估值200万美元。

某公司拟收购铜矿，在《财务及税务尽职调查》中指出，“目标公司持有A项目、B项目和C项目，后两个项目尚处于勘探开发阶段，根据东道国矿业法规，政府享有持有A项目的S公司5%的股权。待B项目和C项目进入商业生产以后，同样将需要无偿出让5%股权给东道国政府”，因此建议，“鉴于5%的项目权益归政府所有，建议贵公司在估值模型中考虑扣除该5%的政府权益影响。”主并方据此要求降低估值。

二、通过条款来降低风险

尽职调查中发现的问题可以通过合同约束机制来化解。事前约定各方的责任和义务是所有商业活动都会采取的具有法律效力的风险规避措施。为保障投资方利益，投资方会在合同中详细制定各种条款，如股份比例的调整条件条款、违约补救条款和追加投资的优先权条款等。

例如，已经发生的诉讼纠纷，可以在收购协议中明确规定，由于此诉讼纠纷造成的一切损失由卖方承担；进一步明确收购协议中的陈述与保证、赔偿等概括性风险防御条款。因为条款的适用需要一定时间和过程，买卖双方需要就发生的风险是否为这些条款的覆盖范围、赔偿金额、赔偿时间达成共识后才能开始赔偿。

故事一，税务责任。

应通过协议条款，规避投资中的税务问题。在上海，有两个小的股权转让过程中的故事。

2017 年，溢价收购一家美容院，出让方当年取得的成本是 100 万元，双方签订了合同，办理了工商登记，但是没有进行税务登记变更（中国股权转让时，先工商变更，后税务变更。但是，公司注销时，先办理税务注销，最后办理工商注销）。受让方在完成工商登记时，就将所有尾款交给了转让方。受让方此后办理税务登记变更时发现：出让方由于转让有增值，需要缴纳资本利得税 6 万元。而出让方已离开上海，不配合，不予缴纳。形成僵局。有人建议将转让价与成本价的差额处理为买店后的装修支出，也有人建议补交。

另一个故事是 2003 年，“非典”那一年，收购一家美容院，双方签订了协议，进行了资产交割，但是，就在交易的那一个月，原公司的会计因竞购该店不成有意多计了谈判到交割期间的收入后离职。使得收购方取得这个美容院后，马上就产生了协议约定以外的营业税和所得税义务。没有认真看出让方的财务报表，也没有约定双方在转让前后的税务责任，使这次收购多支付了 3 万元的税务支出。好在，这个数额不大，受让方额外承担了此额外的纳税义务。

我们再看一个大型境外并购中应纳税款项的处理方法：

“根据目标公司管理层陈述，税务机关对 A 公司 2016 年度的应纳税款进行了纳税评估，评估应纳税金额为 5018 万美元，而目标公司管理层认为纳税款应为 30 万美元。目标公司认为东道国税务机关的上述评估没有依据，并已经向有关机关提供相关信息证实 A 公司应纳税款计算的正确性。目标公司与东道国税务机关就此时最后一次沟通时间为 2017 年 2 月。对此事项，目标公司管理层表示有信心撤销税务机关的纳税评估。”建议，“根据买方与卖方就纳税评估事项的后续沟通，判定额外纳税义务的风险，并考虑是否纳入估值考量”“建议交易文件中，对相关风险加入卖方陈述与保障条款”“与法律顾问讨论在交易文件中设置税务陈述、税务赔偿和保障条款的可行性和风险保障程度，或考虑可能采用的其他替代性保障机制（如税务陈述保险）”。同时指出，“截至尽职调查报告发出之日，我们尚未取得包括：（1）纳税评估针对的具体税额。（2）纳税评估结果通知时间。（3）纳税评估调整的理由和依据。（4）税务机关是否针对追缴税金加征罚金和滞纳金，以及相应金额如何明确答复或者解释。已将上述事项放入买方需与卖方后续跟进的资料清单中”。

故事二，土地权属的完整性

某东非项目合资协议中的土地条款是这么约定的：

1. 外方承诺对其计划作为投资的土地具有完全的使用权，并因而有权将该土地使用权投入公司。拟投入的土地使用权，不存在任何诸如抵押之类的限制。

2. 外方承诺并保证，合资公司可以使用该土地的期限为：住宅用途 99 年，工业用途 60 年，商业用途 50 年。

3. 外方承诺该土地根据城市规划可用于房地产项目，并能得到相关部门的批准。

4. 外方承诺土地上的建筑最大规划限高不低于 11 层。

这些条款规避了外方土地出资中土地权属的不确定风险。

故事三，贷款到期的违约风险。

某公司海外并购的《财务及税务尽职调查》中指出，“根据上述现金流量表的预测，考虑目标公司 2015 年和 2016 年预计资本性支出，根据合同预计的还款计划，预计的经营现金流，以及 2015 年 1 月 1 日的现金余额 × 万美元的情况下，目标公司有可能在 2016 年年底出现资金缺口约 × 万美元。如无法获得进一步融资，目标公司可能面临资金链断裂的风险，或者相关扩产的资本支出计划无法实现的风险，进而影响目标公司的盈利能力以及相关 G 公司包销的违约风险。”建议，“考虑资金链断裂风险引起的 G 公司包销协议的违约风险”“贵公司与目标公司管理层沟通短期再融资计划，以及贷款到期的违约风险”“与债权人沟通改变目前贷款条约的可能性（如提前还款条款，控制权变更罚金，以及债权人同意等条款）及债务金额。”

【讨论】如何与法务打好交道，降低投资风险

提高境外投资咨询服务是中国企业的呼声，也是中国政府有关部门的呼声。2015 年 3 月 22 日，我在参加中国经济合作学会组织的一个会议上，来自辽宁发改委员会的同志提出，投资顾问的咨询服务不够，省发改委希望提高对境外投资企业的服务。

律师是境外投资中的一个很重要的，不可或缺的角色。

一、什么时候律师进场?

中国企业境外并购往往是技术队伍先行，商务队伍次之，最后才是律师或公司法务人员。项目进行到签署备忘录或者框架协议的时候，才让律师或者法务人员介入。很多中国企业管理层缺乏跨国界的法律思维，认为法律咨询不能直接产生效益，法律意见束缚了决策者的手脚，甚至认为律师或公司法务的作用仅仅是制作法律文件，在出现严重问题的争议解决阶段，又“有病乱投医”，往往商机消失殆尽，代价巨大。

法务最好提前介入，而不是说最后要签约了，再来找到律师，其实为时已晚。比如，这个交易如果涉及反垄断的问题，而没有去进行反垄断申报，可能面临当地的处罚，很有可能导致交易的失败。

非上市公司的境外并购，从开始的意向书起草、结构设计，到尽职调查以及最终的收购协议的谈判、签约，可以由国外中介机构牵头，国内律师仅负责配合国内审批环节，以及之间的沟通环节。而在上市公司的境外并购中，整个交易方案由于受到中国证券法律法规以及外商投资法律法规的调整，整个交易结构的设计均应该由境内律师主导。而且，对于境外标的资产的信息披露是否真实、准确、充分、完整，收购流程是否符合中国法律法规的规定，收购协议的条款是否符合监管的要求，更应该由中国律师进行把关。

二、如何选择律师事务所?

凤凰国际智库 2016 年 7 月推出的《2016 年企业海外法律风险管理报告》系统梳理了中资企业“走出去”面临的潜在法律风险，对提供相应跨境法律

服务的中国律所进行了全面的评估、排名，为中国企业推荐更加专业和具有公信力的服务。

一个好的法务，除了发现风险以外，更重要的作用是能够促成这个交易，不是一味地去说这件事情多么危险，最终阻碍这个商业目的的实现。发现问题以后，法务要通过自己的智慧来促成这个交易的达成。

2014年，我们去阿联酋谈投资。拟在当地找一个律师事务所，通过一轮初选，我们锁定三个律师事务所进行现场访问，最后发现这三个事务所，一个没有特点，一个本土化，一个国际化［德同国际律师事务所（Dentons）］。最后投资小组人员有人倾向选用本土所，有人则青睐这个国际所，最后，通过小组成员打分选择了国际化的那家律师事务所。

选择和管理当地律师是一个常常被忽视的重要环节。事实上，项目当地律师的优劣完全可以对项目法律工作造成巨大的影响。选择律师事务所时，建议关注：（1）是否在项目所在地有分支办公室，便于办理登记节省开支；是否就融资领域有丰富的经验；是否有与中国客户合作的经验；是否与当地政府有良好的关系，在关键时刻可以进行咨询甚至起到游说和危机处理的作用。（2）费用是否合理，付费方式是否灵活（很多境外律师要求预付费或每月付费，很多国企的内部制度可能无法配合），是否能够提供可以信赖的工作内容明细。（3）是否能快速响应邮件和电话；是否能在项目紧急情况时，在半夜、周末和假期加班；语言能力是否足以应对英文文件起草、谈判、翻译；是否有中文能力。是否有足够的责任心，在既定工作范围之外仍时刻考虑和维护客户的利益，如及时提醒当地法律变化可能对客户造成的重大不利影响。（4）是否在选择和管理当地律师方面积累了丰富的经验，会协助客户选择成本最优化、经验最丰富的律师，并且在出现合作问题时及时处理危机和矛盾，确保当地律师不会影响项目进度。

与外部律师的合作基本上有两种合作模式：第一种模式是选择国内一家在海外并购方面比较擅长的律师事务所，可能跟海外的盟所有长期合作关系的组建一个组合。把项目发包给国内的这家律师事务所，让他来进行一个总包，他再把国外的这份业务，包给国外的律师事务所。第二种模式是请一家国际所，可能是其在北京的分支机构，或者是在国内的这个业务所在地有分支机构。这家机构必须在境外项目所在地有机构。通常来说，国际所的费用不会很低，就谈一个封顶费用。如果超出这个封顶以外的服务范围，建议统一协商另外工作的费用，这样双方均比较容易接受。

选择什么样的外部律师？首先要看律所的品牌和声誉。其次要看合作的律师，他们这个团队是不是敬业、是不是靠谱、是不是配合、是不是足够站在客户的立场上为客户考虑问题。比如说他不是简单的一个风险控制，他会帮客户达到商业目的出一些点子，这个事情怎么样做更好，这样的律师可能是我们更欢迎的。并非所有的项目都适合找一流的律所，因为一流的律所必然导致费用也会比较高。对一些中小型的项目，可能客户更在乎性价比，所以这方面我觉得我们中国律师，尤其是在境外投资方面比较有经验的律所，可能会给中国投资者提供一些这方面的建议。

三、公司法务、国内律师、国外律师的合作

法务需要有很强的组织协调能力，能够统观法务工作的全局，有很强的知识储备能力，以及全面的综合素质，才能够更好地跟外部律师沟通。有的中国企业就会认为，既然这个项目主要是适用境外法律，法律工作主要也是境外律师做主导，那么中国律师在这个项目当中可能就没什么太大的作用，可能仅仅是做一些与境外投资程序有关的工作，因此认为可以不请中国律师来参与项目。这样可能会对这个项目产生一些不利的影响。

为什么？通常而言，境外的法律顾问他可能对中国的法律环境、制度不是十分了解，而交易虽然是一个境外的交易，但往往这种交易当中又会涉及有一些与中国相关的交易安排，特别是在一些比较复杂的大的交易里面，在这种情况下，境外的法律顾问他有可能会忽视这些涉及中国的交易安排，可能会存在一些在他们发达的或者成熟的市场所不会出现的法律的限制或障碍。那么如果有涉及中国交易安排的这样一种交易，整个架构如果没有经过中国律师的分析和论证的话，有可能会导致什么样的情况呢？就是这里面的一些安排在执行的时候，实际会执行不下去，有法律上的障碍，甚至导致中方投资者承担违约的责任。

比如，在一些境外的交易当中，可能会有一些换股的安排。中方投资者可能会把某公司的一部分股份交换给境外的卖方。在境外的话，这完全是属于一个自由交易的安排。但是在中国，它要受到外国投资的一些法律制度的约束，是需要审批的，而不是你自动约定就能实现的。所以在这样的情况下，如果交易涉及这样的安排，那需要中国律师来对这种安排进行一个评估：在多大程度上能够实现？如果实现不了能采用什么样的补救方法？为了使整个交易尤其是涉及中国的一些交易安排的交易架构能够顺利地实施，能够使中国的投资者不会因为这种客观的原因导致一些违约的情形发生，我们建议在项目的初期论证阶段，中国企业就应当让中国境内，还有中国境外的律师一同介入来共同探讨这个交易的架构，使得这个交易的每个环节在境内或者是境外的法律框架下都具有法律上的可行性。

四、投资项目经理与律师的合作

投资项目经理作为整个项目的负责人，要把握全局，既做好与国内领导的汇报沟通工作，又要统一协调好会计、审计、律师等各方中介机构及公司内部参与人员的工作。

细节决定成败，投资项目经理应注意：（1）交易流程管理，交易步骤预估等。（2）中介统筹管理，分工明确，责任到人，明确时间表。（3）法律文件完备，尽职调查充分，协议条款清晰，谈判角色明确。

在拟定公司章程和合资协议中，涉及公司治理和公司管理设计的内容，往往是有经验的投资项目经理提出具体的意见，而律师，无论是公司法务、国内律师还是外部律师，均不能替代完成。这也是笔者主张投资项目经理需要“懂行业、懂企业、懂专业”的通才的原因之一。

第二节　引入前评估和专家评估，完善闭环投资决策管理

《哈佛商业评论》某封面文章在对历史上 1980~1982 年、1990~1991 年和 2000~2002 年三次衰退期 4700 家上市公司的比较研究指出，只有精于财政平

衡并谨慎投资的公司才能迎来衰退后的春天。从总量上来看，衰退前的世界翘楚在衰退后只有 10% 重新繁荣，90% 都不会繁荣了。

决策是境外投资的重要环节，也是境外投资风险防范的重要内容。产业投资决策有四个阶段：第一个阶段是不知道投什么好；第二个阶段是什么项目都觉得好，都敢投；第三个阶段是投了一段时间后发现投出很多的项目都出了问题，什么都不敢下手不敢投了；第四个阶段是走向一个平衡，从源头控制项目风险。

中国企业在决策方面有效率和集中意志的优势，也有投资知识积累不足、市场经验不丰富的弱势。国内很多企业的决策层尚不具备重大并购运作经验，在立项、可行性分析研究、投资评审、审批决策流程上也不是特别规范，往往难以实施有效的决策，或者决策时机难以有效把握。一些企业对于在境外并购的目的性和必要性等基础工作研判不足，缺少充分的论证。少数企业在境外并购大量依靠银行贷款或者投资基金，承担高资产负债率和高杠杆风险。个别企业在战略决策中存在家长作风，实质上是一把手拍脑袋决定，盲目决策危险性大。

如何提高中国企业的境外投资决策能力，降低境外投资决策风险呢？有人认为，中国企业应该建立科学的并购决策体系，进行充分的前期准备和科学的并购可行性分析，要不断积累对境外投资风险的认识和风险管理的经验，持续完善境外投资全面风险管理和内控体系。也有人认为，可以考虑引入其他有经验的投资者合作，避免决策的片面和失误；在并购境外企业时，建议成立由法律、财务、经营管理等方面的专业人士组成的项目小组，在投资决策中的境外项目估值报价、股东协议关键内容确定、融资安排等重点环节，经领导班子反复研究、集体决策，项目关键事项报上级主管部门。

本人认为中国企业在境外投资决策过程中，要关注以下三个方面：

一、投资项目团队要密切跟踪中介机构的相关工作，争取成为投资通才，把好第一道关

中国企业境外投资常见的现象是尽职调查花钱请律师和会计师事务所完

成，估值报告请会计师事务所完成，可行性研究报告（石油行业中的开发方案）请设计院或咨询公司完成。投资者花钱做了一堆报告，而能够把这些报告都能精通通读的通才专业人士不足。审计署 2013 年对中国大唐集团公司进行的 2012 年度财务收支审计指出：2010 年，所属大唐国际在收购内蒙古宝利煤炭有限公司过程中，未认真审核中介机构提供的评估报告等资料，最终多支付了 1.3 亿元。

企业最高决策者往往忙碌时间紧，作为主管投资的副总裁和投资部经理或者项目经理，需要将所有的报告能够吃透，并抓住投资实质和核心。中介机构永远取代不了投资方的投资专家的作用。我们呼唤这支投资通才队伍的成长，作为投资项目初步决策风险防范的第一道防线。

国家电网公司要求投资岗位的员工全程参与投资中介机构各种活动，值得点赞。中国企业在“走出去”过程中普遍过度依赖投资银行的总体方案、会计师和律师事务所的尽职调查报告，以及设计单位的可行性研究报告，投资方的投资专业人员缺少自身的判断和对这些报告的融会贯通。中国不仅缺乏境外投资的经营管理领军人物，更缺乏境外投资的优质投手，希望有志于境外投资的投资专业人士要不断储备法律、财务、行业、战略等各方面知识，做一个“懂行业、懂专业、懂企业”的全能型投资通才。

作为投资通才，还要善于第一时间否决不靠谱项目。有些阅人无数的高手，一眼就能判别一个人的好坏，不需要通过很多事才能判别。作为投资高手，需要有很强的判断能力，尤其是早期的第一时间的判断能力。我的一个 2015 级清华 MBA 学生，说他一年之中超过一半的机票和时间是无用的，是花在了一些最终 PASS 的项目上。我还见过一个地产公司的总经理，花了大量的时间去调研那些在我看来“一眼否决”的项目上，耽误了时间。而时间是最大的机会成本。

二、建议增加前评估，为决策层提供简单明了的决策依据

为了提高投资项目闭环管理，很多企业近年来加强了固定资产建设项目

验收、投资后评价，但是投资前评估却少有企业为之。本人认为前评估比后评价对降低企业投资风险的意义重要多了。

什么是前评估？前评估就是项目的可行性报告基本完成后，由另外一个团队，对可行性研究的主要假设，进行分析判断，对每一个假设（如折现率、产品售价、成本等）进行分析，对假设做出“激进、中立、保守”等评价，从而对整个项目的结论进行判断。投资项目前评估不用长篇大论，有话则长，无话则短。我曾经在 2005 年做过一个关于在中国某一线城市进行摩天轮建设的前评估报告，这个项目后来并未投资实施。

前评估报告的难点是，少有人既懂专业行业，又懂技术经济。前评估可以由公司的投资部人员完成，可以委托中介机构（如中咨公司）完成，也可以两者相结合完成。2013 年，我去位于北京车公庄的中国国际工程咨询公司，和其一个部门经理探讨这个话题，他说中咨公司可以完成投资项目前评估，也有一些企业在做前评估。我认为，从锻炼队伍的角度，前评估可以让集团总部的投资岗员工深入子公司投资并购的重要环节，而不是仅仅停留在上传下达的报批项目上。早期，可以只抓重大项目（如大型企业约定投资在 1 亿美元以上的项目）进行前评估。

三、引入外部专家评审，减少资源风险和技术方案风险

外部专家往往更懂行业，更了解东道国的情况，更了解同类项目的情况。实践中，一些到位、敢直言的外部专家给出了重要有益的投资决策建议和风险提示。我也曾作为外部专家参加了中央企业的评审。

在石油、矿产等技术性比较强的行业，尤其需要外部专家评审。对于技术路径和石油矿产行业的资源量等地质风险，律师、会计师、企业家都不能深入其中，需要行业专家、技术专家发表意见。大型基础设施项目涉及的工程技术问题非常复杂，技术方案的优劣与项目投资收益和运行安全关系极大。外部专家更能把控技术风险，更能看明白可行性研究中的一些技术参数。

把握技术风险不仅要靠过硬的技术能力，更要以扎实的前期调查和对项

目地点自然和社会环境的深入研究为基础，通过反复审核、比较、优化，提升项目技术方案的可行性。项目前期对资源的资料收集一定要充分，同时，不能盲目相信主观判断，对资料相对完整的国家，要做到重分析、重类比，轻第一手的现场勘查实测工作；针对水文气象资料不完整的情况，要舍得花时间去收集测量资源的情况。例如，风电项目的选址方案要综合考虑资源、地质、移民、上网、运输和施工等多方面因素，通过不断优化来解决遇到的地质风险和工期问题。

值得一提的是，专家评审也是国有企业管理的要求。2010 年 7 月，中共中央办公厅、国务院办公厅印发了《关于进一步推进国有企业贯彻落实“三重一大”决策制度的意见》，要求按照中央关于凡属重大决策、重要人事任免、重大项目安排和大额度资金运作（以下简称“三重一大”）事项必须由领导班子集体作出决定。“三重一大”事项提交会议集体决策前应当认真调查研究，经过必要的研究论证程序，充分吸收各方面意见。重大投资和工程建设项目，应当事先充分听取有关专家的意见。

【专题】固定资产投资建设项目的建设配套条件评估

项目建设配套条件评估，包括：（1）厂址选择是否合理，所需土地征用落实情况。（2）资源条件能否满足项目需要，原辅材料、燃料供应是否有保障，是否经济合理。（3）配套水、电、气、交通、运输条件能否满足项目需要。（4）相关配套项目是否同步建设。（5）环保指标是否达到有关部门的要求，环境影响报告书是否已经由权威部门批准。

一般来说，项目可行性研究过程中，都会分析落实这些项目建设的配套条件。但是，有些境外投资项目最终发生了这些建设配套风险，导致项目达不到预期的经济技术指标，甚至失败。

案例 1. 埃塞糖厂项目，工厂建好了，没有甘蔗

埃塞是咖啡的原产地，人们喜欢咖啡中加很多糖，但其制糖工业非常落后。21 世纪后，埃塞政府把糖业作为支柱产业，制订 2009~2014 年糖业振兴

计划，拟规划20万公顷土地，拟新建12个糖厂。后来，糖厂建好了，发现没有甘蔗，使得该项目的融资不能及时偿还。

为什么没有配套的甘蔗呢？在埃塞的五年糖业规划中，种植甘蔗也是有规划的，但是在落实这些甘蔗种植规划过程中，由于资金、水利设施等出现问题，由于农产品附加值低，没有得到及时的配套落实，甘蔗产量不足。

类似的是，在某国投资兴建的一条铜钴冶炼生产线建好了，发现没有配套的矿石，需要长途运输矿石才能保证足够的产量。

案例2. 输变电完工，大坝没建成

埃塞俄比亚复兴大坝是埃塞俄比亚境内青尼罗河正在兴建中的一条重力坝，邻近苏丹边境。"复兴大坝"是埃塞前总理梅莱斯的一个"伟大设想"。这是一个类似三峡大坝的宏伟计划，总耗资预计达47亿美元，建成后的大坝将拥有525万千瓦发电能力，使全国发电量翻五番。2011年4月2日，梅莱斯正式为复兴大坝奠基[①]。苏丹支持埃塞俄比亚兴建大坝，不过尼罗河最下游的埃及担心复兴大坝会减少流入埃及的尼罗河水量。2015年3月，三国领导人达成初步协议[②]。对于埃塞人来说，复兴大坝的政治意义更为深远——这是他们走向复兴的标志，尽管尚未建成，它已经同古人类露西、贡德尔古堡、拉利贝拉石头教堂一起，成为埃塞俄比亚的新"四大骄傲"。

2013年4月26日下午，中国电力技术装备有限公司与埃塞俄比亚电力公司在埃塞首都亚的斯亚贝巴签署一项输变电工程总承包合同，中国电力技术装备有限公司整体承建埃塞俄比亚复兴大坝500kV输变电工程，合同总金额14.58亿美元，是中国国家电网公司实施"走出去"战略一个重要的里程碑。该工程签约线路长度达1338千米，输送能力达600万千瓦。28个月后，该输变电工程按照合同工期圆满完成。但是外方承建的、计划5年工期的大坝主

---

① 参见搜狗百科：《复兴大坝》，http://baike.sogou.com/v101241929.htm?fromTitle=%E5%A4%8D%E5%85%B4%E5%A4%A7%E5%9D%9D，最后访问日期：2018年9月19日。

② 参见百度百科：《埃塞俄比亚复兴大坝》https://baike.baidu.com/item/%E5%9F%83%E5%A1%9E%E4%BF%84%E6%AF%94%E4%BA%9A%E5%A4%8D%E5%85%B4%E5%A4%A7%E5%9D%9D/19394534?noadapt=1，最后访问日期：2018年9月19日。

体工程已经按照计划早于输变电开工，但未能按照约定的时间完工。

因为水权，埃及、苏丹邻国抗议大坝没有按时建成。对建设输变电线路的中资公司来说，大坝就是配套工程，没有大坝，发不了电，输变电线路实现不了可行性研究报告中预测的收益。好在该项目有埃塞的主权担保。

这种投资项目的配套风险也可能容易发生在发展中的“一带一路”国家。比如，在中巴经济走廊，电站有19个项目，而输变电项目只有一个。在电站建设，无论是火电、水电还是风电，都要关注输变电线路的配套。

钢铁行业也发生过类似的配套风险。

2008年亚洲著名的金融与投资专业杂志《Finance Asia》宣布，某中国国企收购澳洲Midwest公司98.52%的股权项目被评为该杂志2008年度“最佳并购交易”[①]。3年后，该国企的澳洲开发陷入困境。陷入困境的原因是多方面的，有经济周期高点并购的时机不对，巅峰时高价拿矿，价格暴跌后，投资大幅缩水。也有观点认为拿矿时预测储藏以赤铁矿、红矿居多，但开发后才发现很多是更次的磁铁矿，提炼成本增加，收益自然下降。其实，还有一个不容忽视的原因是，收购方没能获得从矿山到港口的铁路及港口建设权，开采的矿产品运不出去。

类似案例教训，我国企业在其他地方还有，在此不一一列举了。

第三节 经营风险

一、新建投资的完工风险

完工风险是指项目无法完工、延期完工或者完工后无法达到预期运行标准的风险。

---

① 参见搜狐财经2008-12-16:《亚洲金融年度最佳并购交易揭晓 中钢收购澳Midwest项目当选》，http://business.sohu.com/20081216/n261249028.shtml，最后访问日期：2018年9月19日。

从原因上，完工风险主要分为技术、现场管理、供应品、征地和村民关系等风险。材料风险。东道国工程材料匮乏，替代材料供应短缺，如孟加拉石头不足，建设公路所需的碎石只有烧砖替代。设备风险。工程设备不能正常运转导致项目工期滞后，如部分国家设备不适应中东地区酷热的天气，非洲地区项目常因等待配件停工。融资方案缺乏可行性，在建设期融资难以落实或者融资缺口增大，建设利息增加。

从结果上，完工风险体现为不能完成进度风险、总投资超支风险、质量安全风险。

（一）进度风险

固定资产投资建设项目由于技术力量不足、政治或其他经济原因致使工程建造中途停顿，造成了时间上延迟，这也将对贷款的还本付息产生影响。某中国公司加拿大子公司，原定 2016 年 6 月完成首期麦克河（MacKay）油砂项目，投资 22 亿加元，工期已经拖延了 18 个月，需追加投资 12 亿加元[①]。

中信泰富投资澳大利亚铁矿项目开工七年后才装运首船矿石。2006 年，中信泰富开始投资开发中澳铁矿项目，资源量为 20 亿吨，原计划投资 42 亿美元，2009 年上半年投产。但这个项目随后经历了中信泰富危机、管理层大换血、矿业市场 U 形转弯等动荡，不仅总投资一再突破，工期也一推再推，原定于 2009 年 7 月底的投产日期再次推迟至 2012 年上半年。该投资失败主要基于两个原因：（1）席卷全球的金融危机影响了全球经济大环境，金融危机负面效应不断放大，投资额不断追加，骑虎难下；（2）中信泰富最初选择这个项目是建立于“未来铁矿石价格不断上涨而资源不足”的判断，但是没有考虑到项目产能以及国际矿业市场本身的波动性，对项目产能以及未来市场预测错误。

---

① 参见微信公众号“加西网”（温哥华最大中文门户网站）2016-01-03：《中国主权基金败走加拿大，损失惨烈》，http://mp.weixin.qq.com/s/Lzwd3L8OQC2ikJUtSdBYvw，最后访问日期：2018 年 9 月 19 日。

防止进度风险要注意以下三个方面：

其一，项目发起人在使用成熟技术的基础上认真做好项目的可行性研究，从而防止项目选址不当、使用了复杂的技术、工程设计不合理、在工程施工中改变设计方案、项目发起人和总承包商技术能力和经验不足以及其他因素，导致不能完成该项目的建设或者完成的项目达不到预期的设计标准。

其二，选择合适的承包单位并签订完备的EPC工程合同，特别是订立严格的惩罚性条款和提供具有吸引力的竣工奖。项目的施工承包商应该信誉良好、在项目所在国类似项目的施工经验丰富。承包商的经济实力应非常雄厚，如果承包商在经济上陷入困境，将严重影响承包工程如期完工。选择有资质、在东道国有施工经验和管理经验、信誉良好的分包商，他们同当地文化的融入程度比较高，履约能力比较强，施工队伍的履约风险较小。

其三，石油、电力等行业要重点关注环境保护和征地移民风险。境外投资中的征地不仅可能大大增加建设成本，而且让工期得不到保证，甚至让整个工程建设不能进行下去。同时，许多国家颁布了严厉的法律法规来控制辐射、三废排放、有害物质的运输以及低效使用能源和不可再生资源等等。“谁污染、谁治理”已成为各国普遍接受的原则。环保风险可能被东道国的各种政治斗争所利用、放大，甚至上升为政治风险，需要认真对待。这类风险的管理措施主要有：（1）充分了解东道国与环境保护有关的法律，在项目的可行性研究中充分考虑环境保护风险。（2）考虑未来可能加强的环保管制，拟订环境保护计划，并将该计划作为融资前提，把环保评估纳入项目的不断监督范围内。（3）做好环境听证和宣传工作，获得社会广泛认同，形成主流民意的支持，先入为主不给别有用心的人留下制造障碍的借口。选择项目要以先惠人再惠己为出发点。不仅要选择符合当地社会发展和民生需求的项目，还要了解所在国各种利益团体、宗教、党派对项目的看法，研究他们的利益平衡和博弈关系，提前做好各方工作，争取获得最广泛的支持。例如，老挝2009年颁布了环境保护法，规定在老挝开发的所有项目必须在提交可行性研究报告的同时提交环境影响评价报告以及社会影响评价报告。某项目借助当地律师的帮助，将涉及老挝环境保护及移民安置的有关法律法规进行充分的研究，充分重视环境保护和移民安置中存在的风险。该项目公司遵照当地惯例承担必要的资金开支及补偿费用，由当地政府组建环保移民指导委员会及下设秘书处，具体负责协调、指导环境保护及移民安置等工作，大大降低了环保及移民安置的风险。工作富有成效。

（二）总投资超支风险

总投资超支风险指工程的实际费用超出原先估计的数字，其原因可能是建造方面的问题或通货膨胀、环境和技术方面的问题，也可能是由于政府的干预或货币贬值的波动，也可能在进行可行性研究时各项成本支出考虑不足或有漏项、进度拖延，以及项目管理不到位。例如，20 世纪 70 年代建成的横跨美国阿拉斯加的输油管道工程的成本超支就高达 400%。

在项目融资方案中，对超支部分的资金来源必须作出妥善的安排，以保证工程项目不因资金缺乏而半途而废。保证进度是保证总投资不超标的最重要的手段。其他应对措施为：一是项目发起人（项目公司）与总承包商签订一揽子交钥匙工程合同，固定总价。这类合同在一定程度上可以防止超支风险的发生。二是项目发起人追加投资。三是债权人提供一定数额的超支资金。四是备用贷款安排。例如，BOT 项目的原债权人以提供额外贷款的方式实现。

建议可研的执行概算中要充分考虑各种国际工程不确定性因素，项目团队编制详细的施工组织计划，在施工过程中资金安排得当，成本控制有力，有效地控制投资超支的风险。投保工程全险等必要的商业保险，对风险较大的境外投资项目，购买海外投资保险。

（三）质量安全风险

新建项目是否按照设计指标生产出产品，产品是否达产达标。

从 2013 年开始，我开始介入境内外固定资产投资建设项目的验收工作，这种投资方发起的验收工作特别关注“五算”，即可研阶段的估算，初步设计的概算，施工图设计阶段的预算，工程的单项工程结算，整体工程决算。还特别关注建筑工程质量验收，环保、消防等单项验收，以及档案验收等前置工作验收。这些工作完善了新建投资项目在建设期的闭环管理。

二、并购项目的整合风险

跨国并购主要有三个方面的风险：客户流失风险，人员流失风险和文化整合风险。玩不转客户、人员和文化，又怎么能谈得上并购成功呢？

（一）客户流失，业务中断，现金流存在挑战，主并方断臂求生

并购之前，会对并购后的收入和现金流进行预测。然而，预测可能不准。不准的预测可能使得主并方陷入现金流的困境。

2004 年 1 月，TCL 收购汤姆逊彩电业务，成立一个新的公司 TTE，并于当年 8 月正式运营。此举曾被誉为 TCL 国际化的重大突破。TCL 集团总裁李东生曾表示，并购开始后的 18 个月内合并的业务能够实现赢利。同时，TCL 集团曾经设想将 TCL 生产的电视通过汤姆逊的渠道流向世界各地，最终目标是在全球范围销售 TCL 品牌而非汤姆逊的品牌。然而世事难料，18 个月内，预测的销售没有实现。汤姆逊的品牌、研发能力以及市场销售，都没有带给 TCL 理想的收益，反而在整合的内耗中，殃及 TCL 集团。TTE 导致 TCL 集团的报表相当难看，2005 年 TCL 集团报亏 3 亿元人民币，TCL 集团在 2006 年半年报中，为欧洲业务计提拨备 8.31 亿元人民币，使 TCL 集团 2006 年上半年总体亏损 7.38 亿元人民币。

2006 年 10 月底，TCL 集团宣布，将放弃其彩电的大部分欧洲业务，并重组 TTE 的业务，核心是放弃除 OEM（贴牌加工）之外的所有欧洲彩电业务。其内容包括除 OEM 业务外的所有电视机的营销活动都将终止；对 TTE 欧洲公司的大部分员工进行重组；TCL 多媒体在欧洲的部分附属公司，包括德国、西班牙、意大利、瑞典、捷克和匈牙利的销售公司将进行重组；TCL 多媒体也将视情况变现其在欧洲的资产和存货。而 TCL 要终止其欧洲业务花费不菲——大约 4500 万欧元（约 4.5 亿元人民币）要投入这次重组当中。这其中大部分

用于员工安置，每个人的费用可能会高达10万欧元[①]。TCL在并购完成后计划裁减1000名以上员工以压缩成本，但遭到了当地政府的干预。不仅未能完成裁员，还带来一些纷争，不得不拿国内彩电市场的利润补贴汤姆逊彩电业务，背负了沉重包袱。在并购之时，TCL可不是这么设计和预测的。

这次不成功的并购，使得TCL集团在后来被迫卖掉TCL电脑、卖掉TCL低压电器，并进行大规模产业重组。2007年12月，TCL集团6000万元卖掉了TCL电脑82%的股权、5亿元卖掉TCL低压电器（无锡）有限公司80%的股权。TCL集团原先分散的单体公司组成多媒体、通信、家电、部品四大产业集团，以及房地产及金融投资、物流及服务两个新的业务群，这种“4+2”的业务架构从2008年1月1日开始实施。TCL集团董事长李东生表示，重组后TCL的资源将聚焦在多媒体、通信和家电三大产业，同时发展与此相关的关键部品。

并购后客户流失，主并方亏损，主并方提取投资坏账准备，主并方重组所并资产和业务，主并方分流原来的人员，主并方变卖其他优良资产获得现金流、减少亏损……这是一种断臂求生的无奈之策。好在，TCL家底厚，李东生能力强，成功度过了这一劫。有的企业，可能因此一蹶不振，甚至因为现金流断裂而倒闭。

值得一提的是，2005年5月联想集团并购IMB PC聘请两任总经理（沃德和阿梅里奥），也曾在2008年使得联想陷入亏损。2009年，柳传志隐退后再次出山，最后力挽狂澜，让联想渡过了难关。柳传志2009年采取了一系列措施，我注意到，他力挽狂澜最重要的一步棋是，出山后通过推出一款新产品，在他熟悉的中国市场在亚洲市场获得成功，稳定了联想。否则，联想也可能被迫走TCL的提取投资坏账准备、变卖资产、实施重组等常见的套路。

2014年1月，联想集团一个月内展开了两场大手笔并购：以23亿美元收购IBM低端服务器业务，以约29亿美元从谷歌手中收购摩托罗拉移动智能手

---

① 参见新浪财经2006-12-21：顾列铭，《TCL欧洲断臂求生》，来源：《经济》杂志，http://finance.sina.com.cn/leadership/mqybg/20061221/10133184651.shtml，最后访问日期：2018年9月19日。

机业务。这两起并购似乎并不顺利。2016年9月18日，联想控股曾向融创中国出售旗下41家地产公司股权，标价138亿元人民币。2016年9月30日，联想控股以17.8亿元向北京海淀国有资本经营管理中心出售旗下北京联想研究院大厦。2017年3月，联想控股旗下联想集团以16.17亿元向北京融创融科地产出售成都联创融锦公司49%股权。这是不是联想集团并购后遇到困难之后的断臂求生呢?

（二）人员流失风险

并购可能会涉及人员的调整，如果处理不当，容易引发劳资冲突。许多国家，尤其是那些民主意识浓厚、法治健全的国家，劳动法对劳动者的保护全面而系统，工会和其他劳工组织非常强势。作为投资方的中国企业必须审慎应对，尤其是对于劳动密集型行业。

劳动法问题是中国企业海外并购后遭遇的典型法律风险。收购阶段完成后，我国企业常常会根据业务需要对目标企业的员工进行调整或裁减。此时，应特别了解当地劳动法规对裁减人员的各种实质性要求和程序性要求，以及对雇用当地人员比例的要求等。如果中国企业无视当地劳动法盲目行事，对目标企业人员调整、裁减，就有可能违法，轻则招致工会抗议或当地政府行政处罚，重则可能导致大面积罢工。一般而言，我们会建议企业投资之前聘请当地律师时，一定要单独聘请当地劳动法专业律师团队和会计师团队，根据当地的法律筹划与劳工有关的事宜，作出适当的劳工风险与成本评估。

世界上最大、历史最悠久的美国某饲料公司曾经在西欧某国设立了一间分厂，投资总额600多万美元。但干了几年就干不下去了，最后以一美元的价格卖掉了欧洲这间工厂。原因在于西欧福利国家劳工待遇、福利太高，动不动就带薪休假，不时还闹个集体谈判、罢工什么的。那里的总工会、行业工会的权力及影响力巨大，一旦它们号召全国总罢工或者行业罢工，工会会员（包括当地企业高管）一般会响应，尽管他们对本企业的劳动待遇并无不满。

集体谈判、罢工自由、集会自由这几条往往给思想准备不足的投资方带来极大困扰。特别是产品与生产带有季节性的产业，接了订单后，需要员工加班赶工，可恰在此时，员工得到全国总工会、市工会或者行业工会的命令，开展罢工或者参加集会，就会耽误大事。再则，不同地区文化习俗、金钱观念、生活观念差别很大。即便是一些不发达地区，那里的人们也不愿加班挣钱，服从管理的意识较差。例如，某个发展中国家，当地工人5美元一天，每周干6天，中方老板为了激发当地员工的积极性，工资由5美元提高到6美元一天，结果大家只愿意干5天留出1天休假。此外，在这些相对闭塞、落后的国家和地区，人们的地域团结、血缘团结等意识很强，处理一个违纪的员工可能带来连锁反应与群体事件。

（三）文化整合风险

文化整合失败也是跨国并购重组整合中最大的风险。企业文化整合就是将不同的企业文化，通过合并、分拆、增强、减弱等方式进行处理，从而形成一种新的企业文化。跨国并购的文化整合风险不仅体现在企业文化的差异上，而且体现在企业所在的国别、民族及地域、社会制度、意识形态、宗教信仰和生活习惯的文化差异上。一旦中国企业选择走跨国并购的道路，就意味着企业文化将受到文化整合的挑战。要将企业文化贯彻到海外，不仅有语言沟通的障碍，而且外籍员工对公司文化没有同文同种的内聚力，再加上民族风俗习惯以及思维方式、生活方式的不同，使得海外企业的企业文化整合比在本土困难得多。

在跨国并购中，企业文化碰撞经常为企业并购完成后的整合工作带来困难。企业并购是不同企业组织的一次大调整、大变革，这必然会对人们固有的思维方式和价值观形成强大的冲击，给企业员工带来很大的不适应。如果企业文化存在误解或对立，将可能造成人员大量流失，管理陷入瘫痪，甚至引致并购失败。上汽集团收购韩国双龙汽车集团案也因为文化的差异而导致失败。2004年10月28日，上汽集团以5亿美元收购韩国双龙汽车48.92%股权，这被业内认为的“双赢交易”却在并购后遭遇重大难题。上汽不仅发现双龙研发技术预期收益过高，且因企业文化、民族文化等较大差异，公司面临着来自工会方面的强大压力。在签约5天之前，双龙工会举行了总罢工，致使收购后合作与企业经营拓展无法真正展开。2009 年 2 月 6 日，韩国法院宣布双龙破产，上汽集团的双龙投资付之东流。

企业文化整合中需要注意什么？首先，中方派出的最高管理人员有“海纳百川”的气概和能力，能够形成适合新企业的企业文化，在未来企业的价值、管理模式、制度等方面达成共识，而不致由于误解或偏见造成企业文化的隔阂与障碍。其次，有“地位平等，长期融合”的思想意识，寻找到双方融合的切入点，不能急功近利。最后，充分利用本土骨干人员。本土化的中高级管理人员对所在企业或类似企业的企业文化非常熟悉，而且具有丰富的管理经验和能力，是最容易接受和适应并购重组方的企业文化和发展战略的力量。

文化整合没有捷径可走，中国企业只有充分认识和尊重不同国家和企业的文化差异，努力避免可能造成的文化冲突，吸收不同文化的精髓部分，真正达到多元统合的境界，才能构筑跨文化优势，实现跨国并购的战略目标。

三、是没有投好，还是没有经营好

一个好的投资项目必须是决策正确与经营到位并存。两者如果有一个有问题，则很难说是没有投好，还是没有经营好。一般的情况是“互相埋怨”，经营者说投资者没有投好，投资者说是经营者没有经营好。

2003 年，中国某企业与非洲合作伙伴在该国首都成立了一个工程建设合资公司。外方以一个年盈利 1000 万元人民币的企业、3000 万元人民币现金以及 10 万平方米首都的优势土地作为出资占 49% 的股份，这个投资项目并没有取得预期的收益。此后，每当谈起这起投资的时候，经营者和投资者各执己见，莫衷一是。经营者说是没有投资好，资产规模太大，折旧太大，中方评估价格太高。投资者说，那么多后来的中国企业在东道国的这个城市的房地产、工程建设、修路等领域发了大财，投资项目占尽天时、地利、人和，项目投资层面没有问题，是经营能力不足。

联想集团 2005 年并购 IBM PC 之后，一度陷入困境，2008 年出现亏损。曾言“联想就是我的命”的柳传志隐退后再次出山，力挽狂澜，让这次并购转危为安。我总是在想，如果没有柳传志 2009 年 65 岁再次出山，联想的这次并购很大可能会以失败告终。如果那样，一定会有很多文章会跳出来，"信誓旦旦"地否定这次并购投资决策的正确性。

相声行业讲究三分逗，七分捧。股权投资也讲究三分投，七分管。一个投资决策正确的项目如果选不到好的经营者，也可能导致最终投资失败。而经营是否成功，并购整合特别重要。因为，并购失败有一半以上都源自并购后的整合失败。并购之后的整合之路并不轻松，部门整合、组织整合、人事整合、文化整合等都成为中国企业国际化道路上的掣肘，中国企业能否及时调整策略，融合成功，通过整合的完成建立全球管控能力将成为关键所在。

因此，我特别同意这样的理念，在并购开始时，就要物色并购团队，最好能够让并购团队参与并购。如果没有合适的并购团队，说明我们的并购能力不足。并购能力不足，再好的投资项目也要说不。这就好比，一个你驾驭不了的漂亮、有脾气、也愿意嫁给你的姑娘，不如早一点放手。因为，结婚是一回事，婚后是否幸福是另外一回事。

第四节 境外投资的国别风险

2013 年春天，我有幸参与一个课题研究，并参与国资委监事会工作局的领导会见，一位千亿营业收入、境外营业收入超过了半壁江山的总裁说，"境内的风险在掌控之中，我最担心的是境外经营的风险"。是的，中国企业的风险将主要来自海外。

中国信保 2015 年发布的《国家风险分析报告》为全球各国风险进行评级，级数越大，风险越高。该报告显示，"一带一路"沿线有 64 个国家，风险评级在 5 级到 9 级之间的有 51 个，占比达到 77%。风险在何处？第一，一般债务风险。企业经营困难，甚至破产倒闭时有发生。比如，2016 年 7 月底，与中国一家船舶租赁公司有良好合作的新加坡公司突然宣告破产清算，无力履行合同。第二，资产贬值、汇率限制、汇兑等风险。近年来，不少新兴市场国家，特别是资源依赖型国家资本外流、外汇储备减少、币值断崖式跳水，直接导致中企面临较大风险。第三，因政策规则变动带来的政府违约风险。这种情况在近年来越来越频繁，尤其是在政治稳定性比较差的国家。第四，地缘政治风险。“一带一路”沿线国家大多处于亚非欧地缘政治敏感区，如东欧乌克兰危机、西亚和北非今年持续动荡、中亚恐怖势力，中国企业在“走出去”过程中必须时刻关注隐藏在背后的风险，不可疏忽大意。

为什么境外投资风险更大呢？

其一，政治风险高。包括东道国的政局变化、战争、武装冲突、恐怖袭击或绑架、社会动乱、民族宗教冲突、治安犯罪，以及东道国政府的财政、货币、外汇、税收、环保、劳工、资源政策的调整和国有化征收等政策风险。在拉美，存在政治动荡、汇率波动、官员腐败。在非洲，存在政府违反投资合同，汇率波动，司法不公。在中亚，存在国有化、国际转移财产困难、法治环境差等风险。东道国出于对国内企业和产业的保护会设置各种门槛，给企业带来各种风险，包括行业准入门槛风险；当地政府有权直接或间接通过立法侵蚀外国公司产权，如提高收入税、限制财产的使用权等。东道国与中国的外交、经贸关系变化、东道国内外部冲突、政权不稳定、中外财务系统不匹配、税收漏洞以及原有政策的废除都会给投资者带来巨大损失。2014 年，墨西哥取消中国铁建联合体中标的 37 亿美元高铁项目；乍得政府暂停中石油在当地的油田开采。2015 年，中国交通建设集团投资开发的斯里兰卡科伦坡港口城项目被叫停。2016 年，因俄罗斯方面反复声称蒙古建造水电站的计划会导致贝加尔湖干涸，中国在蒙古修建的水电项目面临被迫冻结。

其二，经济社会、自然环境风险大。包括经济危机、金融市场动荡、主权债务危机、通货膨胀、利率汇率变动等宏观经济形势变化，以及某些发展中国家本身制度不完善、政策不透明、暗箱操作等问题带来的经营风险。还包括一些国家政府和公众的民族主义和保护主义，在某些不发达地区还存在地震、海啸、火山、飓风、洪水、泥石流等自然灾害及重大流行性疾病等自然风险。2016 年，中国企业承建委内瑞拉高铁，因其国家经济状况恶化而停摆。

其三，境外资产一般远在国外，企业经营模式、人员管理、管控机制等方面与国内差距大，特别是在经营初期，往往是“因陋就简”，管理制度很难健全到位，而且日常运营深受所在国政治社会环境、文化传统、投资政策、汇率制度、税收制度等影响。同时，跨文化、属地化经营更困难。境外存在语言、社会环境和信息不对称障碍，对境外市场、法律体系的了解毕竟不如国内，有时会因为企业对当地法律的不了解而陷入一种陷阱。境外的人、财、物供应不方便，如工程机械的租用、备件的采购在非洲等发展中国家就很困难，某些国家银行借贷的利率很高，贷款的门槛也很高。

其四，股东对子公司的监管更有难度，“天高皇帝远”“将在外，君命有所不受”。显然，控股股东对境外子公司的人员派出、轮换、考核等管理比境内更加困难。许多国家的法律对个人设立公司所要求的程序相对简单，有的国家甚至只允许外国资本以个人名义设立公司，国有企业被迫以公司员工名义注册公司，以规避复杂的申请和审批程序，产生资产代持法律风险。

其五，与境内相比，境外国有资产监管难度更大，面临的困难与挑战更多。境外检查对人员素质和知识结构要求高，需要较强的专业能力、外语能力、综合思维与分析判断能力。有的境外企业尤其是从事大宗商品贸易企业，因经营需要在境外开展结构复杂、风险很高的金融衍生业务，给监管带来很大难度。

据加拿大国家邮报2015年12月31日报道，中国主权投资公司—中投（CIC）近日悄悄地关闭多伦多办事处，搬迁到美国纽约，结束在加拿大为期5年的主权基金投资。截至2015年11月末，中国持有3.44万亿美元外汇储备。其中，有7470亿美元由中投（CIC）管理，用于对海外的股权和风险资产投资。中投在2009年以来对加拿大的石油和天然气资源进行了多项重大投资：这些投资效果很不理想，其中中投投资1.5亿美元收购了SUNSHINE OILSANDS公司股权，1亿加元收购MEG公司部分股权，发生严重亏损。除中投外，中海油在2013年年初以151亿加元收购NEXEN公司，当时石油价格高达100美元1桶。显然，这笔投资的亏损也是严重的[①]。

---

① 参见微信公众号“加西网”（温哥华最大中文门户网站）2016-01-03：《中国主权基金败走加拿大，损失惨烈》，http://mp.weixin.qq.com/s/Lzwd3L8OQC2ikJUtSdBYvw，最后访问日期：2018年9月19日。

不仅是中国企业对外投资存在风险，全球范围都是这样。麦肯锡曾对1972~1983年英美两国最大工业企业的116项收购案例进行统计分析，结果显示，高达61%的并购交易以失败告终，16%成败未定，而只有23%的并购企业能够确认收益。

值得一提的是，中国企业不仅要对海外投资保持敬畏，而且要对东道国独特的自然环境怀有敬畏之心。2014年9月12日，在北京龙泉饭店举办的《国际化平台与创新思维星系论坛暨中法国际合作创新联合会周年庆典》上，非洲某国驻华参赞王女士分享了她的一个故事：1999年她应邀去参观该国一个矿区，当地村民说有一种草下面预示是铀矿，说不让走过那一片草地。王女士当时年轻风华正茂，认为这有什么，就走了过去。后来，她一直没有孩子。2007年，我和同事去乌干达出差。初到赤道，欣喜若狂，得意忘形。面对大自然，出口不逊。那次旅行，在迪拜机场转机回国时，就出现了很不顺利的一件事情，我身体不适，被迫延误了航班。这种不顺利是罕见的。因此，敬畏自然，尊重宗教是我们到异国他乡，尤其是到具有灵性的名山大川，需要特别注意的。

一、如何防范政治风险

不认上届政府的承诺导致项目无法进行，形成僵局和固定资产建设被迫停工屡有发生。中国葛洲坝集团承建阿根廷史上最大工程——“基塞”水电站项目总造价约47.14亿美元，其中85%是中方银团向阿政府提供的买方出口信贷。2015年年底，工程进度随阿根廷政权更迭被迫中断。新政府上台后决定对“基塞”水电项目合同重新审议并暂停支付。受资金和成本限制，由中国葛洲坝集团股份有限公司和阿方企业组成的联营体被迫中断大多数已在进行中的工作。2016年，中阿双方已就“基塞”水电项目重大合同变更基本达成一致，并正式签署关于“基塞”项目重大合同变更的文件。

政治风险是指由一国政治体制、政策、某些特定组织的存在，或某些行为引起的项目可行性和赢利性波动的风险。这些特定组织可能是合法的、在政府控制之下的，也可能是非法的、不受政府控制的。政治风险的主要表现形式有：政治动荡、政局不稳、政权更迭、国有化、直接征收、间接征收（指国家对财产权采取的各种形式的干涉行为达到或实质性地达到征收的效果），以及禁运、制裁、民族冲突、战争、恐怖活动和罢工。

政治风险是中国企业走出去需要认真应对的问题。美国企业的海外投资流量从100亿美元增长到1000亿美元花了25年（1973~1998年）。在20世纪六七十年代的政治风险高峰期时，一些美国海外投资因为强征而损失。中国企业的海外投资流量从10亿美元增长到1000亿美元花了13年（2000~2013年），而且大多集中在风险敏感度高的能源资源行业。短短时间内如此迅速的投资扩张，意味着投资面临的政治风险至少在短期内还会继续增加。

政治风险的防范主要有以下途径：

（一）评估政治风险，避免在高风险国家投资

慎重选择投资的东道国。在决定投资之前认真评估战争、征收、政府违约、货币汇兑等政治风险，避免在政局动荡、法制不健全的高风险国家投资，尤其不能将项目成败寄希望于某个党派或某个高官。的确需要在这些国家进行重大投资的，可以考虑与当地企业合资以分担风险，引进有影响的合作方（如西方公司），重视民意和媒体关系。

在企业自身评估之外，可参考MIGA、中信保等机构的国别风险报告评估国别政治风险。例如，清华大学中美关系研究中心和凤凰国际智库每年发布《企业海外安全管理报告》对风险评估服务、保险服务、海外安保及领事保护四个方面进行了系统的行业调研、评估，并给出建议。

值得指出的是，在与东道国政府发生争端时，应综合运用协商、调解、外交和法律等多种手段寻求解决方案。目前，中国与近180个国家建立了外交关系，在全球设立了250多个外交机构，同时许多大型央企和国有企业也在世界各地设有分支机构或办事处。这些组织及其工作人员对当地文化有感性认识、与当地人民有直接接触。他们对于所在地的了解细致深刻，并有效掌握第一手信息，对海外风险具有敏锐的洞察力。如果能加强与他们的交流

和沟通，或者在搜集基础资料以及筹划具体的海外投资项目时，有意识地从他们那里获取一些参考信息，将大大有利于项目的推进和风险的防范。

（二）重大项目通过外交渠道解决国别风险争端

外交保护，是指允许一国按照一般国际法对另一国违反国际法使其国民遭受损失的行为要求赔偿的权利。根据国际法的一般原则来推断，我国的海外投资者在东道国受到不法侵害或不公正待遇，得不到合理的司法或行政救济时，我国政府应当通过正当的外交途径，对该东道国提出求偿要求。

特大型境外投资项目突发风险事件时，在无法求助所投国法律的条件下，可以借助外交手段，将中国企业海外投资项目作为国家间战略合作的一部分，通过外交部乃至国家高层来推动项目的有效开展。二十世纪六七十年代发展中国家的国有化大潮中，跨国公司主要依靠母国政府对发展中国家外交施压。

2008 年，中国远洋海运集团出资 430 亿港币取得了希腊比雷埃夫斯港两个集装箱码头 35 年的特许经营权，但该项目投资之初便遭到了希腊港口工会的反对，要求政府取消合作协议。希腊政府考虑到本国诚信和中希关系，未予同意。随即，遭到了工人罢工反抗。之后，由于中国外交部门的多方协调，温家宝总理曾在 2010 年 10 月出访希腊时，视察过比雷埃夫斯港，并将其赞誉为“中欧人民互利合作的典范”，该项目最终得以顺利推进，而比雷埃夫斯港也以惊人的发展速度跻身世界主要港口之一。2016 年 8 月，中国远洋海运集团最终控股比雷埃夫斯港港口管理局。

外交方式往往可能力挽狂澜、立竿见影，是司法手段所不能媲美的。尤其是标的额巨大、基础建设领域等关乎国计民生的战略性投资项目尤为如此。但是取得外交支持作为挽救风险的手段是十分不易的。一般来说，外交部门对于中方投资（特别是国有资本）占 50% 以上的大型境外投资项目更会给予支持。此外，外交部门往往更关注投资项目的社会效益。因此，中国企业的境外投资，如果能为所投资的国家提供一定数量的就业岗位，甚至促进该国区域经济的繁荣发展，不仅将得到外交部门的帮助，也将获得当地政府的关心，对于项目的进展起到了至关重要的作用。

（三）政治风险保险

如果一个美国企业来收购一个德国公司的话，他们就会立刻启用自己的风险管理机制和保险包。中国境外投资者的风险管理意识还比较薄弱。《中央企业境外投资监督管理办法》要求："中央企业应当根据自身风险承受能力，充分利用政策性出口信用保险和商业保险，将保险嵌入企业风险管理机制，按照国际通行规则实施联合保险和再保险，减少风险发生时所带来的损失。"企业自身无法有效应对政治风险，转嫁海外投资政治风险就显得十分必要。对于存在较高政治风险的重大投资项目，应当考虑向 MIGA 或中国出口信用保险公司投保以转移风险，将保险费成本纳入投资的成本效益分析。

20 世纪 90 年代以来，跨国公司开始更多地依靠市场化的保险机制来冲抵投资的政治风险。参与政治风险投保的国际直接投资比例已经从 20 世纪 90 年代中期的 5% 增加到 2013 年的 14%。中国企业在规避政治风险上反应相对迟钝。

强征事件都是在东道国出现政治变局或经济危机后发生的。在国家运转正常的情况下，东道国政府通常不会杀鸡取卵。但如果国家陷入了财政困境甚至经济危机，政府可能被迫爽约，更改投资协议形成"蚕食式征用"。20 世纪 90 年代末，当经济危机席卷亚洲、拉美和东欧的发展中国家后，三分之二的电力外资项目都被迫与东道国政府重新签订。

过去 20 多年，"失过信"的政府有属于专制国家的津巴布韦、埃及和刚果（金），也有拥有较成熟民主体制的阿根廷和墨西哥，还有经历民主转型不久的俄罗斯。研究显示，在专制国家中，由于缺乏透明的法律渠道，跨国公司的投资完全打水漂的可能性要大得多。民主制度在解决强征上还是显示了一定优势——由于法律制度相对健全，大部分强征事件都能通过法律途径解决，跨国公司的损失可能获得部分甚至全部补偿。

信誉越差的政府越愿意承诺优惠条件来对跨国公司进行补偿。但条件越优惠，政府面临的国内政治压力就越大，事后毁约的可能性也就越大。如何签订协议进行利益分配也大有讲究。签订投资协议时不能过于贪心以争取最优惠的条件，执行这类协议时往往潜在更大的政治风险。在能源资源开采行业，传统方式是东道国政府按照产值定额征税。这种方式确保了政府稳定的收入，但弊病在于没有考虑价格变动对政府利益的影响。一旦产品价格上涨，跨国公司获利丰厚，政府就容易眼红，产生国有化的冲动。委内瑞拉曾在20世纪90年代早期油价低迷的时候用极低的资源税作为优惠条件吸引外资，但当油价上涨跨国公司获利猛增的时候，政府突然把1%的资源税大幅提高到30%，同时还要求跨国公司同委国家石油公司成立合资公司。当法国的道达尔和意大利的恩尼公司拒绝后，委政府收回了他们正在开采的油田。其他跨国公司被迫同意成立合资公司。因此，投资协议近年来更多地采用利润分成或合股的形式来绑定跨国公司和政府的收益，或是征收超额利润税来限制跨国公司的利润。这种类似累进税的分成方式限制了跨国公司的利润空间，也降低了东道国政府毁约的动机。

一般来说，技术密集型的制造业和服务业的投资相对安全，能源和资源投资受到的威胁最大。近半个世纪以来，发生在能源资源行业的强征事件占了总数的40%。这些项目固定投入大，但完成之后维护运营相对容易且收益稳定，容易被东道国政府打主意。而且，能源资源项目实行国有化是政客调动民族情绪、争取选票的一种手段。2012年，阿根廷对西班牙雷普索尔能源公司所持本国最大能源公司YPF的多数股份强行国有化。尽管阿根廷总统克里斯蒂娜指责雷普索尔公司没按承诺投资油田开采，导致了阿能源供应不足。但批评者却认为总统是为了竞选连任才铤而走险地打民族主义牌。

通常，跨国公司的投资本地化程度高，当地的上下游企业都能获益，对东道国经济带动作用大，政府毁约的可能性就小。外资的纵向关联包括向前和向后关联。向前关联是指同当地下游成品生产商之间的渠道，向后关联是指同当地上游原料供货商之间的渠道。能源资源类的开采项目通常价值链条短且主要用于出口，同当地企业的纵向关联程度不高，很容易被贴上掠夺当地自然资源的标签。中国在非洲的能源资源投资项目遭遇的民众反对高于其他项目，一个重要原因就是同当地企业的纵向关联不够。

境外投资的风险种类繁多，在战乱地区投资失败的原因也不一定完全归咎于政治因素，如贷款短缺引起的资金链断裂就属于企业自身问题，不纳入政治风险保赔的范围。国际上通行的海外投资保险的范围一般限于禁止汇兑险、国有化或征用险、战乱险、营业中断险四种基本类型，保险额一般在投资额的 90% 以内。在投保海外政治风险时，需要综合考虑投资项目的国别、投资回报率、保费、保险期限等，寻找最佳的投保方案，包括全额保赔、部分保赔、短期保险、长期保险等。

美国的“海外私人投资公司”“北美保险公司”，英国的“出口信贷保证部”，伦敦劳合社旗下的辛迪加、MIGA（Multilateral Investment Guarantee Agency）美亚保险等是这类政治风险保险的主要提供商。

需要说明的是，除了政治风险可以投保之外，设备也可以投保。由中国冶金科工股份有限公司控股的 Ramu NiCo 公司在巴布亚新几内亚投资开发镍矿。2014 年 8 月 4 日，该矿由于受到持械村民的袭击而暂时关闭，九台挖掘机、一辆油罐车和一辆照明车被烧毁，五名中国籍工人被打伤。借助于警方，情势得到控制，停工三日后恢复生产。当地媒体报道称，初步调查表明这次袭击事件是因村民对该公司聘用矿工的制度担心引起的。该公司一直致力于培训当地人员，以便他们能在矿场工作。保证人员和财产安全是境外投资的重要环节，但是暴力事件不可避免。该项目一直在东道国当地投资了设备险，没有受到经济损失。

2003 年，中国出口信用保险公司推出境外投资保险新产品，承保范围包括：征收和国有化、汇兑限制、战争和政治性暴力事件、政府违约。刚果（金）某项目在投重大事项的个人保险外，还向中信保投了政治风险。费率是 1%（每年交），赔付是标的（投资总额中的股东借款）的 90%。

【案例】中国信保 2017 年上半年承保金额突破 2500 亿美元①

2017 年以来，中国信保通过保险促融资、风险全覆盖、专业搭平台三大举措，推动企业开展境外基础设施建设和产能投资合作，支持制造业企业“走出去”，在探索政策性保险更好地服务实体经济发展方面取得了积极成效。

2017 年 1~6 月，中国信保承保金额达 2573.9 亿美元，同比增长 14.6%；向客户支付赔款 5.2 亿美元，同比增长 0.6%；支持企业获得银行融资 195.9 亿美元，同比增长 40.5%；支持企业面向“一带一路”国家出口、投资、开展工程承包业务累计金额达 627.8 亿美元，同比增长 7.4%。其中，中长期出口信用保险和海外投资保险承保金额合计 346.4 亿美元，同比增长 32.8%。

企业“走出去”不仅需要过硬的产品和技术，还需要给力的配套金融服务。2017 年 3 月，中国信保承保的山东魏桥铝电有限公司在印度尼西亚投资的氧化铝厂一期年产 100 万吨生产线正式投入运营。该项目是我国首条海外氧化铝生产线，正是中国信保的参与，为我国铝行业开发利用境外资源打开了新局面。中国信保以海外投资保险为该项目提供了政治风险保障；凭借信用保险的支持，企业顺利从银团获得了项目融资，推动了项目的后续进展。

中长期出口信用保险和海外投资保险项下的银行融资，已成为中国企业中标境外投资和工程承包项目的重要助力。2017 年上半年，中国信保承保了约旦 2×277MW 油页岩循环流化床发电厂、柬埔寨桑河二级（5×80MW）水电站、埃及国家电网升级改造及印尼佳蒂格德水电站等一大批重大项目。中长期出口信用保险承保项目 58 个，海外投资保险承保项目 198 个，合计承保金额达 346.4 亿美元。

上汽通用五菱汽车股份有限公司投资印度尼西亚年产 12 万辆汽车制造厂

---

① 参见搜狐财经 2017-08-01：江帆，《中国信保上半年承保金额突破 2500 亿美元》，来源：中国经济网 - 经济日报 //www.sohu.com/a/161320498_120702，最后访问日期：2018 年 9 月 19 日。

项目正式投产，中国信保为该项目提供了征收、战争及政治暴乱和汇兑风险三项风险保障。

中国信保为全部44家整车出口基地企业提供了海外信用风险保障，对我国整车出口的保险覆盖率达到51%。同时，2017年上半年，中国信保还为12个海外汽车或零配件制造厂、生产线以及汽车品牌、销售渠道的海外并购提供了海外投资保险服务，保险金额达4.5亿美元。

由我国企业承接的全球第一艘浮式LNG液化存贮船，原本定于2016年3月交付比利时船东，却因为项目原先拟定的承租人破产重组、无法履行租约，导致融资停滞。中国信保联合多方共同努力，终于在2017年重新形成了由中国信保提供风险保障、多家银行组成银团共同贷款的新融资方案，保障了FLNG船的顺利交付。

葛洲坝集团于2008年12月在利比亚承接的住宅项目是利比亚政府规划、国家财政出资的百万家庭安居工程。2009年9月，葛洲坝集团就该合同向中国信保投保了出口信用保险。2011年2月，受当地局势影响，该项目停工，葛洲坝集团在利比亚的工作人员全部撤离。在诸多中国企业遭遇利比亚政治风险之时，葛洲坝集团获赔1.62亿元人民币。

2008年年初，柳工集团和俄罗斯一家公司签订了200万美元的工程机械产品出口合同。但是没多久就爆发了金融危机，也影响到了实体经济，俄罗斯工程机械市场迅速萎缩，对方公司无法按时交付货款。但是因为发货前柳工在中国信保为货物投保了，在保险公司的介入下，俄罗斯的合作公司最终把货款全部还给了柳工集团。

【讨论】中东的天然气管道项目的投保问题

一个中东的天然气管道项目公司初步拟定的股东结构是，当地公司50%，中方35%，韩方和日方分别7.5%。融资机构要求一定要有政治风险保险，覆盖战争、恐怖袭击、动乱等。问题一，中信保一般是对中方投资人的投资出具保险，但这个项目，中方股比仅35%，没有覆盖整个项目，那么中信保是否可以对项目的整体投资额，承保这些政治风险？问题二，如果不能对整个项目承保，那也需要日韩分别找出信用保险机构对其投资额，各自承保，但中东这个国家或者没有类似机构，或者该机构及其政府没有很高的信誉和能力，在这种情况下，会有50%的投资额没有保险，银行不会愿意融资，有什么解决方法吗？可以看看多边保险机构是否有意向承保，如MIGA，也可以找一些银行谈，如转贷的形式或找一些跨国大银行看他们是否可以接受商业信用。问题三，如果项目融资全部是来自中国的银行，中信保是否也可以对整个中方银行的融资额，承保这类政治险？把整个投资项目做成了项目融资，这种形式下信保可以承保中资行的风险，但商业风险赔比会比一般中长期低，另外中国公司的入股如较高，易进入关联交易范畴，赔比会更低。

二、如何规避东道国法律环境风险

（一）了解东道国的法律法规

境外投资并购可能涉及东道国各方面的法律问题，主要涉及反垄断法、跨国并购审查法、外资法、证券交易法、公司法、社会保障法、破产法，以及知识产权、劳动法、合同管理等法律问题。尤其要注意知识产权、劳工保护方面的法律法规。中国企业应该熟悉国际规则和惯例，对东道国投资环境进行详尽的调查，熟悉投资目的地法律规范；研究双边和多边投资合作协定，保护自身利益；掌控投资合同签订程序；关注投资纠纷解决方式以及设置灵活的退出机制。

中国企业境外投资中有主动违法（规）与被动违法（规）两种表现。

一方面表现为企业主动违法，即由于企业的过错而违反东道国法律法规的规定。如违反资源国对并购的法律限制，对股东持股比例的限制，对是否能购买房产的规定，对公司治理结构的规定。在境外投资并购中，并购法律文件违反了所适用的东道国法，即使在法律文件中写入相关条款，亦难以保证该等条款能得到保障和执行。同时，由于中方不熟悉法律文件适用的东道国法，即使全程参与谈判，但在进行法律文件编撰和修订时往往由外方包办，造成中方订约人忽视部分将会产生重大影响的条款，或低估该等条款可能产生的危害，麻痹大意而在日后招致法律纠纷。比如，在非洲某国由于没有及时办理中资人员的社保卡，该中资公司被罚款。

另一方面表现为被动违法，即东道国为了阻止企业的投资并购行为而制定新法或者启用特别的法律、法规（包括程序法），使企业的投资并购行为违法。比如，东道国修改法律，对利润汇回进行限制。

除了认真研究当地法律环境，还有必要寻求专业支持。从产生海外投资并购的意图开始，中国企业就应寻求熟悉并购法律法规的国内外专业机构支持，获得及时、同步的法律服务。投资并购前，通过专业机构了解投资并购所涉及的当地法律法规，为投资并购决策提供法律依据。并购中，专业机构针对投资并购方案尤其是各类协议提出法律意见，避免与当地法律冲突。投资并购完成后，专业机构可以帮助企业完成投资并购后的整合，避免劳工、知识产权等方面的纠纷。

此外，一旦开始海外投资并购进程，应提升内部法律部门的地位和能力，系统全面地管理企业相关法务资源，引进或培养熟悉目标企业所在国法律制度的法务人员。世界 500 百强中的雪佛龙石油公司（正是该公司从中海油手中夺走了尤尼科公司），每 13 名雇员中就有 1 名律师[①]。

（二）充分利用海外投资保护的国际法规

通过国家间缔结专门协定，相互承担保护投资的国际义务，可以对海外投资者提供国际法上的保护，增强外国投资者的信心与安全感。海外投资保护的国际法规则主要由以下三部分组成:（1）双边投资协定（BIT），又可分为

---

① 参见微信公众号“中国走出去”2015-09-30:《中国企业全球化的风险管理》，http://mp.weixin.qq.com/s?__biz=MzA3ODQxNjQyMg==&mid=209164829&idx=1&sn=4cccc12e784118c821c13a98efa78868&scene=7#wechat_redirect，最后访问日期：2018 年 9 月 19 日。

友好通商航海条约、投资保护协定和投资保证协定等几类，其中以投资保护协定为主流。（2）区域协定和多边公约，最主要的是《能源宪章条约》《华盛顿公约》以及《汉城公约》。（3）自由贸易协定（FTA）中的投资章节。

1. 双边投资协定（BIT）

对中国海外投资的保护而言，最重要的是中国对外商签的投资保护协定。中国拥有世界上第二大的BIT网络（仅次于德国），现行有效的BIT接近110个。但是，还有几十个国家尚未与中国缔结BIT，其中包括美国、巴西等重要的投资目的国。有些国家与中国签订了BIT但迄今未履行批准程序导致协定尚未生效，如乍得。更重要的是，中国早期缔结的几十个BIT的保护水平相对较低，如保护标准不明确、可仲裁事项的范围过窄等。

中国投资者开展境外投资时，应当评估中国与东道国间是否存在有效的投资保护协定（BIT）以及BIT的保护水平。如果不存在有效BIT或保护水平较低，则应考虑通过投资者国籍筹划和投资路径规划以享受更高水平协定的保护。

对于投资保护而言，投资保护最重要的实体条款包括：公平和公正待遇条款（FET）、征收条款、保护伞条款、治安保护条款和战乱损失条款。不少BIT规定，缔约一方应当向另一方投资者的投资提供充分的保护和保障。有的协定进一步明确，该条款旨在要求东道国采取合理和必要的治安措施保护投资。例如，在2014年5月越南的暴力排华事件中，如果有中资企业因为越南当局保护不力而遭受损失，越方或需承担赔偿责任。

很多BIT还规定有战乱损失条款，即由于战争、武装冲突、动乱等原因造成投资损失的，缔约一方在赔偿或补偿损失方面给予另一方投资者的待遇不得低于其给予本国或任何第三国投资者的待遇。与治安保护条款不同，本条款规定的是相对待遇，投资者获得赔偿的前提条件是东道国对其他国家的投资者给予赔偿。例如，在2011年的利比亚内乱中，中方有数十个工程项目遭受损失；如果利比亚当局对本国或第三国企业的工程项目损失进行赔偿，则应当给予中国企业同等赔偿。

由于不同BIT对于以上条款的具体规定存在很大差异，导致各自的保护水平高低不同。中国企业在境外投资时，应当对此进行评估并争取通过国籍筹划获得更高水平 BIT 的保护。

2. 区域协定和多边公约

《能源宪章条约》（ECT）是关于能源领域（石油、天然气、煤、风电、太阳能等）投资保护的重要国际协定，目前共有近 60 个成员国，主要是欧洲国家、中亚国家以及蒙古、日本和澳大利亚。投资者依据 ECT 起诉东道国的仲裁案件多达 40 余起，从某种程度上体现出 ECT 的保护水平较高。中国目前只是 ECT 的观察员，因此中国投资者尚不能直接获得 ECT 的保护，但可以通过在 ECT 成员国设立子公司然后向最终目的国转投资的形式，间接获得保护。

《华盛顿公约》（解决国家与他国国民间投资争端公约）是关于解决投资者与东道国投资争议的程序性规则。该公约规定了投资争议的仲裁程序和调解程序，并设立了国际投资争端解决中心（ICSID）。ICSID 是最重要的国际投资仲裁机构，迄今全球投资仲裁案件中多数都是由 ICSID 设立的仲裁庭审理。ICSID 仲裁庭的裁决是终局的，当事人不能上诉，也不能申请国内法院撤销裁决；而且裁决在全球 150 多个成员国都具有执行力，胜诉的投资者可以选择在任何一个成员国申请强制执行败诉国的财产。“平安诉比利时案”和“北京城建诉也门案”也是在 ICSID 审理。ICSID 管辖权有扩大倾向，在处理国际投资争端中，发挥着越来越重要的作用。中国目前尚缺乏 ICSID 仲裁的实际经验。

《汉城公约》（多边投资担保机构公约）设立了多边投资担保机构（MIGA）。MIGA 针对投向 156 个发展中国家的投资项目，承保征收险、政府违约险、货币汇兑及转移险、战争和内乱险等政治风险。MIGA 既承保股权投资，保险金额可以达到投资额的 100% 加上不超过投资额 500% 的收益；也承保贷款和贷款担保，保险金额可以达到本金的 100% 加上不超过本金 150% 的利息等收益。对于风险较高的投资项目，投资者应认真评估向 MIGA 或其他政治风险保险机构。中国出口信用保险公司也承保海外投资的征收险、汇兑限制险、战争及政治暴乱险以及附加政治险。发生征收或政府违约时，投资者可以向保险机构申请赔偿，而后由保险机构向东道国政府代位求偿。鉴于 MIGA 的政府间国际组织地位，东道国对于向 MIGA 投保的项目可能会给予更多尊重[①]。

【专题】国际能源仲裁三大案

据联合国贸发会议（UNCTAD）统计，1966~2000 年累计只有 51 件投资仲裁案件，而截至 2014 年年底案件总数已经达到 610 件。截至 2017 年 12 月，国际投资仲裁总数为 855 件（2017 年当年 65 件），其中阿根廷应诉 60 件位列榜首；委内瑞拉 44 件，西班牙 23 件，中国 3 件。

2012 年 10 月，ICSID 仲裁庭裁决厄瓜多尔政府向美国西方石油公司赔偿 18 亿美元（加上利息则超过 23 亿美元）。2014 年 2 月，阿根廷政府与西班牙雷普索尔公司达成征收补偿协议，同意向后者支付 50 亿美元的补偿金。2014 年 7 月，国际仲裁庭责令俄罗斯联邦赔偿尤科斯石油公司三家股东的损失 500 亿美元。这三起案件都是外国投资者与东道国政府之间的争议，都发生在能源领域，且均产生了天价赔偿，称之为“能源仲裁三大案”。

“西方石油公司诉厄瓜多尔政府案”是一起典型的投资仲裁案件。1999 年，美国西方石油公司与厄瓜多尔国有石油公司签订分成合同，由前者出资勘探开发厄境内的 15 号油田，产出的石油由双方按照大约 7∶3 的比例进行分配。2000 年，西方公司将分成合同的 40% 权益转让给加拿大 AEC 公司。2006 年 5 月 15 日，厄当局以西方公司未经厄方批准擅自转让合同权益为由，宣布终止分成合同。两天之后，西方公司向 ICSID 申请仲裁。仲裁庭认为，分成合同以及厄法律均规定，转让分成合同的权利义务须经厄当局批准，因此西方公司未经批准而擅自转让合同确有不当；但是，转让行为未经批准这一事实并不导致分成合同应当被终止，以终止合同来惩罚西方石油公司不符合比例原则，违反公平和公正待遇条款，并构成间接征收。在计算赔偿额时，仲裁庭采用了现金流量折现法，即将 15 号油田未来预计将产生的全部净收益折现到分成

---

① 参见豆丁网 2015-06-29：任清，《海外投资的条约保护》，http://www.docin.com/p-1202422990.html，最后访问日期：2018 年 9 月 19 日。

合同被终止之日。15号油田的可开采储量为2.09亿桶，据此计算出西方石油公司遭受的损失为23.6亿美元。由于该公司也有过错，仲裁庭裁令厄方承担75%的责任，赔偿18亿美元。本案给中国企业最大的启示是，即使投资者存在过错，东道国的处罚也应当符合比例原则。

“雷普索尔公司诉阿根廷案”是罕见的直接征收案件。2012年4月，阿根廷出台“石油主权法案”，强行收购西班牙雷普索尔公司所持有的阿根廷第一大石油企业YPF公司51%的股份，将该公司收归国有。对此，雷普索尔公司采取了多种应对措施。首先，在国际上发动舆论攻势，持续声讨阿方强行收购行为的不法性。其次，由西班牙、欧盟和美国等在外交上对阿根廷政府施加强大压力。最后，2012年12月向ICSID提出仲裁申请，索赔金额高达105亿美元，在法律上形成威慑。在舆论、外交、仲裁三方面施压的同时，雷普索尔公司一直与阿根廷政府保持接触，最终于2014年2月达成和解协议，后者同意补偿50亿美元，而前者则同意终止ICSID仲裁程序。雷普索尔公司综合运用多种手段解决投资争议的技巧，值得中国企业借鉴。

“尤科斯诉俄罗斯案”除了创纪录的500亿美元赔偿额之外，还具有多个特点。首先，该案的基本事实是俄罗斯当局以执法手段打击并摧毁俄罗斯当时的第一大石油公司，包括：以非法避税为由责令补缴税款并处以罚金合计高达240亿美元；通过冻结资产等方式阻止清偿税款；操纵拍卖过程，将尤科斯公司主要资产以明显低价卖给俄国有企业等。其次，投资者对俄罗斯政府发起了旷日持久的全面“法律战”，包括：以尤科斯公司名义在俄罗斯国内法院提出起诉，以高管名义在欧洲人权法院起诉，以尤科斯公司三家股东名义申请国际仲裁、索赔1142亿美元。再次，本案仲裁庭澄清，所谓“非法投资不受保护”指的是投资过程中的非法行为；对于投资之后的不法行为，东道国可以依法处罚，但并不能剥夺其受国际法保护的权利。最后，仲裁庭指出，东道国政府如果恶意行使税收权力，以税收作为幌子行征收之实，则不属于税收例外，应当承担赔偿责任。本案给中国投资者最大的启示是，东道国不得以执法为名行征收之实，企业可以对东道国的此类行为进行坚决抗争。

截至2014年年底，中国大陆投资者提起了3件投资仲裁案件，分别是：

1. 黑龙江国际经济技术合作公司等诉蒙古案，起因是蒙古政府撤销了申请人的矿业许可证。公开信息很少。2. 平安保险公司诉比利时案。2007 年，平安保险公司前后投资 238 亿元人民币，收购比利时富通集团 4.99% 的股份。2008 年下半年国际金融危机爆发后，比利时政府对富通集团实施国有化。2008 年年底，平安公司计提减值准备金 228 亿元，意味着对富通集团的投资损失了 95%。在多次协商无果后，平安公司于 2012 年 9 月向 ICSID 提出仲裁申请。2015 年 4 月，仲裁庭作出裁决，以缺乏管辖权为由驳回了平安的赔偿要求。以该案为镜鉴，中国投资者应当注意国籍筹划和路径规划以获得更高水平投资协定的保护，在发生争议后采取何种维权措施也需要全面研判。3. 北京城建集团诉也门案。该案于 2014 年 12 月 3 日登记立案，涉及的是机场航站楼建设工程争议。北京城建于 2006 年中标也门萨那国际机场二期改造工程，中标价为 1.15 亿美元。尽管该案的是非曲直尚难评判，但作为中国企业因建筑工程争议将东道国政府诉诸国际仲裁的第一起案件，其结果对中国整个海外承包工程行业都将产生影响，值得其他企业密切关注。

截至 2017 年年底，中国大陆投资者提起的仲裁案累计达到 5 件，呈上升趋势。

一般而言，在东道国法院起诉的优点在于判决容易得到执行，缺点则是某些国家的司法制度落后或者存在保护主义倾向。如果针对东道国提起国际仲裁，其结果和程序可能更加公正，但投资仲裁的专业性强、时间长、费用高，投资者应当聘请高水平的律师团队和专家证人，并应具有“一战到底”的决心和意志。

3. 自由贸易协定

自由贸易协定（Free Trade Agreement）是两国或多国间具有法律约束力的契约，目的在于促进经济一体化，其目标之一是消除贸易壁垒（可能是关税，也可能是繁杂的规则），允许产品与服务在国家间自由流动。自由贸易区（Free Trade Area）通常指两个以上的国家或地区，通过签订自由贸易协定，相互取消绝大部分货物的关税和非关税壁垒，取消绝大多数服务部门的市场准入限制，开放投资，从而促进生产要素的自由流动，实现优势互补，促进共同发展。

比如，中日韩自由贸易区、北美自由贸易区、东盟自由贸易区。有时，它也用来形容一国国内，一个或多个消除了关税和贸易配额、并且对经济的行政干预较小的区域。

投资国与目标国的自由贸易协定以及目标国之间的自由贸易协定是影响境外投资的重要因素。投资国与目标国之间的自由贸易协定直接影响双方的货物交易、投资项目准入、税收待遇等，双边税收协议则规范双边税收安排和减少双方重复征税，而目标国与其他国家之间的自由贸易协定则会影响投资项目的市场战略和布局。

在评估境外投资项目时，自由贸易所涉关务环境是个重要因素。投资者应该考虑该区域所涉自由贸易协定，了解自由贸易协定是否覆盖项目的原材料供应地区和市场地区。因此，应该搜集包括所涉自由贸易协定的种类、自由贸易协定所覆盖的国家和地区、投资项目所涉进出口商品在自由贸易协定中的优惠税率、检验检疫和技术要求等信息。同时，还要根据原产地规则确定所投资项目的生产和制造布局。投资商应根据市场目标国与投资东道国之间自由贸易协定的原产地标准，安排项目的生产制造，包括在生产国的制造工序、加工程度、增值比率等，以满足协定中存在的“受惠国税则归类改变标准”“受惠国增值百分比标准”和“受惠国制造或加工工序标准”等[①]。

三、外汇风险

调查显示，外汇币值波动因素位列中国境外投资企业关注度首位。

影响汇率变动的因素很多，如国际收支、通货膨胀率、利率、外汇储备、政治事件、经济局势等。外汇风险的主要种类有交易风险、折算风险（会计风险）和经济风险三类。交易风险是指由于外汇汇率波动而引起的应收资产与应付债务价值变化的风险。折算风险主要是指由于汇率变化而引起资产负

---

① 参见MBA智库百科网2016-02-04:《自由贸易协定》，http://wiki.mbalib.com/wiki/自由贸易协定，最后访问日期：2018年1月1日。

债表中某些外汇项目金额的风险，受不同国家的会计制度与税收制度所制约。经济风险是指由于外汇汇率发生波动而引起涉外企业未来收益变化的一种潜在的风险。外汇风险贯穿在包括投资、经营、利润汇回的整个境外投资过程。具体实务中，外汇风险主要体现在三个方面：外汇账户的开立、汇兑和汇率。

（一）外汇账户的开立

对于不太平的东道国，投资者更希望将资金存放到东道国以外的安全国别的银行，而这一点东道国往往有限制。非洲某国经济社会动荡，在该国投资的某公司在欧洲中国某银行开了一个离岸账户，所有境外的销售收入都打入这个账户。同时，根据该国政府的要求，该公司销售收入的40%需要存在该国的商业银行。

在东道国和投资母国以外的金融市场发达的国家和地区设立境外账户，不仅可防止资金在东道国的资金风险，而且便于跨境支付。

随着中资金融机构国际化步伐的加快，近几年中资金融机构在海外业务开展日渐成熟。在海外业务比较集中的地区与中资金融机构合作成立海外结算中心，承包商总部或者投资方直接对海外结算中心的资金进行统一调度与管理，加强该地区资金使用效率与周转次数，减少不必要的汇兑损失。例如，承包商或者投资方国内总部在阿联酋阿布扎比或卡塔尔多哈设立辐射中东地区的境外结算中心，开户行为工商银行。承包商在该地区沙特、阿曼、约旦、巴林、卡塔尔、阿联酋的各类项目部分海外收款可以集中到该“金融中心”，归总部统一调度使用。既节省了由中国汇款到该地区的金融手续费，又可以享受中国与“海湾阿拉伯国家合作委员会”成员国间签订的贸易最惠国待遇，同时还增强了资金集中调度使用带来的效率。

人民币国际化的重要标志是，境外开设人民币账户。我们期待这一天早日到来。

（二）汇兑

境外赚的钱不一定都能自由汇回本国，公司的净利润汇回本国，还需要缴纳预提所得税，一般为 5%~20%，在离岸地区，根据投资协定可能免除此预提所得税。在石油矿产等行业设计复杂的多层交易结构，很大程度上是为了通过各国之间的投资保护协定签订情况，规避这个预提所得税。

境外投资最担心的是东道国实行外汇管制，不允许汇回国内，或者只允许一定限额的外汇汇回投资者国内，或者设立了很繁琐的流程，让投资收益不是那么容易就回到投资母国。比如，在阿尔及利亚，虽然政府规定可以外汇汇回，但申请的效率特别慢。

外汇风险的产生与消失直接反映在会计的“汇兑损益”账户中。汇兑损益是在持有外币货币性资产和负债期间，由于外币汇率变动而引起的外币货币性资产和负债的价值发生变动所产生的损益。当汇率动荡时，汇总损益对公司的利润有很大影响。

（三）汇率

境外投资中的贷款一般为周期较长的美元、欧元或者人民币，收入一般为当地币。如果境外投资收入收的是当地币，而不是硬通货，就存在可能虽然赚钱了，但因汇率贬值，马上变成不赚钱或者少赚钱了。2003 年，我做第一个投资项目时，1 美元 =8.7362 比尔，后来，该埃塞比尔贬值了不少，2018 年 9 月 24 日中秋节，1 美元 =27.05 比尔。这一点，在当时的可行性研究报告中，都没有考虑充分。

一旦决定投资东道国，就是选择了承受汇率风险。锁定汇率是降低汇率风险的一种常见做法。目前，国内金融机构提供的锁定汇率产品包括：远期结售汇、福费廷[①]；金融工具包括：货币互换、货币期权、非衍生工具套期保值。

---

① 福费廷是为改善贸易或服务出口商（承包商）现金流的无追索权融资方式，包买商从出口商那里无追索地购买已经承兑的、并通常由进口商所在地银行担保的远期汇票或本票的业务就叫作包买票据。承包商使用该业务可以减少外汇资金占压，主要是避免了在票据等后期内，汇率变化所带来的损失。

如何防范汇率风险？举两个例子。[①]

例一，巴基斯坦某风电项目的经验是，在项目使用美元贷款而电费为当地币支付的情况下，采用协议固定汇率与当地币电价挂钩，以便每次支付电费时根据当时汇率水平调整以当地币计价的电费，获得等值美元的电费支付。同时获得政府或央行对及时兑换外币的承诺，在当地币处于贬值通道时要及时将收取的当地币电费兑换成美元，有效规避当地币的汇率风险。此外，签订固定总价的美元 EPC 合同，将人民币汇率风险和中国国内通货膨胀风险转移给 EPC 承包商。同时通过购买海外投资保险，防范汇兑风险 。

例二，某承包商经过对非洲某国进行市场调查分析得出，未来 1~2 年该国货币对世界主要货币美元或欧元会出现较大贬值。对此做出相应对策：在该国中标的所有项目签约时减少当地币结算比重。同时，当地结算收入采用“快进快出”的政策，做好预算尽快将手中当地币转化为成本。该国 2010 年 10 月货币对美元贬值 20%。此时承包商在该国项目本地收款基本结束，且未持有大量货币资金，避免了汇率波动带来的风险损失。

① 参见微信公众号“一带一路金融工程”2016-09-25：王喆，《浅析海外水泥厂总包项目汇率风险对策》，http://mp.weixin.qq.com/s?__biz=MzA4MzE1OTY4MA==&mid=2654492889&idx=4&sn=2e24ab37c102595753fe530e7a1d9ce6&chksm=84364736b341ce20df7e6852fa257b3748646db09031a5ec8f597ca2a974368a655e2ea46851&scene=7#wechat_，最后访问日期：2018 年 9 月 19 日。

HOW CAPITAL
LAYOUT

第十一章

中国企业的境外资本布局

第一节　中小型企业境外投资

我们认为，市值10亿美元以下为中小企业。德意志银行的数据显示，2011年到2013年间，中国中小型企业在欧洲投资活动中的份额超过30%。2014年，“中小企业走出去”第一次被列为“中国十大境外投资事件”。中小企业，尤其是中小型民营企业在国际交易大流中的表现越来越精彩。中国与全球化智库编写《中国企业全球化报告》（2015）指出，2014～2015年民营企业年均投资案例数为256起，是2008～2013年的年均投资案例数的7倍，呈现爆炸式增长。

从长期来看，中国中小型民营企业的活跃度依然会很高。首先，中小企业具有数量和细分市场的领先优势。其次，中小型企业大都用“自己”的资金收购，更加讲究效率。既可以做小项目、做有增长潜力的项目，也可以与大企业联动做大项目，积极融入全球市场中，中小企业也能带动其他国家的中小企业接触中国市场，把中国市场做大，并可以共同开发第三方市场。资源开发和钢铁等重投资型的行业，以往都是大型国有企业的投资势力范围。现在，中小型民营企业也出现在这些投资的榜单上。山东万华、浙江龙盛、浙江恒逸等在内的一大批民营企业正在成为中国石化企业海外投资并购的重要力量。2016年，河北新武安钢铁集团文安钢铁有限公司在海外建厂参与国际产能合作，与中冶集团合作，在马来西亚沙捞越州建设一座年产500万吨钢、300万吨水泥、200万吨焦化等多种产品的资源综合利用型钢铁企业。该项目获得10年内免除企业所得税等优惠政策，可依托马来西亚优越的地理位置覆盖南亚、中东、东非等新兴市场，还可规避欧美国家针对中国钢铁产品反倾销措施。最后，与国有企业相比，中国中小民营企业更容易贴近当地市场满足全球碎片化的需求、个性化的需求和本地化的需求，已经在欧洲市场上获得了更高的认可度。

2016年8月，国家工业和信息化部联合中国银行制定《促进中小企业国际化发展五年行动计划（2016~2020年）》，从投融资环境上支持中小企业积极融入全球产业链和价值链。2016年9月20日，我在北京西苑饭店参加《第二届国际工程合作战略研讨论会》，聆听了原商务部副部长龙永图做的《全球化的动力、载体和手段发生了什么变化？》的主题演讲。他谈的三个核心观点之一就是中小企业国际化：1. 过去几十年，全球国际贸易增长速度是同期经济增长的2~3倍，2008年开始变弱，2015年全球国际贸易增长率2.5%，首次低于全球GDP增长3.1%。国际投资的作用凸显。2. 关注新兴国家的中产阶级的巨大市场潜力。美国中产阶级9800万，中国过亿。3. 关注中小企业。中小企业通过互联网参加全球贸易与投资活动，改变了此前以跨国公司为主的局面。

一、"走出去"版本的温州模式

传统的温州模式是指浙江省温州地区以家庭工业和专业化市场的方式发展非农产业，从而形成小商品、大市场的发展格局。"走出去"版本的"温州模式"则是指，温州的中小企业利用在海外的亲戚朋友或者其他网络，把中国的具有一些竞争力的产品（如温州鞋子、义乌小五金、打火机）推销到世界各地，形成自发的，通常是以家庭为单位的中小企业进军国际市场。

温州商人一直保持着勤奋、坚忍、拼命、草根的形象。1985年5月12日，《解放日报》头版头条刊发题为《温州33万人从事家庭工业》的长篇报道，"温州模式"首次见诸媒体。温州模式和苏南模式是中国20世纪80年代两个典型的经济模式：温州模式强调民营化、市场化，起点低但注重产权清晰、市场调节和企业家自主决策的制度创新。苏南模式则强调集体经济和政府干预。自 20 世纪 90 年代中期以来，苏南模式也朝着温州模式所代表的改革方向进行调整。

习近平总书记 2002~2007 年在浙江工作期间曾指出："温州作为国家和浙江省多项改革的'试验区'，是个敢于创新、善于创新的地方，是个能出经验、出好经验的地方。"他要求："我对温州有一个很大的希望，就是希望温州把这部创新史继续写下去，探索新的规律，创造新的业绩，总结新的经验，为全省带好头，为全国作示范[①]。"

2012 年，国务院批准的温州金融综合改革实验区总体方案，研究了开展个人境外直接投资试点，探索建立规范便捷的直接投资渠道。这是继央行 2011 年年初启动人民币境外直接投资试点以来，实施"走出去"战略的重要举措。遗憾的是，该试点没有产生预期的、足够的示范效应。

在北美、在中东、在南美、在世界各地，活跃着众多温州私营企业家。温州在海外建立鞋革、服装、工业电器、五金机电等专业市场、研发中心或生产基地，形成了行业性的温州市场和跨区域的温州经济。"温州模式"成为我国与"一带一路"沿线国民间交往的鲜活样本，产生了以下创新：

其一，建设境外工业园区是温州企业"走出去"的一大亮点。温州人开始"走出去"时是八仙过海，各显神通。但不久便发现费用大、成本高，难以独立解决许多实际困难，便把在国内取得的成功经验和运作方法移植国外，建商城、办工业园区。从 1998 年在巴西圣保罗建立首个境外中国商城到 2010 年的十二年间，就在喀麦隆、俄罗斯、荷兰、芬兰等国家先后建立 15 个"中国商品城"，在俄罗斯、美国、越南建立了 3 个境外工业园区[②]。

截至 2015 年年底，温商在海外拥有 18 个境外商品专业市场，有效突破

---

① 参见 360doc 个人图书馆网 2016–01–02：东方早报（澎湃新闻）副社长胡宏伟，《温州模式 30 年 | 什么是"温州不死"的中国价值？》，http://www.360doc.com/content/16/0102/09/11548039_524762616.shtml，最后访问日期：2018 年 9 月 19 日。

② 参见中青在线 — 中国青年报 2010–02–11：李剑平，《温州人"走出去"华丽转身》，http://www.cyol.net/zqb/content/2010–02/11/content_3088131.htm，最后访问日期：2018 年 9 月 19 日。

贸易壁垒、降低境外投资成本和风险。在“一带一路”沿线，由温州企业牵头建立并正常运转的境外经贸合作区有4个，其中国家级合作区2个（俄罗斯乌苏里斯克境外经贸合作区、越南龙江工业园），省级工业园2个（乌兹别克斯坦鹏盛工业园、温州外贸工业品股份有限公司的塞尔维亚贝尔麦克商贸物流园区），数量居全国地级市首位。例如，2015年，温州市青山集团在印尼总投资8.2亿美元，规划建设中印尼经贸合作区青山工业园区，从事镍矿、不锈钢、火力发电等项目，另外还有温商在印度创建的“印度浙商工业园”“印度温州轻工产业园”等。2016年，由温商投资近亿美元的塞尔维亚商贸物流园是当时全国唯一的境外物流园，也是浙江省级境外经贸合作园。该境外物流园依托2008年开业的贝尔麦克贸易中心升级扩建而成，规划面积0.215平方千米，总投资9500万美元，年货物物流量达6万余吨，物流强度超过100万吨/平方千米。

其二，与细分市场的世界知名企业合作，实现新的发展。温州中小企业加强同国际知名企业开展技术、品牌与资本合作，走国际化道路，实现跨域发展。例如，西服企业夏梦通过与世界著名服饰企业杰尼克亚公司合作，每套西服价格从原来的3000多元飙升到1万多元。哈杉鞋业收购意大利著名的WILSO制鞋公司90%的股份，迅速成为一家从事男女鞋生产、销售的国际公司。又如，康奈集团发展国际知名品牌战略：（1）进一步与SATRA合作，在中国建立国际认可的鞋类研究中心，加强和国际研究机构的沟通，融入国际鞋类标准制定的行列。（2）继续做好康奈海外战略的策划。一方面，继续发展康奈专卖店；另一方面，可以与国际知名品牌合作，采取收购或者合资的办法，迅速扩大康奈产品在国际市场的占有率。（3）继续做好康奈无形资产在国际市场上的注册和保护；加大海外广告宣传力度，提高康奈品牌在国际市场的知名度。（4）进一步引进和培养各类人才，以适应国际化企业的需要。（5）在以皮鞋为主要产业的前提下，实施多元化经营。

其三，通过境外投资进行产业转型。一直以来，温州人都是依赖打火机、眼镜、服装、皮鞋等劳动密集型产业打天下。随着国际市场竞争加剧，国内劳动力成本提高和原材料涨价，他们开始瞄上高科技产业、文化创意产业。

温州人在西班牙加利西亚投资 1.2 亿欧元，建设当时欧洲最大的太阳能发电厂；购买阿联酋国有电视台阿拉迪尔卫视；在美国亚特兰大独立投资 1 亿美元，建立约 1300 亩的高科技工业园区。在非洲津巴布韦，温州商人控股的中非能源公司拿下达文代尔地区 25000 公顷铁矿 20 年开采权；温州商人在朝鲜投资 605 万美元从事钼矿开采、选矿和生产销售；他们还在墨西哥投资铜矿[①]。很多温州企业进军金融业，正逐渐实现或者已经实现从产品经营到资本经营的跨越。

嗅觉灵敏的温州人在国家“一带一路”建设推进过程中抢占商机，主动参与沿线国家投资项目和重点工程。2010 年以来，温州市对外投资快速增长，2010 年至 2016 年 3 月，境外项目 178 家，中方投资额 193255.9 万美元，其中中方投资额 1000 万美元以上的项目有 21 个，分布在 40 多个国家和地区，从事批发零售、进出口贸易、工业园区建设、境外设厂加工生产等。如同温州人在 20 世纪 80 年代开始在中国的发展，其在境外的布局也主要依靠内源力量、民间力量。这种模式的不足是，虽然温州的民间资本总体数量庞大，但对外投资规模比较小。

历史上，温州就是海上丝绸之路的重要一站，也是我国对外开放的重要城市之一。温州市委、市政府大力引导和支持温商参与“一带一路”建设。2015 年以来，温州市外侨办联合乌鲁木齐、大连、威海、南通、成都、湖州、海口外侨办以及上海浦东新区侨办，共同创建了“一带一路”地方外侨办联动合作机制。2016 年，温州有温籍海外侨胞 68.84 万人，分布在世界 131 个国家和地区。“一带一路”沿线涉及的温籍侨团 116 个。温州市引导企业加大对“一带一路”沿线境外工业园区投资力度，推动康乐药业赴非洲建设工业园区。同时，引导企业开展海外建设投资及工程承包，主动参与“一带一路”沿线投资项目和重点工程，完善以海外温商营销网络为重点的境外营销和服务网络，支持境外商品市场转型发展为商贸物流园区。此外，温州还将积极

---

① 参见中青在线—中国青年报 2010-02-11：李剑平，《温州人“走出去”华丽转身》，http://www.cyol.net/zqb/content/2010-02/11/content_3088131.htm，最后访问日期：2018 年 9 月 19 日。

推动优势企业开展境外并购、跨国经营和国际经济技术合作，进一步提升温州企业的国际化水平[①]。

2017年6月25日，“一带一路”温商研究中心在温州成立。“一带一路”温商产业发展基金同时成立，该基金总规模30亿元，首期发行5亿元。温州商学院成立“一带一路”研究中心，该中心拟建立并发布温商“一带一路”共享资源数据库，为相关研究及决策提供基础资料；承办“一带一路”温商发展论坛、年会，搭建产学研信息沟通平台；出版“一带一路”温商发展报告及“一带一路”温商研究系列丛书和会刊，联合国内外知名学术机构，发布相关课题等，以期及时研究总结提升温州及周边地区的“一带一路”创新实践，为温州、浙江乃至全国的民营企业、民营经济与“一带一路”国家交流合作提供智力支持，为政府的决策提供参考。

【专题】自然人违规直接进行境外投资

自然人境外开设公司主要有以下两个途径：其一，自然人在境内设立公司，再由该公司去境外投资。其二，自然人用其境外外汇收入到东道国直接投资，没有在中国进行审批手续和外汇登记，这是违规的。

经过一些尝试，中国目前仍然不允许自然人直接进行境外投资。天津（2007年）、温州（2011年）曾相继出台过境内个人境外直接投资的试点方案，但也都因为各种原因而被中途叫停或没有获得真正实施即被后续规定所废止，有些试点方案被称是因为并未事先获得国家外管局的批准而没能得以实施。

商务部和国家发改委的政策将自然人投资放在制度管辖之外。《境外投资管理办法》（商务部令2014年第3号）“所称境外投资，是指在中华人民共和国境内依法设立的企业通过新设、并购及其他方式在境外拥有非金融企业或

① 参见微信公众号“东方战略国际智库”2016-07-30：经济日报记者张玫，《温商已在“一带一路”沿线建成4个境外经贸合作区》，http://mp.weixin.qq.com/s/KuB3YW9OTCQrAmM9HXjZbw，最后访问日期：2017年6月30日。

取得既有非金融企业所有权、控制权、经营管理权及其他权益的行为”。《境外投资项目核准和备案管理办法》(中华人民共和国国家发展和改革委员会令2014年第9号，已失效)“适用于中华人民共和国境内各类法人以新建、并购、参股、增资和注资等方式进行的境外投资项目，以及投资主体以提供融资或担保等方式通过其境外企业或机构实施的境外投资项目”。

虽然商务部和发改委的这两个办法均没有将自然人直接进行境外投资纳入制度范畴，我国的外汇管理制度却涉及了个人境外投资，对境内自然人境外投资用汇施行登记制度，国家对个人结汇和境内个人购汇实行年度总额管理。《外汇管理条例》(2008年修订，国务院令第532号[①])规定“境内机构、境内个人向境外直接投资或者从事境外有价证券、衍生产品发行、交易，应当按照国务院外汇管理部门的规定办理登记。国家规定需要事先经有关主管部门批准或者备案的，应当在外汇登记前办理批准或者备案手续”。《个人外汇管理办法》(中国人民银行令〔2006〕第3号)规定：“境内个人对外直接投资符合有关规定的，经外汇局核准可以购汇或以自有外汇汇出，并应当办理境外投资外汇登记。”《个人外汇管理办法实施细则》(汇发〔2007〕第1号)规定，境内个人对外直接投资所需外汇须经外汇局核准并办理境外投资外汇登记手续。国家对个人结汇和境内个人购汇实行年度总额管理，年度总额分别为每人每年等值5万美元，即每人每年可以在等值5万美元[②]额度内自由换汇出境。

返程投资是中国境外投资的一种现象，也衍生了一些问题。返程投资是指中国境内居民通过境外特殊目的公司对境内开展的直接投资活动。这些境内居民当年设立境外特殊目的公司没有履行外汇登记手续的，我国政府要求其补外汇登记手续。

---

① 此前的《外汇管理条例》(211号文，1997年1月14日生效，2008年8月5日失效)第21条规定，境内机构向境外投资须经外汇管理机关批准后方可办理有关资金汇出手续；第52条明确，该条例所称“境内机构”不包括境内自然人。该条例未明确规定境内自然人境外投资的用汇审批或外汇登记制度。

② 个人外汇额度2007年以前是每人每年2万美元。

例如，爱康科技的前身爱康器材于2006年3月设立时，爱康国际持有爱康器材63%股权。爱康科技2011年8月申请新三板IPO时，爱康国际持有25.33%股权。爱康国际于2005年5月由邹承慧（境内自然人）出资在境外设立，出资资金为个人境外薪资及个人境外借款，并没有中国国内资金汇出的批准手续。国家外汇管理局无锡市中心支局于2009年7月补充批准邹承慧在境外（香港）设立特殊目的公司爱康国际，并相应办理境内居民个人境外投资外汇登记。但是，该公司上市发行人律师就该事项咨询了国家外汇管理局广东省分局，其工作人员回复：除设立或控制特殊目的公司外，因目前没有关于境内个人境外直接投资外汇登记的细则规定，对于不涉及用汇的境外直接投资暂不予办理或补办境内个人境外直接投资外汇登记。

值得注意的是，爱康国际股东以个人境外薪资及个人境外借款出资设立境外公司，并不满足2005年出台的《国家外汇管理局关于境内居民通过境外特殊目的公司融资及返程投资外汇管理有关问题的通知》（75号文，该文被2014年37号文取代）所规定的"以其持有的境内企业资产或权益"的规定，但国家外汇管理局无锡市中心支局仍为其办理了特殊目的公司外汇补登记，由此可以看出当时外汇管理部门有意将"特殊目的公司"投资来源的认定标准逐步扩展至"境内外合法资产"，与2014年7月生效的《关于境内居民通过特殊目的公司境外投融资及返程投资外汇管理有关问题的通知》（汇发〔2014〕37号）相关规定吻合。该文规定对于该文实施前未按规定办理境外投资外汇登记的，境内居民应向外汇局出具说明函说明理由；外汇局根据合法性、合理性等原则办理补登记，对涉嫌违反外汇管理规定的，依法进行行政处罚。

国家相关部委近年的发文中也对境内个人境外直接投资持开放姿态。2015年6月生效的《关于进一步简化和改进直接投资外汇管理政策的通知》（汇发〔2015〕13号）（之前的规定与该文不一致的，以该文为准）规定，（1）取消境外直接投资项下外汇登记核准行政审批事项，改由银行直接审核办理是程序上的简化；（2）外汇局通过银行对直接投资外汇登记实施间接监管；（3）该文附件明确，境内居民个人以境内外合法资产或权益已向特殊目的公司出资但未按规定办理境外投资外汇登记的，应提交说明函；相关外汇局按照个案业务集体审议制度审核办理补登记；对于涉嫌违反外汇管理规定的，依法进行处理。但这些相关文件均未提及个人境外直接投资需要哪些审批或办理手续，也未公布任何操作细则，使得个人的境外直接投资在现有法律框架下并不具有真实可操作性。

总体上，国家外管局并未对个人境外直接投资如何办理批准或者备案手续出台任何实施细则或办法，也未将个人投资者涵盖在《境内机构境外直接投资外汇管理规定》（汇发〔2009〕30号）之中，仅在其关于返程投资的最新规定《国家外汇管理局关于境内居民通过特殊目的公司境外投融资及返程投资外汇管理有关问题》（2014年37号文）及《国家外汇管理局关于进一步简化和改进直接投资外汇管理政策的通知》（2015年13号文）中隐约体现了政策导向，并将直接投资的外汇登记权力下放至银行。国家发改委及商务部也未在新出台的法规中为自然人境外投资指明道路。导致关于境内个人进行境外的实体投资或资本市场的投资仍仅停留在立法层面，缺乏操作性。

因此，多年以来，中国的高净值人群一直未能光明正大地实现对外直接投资，仅能通过境外买房产和QDII等金融产品间接投资海外[①]。

二、并购细分行业"小而美"的隐形冠军

深耕在某一领域的专业型公司更受投资者的青睐。在德国，很多"小而美"的公司受到产业投资者的追捧。

基金经理喜欢有成长性、有想象力的野孩子，产业投资者则喜欢隐形冠军。先初步选出一些大行业，再根据每个行业的情况细分，把每一个细分枝杈里的第一名、第二名都找出来，然后再去判断有没有合作的可能，以及怎

① 参见君合法律评论2014-07-23：何芳、赵鹏丽，《境内个人境外直接投资简析》，http://mp.weixin.qq.com/s?__biz=MzA5MzYzMzYyNQ==&mid=200796074&idx=1&sn=1feca6a159aa2978c319ca47fb866e13&scene=7#wechat_redirect，最后访问日期：2018年9月19日。

么合作。复星的多数零售、旅游项目的投资逻辑就是源于此，如法国 Club Med、希腊时尚品牌 Folli Follie、美国高端女装品牌 ST.JOHN，以及太阳马戏团等。

（一）江苏常州金昇集团的两起细分市场领导者的成功并购

金昇集团 2000 年成立于江苏常州，以生产纺织机械起家。名不见经传的金昇集团在 2010 年和 2013 年，两次成功收购细分行业的领导者，这种道路值得“走出去”的中国中小企业借鉴。

2010 年 10 月，金昇集团并购了德国埃马克（EMAG）集团 50% 的股份。埃马克集团拥有 140 多年的历史，是欧洲第三大高端数控机床制造商。收购时埃马克年销售额不足 3 亿欧元，处于亏损状态。并购后，2015 年全球销售额近 6 亿欧元，销售利润率达到 9%。其中，2012 年从德国埃马克剥离出的 Koepfer 柯普福齿轮业务三年内年销售额从 5000 万欧元增长到 1.5 亿欧元，戴姆勒奔驰，宝马、奥迪等德国著名厂商都是其客户。

2013 年 6 月，金昇集团收购了瑞士上市公司欧瑞康集团旗下天然纤维纺织机械及专件两个事业部，收购以后改回原来的名字——Saurer（卓郎）。卓郎集团是全球天然纤维机械及关键零部件制造的领导者，有超过 160 年的历史。在这些并购中，他们的并购对象是细分行业的隐形冠军。他们的选择标准是，看一个企业到底好不好，最重要的不是看资产，也不是看价格，而是看它的盈利以及盈利不断改善的能力。对于高端装备机械行业来说，则还要看产品的先进性和研发能力、领导团队的能力[①]。

（二）爱尔眼科“走出去”

中国医药企业并购标的选择，主要从利润端来衡量，但当前中国 5000 多

---

① 参见 360doc 个人图书馆网 2016-01-19：管烨，《校友独家分享｜一家江苏小企业如何通过跨国并购，一步一步成为世界第一？》http://www.360doc.com/content/16/0119/04/29248356_528989036.shtml，最后访问日期：2018 年 9 月 19 日。

家药企中，规模和体量不错的非上市企业基本上都已经被筛选完毕，这些企业要么不愿意被并购，要么估值太高，但在海外市场，同等规模和体量药企的 PE 值一般在 10 倍左右甚至更低，国内药企的 PE 值至少需要 20~30 倍。中国医药产业当前已经历了活跃期和繁荣期，行业增速从 20%~30% 下降到 10%~20% 之间。中国医药政策频出，一组不完全统计的数据显示，2015 年度，我国医药行业有关的国家级文件出台 531 项，而 2016 年度出台文件 1488 项。在政策频出、门槛提升、费用控制的背景下，药企盈利空间大幅压缩，业内普遍将 2015 年和 2016 年视为医药行业谷底[①]。

对比以往全球医药资产并购，中国药企的并购专业性已大幅提升。以前，中国药企海外并购中失败比例很大。收购失败的原因主要是对国外市场不了解，且以前的收购渠道太少，大都是通过简单的人际关系撮合，失败概率大。如今，"走出去"的大都是中国龙头医药企业，这些企业自身已经在布局新药研发，其团队对全球医药领域特别是专注的市场都十分了解。再加上专业化并购渠道通畅后，无论是在学术还是在国内市场的协同上，中国药企的海外并购成功概率都较大。

爱尔眼科医院集团是中国规模最大的眼科连锁机构之一，中国第一家 IPO 上市的医疗机构，是国内首家获得"中国驰名商标"的眼科机构。公司前身是 2003 年 1 月成立的长沙爱尔眼科医院有限公司。2007 年 12 月，经湖南省工商行政管理局登记注册，该公司整体变更设立为股份有限公司，注册资本 10000 万元。

爱尔眼科不仅国内并购风生水起，而且国外并购也可圈可点。

国际化扩张第一步。2015 年年底，爱尔眼科海外并购首单收购香港亚洲医疗集团，取得了良好的经济效益和协同效应。2015 年 12 月，爱尔眼科（300015）下属的香港爱尔以 2.12 亿港币收购股权资产，其中 1.82 亿港币收购亚洲医疗集团有限公司 100% 股权，3000 万用于增持亚洲医疗集团持有的

---

① 参见搜狐财经 2017-01-06：陈红霞，《爱尔眼科 1800 万美元收购美国医院 医药海外并购继续提速》，http://www.sohu.com/a/123546225_115443，最后访问日期：2017 年 10 月 16 日

亚洲护眼有限公司 20% 股份。标的公司 2014 年收入为 1.2 亿港币，控股两家眼科服务公司，拥有 2 家眼科诊所的亚洲医疗服务有限公司以其著名的近视激光矫正手术和白内障手术，在香港享有很高的知名度，并利用诊所运营模式形成良好的服务体系；拥有 5 家眼科检查及医学视光中心的亚洲护眼有限公司专注于基础眼检查，有助于爱尔眼科提升视光技术专业优势。爱尔眼科在国内积极推进医院网络战略布局，通过此次收购快速切入香港医疗市场，既可借鉴其成熟诊所经营模式完善原有布局，又与深圳等地区医院形成良性互动，进一步深挖华南市场。此次香港并购作为爱尔眼科海外并购的起点，不仅为爱尔眼科扩大国际影响力提供了良好平台，也为公司未来进一步走入国际市场提供宝贵的经验。

2017 年 1 月，爱尔眼科发布公告，全资子公司美国爱尔拟以 1800 万美元收购 Dr. Ming Wang 所持有的 AW Healthcare Management, LLC 75% 的股权（该公司包括 WangVision 眼科中心的所有资产、业务）。本次收购是爱尔眼科实施国际化战略的又一项重要举措。Wang Vision 眼科中心由国际著名屈光手术和角膜病治疗专家 Dr. Ming Wang 于 2002 年 4 月创建，是一家具有世界影响力的眼科中心，拥有全球前沿的屈光手术技术，并拥有全面的角膜成像技术。眼科中心面向北美乃至全球高端客户，已经服务了超过全世界 55 个国家以及全美 40 多个地区的病人，其中包括多位国家政要及好莱坞影视明星。爱尔眼科董事长陈邦表示，一方面，通过收购著名精品眼科中心，有利于公司深度了解美国眼科市场和高端医疗服务的经营方式，实现公司多元化服务模式和服务体系的升级完善，满足中国日益增长的多层次眼科医疗服务需求，是公司“十三五”发展战略的重要一环；另一方面，此举将丰富和壮大公司的全球优秀专家团队，推动公司全球化学术科研工作，为公司搭建更高水平的世界级科研、人才、技术创新平台，进一步提升公司核心竞争力和国际影响力。同时，该眼科中心具有良好发展前景，通过对标的公司的资源整合提升，有利于提升公司资产回报率和股东价值。美国作为全球医疗最发达的国家之一，拥有成熟、先进的医疗服务理念和最前沿的技术体系。通过本次交易，不仅得以快速切入北美医疗市场，进一步强化公司的技术水平，更重要的是，通过在国内嫁接其高端服务模式和管理经验，有利于公司快速发展高端医疗服务。同时，此举将为公司国际化发展进一步积累经验，为今后加快海外布局打下坚实基础[①]。

爱尔眼科的并购只是医药行业的一个缩影。2016年，医药行业并购再度提速，复星医药海外并购创下交易规模的历史之最，国内其他企业也加速出海。国内医药产业增速放缓，中国药企需要寻找新的盈利点，海外并购成为中国药企突围的重要方式。

三、中国中小型上市公司的境外并购

一大批中小企业显然已经觉醒，开始通过资本运作并购境内外优势企业。数据显示，在深市主板、中小板和创业板三个板块的跨境并购中，中小板和创业板跨境交易更为活跃，交易数量占全部交易数量的83%[②]。

（一）成都金亚模式——中小上市公司直接收购境外上市公司[③]

这是中国创业板海外并购第一单。

金亚科技位于四川省成都市，致力于为中小数字电视运营商提供端到端整体解决方案。1999年成立，2009年10月A股创业板上市，成功实现了由模拟向数字电视系统领域的转型，并由单一的软硬件产品供应商发展成为有线数字电视系统端到端整体解决方案的综合技术服务商。该公司第一大股东周旭辉，持股27.80%。2011年10月，金亚科技谋划此次并购的意图在于依托哈佛国际的渠道和品牌优势，将公司的数字机顶盒产品打入国外市场。哈

① 参见微信公众号“中国走出去”2016-04-01：《中小企业“走出去”：困惑中的尝试》，http://mp.weixin.qq.com/s/cZAIX6PMgZfGf3y-FsMJTA，来源：证券时报，最后访问日期：2018年9月19日。

② 参见微信公众号“中国走出去”2016-04-01：《中小企业“走出去”：困惑中的尝试》，http://mp.weixin.qq.com/s/cZAIX6PMgZfGf3y-FsMJTA，来源：证券时报，最后访问日期：2018年9月19日。

③ 参见微信公众号“中国走出去”2016-04-01：《中小企业“走出去”：困惑中的尝试》，http://mp.weixin.qq.com/s/cZAIX6PMgZfGf3y-FsMJTA，来源：证券时报，最后访问日期：2018年9月19日。

佛国际年销售收入接近8000万英镑，其中50%是海外代工的形式进行生产。金亚科技有望直接包揽哈佛国际全部代工业务尤其是机顶盒的生产业务，从而直接增加4亿元的年销售收入。

2012年7月，金亚科技全资子公司金亚科技（香港）有限公司通过要约收购的方式，以4.47元/股对价（交易金额超过2.2亿元人民币）收购英国伦敦证券交易所创业板市场上市公司哈佛国际的全部股份，后者从交易所退市。哈佛国际是英国主要的机顶盒经销商之一，金亚科技拟通过收购打通机顶盒产业链的上下游。收购完成后，哈佛国际2012年7月至12月亏损1101万元，2013年、2014年哈佛国际分别续亏6428万元、221万元，致使金亚科技2013年因此计提商誉减值1862万元，当年巨亏1.21亿元。基于对赌承诺，2015年4月，金亚科技控股股东以221万元现金补足了2014年哈佛国际的亏损额度。

看似不太成功的并购，技术层面却值得我们借鉴。

1. 三个交易协议与50万元分手费

本次重组涉及《协议书》《分手费契约》和《第三方资金托管协议》。由于收购双方都是当地的上市公司，涉及的主体、监管机构、中介机构总共多达25个，其中各方的协调、沟通工作巨大。从召开董事会会议、股东大会，到相关监管部门进行审批，全部仅用了5个月的时间。

2011年9月28日，金亚科技、香港金亚与哈佛国际签订了《协议书》，约定香港金亚通过要约收购的方式，以0.45英镑/股（约合人民币4.47元/股）的现金对价收购目标公司的全部股份。后来，金亚科技已按照上述协议要求执行完毕全面收购要约，目标公司已完成了过户，并办理了工商变更登记。

就在签订《协议书》的同一天，金亚科技与哈佛国际签署的《分手费契约》约定："如果金亚科技在2012年3月30日之前没有发出每股不低于45便士的正式要约，金亚科技将需要支付50万英镑的分手费给哈佛国际，且在正式要约发出之前金亚科技必须已取得相关政府机关的批准"。2011年11月9日，金亚科技、哈佛国际和江苏省国际信托有限责任公司签订了《第三方资金托管协议》，并于同日将50万英镑分手费支付至江苏省国际信托有限责任公司账户。金亚科技于 2012 年 3 月 29 日收到中国证监会《关于核准成都金亚科技股份有限公司重大资产重组方案的批复》（证监许可〔2012〕406 号文），核准金亚科技进行本次收购（但未能在《分手费契约》约定截至日前发出正式要约）。哈佛国际随后豁免了金亚科技违约责任。

伦敦时间 2012 年 4 月 13 日，哈佛国际召开董事会讨论通过了推荐本次要约收购的事项，香港金亚于 2012 年 4 月 27 日发出正式要约。江苏省国际信托有限责任公司已于 2012 年 5 月 7 日将 50 万英镑分手费（含息）退还至金亚科技账户。

2. 并购过程[①]

这次收购主要有以下十八个关键里程碑。从这些关键里程碑，可以大致了解上市公司境外并购的程序。

（1）2011 年 7 月 29 日，金亚科技向深圳证券交易所提交停牌申请，公司股票于 2011 年 8 月 1 日起停牌。

（2）2011 年 8 月 4 日，金亚科技召开第二届董事会 2011 年第八次会议，审议通过了《关于公司筹划重大资产重组事项的议案》。

（3）2011 年 9 月 28 日，金亚科技与哈佛国际签署了《协议书》。

（4）2011 年 9 月 29 日，金亚科技召开了第二届董事会 2011 年第十次会议，审议通过《成都金亚科技股份有限公司重大资产购买预案》，同日向深圳证券交易所提交复牌申请。

5. 2011 年 10 月 10 日，哈佛国际发布或有要约公告。根据英国《并购守则》的要求，该公告发出 28 天之内收购方需要发出正式要约，否则要申请延期。由于国内相关部门审批原因，其后哈佛国际已向并购委员会申请延期。

6. 2011 年 10 月 11 日，金亚科技股票复牌。

7. 2011 年 11 月 8 日，金亚科技召开第二届董事会 2011 年第十二次会议，

---

① 参见巨潮资讯网 2012-7-25：金亚科技（300028）公告，《民生证券有限责任公司关于成都金亚科技股份有限公司重大资产收购实施情况之独立财务顾问核查意见》，http://www.cninfo.com.cn/cninfo-new/disclosure/szse_gem/bulletin_detail/true/61318172?announceTime=2012-07-25 06:30，最后访问日期：2018 年 9 月 19 日。

审议通过了《成都金亚科技股份有限公司重大资产购买报告书》及其摘要。

8. 2011 年 11 月 24 日，公司 2011 年第二次临时股东大会审议通过了《关于公司重大资产购买方案》的各项议案。

9. 2012 年 1 月 10 日、2012 年 2 月 6 日、2012 年 2 月 9 日，本次收购分别获得四川省发改委、四川省商务厅、国家外汇管理局四川省分局的审核批准。

10. 2012 年 2 月 20 日，公司按照中国证监会要求提交补正意见回复之后获得中国证监会正式的受理通知书。

11. 2012 年 3 月 27 日，中国证券监督管理委员会出具《关于核准成都金亚科技股份有限公司重大资产重组方案的批复》（证监许可〔2012〕406 号文），核准公司由全资子公司金亚科技（香港）有限公司通过要约收购的方式，以 0.45 英镑 / 股（约合人民币 4.47 元 / 股）的现金对价收购目标公司的全部股份。

12. 2012 年 4 月 13 日，哈佛国际发出确定性要约公告。

13. 2012 年 4 月 27 日，香港金亚寄出正式收购要约。

14. 2012 年 5 月 31 日，接受本次要约的股东所代表的股份数达到 97.75%。

15. 2012 年 6 月 8 日，香港金亚启动强制收购程序（根据英国公司法，收购股份达到 90% 以上时，收购方可启动强制收购程序，强制收购期为 6 周）。

16. 2012 年 7 月 3 日，哈佛国际从伦敦证券交易所 AIM 市场退市。

17. 2012 年 7 月 20 日，强制收购期满，尚有持股哈佛国际 0.8% 股份的股东未接受要约，股份强制过户至香港金亚名下。

18. 2012 年 7 月 23 日，哈佛国际在当地注册局办理相关变更手续，领取新的公司登记证，本次收购完成。

3. 交割

2012 年 3 月底至 4 月中旬，金亚科技先后将收购款项分三笔转入本次收购的英国财务顾问账户。从 2012 年 6 月 1 日开始，英国财务顾问逐步向接受要约的股东支付相关款项。截至 2012 年 7 月 20 日，尚有代表 0.8% 股份的股东未接受要约，未接受收购要约的股份已强制过户至香港金亚名下。2012 年

7 月 23 日，哈佛国际已在当地注册局办理相关变更手续，领取新的公司登记证，变更后成为香港金亚全资子公司，本次收购正式完成。

哈佛国际在与金亚科技签订的《协议书》中承诺，收购完成时哈佛国际净资产不低于 1,950 万英镑。根据收购完成后哈佛国际未经审计的财务数据，其净资产为 1,910 万英镑左右。本次未经审计的净资产与双方签订的《协议书》中的承诺的净资产额存在 40 万英镑的差异。金亚科技已豁免哈佛国际该事宜。

但是根据立信会计师事务所出具的《审计报告》，截至 2012 年 6 月 30 日，哈佛国际净资产为 1,718 万英镑。净资产与承诺的 1,950 万英镑相差 232 万英镑，造成差异的主要原因如下：

（1）因收购期延长，2012 年 4 月 1 日之后汇率变动产生的“外币报表折算差额”42 万英镑。（2）随着英国及澳大利亚数字化电视整体转换的完成，原模拟信号产品存在贬值的迹象，因此对截至 2012 年 6 月 30 日库存的模拟产品补提存货跌价准备；另外，对 2011 年 11 月泰国洪水期间高价采购的硬盘补提存货跌价准备，两项合计补提存货跌价准备 31 万英镑。（3）补计应于二季度确认的费用性支出 51 万英镑，如法律费用、赞助费用、办公室搬迁费用、员工养老保险费等。（4）由于金亚科技收购哈佛国际时间超出预期，原计划于 2012 年 3 月底完成，实际延迟了三个多月，而每年二季度是哈佛国际年度经营低谷期，往年在此期间都会有一定经营亏损。（5）原准备于 2012 年年初推出的高端品牌 View21 因宏观环境及授权延迟等原因，将延迟到年底上市，相应影响了第二、三季度的经营业绩。另外，欧洲宏观经济环境低迷等因素，也是造成哈佛国际二季度经营业绩亏损的主要原因之一。

除上述净资产金额略低于承诺数值外，哈佛国际其余承诺全部属实或者实现，不存在违反承诺的情况。其中，目标公司设有员工福利信托，此信托资产不属于目标公司名下，因此未出现在其资产负债表的净资产中，也不会对目标公司的净资产造成影响。

4. 人员任用

哈佛国际原董事会中有 6 位成员，其中 2 位执行董事、4 位非执行董事。2012 年 4 月 13 日，哈佛国际 4 位非执行董事 Bridget Blow（非执行董事长）、

Geoff Brady、Anthony Shearer 和 Daniel Harris 全部提交辞呈，并于 2012 年 5 月 31 日正式卸任。随后，经金亚科技总经理办公室讨论决定，委任其董事长周旭辉先生和股东代表王亚瑜先生为哈佛国际非执行董事。哈佛国际原执行董事兼首席执行官 Michael Ashley 和执行董事兼财务总监 Robert Jan Thompson 则继续留任。

5. 对赌

2013 年度，哈佛国际实现营业收入 29143 万元，净利润亏损 6428 万元[①]。其中，依照《企业会计准则第 8 号——资产减值》《企业会计准则第 20 号——企业合并》等相关规定，公司收购英国哈佛国际所形成的商誉，根据未来收益法进行了初步测算，形成 1862 万元的减值。在努力实施上述扭亏措施的基础上，公司控股股东、实际控制人周旭辉先生作出如下承诺：若哈佛国际在 2014 年度继续亏损，自公司年度报告披露之日起十个交易日内，周旭辉先生个人将以现金的方式向公司全额补足当年哈佛国际亏损额度。

金亚科技（300028）2015 年 4 月 3 日发布公告（公告编号：2015-031）：截至 2014 年 12 月 31 日，经审计 2014 年度哈佛国际亏损金额折合人民币金额为 221 万元，周旭辉先生全额补足该金额。鉴于此，公司控股股东及实际控制人周旭辉先生将于本公告披露之日起十个交易日内补足了哈佛国际亏损，其关于哈佛国际业绩承诺全部履行完毕。

6. 讨论

从交易的过程来看，金亚科技对待这起海外并购无疑是不惜血本。公司并未采取最为普遍的协议收购框架，而是直接向目标公司全体股东发出收购要约。显然，金亚科技看中的并不是哈佛国际本身，而是海外的市场和机会。财务数据显示，哈佛国际 2009 年、2010 年和 2011 年上半年的净利润数据分别为 -170 万英镑、120 万英镑和 -60 万英镑。在盈利能力具有较大不确定性

---

① 参见巨潮资讯网 2014-04-25：金亚科技（300028）公告《关于控股股东及实际控制人对哈佛国际业绩的承诺》，http://www.cninfo.com.cn/finalpage/2014-04-25/63918683.PDF?www.cninfo.com.cn，最后访问日期：2018 年 9 月 19 日。

的同时，更为重要的是，哈佛国际并未有任何属于自己的专利和技术。

金亚科技意图通过此次并购来达到借船出海的目的，对于目标公司的质地考虑则在其次。据悉，哈佛国际在数字电视产品领域的 Alba 和 Bush 品牌在英国和澳大利亚市场具有较大知名度；而更为重要的是，哈佛国际有着 40 年的经营历史，积累了大量的客户资源和渠道资源，这一优势对于金亚科技来讲，无疑是一个借船出海的绝佳跳板。而且需要指出的是，金亚科技在公告中也毫不避讳这一点。与以往技术型和资源型的海外并购不同的是，中国企业以开拓市场为目的的海外并购最终成功的先例并不多[①]。

【专题】美、英、德三国关于收购上市公司的收购政策

各国证券市场最主要的收购方式是要约收购，即收购方通过公开方式向目标公司股东发出要约，达到控制目标公司的目的。以下从信息披露、要约收购、反敌意收购、强制排除权等方面介绍美国、英国和德国在这方面的规定。

一、信息披露

收购交易信息如果提前透露到市场上一般会引起目标公司股价的波动，所以各国要约规则都要求收购方在持有目标公司股票达到一定比例后进行公告，以确保公众获取信息的公平性。

美国：收购方在取得上市公司股份超过 5% 时，需要在 10 日内向目标公司、美国证券交易委员会（SEC）和证券交易所备案。收购方在此之后持股比例变动每达到 1%，必须向上述机构进行补充备案。如果收购方最终发出了收购要约，就必须向目标公司股东和美国证券交易委员会披露在收购要约正式开始之前 60 日内为收购目标公司股份进行的所有交易。

英国：收购方收购目标公司的股份达到或超过了目标公司表决权的 3% 时，需要在 2 个交易日内向目标公司和英国金融管理局（FSA）申报，此后持

① 参见凤凰网 2011-11-09：况玉清，《创业板海外并购第一案敲定》，来源：北京商报 http://finance.ifeng.com/gem/news/20111109/5016341.shtml，最后访问日期：2018 年 9 月 19 日。

股比例变动每达到1%时也应补充申报。

德国：收购方持有德国上市公司超过或低于3%、5%、10%、15%、20%、25%、30%、50%或75%以上表决权的，应在4个交易日内通知该目标公司和联邦财政监督管理局（BaFin）。此外，如果收购方收购了目标公司表决权10%或以上股份，它必须在20个交易日内告知目标公司其是否有收购计划所需的资金来源。

二、要约收购

要约收购是指收购方以取得目标公司的控制权为目的，通过公开方式直接向目标公司股东作出购买股份的意思表示。该制度的设立目的是确保收购方在取得上市公司控制权的过程中，广大中小股东的利益得到一定保护。该制度是收购上市公司的法律体系中最重要内容。根据法律对收购方所要求责任不同，要约收购分为强制性要约和自愿性要约。

美国：美国的要约收购制度属于自愿性要约，即不要求收购方在收购目标公司股份达到一定比例后必须向剩余股东发出收购要约。收购方可自主发出要约，自行确定要约比例，但是收购方在收购过程中要不断地就收购人的背景、收购意图、收购计划等信息予以充分详细的披露。该制度是在保护大股东能自由转让其控制权的同时，通过施加信息公开义务和控股股东对其他小股东的信托义务来实现中小股东利益保护。

英国：英国的要约收购制度则属于强制性要约收购，即法律规定收购方在持有目标公司的股份超过30%时，其必须以特定的价格，在规定的时间内向目标公司的剩余所有股东发出要约。在要约价格方面，法律规定收购方的出价必须至少是该收购方在要约期间前三个月或从要约期间开始到收购方正式提出要约之间为收购目标公司股份支付的最高价格。

德国：与英国类似，德国采用强制性要约收购制度，即收购方在购买目标公司表决权达到30%时有义务向所有的剩余股东发出收购要约。收购方提出的价格必须最少是该收购方在要约期间前6个月目标公司股票在公开市场交易价的加权平均值，同时持有同一等级股票的股东必须收到同等的支付对价。此外，如果收购要约期满之前或在收购方公布收购股份数之后的一年内，收购方以更高的价格购买了目标公司的股票，收购方会被要求向已经接受收购要约的股东支付收购对价的差额。

三、反敌意收购措施

敌意收购是指收购方提出的收购计划并没有得到目标公司管理层（主要是董事会）支持的收购交易。常见的反敌意收购措施主要分为两类：一类是要约出现前的一般防范性措施；另一类是要约出现后的针对性防守措施。

美国：美国采取董事会决策模式，即只要目标公司董事会是在按照对目标公司的尽责和忠诚义务来采取行动，董事会无须股东特别授权就可以在收购要约发出前或发出后实行相应的反收购防御策略。

英国：英国采取股东大会决策模式，即由目标公司的股东大会来主导反收购的决策权。这种立法模式突出了对公司股东利益的绝对保护。为了防止目标公司的经营管理层在反收购过程中为了自身利益而滥用公司的权利，从而造成公司及公司股东，特别是中小股东的利益受损的情况发生，英国对任何未经目标公司股东大会批准的反收购行为都加以制约。

德国：德国采用监事会与股东会共同决定模式。德国传统上采用协议收购的方式转移上市公司控制权，要约收购的情况较少，所以相关的法律制度建设起步较晚，而且德国公司法关于德国公司治理结构设计有自己的特点，涉及公司重大事项时董事会须向监事会进行报告并由监事会予以批准。因此，德国关于反收购的决策权体现出了由监事会以及股东会共同决策的特点。在实际中，监事会以及股东授权董事会采取阻碍敌意收购的防御措施并不多见。

四、强制排除权（Squeeze Out）制度

收购方在取得目标公司股权一定比例（一般90%到95%之间）之后，很多国家法律会赋予收购方一个强制排除权，即有权要求剩余小股东必须将其持有的股票出售给收购方。其理由是当收购方持股比例达到法定比例后，最经济和最有效的做法就是让收购方全资拥有目标公司，以避免收购方与剩余小股东之间的种种博弈。

美国：美国联邦法没有明文规定强制排除权，但是，美国有些州法允许

收购方采用二次并购的方式来达到同样目的。如果收购方在第一次要约收购中取得了目标公司 90%或以上投票权，收购方就可以再发起一次不需要股东投票决议的交易，将目标公司和自己的一个子公司进行合并。在二次收购中，收购方可以仅让目标公司寄给股东一个简短的信息通告而无须再次投票。如果异议股东对要约价格不满意，该股东可以向法院申请重新估价。

英国：英国规定如果收购方已收购到或达成了协议将会收购到代表目标公司股票价值和表决权 90%以上的股票时，该收购方就有权在一定期限内要求剩余股东必须向其出售股票。

德国：如果收购方已收购到或达成协议将会收购到代表目标公司表决权 95%以上的股票，同时超过 90%以上收购要约针对的股东已同意接受收购要约的条件时，该收购方就有权在收购要约期结束后三个月内向地区法院提交申请来购买剩余股东所持的股票。德国也允许持股 95%以上的股东通过召开股东大会要求少数股东出售其所持的公司股票。这个制度很类似于美国法下的二次收购方案，如果异议股东认为要约价格不满意，也可以要求法院审查股东会通过强制出售的决议。

（二）斯太尔模式——中小上市公司间接收购境外非上市公司

2014 年 6 月 5 日，中国上市公司“博盈投资”完成间接收购奥地利斯太尔动力后，其股票简称变更为“斯太尔”，公司证券代码仍为“000760”，英文简称由“Bothwin”变更为“Steyr Motors”。

湖北博盈投资股份有限公司是由湖北车桥厂改组成立的上市公司（博盈投资，000760），主营汽车配件制造、销售，机电产品，技术出口业务，以及高新科技企业投资。

奥地利斯太尔动力有限公司（以下简称斯太尔）是一家百年老牌柴油发动机厂商，前身是斯太尔—戴姆勒—普赫集团（Steyr-Daimler-Puch Group），1864 年创立于世界发动机之乡奥地利斯太尔市，生产柴油发动机，用于商业及军用车辆，是国际顶级柴油机设备商，拥有核心研发能力，并拥有多项技术专利，应用领域非常广，还有与国际优质汽车厂商合作的背景。湖北博盈通过接盘斯太尔，不仅将业务从车桥拓展到了发动机，而且使博盈投资完成县域汽车配件生产企业到国际柴油机设备商的华丽转身。

武汉梧桐硅谷天堂投资有限公司（以下简称武汉梧桐）先买下斯太尔，博盈投资再收购武汉梧桐。

武汉梧桐与斯太尔于2011年春天开始接触，一年后的2012年4月，武汉梧桐以245万欧元成功收购斯太尔100%股权，包括斯太尔拥有的土地、房产及两家全资子公司和主要生产设备及技术专利。2012年11月5日，博盈投资发布非公开发行股票预案，拟以4.77元/股的价格向山东东营英达钢结构有限公司（英达钢构）以及财务投资者（天津恒丰、长沙泽瑞、长沙泽洺、宁波贝鑫、宁波理瑞）等6家特定企业发行约3.14亿股股份，募集资金约15亿元，其中5亿元用于收购武汉梧桐100%的股权、3亿元用于斯太尔（武汉梧桐的全资子公司）增资产能扩建奥地利厂区、3亿元投向技术研发项目，剩余资金补充流动资金。增发完成后，英达钢构持有了博盈投资15.21%的股权，成为其第一大股东，并通过博盈投资控制了斯太尔。

境外收购与中国市场相结合是中国中小企业走出去可以借鉴的思路。

斯太尔是一批在全球细分领域占据优势，因经济危机导致的欧洲银行惜贷使得恰恰处于扩张关键时期的他们不得不向外寻求资金，而手握充裕资金的中国投资者则早已对欧洲的先进技术如饥似渴，于是，海外技术和中国市场势力一拍即合。

从另一方面来看，此次收购参与竞购的还有来自印度的强势对手，为什么世界知名品牌选择名不见经传的中国企业呢？因为，中国具有成熟的汽车行业以及活跃的资本市场，中国市场极具成长性，同时又有落地的条件。本项目具有“海外技术+中国制造+中国的市场空间+中国活跃的资本市场”的特点。双方利益一致，各自做自己最擅长的东西，奥地利方面专注做研发与世界范围内的市场销售，中方负责提供资金与开拓中国市场。

中国发动机领域对外并购大致遵循两种路径：其一，中方向拥有先进技术的国外企业购买一款现成的产品，经过四五年的准备实现在中国的批量生产。

其二，中方要求欧洲企业根据中国市场特点研发一款发动机，然后由中方批量生产。但不管是哪种路径，发动机引入几年后会出现与欧洲技术脱节的状况。而斯太尔的这个并购突破了中国发动机领域常见的发展路径，不是纯粹的技术转移，也不是纯粹生产的转移，而是使奥地利与中国都能产生长期共赢的关系和协同效应。

在操作层面，博盈投资本次增发方案设计之复杂与精妙被业界所赞叹，主要有以下亮点：

1. 并购基金完成跨境并购，降低后续交易难度

武汉梧桐是为收购斯太尔而专门设立的收购主体。武汉梧桐 2012 年 3 月成立，公司股东为天津硅谷天堂桐盈科技有限公司（以下简称天津桐盈）。2012 年 4 月武汉梧桐以 3425 万欧元（约合 2.84 亿元人民币）收购了斯太尔 100% 的股权，除了持有斯太尔股权，并作为斯太尔的母公司履行正常职责，规划和统筹斯太尔的经营业务和生产事宜之外，武汉梧桐没有实质进行其他经营性业务。

由于武汉梧桐不是上市公司，审批难度相对简单。武汉梧桐事先收购斯太尔已取得境内外相关部门审批（如湖北省发改委），博盈投资购买武汉梧桐 100% 股权实现并购目的，而不再需要取得境内、境外政府部门的其他同意、许可或核准，大大降低了博盈投资作为上市公司直接并购境外企业的各种披露和审批的难度。

2. 并购资金退出，赚得现实利益与未来期待

博盈投资本次非公开发行对象之一天津恒丰，与武汉梧桐属于同一实际控制人（硅谷天堂）所有。

2012 年 4 月，武汉梧桐收购斯太尔 100% 股权的交易价格为 3425 万欧元（约合 2.84 亿元人民币）。而博盈投资通过募集资金收购武汉梧桐的价格为 5 亿元，意味着仅 7 个月，硅谷天堂退出实现收益 2.16 亿元。天津恒丰认购此次非公开发行股票 4192.87 万股，耗资近 2 亿元，这意味着，通过此次运作，硅谷天堂既收回了武汉梧桐收购斯太尔的投资成本，溢价部分还能支付购买股票成本，通过天津恒丰获得 4192.87 万股的股票。

3. 设计定向增发方案，绕道重大资产重组审核

本次定增方案的核心内容是收购斯太尔股权，然而，博盈投资未采取公开发行股份购买资产方案，因为如果直接进行并购，就意味着本次并购构成重大资产重组，同时武汉梧桐借壳上市，依照《上市公司重大资产重组管理办法》（以下简称《重组办法》），监管层对借壳上市审核标准与IPO相当。此外，武汉梧桐需要对斯太尔的盈利预测进行承诺，且作为上市公司控股股东实现退出的难度亦增大，这些都与并购基金设立的目的背道而驰。

因此，博盈投资最终选择非公开发行股票募集资金，使用募集资金购买资产方式，根据有关规定，上市公司按照中国证券监督管理委员会核准的发行证券文件披露的募集资金用途，使用募集资金购买资产、对外投资的行为，不适用《重组办法》。

同时，博盈投资本次非公开发行股票募集资金近15亿元，其中5亿元用于收购斯太尔100%股权，其余投向斯太尔增资扩产项目、公司技术研发项目和补充流动资金，斯太尔收购项目投资仅占全部募集资金的33.33%。这也使得本次非公开发行股票募集资金从形式上看并非特别针对斯太尔股权收购项目。而天津恒丰认购股票支付的现金199999899元仅占本次募集资金总额的13.33%，综合计算，天津恒丰实际认购用于斯太尔股权收购项目的资金仅占募集资金总额的4.44%（13.33%×33.33%），从而未构成《重组办法》第42条第2款“特定对象以现金或者资产认购上市公司非公开发行的股份后，上市公司用同一次非公开发行所募集的资金向该特定对象购买资产的，视同上市公司发行股份购买资产”规定之情形，不适用《重组办法》。

综上，博盈投资本次方案不适用《重组办法》，而适用《上市公司证券发行管理办法》，审核通过难度降低。

4. 财务投资者放弃提案表决权，避免成为控股股东

2012年11月5日，博盈投资向山东东营英达钢结构有限公司（英达钢构）以及财务投资者（天津恒丰、长沙泽瑞、长沙泽洺、宁波贝鑫、宁波理瑞）等6家特定企业发行股份，募集资金15亿元，用于收购武汉梧桐。长沙泽瑞和长沙泽洺的执行事务合伙人同为湖南瑞庆科技发展有限公司，其实际控制人为江发明，长沙泽瑞与长沙泽洺属于同一实际控制人所有。宁波贝鑫和宁波理瑞的执行事务合伙人同为上海四创投资管理有限公司，其实际控制人为张银花，宁波贝鑫和宁波理瑞属于同一实际控制人所有。上述4家PE均成立于2012年，除参与本次非公开发行外，尚未开展其他业务，其设立似乎有明显的目的性。

依据发行预案，长沙泽瑞和长沙泽洺将合计持有博盈投资19.02%股份，宁波贝鑫和宁波理瑞合计持有博盈投资15.21%股份，均大于（或等于）英达钢构的持股比例15.21%，因此，如没有特殊安排，本次定向增发后，PE将成为博盈投资的控股股东，这并不符合PE作为财务投资者的身份及设立目的。

因此，长沙泽瑞、长沙泽洺、宁波贝鑫、宁波理瑞均作出特别承诺，承诺若最终成为博盈投资股东，在作为博盈投资股东期间，仅作为博盈投资的财务投资者，承诺无条件、不可撤销地放弃所持博盈投资股份所对应的提案权、表决权，不向博盈投资推荐董事、高级管理人员人选，上述四家PE在通过本次非公开发行成为博盈投资股东后，其所持股票将不具备表决权，因此不具备成为博盈投资控股股东的资格，这一承诺也将英达钢构推上了控股股东的位子。

5. 英达钢构挺身而出，主动承担业绩承诺

上市公司在购买重大资产过程中，通常由资产出售方承担资产业绩承诺，如未达到承诺业绩，出售方将通过股份或现金方式对上市公司进行补偿。在博盈投资本次发行方案中，由于其他认购方均为PE，无意博盈投资的控股股东地位，亦无力承担业绩承诺重任，便将英达钢构推上前台。根据预案，本次发行完毕后，英达钢构将成为博盈投资的控股股东，基于本次募集资金投资项目未来良好的盈利前景，英达钢构作出承诺：武汉梧桐（斯太尔）2013年度、2014年度、2015年度每年实现的经审计扣除非经常性损益后的净利润分别不低于2.3亿元、3.4亿元和6.1亿元。2015年6月，斯太尔与英达钢构签署了《利润补偿协议》。若每期实际扣除非经常性损益后净利润数未达到上述的净利润承诺数，英达钢构承诺将按承诺利润数与实际盈利之间的差额对博盈投资进行补偿。

博盈投资的定增方案被质疑其实为重大重组，意在规避审核。但的确让我们眼前一亮，也留下了教训。

类似这类投资的还有天齐锂业并购泰利森。泰利森是天齐锂业唯一的锂精矿供应商，打了十多年的交道，每年的价格谈判都非常艰苦。就在博盈投资 2012 年 11 月宣布定向增发融资，购买武汉梧桐之后的次月，也就是 2012 年 12 月时，天齐锂业拟以 24.60 元 / 股的价格向不超过 10 名的特定对象发行不超过 1.7 亿股，募集不超过 40 亿元资金，用以购买控股股东天齐集团间接持有的澳大利亚泰利森公司 19.99% 或 65% 的股权以及直接持有的天齐锂业 100% 的股权。

总之，中国上市公司间接收购并购境外标的路径有两种：第一种，先让上市公司的母公司或者关联公司去收购境外标的物，上市公司再从母公司收购相应资产。天齐锂业属于这个模式。第二种，先让某个第三方非关联公司收购境外标的公司，上市公司再收购这个第三方非关联公司。前述博盈投资并购斯太尔就是这个模式。

6. 斯太尔控股股东业绩承诺的后语[①]

2013 年 1 月份，博盈投资（后更名为斯太尔）拟向英达钢构、长沙泽瑞等机构发行 3.14 亿股，募集资金 15 亿元，主要用于购买斯太尔 (更名前为武汉梧桐硅谷天堂投资有限公司)100% 股权及向其全资子公司增资。新晋控股股东英达钢构彼时承诺，斯太尔 2014 年至 2016 年的扣非净利润将达到 2.3 亿元、3.4 亿元和 6.1 亿元，斯太尔与英达钢构于 2015 年 6 月份，签署了《利润补偿协议》。

2014 年，斯太尔只实现了约 7400 万元扣非净利润，为当期承诺业绩的 32%；2015 年，斯太尔则更是亏损 1057 万元 (扣非后)，较承诺净利润的“缺口”近 3.51 亿元。通过拖延和分期付款的方式，英达钢构总算是完成了 2014 年和

---

① 参见中国经济网 2018-04-11：《斯太尔溢价购海外不良资产 高管集体“出走”》http://finance.china.com.cn/stock/20180411/4598158.shtml，2018 年 9 月 24 日最后访问。

2015 年的业绩补偿。但是，2016 年业绩补偿承诺没有如期完成，与承诺利润数差额为 4.87 亿元。根据协议约定，英达钢构应在规定时间内将这 4.87 亿元现金补偿交付斯太尔。虽然斯太尔多次催收，英达钢构也屡次承诺筹措资金，但时至 2017 年 12 月 15 日，斯太尔控股股东英达钢构未及时履行业绩补偿承诺，被上市公司起诉。

2018 年 1 月 25 日，斯太尔发布公告称，收到控股股东英达钢构支付的 500 万元业绩补偿款。3 月 24 日，公司公告称，法院已于 3 月 15 日进行了开庭审理，将择期宣判，法院还对英达钢构持有的公司股票办理了轮候冻结。

值得注意的是斯太尔高层在此前后的频繁变动。2017 年 12 月 13 日，公司独立董事胡道琴辞职。同年 12 月 29 日，公司总经理吴晓白、副总经理楼新芳和董事及董事会秘书孙琛、监事会主席高立用相继辞职。同一天，董事长刘晓疆也辞去职务。2018 年 4 月 3 日，斯太尔发布公告称，董事会收到财务总监姚炯和证券事务代表冯永飞分别递交的书面辞职报告。此次高管辞职并非偶然，这已经是公司近半年内的又一次高管“携手出走”。此前的斯太尔管理层集体“出走”或有不得已的苦衷，但在这种局势下，当初参与重组的机构投资者也在着急“出逃”。

2018 年 3 月 20 日，斯太尔发布公告称，股东长沙泽洺、珠海润霖、宁波贝鑫、宁波理瑞此前分别与众诚泰业签署意向书，拟向众诚泰业协议转让公司股份 1.98 亿股 (占总股本的 25.1%)，交易或涉及公司第一大股东变更，但各方未能签署正式转让协议。这已经是斯太尔自 2017 年 5 月份以来的第四次筹划“易主”。

溢价收购海外资产尝苦果？数据显示，2013 年，公司通过收购斯太尔动力公司商誉账面价值高达 3.47 亿元。翻阅此前《非公开发行预案》得知，斯太尔 2010 年、2011 年及 2012 年前三季度的净利润分别为 687.23 万欧元、687.66 万欧元和 188.55 万欧元，按当年的汇率折合成人民币约分别为 6185.07 万元、5363.75 万元、1532.91 万元，而当时英达钢构何以做出 3 年累计实现 11.8 亿元的业绩承诺？

此前《非公开发行预案》还显示，斯太尔已获得 PRAMAC 的 M14 意向订单10000台，GAZ的M14意向订单至少20000台。然而根据公开信息，斯太尔自2007年以来的真实产量数据要么未经验证，要么语焉不详，有违逻辑。3万台意向订单金额巨大，再从斯太尔近三年的盈利情况来看，也与其自称的“获得了大批订单且供货稳定”的情况不相符。

自2013年1月博盈投资启动重组方案以来，五年过去了，当时描述给市场的各种美好，各种承诺，彼时天花乱坠，此时一地鸡毛。在这种模式中，要防止交易标的乱花迷眼的各种包装，交易结构各种设计，因为交易标的会在时间的检验中逐渐露出真实面容。

【专题】中国企业收购境外上市公司应注意的三个问题

问题一、如何与目标公司进行初步接触

与目标公司主动接触以争取管理层对收购方案的支持，还是直接启动全面要约收购？确定拟收购的目标公司之后，收购方往往需要做出选择：前者可能最终失败，最后不得不发起敌意收购，而且事先接触反而会给目标公司提供了准备防范的时间，也可能发生消息泄露影响股价，增加收购成本的现象。后者可能面临目标公司采取反敌意收购措施，如果没有目标公司的配合，后者也很难给收购方提供充分的尽职调查的机会。

问题二、收购前是否进行小额增持（Stake-Building）

有些收购方在与目标公司接触或公布收购意向前，会在二级股票市场收购一些目标公司股票。这样，收购方可悄然以较低成本取得一些股票，增加其他竞争者收购目标公司的难度，即利用手中股票赋予的投票权反对竞争者的收购计划。

选择这种策略要谨慎。因为各国法律都会要求收购方在取得目标公司股权一定比例时满足相应的信息披露义务（如英国的披露义务起点是3%），通过这种方式取得的股票有限，而且会使目标公司管理层对收购方产生不信任感。

问题三、各类监管部门的审批流程与收购时间表的配合

中国企业进行境外投资要履行国家发展和改革委员会、商务部门以及外汇管理部门等的审批或备案手续。如果收购方同时是国内的上市公司或国有企业，还可能需要履行中国证监会或国资委的审批手续。同时，收购还可能需要取得目标公司所在东道国的一些政府审批，例如，证监会批准、反垄断申报、国家安全审查（如美国 CFIUS）等。

与收购一家非上市公司不同，各国法律对收购上市公司各个环节大多有明确而严格的时间要求，而且上市公司的股价受市场影响瞬息万变。所以，将各类监管部门的审批流程与收购时间表配合好是确保收购最终成功的关键要素之一。

收购上市公司本身就像一场复杂的战役，需要大量的前期准备、多兵种的高效配合以及迅速的应变反应能力。中国企业跨境去收购国外上市公司就更加具有挑战性。所以，中国企业要事先认真研究东道国收购上市公司的相关法律法规，不打无准备之仗。

四、中小企业跟随大型企业“走出去”

“一带一路”有两类机遇。

一类是大项目，尤其是通过中国政府资金扶持的、国家战略性的大项目。例如，某公司成功签约巴基斯坦拉合尔轨道交通橙线项目 16.3 亿美元，就是“一带一路”倡议框架下中巴经济走廊首个基建签约项目。国家开发银行等金融机构在油气、核电、高铁、装备、港口、园区等重点领域支持重大项目。发现大项目需要机遇，也需要谋划，尤其是资金层面的、纳入国家间规划合作的运作；成就这类项目需要上下合力，需要上层沟通，也需要下面有合适的项目对接。

另一类是大项目衍生出来的、对上下游产业的带动机遇。一个大企业（如华为）带动了一批产业链相关的中小企业。房地产行业的带动作用有目共睹。境外的大项目也有这样的带动作用，一个铜矿可能带动一系列的附属产业，甚至造就一个城市。跟随大型企业的跟随型“走出去”，已经是民营中小企业布局海外市场的重要形式。中建、中冶这样的大型企业在“走出去”的同

时，也带领一批中小企业开拓了国际市场。某公司的铜矿项目对车辆、民爆、设计、物流、采购、工程承包等集团和公司的民品带动效应明显。

中信集团已在海外有广泛业务布局，并逐步形成了协同“走出去”的模式。这种模式能有效降低中信各家公司在海外经营的风险和保证项目执行成果，降低国际业务在沟通、审查和交易等方面的成本，促进海外客户和渠道资源的共享，推进企业的国际化进程；也有利于增强中信集团为海外客户提供综合服务的能力，进一步开拓和维护好全集团的海外客户资源，实现集团海外效益最大化。（1）以海外工程项目为先导的协同。近年来，中信建设在亚非拉地区的国际工程承包业务发展迅速，领域涉及社会住房、能源、农业和地质勘探等。在为客户提供工程承包服务时，中信建设还基于在当地市场积累的资源、渠道和经验，帮助集团的金融、资源能源等兄弟公司在当地开拓业务，满足当地客户多样化需求。（2）海外投资拉动的协同。2006 年年底，中信资源完成对哈萨克斯坦 KBM 油田的收购后，带动了其他项目的协同。根据哈方的建议，中信哈萨克斯坦公司与哈萨克斯坦石化股份公司各出资 50% 成立里海沥青合资公司，之后，中信建设与哈萨克斯坦油气建筑服务公司组成联合体共同作为里海沥青项目建设的总承包商[①]。

中小企业尤其是小微企业有心抢抓“一带一路”机遇。应鼓励和引导大企业与中小企业通过专业分工、服务外包、订单生产等多种方式，建立协同创新、合作共赢的协作关系，加强产业内的协作与配套，促进企业之间的信息共享，互通有无，抱团协作。

作为央企、大型国有企业的供应商，借助大船出海，通过专业分工、服务外包、订单生产，加强产业内的协作与配套，跟随“走出去”，已经是民营中小企业布局海外市场的重要形式。中小企业要善于寻找“产业空隙”，采取跟随或补缺战略，在“走出去”时选择大企业看不上或难以涉足的市场，为

① 参见微信公众号“哈佛商业评论”2017-05-15：李全伟、马雪梅、廖琦菁，《协同战略，既是中信集团的经营哲学，又是独特的竞争优势》，来源：《哈佛商业评论》中文版 2017 年 5 月，http://mp.weixin.qq.com/s/J4kBMf74vZWPYYFXL36uuQ，最后访问日期：2018 年 9 月 19 日。

大企业提供原材料、生产零部件，提供维护和其他配套服务。尤其是在基础设施领域，中建、中冶这样的大型企业在“走出去”的同时，也带领一批中小企业开拓了国际市场。

越来越多的中小企业积极寻求“一带一路”跟随型机遇。一位福建的新三板上市的物业公司董事长曾透露他们的策略就是跟随中国“走出去”的企业，紧跟境外大项目，走物业服务的国际化之路。我们注意到一些民间资本在投境外安保公司，境外安保公司也得到商务部和公安部的重视。甘肃河西走廊腹地的张掖市民乐生态工业园里，一个投资额为1.2亿元的低碳节能建筑材料项目工程已投入生产。将工厂设于地处“一带一路”重要交通节点的张掖，不仅仅是盯着国内市场，已在考虑将产品发展到东欧、中亚地区。也是跟随型“走出去”的思路吧。

第二节 大型企业境外投资

一、小规模、循序渐进的万向模式

尽管人们常常只对大规模的交易充满了热情，但规模小的交易往往更容易取得成功。

鲁冠球，万向集团董事局主席兼党委书记。1945年1月出生于浙江省杭州市，2017年10月与世长辞。从20世纪60年代开始做过锻工，自办个体修车铺、粮食加工厂，因属个体而得不到发展；1969年创办萧山宁围农机厂，发展为万向集团公司。鲁冠球把一个铁匠铺发展成为实力雄厚的现代企业集团，在实践中为发展中国乡镇企业带领农民致富走出了新路。万向集团以“成为一家拥有思想的现代公司”为长期发展目标，同时以第五个“奋斗十年填个零”为目标，争取2019年日创利润1亿元，员工最高年收入突破1亿元。

与国内企业，尤其是国有企业动辄进行“蛇吞象”的海外并购不同，万向集团20余年的海外并购史稳扎稳打，表现出小规模循序渐进并购、反向

OEM、投资主体属地化三个特点，并体现在灵活变通的并购手法、并购战略的连贯性上，更体现在循序渐进的并购思维上。

美国舍勒公司是万向的第一桶国外金，也是万向的第一次跨国并购。1984年3月的一天，北京中汽公司给鲁冠球打来电话，说美国舍勒公司亚洲销售公司总裁多伊尔要到万向考察。舍勒公司是一家在全球44个国家建有万向节销售网络的大公司，当时在美国排在行业前三位。他们在广交会上看到了万向节，产生了兴趣。经过严格考察，多伊尔留下3万套万向节的订单。当年8月，这批虽贴着舍勒的品牌却是由中国的乡镇企业万向所生产的3万套万向节，风风光光地出发到了美国，也是中国汽车零部件首次进入“汽车王国”。15年后的1999年，万向集团以42万美元收购舍勒公司，这个将万向领向国际市场的舍勒公司。具体细节见本书第九章，此不赘述。

万向经历了“产品走出去—人员走出去—企业走出去”三个阶段。1994年建立的万向美国公司，以“股权换市场、参股换市场、设备换市场、市场换市场、让利换市场”等多种形式，成功收购了英国AS公司、美国舍勒公司、ID公司、LT公司、QAI公司和UAI公司等多家海外公司。通过这些收购，万向的产品已成为世界汽车业巨头，美国通用汽车公司、福特、克莱斯勒、大众等直接或者间接的零部件配套厂。从1999年在美国并购第一家工厂开始，万向在美国市场的单笔并购金额亦逐渐从初始时的42万美元、数百万美元，逐渐上升到数千万美元、数亿美元。

1999年，万向以42万美元整体收购第一次将万向领向国际市场的舍勒公司。

2001年，收购美国纳斯达克上市公司UAI，开创了中国民营企业收购海外上市公司的先河。

2002年，万向“以股权换市场”，收购美国历史最悠久的轴承生产企业GBC公司，获得其完整的市场网络。

2003年，以“市场换市场”，收购了洛克福特公司，这是一个以低成本整合国际品牌的成功案例。

2007年，并购全球最大传动系统制造商DANA。

2008年，收购美国福特蒙洛工厂。

2009 年，收购美国汽车水箱最大供应商 Vista-Pro。

2010 年，收购 T-D。

2011 年，与美国电池供应商 Ener1 合资，占股 60% 成立浙江万向 Ener1 动力系统公司。

2012 年，收购美国电池企业 A123Systems。击败美国江森自控、日本电气（NEC）和德国西门子，万向集团出资 2.57 亿美元成功购得美国锂电池制造商 A123 系统公司的全部股权。2013 年 1 月，美国外国投资委员会（CIFUS）正式批准，同意万向集团收购美国 A123 系统公司（以下简称美 A123）。这不仅是中国民营企业成功收购美国知名公司的标志性事件，也是万向集团在传统制造业基础上加快向清洁能源产业发展的里程碑。2.57 亿美元，对于动辄十几亿、百亿美元的中国大型企业并购来说是个小数字，是一碟小菜。但是，多少大型并购都失败了，然而这个小规模的并购却最终取得了成功。2015 年，美 A123 产出的 60% 产品都销往中国市场。万向成功收购美 A123 的背后，既有美国经济周期波动的原因，更是因为受惠于中国迅速发展的电动汽车市场。中国的资金和市场拯救了一个有着优质核心资产的美国企业；美国先进的技术和管理经验让中国消费者享受了具有优良品质和性能的产品，也给中国企业带来了管理上的经验。万向主导的运营管理使美 A123 获得了重生。宝马 3 系、5 系混合动力汽车的电池电芯都由美 A123 提供；F1 车队中的奔驰、保时捷和雷诺等 6 支车队一级方程式赛车电池也全部来自美 A123。

2013 年，收购刹车零件厂商美国 BPI 公司。

2014 年，收购美国豪华电动汽车品牌菲斯科。

万向美国公司自 1994 年成立以来收购了 20 多家美国企业，这些企业当时大部分濒临破产，万向在美国收购大多取得了成功。这也是这种并购的魅力所在。

投资海外风险非常大，需要有一个学习过程。如果做一些小型的并购，然后到中型并购，再到大型并购，成功的可能性会更大。万向循序渐进的海外并购思维，相比难度更大的“蛇吞象”式海外并购风险更小。这种循序渐进的并购思维的特征是，通过前期的小规模并购积累海外并购经验、并熟悉当地政经民情，然后逐渐扩大交易规模，并且规范地进行经常性的收购。因此，海外投资方向要对，又不能操之过急，要有足够的耐性，不要想第一年搞控股，就搞 10 亿、20 亿，这个风险非常大。一般有 10 次以上并购经验的机构，它的并购成功率会比较高。上海复星集团 2008 年年底决定到海外投资，前 6 年一共是 8 个项目，第一个 3 年一共投了两个项目，

早在 1990 年，鲁冠球就提出"大集团战略、小核算体系、资本化运作、国际化市场"的战略方针。一家拥有核心并购能力的大企业选择规模更小、频度更高、侧重成长型的小交易，目标是将多个彼此互补的交易合并到一个单一的战略平台上以推动增长。例如，过去 6 年间，IBM 收购了 50 家软件公司，其中近 20% 是所在细分行业的市场领军企业。IBM 通过多种不同类型的交易，将并购目标定在高价值、高成长细分行业，使 IBM 现有业务布局扩展至新市场或相关市场的公司。IBM 采取直接收购技术的方式，加快发展自身所需能力。在这一过程中，IBM 通过对软件行业进行全面的细分战略评估和差距分析，来确定何种情况需要采取并购方式、确定交易目标、确定应执行哪些收购。IBM 还开发了一套进行并购式成长战略所必需的方法、技能和资源，并根据交易类型的不同加以调整。2002~2005 年 IBM 总共进行了 39 宗金额为 5 亿美元以下的收购，直接收入在两年内增加了一倍。

二、高负债、大手笔的海航模式

对很多管理者来说，一笔大并购可能是他们职业生涯里所做的最兴奋的事情。然而，大量的可靠研究表明，只有 30% 的大规模企业并购真正创造了价值。而且，失败者往往是那些忽然进行大规模交易的企业。

1993 年，在民航总局计划司、国家空中交通管制局计划处任职的陈峰，受时任海南省省长的刘剑锋之聘，拿着政府给予的 1000 万元，以省长航空助理的身份受命组建海南航空股份有限公司。海航从成立到 2015 年首次进入世界 500 强（第 464 位）仅仅用了 22 年，得益于海南历届省委省政府的

关爱和支持，得益于海航走了一条中西合璧特色企业文化、对接实体经济和金融资本市场的新路。在哈佛大学“伟大的世界企业是如何创造的”商业案例中，海航被收入其中，并被定义为“人类新的商业文明的创造者和传播者”。

海航经济研究院院长苗维胜将海航的发展总结为三个阶段：第一阶段从1993年到2001年，是航空发展阶段，通过股份制改造、支干线的发展和重组地方航空公司，海航从一个区域性航空公司发展成为全国性航空公司。这期间，海航收购长安航空、山西航空、新华航空等地方航空公司，不断拓展航线，成为国内第四大航空公司。第二阶段从2001年到2010年，是多元化阶段。依托航空运输、航空物流和航空租赁，结合上下游，形成航空旅游产业、物流产业和金融服务产业三大产业。这一阶段，以重组海口美兰机场为开端，海航逐渐收购其他机场，打造了机场板块。第三阶段是2010年开始的国际化阶段。通过发展国际业务和并购，将上述三大产业延伸到全球，发展成为航空全球产业链、物流全球产业链和金融服务全球产业链。2016年，海航收入超过6000亿元人民币，总资产超过万亿，员工超过40万人。

海航的发展史离不开层出不穷的收购，一系列境外收购让海航成为一个全球企业。例如，2011年，海航通过并购SEACO和Cronos资产并注入境内上市公司渤海金控，使渤海金控成为世界排名第一的集装箱租赁公司。2012年，海航收购法国第二大航空公司蓝鹰航空48%的股份。2015年1月到2017年3月，海航完成交割的并购交易额约255亿美元，完成了对瑞士空港、英迈、AVOLON等知名公司的收购，海航历史上最大的6笔公司收购都在这期间完成。2017年5月，海航成为德意志银行持股约10%的最大股东。这些资产的收购，让海航打造的三大产业链延伸到全球。

清华大学教授胡鞍钢提出了衡量全球性企业“三个50%”的标准，即境外收入占总收入比重超过50%，境外资产占总资产比重超过50%，境外员工占总员工比重超过50%。海航这三个指标从2011年的8%、14%和13%，大幅提高到2016年的65%、39%和76%[①]。

第一次危机是海航集团成立的2000年。当年7月，国家民航总局开始部署以国航、南航、东航三巨头为中心的战略重组。这一明显带有政府配置市场色彩的计划，令当时仍偏居海南一隅的海航倍感焦虑。要避免被三大巨头吞并，就必须抢先做大自己。此后的两年中，海航沿袭了“融资、重组、再融资”的一贯手法，通过并购或重组，控股新华航空、山西航空、长安航空、金鹿公务机等8家公司，并开始通过并购、整合等方式涉足信托、证券等金融行业。这一次危机加速使海航从一个地方航空公司，发展成为全国性的大型航空公司。

第二次危机发生在2003年，受中国流行非典型肺炎（SARS）所累，一向现金流充裕的海南航空出现历史上首次亏损，当年报亏10亿余元。这让公司认识到，尽管航空业有日常现金流好的优点，但也有受外部影响大、敏感度高、利润率低的缺点。如果一个企业80%以上的收入依靠航空产业，将会始终处于经营不稳定状态。从那时候开始，海航开始围绕航空主业进行上下游产业链延伸。

2003年收购西安民生，开创了海航收购商业零售类公司的先河，因为商业零售业除与航空旅游业在购物、机票、免税品等具有一定业务关联外，还能够为集团其他产品提供销售通路和客户资源，更为重要的，还在于商业零售类公司具有周期性弱、现金流稳定的特点，可以对整个集团发展起到平衡器的作用。至此，海航贯彻这一理念，开始了组建跨产业金融控股集团之路。

第三次危机发生在2008年前后的次贷危机前后，海航海外收购步伐开始大举加快。2007年，海航收购比利时Sode、Edipras、Data Wavre酒店；2008年700万美元收购土耳其ACT货运航空公司。这期间海航的并购，主要围绕航空、酒店和旅游的主业展开，并充分利用了次贷危机海外优质资产便宜、人民币升值带来的机遇。近年来，海航多起酒店收购有一个特点，即大部分

---

① 参见微信公众号“财经”：2017-07-13:《财经》记者韩舒淋，《国际学术界首次公开研讨海航国际化》，http://www.caijingmobile.com/detail/333490.php?from=timeline&isappinstalled=0，最后访问日期：2017年7月15日。

为五星级或外资品牌的单体高端酒店物业，而且地域分布零散，遍布全球。在外界看来酒店业务发展似乎没有章法，但按海航酒店内部的说法是“飞机飞到哪里，酒店就收购到哪里”。旅游资产的收购，可整合、调动海航集团航空、酒店、旅行社等丰富资源，可提供覆盖“吃、住、行、游、购、娱”旅游六大要素的综合服务。

2015年，海航进入世界500强，这一年海航提出以“铸造世界级卓越企业”为奋斗目标，并提出要用10年时间进入世界500强的第一方队，也就是前10名。

随后的2016年是其投资并购最耀眼的一年。

2016年4月5日，海航集团以4.63亿美元收购Shorenstein Realty Service的写字楼；4月19日，海航公告以1.31亿英镑购买伦敦“17 Columbus Courtyard”商业大厦；4月28日，海航旅游集团与卡尔森集团达成全盘收购协议；5月31日，维珍澳洲航空（Virgin Australia）与海航集团达成协议，海航通过供股方式向其投资1.59亿澳元；7月5日，海航子公司天海投资公告，公司以约60.09亿美元收购全球最大的IT分销商英迈100%的股权；7月7日，海航收到瑞士佳美集团（Gategroup）63.6%的股票转让确认函；7月18日，海航公告，以3000万欧元购买葡萄牙TAP航空的可转债，持有TAP航空23%的经济利益。2016年10月，海航集团从黑石的关联公司收购希尔顿约25%的股权，交易总价约65亿美元。10月，渤海金控99.95亿美元收购美国CIT Group Inc.子公司“C2”100%股权。海航“蛇吞象”“买、买、买”的血腥扩张让人捏一把汗。

2016年，中国对外投资的火热显然引起了中国政府监管层的警觉。中国监管部门密切关注2016年以来在房地产、酒店、影城、娱乐业、体育俱乐部等领域出现的一些非理性对外投资倾向，以及大额非主业投资、有限合伙企业对外投资、“母小子大”“快设快出”等类型对外投资中存在的风险隐患。商务部表示，2017年将“把握好对外投资的节奏和力度，着力抓好对外投资真实性审核、事中事后监管等重点工作”。

我们不禁要问，海航并购资金从哪里来？以2016年7月用60.09亿美元，收购全球最大的IT分销商Ingram Micro Inc.100%股权为例，天海投资通过多层次交易结构设计，成功引入基金、保险、券商等投资机构，本次交易的收购资金来源于三方面：天海投资自有资金 87 亿元人民币、联合投资方国华人寿（资本大鳄刘益谦旗下子公司国华人寿）投入 40 亿元人民币、银行贷款 270 亿元人民币。

整体上，海航这些年产业投资的资金来源主要有以下三个方面。

其一，自有现金流。航线初期投资的成本是很高的，就像建一个核电站、水电站，一旦建成以后，在正常的运营和风险可控的情况下收益是相对稳定的，会带来很强的现金流。在现金流充裕的时候，围绕产业链上下游进行多元投资，把充裕的现金流变成稳定的现金流。为实现这个目的，海航一方面围绕原航空旅游主业，上下游延伸投资地产、商业、物流等领域；另一方面则是开始大力布局金融板块，如融资租赁、证券、信托、保险、期货，为进一步的并购发展、产融结合提供资金保障。

其二，充分利用资本市场平台进行股权融资。海航系在发展过程中，与各地政府紧密合作，获得了大量的政府资金和资源支持，其快速发展背后，一直获得了地方政府的官方背书。

其三，举债收购。海航集团近年在市场疯狂举债收购，2016 年 10 月，渤海金控投资股份有限公司（证券代码：000415，前身是“渤海租赁”），以 99.95 亿美元收购美国 CIT Group Inc. 子公司“C2”100% 股权，这是海航集团迄今最大一笔跨境交易，借此打造全球第三大飞机租赁公司。渤海金控 2016 年近 100 亿美元收购 CIT 飞机租赁业务，除自有资金 15 亿美元外，其他 85 亿美元是由 Morgan Stanley、UBS Investment Bank、国开行等银行贷款组成。此时，海航债务总规模超 2500 亿元人民币（实际可能更高），平均债务成本约 12%，负债率近 78%[①]。

① 参见微信公众号“晨哨并购”2016-10-13：万成文，《如何“以小博大”巧取全球瑰宝：最新中企海外并购手法揭秘》，来源：原创，http://mp.weixin.qq.com/s?__biz=MjM5MjczNjk1NQ==&mid=2650243371&idx=1&sn=f9f9409b57e6a302e41d0813f5d99ee4&chksm=bea292ff89d51be92989c1193d9dd54badf835bd836914db6958903372ed30213e08279e2006&scene=0#wechat_redirect，最后访问日期：2018 年 9 月 19 日。

高负债率，大手笔并购海航模式会不会带来新的危机？是否需要尽早调整融资方式和债务结构？

回顾海航的产业投资从最早涉足单一的地方航空运输，到逐步投资运营实业、资本、旅游、物流、科技领域，业务版图从南海明珠初步发展到全球布局，基本上与改革开放以来产业发展的脉络一致，对国内的产业布局是顺周期的，海外投资则是逆周期的，越是萧条越倾向海外收购。值得欣慰的是，海航的战略是十分清晰可见的，其并购基本围绕“打造完整产业链”这一基本思路，谋求建立在航空旅游—现代物流—现代金融这一主线上的全球资源配置，整合集中资源，控制核心环节，布局全球网络，构建现代服务业综合运营体系，与海航集团目前五大板块——旅业、实业、资本、物流、生态科技基本一致。

对中国企业大笔买入海外资产的行为褒贬不一。有观念认为：激进的海外投资有可能演变成为金融层面的风险，部分企业甚至涉嫌转移资产；支持者则认为，海外抄底、并购整合利大于弊，也是大势所趋。可预见的是，贷款的收紧、风险的警示，将为海航依靠贷款和举债并购扩张的道路带来相当的影响，至少是得悠着点了。

如此规模的大举收购，对海航资金和整合能力构成了极大挑战，资产负债率居高不下，一旦运营出现问题，其资金链断裂的风险较高，需慎重对待，并做好相关防范措施。

三、大型“蛇吞象”式的逆向并购，TCL 模式

逆向型并购也称学习型并购，特点是以弱并强、以小并大。这种“蛇吞象”并购模式“做得好，一步登天；做不好，打入地狱”。“蛇吞象”的主并方可能是大企业（如联想 2005 年并购 IBM PC），也可能是有实力的中小企业（在某一细分行业市场并购国际一线企业）。为什么会发生以弱并强？一方面，被并购方陷入了财务危机，被并购方的股东陷入财务危机或者有新的发展，被并购方的战略发生新的转移。另一方面，中国这些年保持较高的经济增长，

具有较强的资金实力，具有生机勃勃的中国市场，也有估值较高的资本市场。此外，蛇之所以能吞象，还有一个原因是主并方用高杠杆融资。

中国企业较早采用这种模式的是 TCL：2004 年 1 月，TCL 并购汤姆逊（全球 500 强，体量比 TCL 大，彩电业务比 TCL 大）全球彩电业务，2004 年 8 月，TCL 并购阿尔卡特手机业务。

在那个中国企业跨国并购的初试阶段，这两个并购集中发生在一年，轰动一时。虽然在战术上存在很多失误，但总体战略上是正确的。因为，这个并购的商业模式是清晰的。其一，并购了汤姆逊全球采购项目是通过收购品牌、渠道和客户进入欧美市场。其二，并购了阿尔卡特手机的专利、品牌、渠道，希望通过供应链的整合快速提高 TCL 市场份额，以供应链协同效应提高竞争力。

关于 TCL 的这次并购，各种研究和文献很多。这里引述 TCL 李东生的讲话，应该更加原汁原味。2014 年 11 月 28 日下午，李东生在北京《2014 中国企业国际化论坛暨 TCL 跨国并购十年回顾》会上说，TCL 国际化历程简单来讲分三个阶段：1999~2003 年的早期探索阶段；2004~2008 年的跨国并购阶段；2009 年以来的稳步成长阶段，从 2009~2014 年，TCL 的国内销售收入和海外销售收入都在稳步增长，特别是海外销售收入增长的幅度比国内还要大。2014 年 TCL 的整体销售收入达到 1000 亿，相比于 2003 年时的 280 亿，增长了近 3 倍，其中海外销售收入占到 48%。

“2004 年跨国并购之前是市场探索阶段，那时候主要是工业产品输出，1999 年在越南办第一家工厂，我们卖产品然后开始在国外生产，推自己的品牌，当时我们选择越南，因为越南比较靠近中国，东南亚华人圈为我们的发展提供更直接的帮助。越南市场的成功，逐步把业务扩展到东南亚国家，扩展到俄罗斯、印度。这个阶段我们的业务主要是在新兴市场，欧美市场对我们来讲还是一个空白。2004 年我们做了两个大的跨国并购项目。”

“2004 年 1 月，我们并购了汤姆逊全球彩电业务，8 月并购了阿尔卡特手机业务。中国企业国际化的一个初试阶段当时很轰动。2003 年法国汤姆逊还是全球 500 强，体量比我们大，彩电业务比我们 TCL 彩电业务大。当时我们并购它有点‘蛇吞象’，但是出于战略上的考虑，我们做了这样一个结论。”

“当时为什么选择并购，因为我们通过收购品牌、渠道和客户进入欧美市场。我们欧美市场是空白的，收购汤姆逊的彩电业务和阿尔卡特手机业务能够迅速进入欧美两个主流市场。另外，获得相应的专利和技术，一直到今天，当年并购阿尔卡特手机的专利依然是今天我们手机业务国际化的一个重要支点，如果没有这些专利技术，我们很难在国际市场，特别是欧美市场取得今天这样的业绩。再就是形成一个全球的产业链，特别是彩电，当时进入欧洲和美国，有反倾销的限制，到今天为止欧洲和美国对中国的彩电产品依然有关税壁垒。”

“当时并购汤姆逊的彩电业务，把我们在香港上市的彩电业务增发新股，收购汤姆逊彩电业务，我们没有给对方付钱，我们发的是股票。当时的估值，我们是盈利的业务，它是一个亏损的业务，所以从当时收购估值来看，我们有很高的得利，这也是我们做这个项目很大的诱因。这种诱因有陷阱，有机会，看起来占便宜，你买完一个亏损的业务之后才会体会到其风险还是很大的。当时并购的时候主要措施是通过技术共享、供应链整合，特别是利用墨西哥和波兰的工厂分别进入美国和欧洲市场。初期整合效果很明显，这个初期在美国业务非常有效。欧洲业务彩电整合没有达到预期，主要是当时产业正快速转型。”

“阿尔卡特并购做法是另外一种模式。2003 年 TCL 手机曾经是中国手机第一品牌，当年我们手机业务盈利是 12 亿元，阿尔卡特业务是亏损，但是它的专利在欧美市场对我们非常有吸引力。2004 年我们并购汤姆逊的时候，阿尔卡特总裁来巴黎找我，问我‘你们有没有兴趣把我们手机业务拿去’，谈了三个半月，我们就签了合同，2004 年 8 月正式整合。当时我们为什么那么快决定这个事儿呢？就因为国内赚钱的手机业务没有放进去，我们拿出 5500 万欧元，阿尔卡特拿出 4500 万欧元，而且把阿尔卡特专利、品牌、渠道放进来，当时看起来我们得益很大，所以很快做了决定要干。并购之后，我们目标是希望通过供应链的整合，快速提高我们的市场份额，当年阿尔卡特年销量是 700 多万台，我们希望迅速把量提高，用供应链协同效应提高竞争力，还有就是做一个管理的融合。”

以上分析，似乎应该出手。TCL的这种国际化的商业模式还是值得肯定的。为什么还会失败呢？有以下几个方面的因素：

其一，时机不合适，没有抵御住并购机遇的诱惑。2004年，当并购机会来临的时候，李东生想的是：“国际化是中国企业的必由之路，中国市场已经国际化，中国加入WTO的时候，我们内部有一个判断，中国经济全球化是一个必然的趋势，你不能适应这种变化，未来你的发展一定受限”“国际化需要胆略，也要创新。并购是一个机会事件，你不可能把所有东西都想好了才做。什么东西想好了，机会就不是你的了。此外，中国企业国际化的道路和发达国家企业国际化道路是不同的，发达国家更多的是复制，中国企业国际化可能在扩张的同时还要反向学习，要从这些欧洲、美国企业经济运作当中借鉴更多成功的经验。”10年后，李东生在北京《2014中国企业国际化论坛暨TCL跨国并购十年回顾》继续说：“当年这个决定做得过于匆忙，我可以再等等。现在看来做企业一定要遵循企业的规律，抵住诱惑，任何时候都要保持冷静判断，这是我们的教训。”

李东生说的再等等，是等什么？除了国际化人才的储备能力——“储备永远不够。当年如果人才储备力度更大一些，也许走得更顺一些”，还包括其国际化运营能力，并购整合的消化能力。当蛇变得更加强大一些，再并购象。

其二，对技术的判断失误，在产品和市场转型期进行并购放大了风险。李东生说：“对彩电来讲，最大的挑战和判断的失误，是来自对彩电产业市场和技术转型判断失误，估计不足。2003年有一个时点，平板电视技术正在兴起，但是我们认为LCD平板技术应该至少有五六年才能取代CRT。但是，欧洲市场2005年快速转向平板，美国市场2006年快速转向平板。快速产品技术和市场变化使得我们整个整合计划被打乱。”

其三，没有吃透相关国家的法律法规，特别是欧洲市场的潜规则，这让TCL在欧洲市场吃亏非常大。

其四，是对可能遇到的困难的估计不足，尤其是对整合后销售收入的预期以及现金流的预计不足。这是很多主并方容易犯的错误。当时并购汤姆逊的时候，TCL应该股权融资而不是银行贷款，这也是一个教训，不要把东西想得太理想，很多没有想到的困难会发生，所以一定要留着充足的弹药，保证自己有强大的预备队。

失败之后的断臂求生。2005年，在收购了大部分的汤姆森电视机业务和阿尔卡特手机业务后，TCL的净亏损高达3.2亿元人民币。并购让TCL元气大伤，不得不变卖TCL电脑、TCL低压电器一些赢利状况尚佳的业务来换取现金流弥补亏损。

20世纪80年代，美国出现的第四次并购浪潮的最大特征是杠杆收购。并购方以目标公司资产做担保筹集资金来源，银行资金以优先级入局，占比约60%，中间层30%的资金通过发行次级债券获取，并购方自有资金为劣后级，占比仅为10%，高达1：9的杠杆率使得“蛇吞象”成为可能。在杠杆的支撑下，一些最大型的公司成了收购目标，第四次并购浪潮逐渐演变成一场史无前例的超级并购狂潮。在当时，每个人都相信，只要风云人物米尔肯愿意，随时可以帮助一家企业将GE收入囊中。下表是1981~1989年美国最大的10起并购案。

表 1981~1989 年 10 起最大的收购案

年份	收购公司	目标公司	收购价格（单位：10亿美元）
1988	科尔伯格－科拉维斯	RJR纳贝斯克	25.1
1984	雪佛龙	海湾石油	13.3
1988	菲利普莫里斯	卡夫	13.1
1989	百时美	施贵宝	12.5
1984	德士古公司	格蒂石油公司	10.1
1981	杜邦	大陆石油公司	8.0
1987	英国石油	俄亥俄州标准石油	7.8
1981	美国钢铁公司	马拉松石油公司	6.6
1988	Campeau	联合百货公司	6.5
1986	科尔伯格－科拉维斯	Beatrice	6.2

资料来源：Walt Street Journal,November 1988.Reprinted by permission of the Wall Street Journal, copyright Dow Jones & Company, Inc.

高杠杆并购严重依赖目标公司的市值稳定性，若目标公司市值出现大幅下滑，高杠杆并购方几乎必然爆仓。1987 年 10 月，美国股市出现崩盘，美国市场频现次级债券违约事件，陷入“高风险—高利率—高负担—高拖欠—更高风险……”的恶性循环。1989 年夏天，美国杠杆交易贷款和高收益债券市场出现“挤兑”现象，同年，美国《金融机构改革、复兴和实施法案》对储蓄银行可持有的次级债券比例做出限制，美国有 37 个州相继通过了反收购法案。此次并购潮中的风云人物——垃圾债大王米尔肯锒铛入狱，德崇证券申请破产，美国的第四次并购浪潮告一段落[①]。

“蛇吞象”的高杠杆带来高风险，纵观全球经济史，导致经济危机的原因只有一个——债务危机，美国“大萧条”、日本经济崩盘、东南亚金融危机、美国次贷危机、欧债危机莫不如此，美国第四次并购潮的教训也表明，浪潮过后总是一地鸡毛。

四、中国动力嫁接全球资源的上海复星模式

上海复星高科技（集团）有限公司创建于 1992 年。公司业务覆盖医药、房地产开发、钢铁、矿业、零售、服务业及战略投资领域，各主要业务均长期受益于中国巨大的人口带来的消费需求、投资需求，及持续的城市化、服务全球的制造业等中国动力，业绩逐年稳步增长，各业务板块在细分行业内进入国内前 10 强。公司已连续数年稳居中国企业前 100 强。

上海复星经历了以下三个发展阶段：

第一阶段，上海复星的第一阶段布局，获得第一个 100 万元、1000 万元和 10000 万元，A 股上市。

1992 年，凭借 38000 元起家，以郭广昌为首的四位复旦学子创建的“广

① 参加微信公众号“华尔街俱乐部”2016-07-21：苏宁金融研究院高级研究员薛洪言，《万宝之争结局未定，真正的大 BOSS 浮出水面》，http://mp.weixin.qq.com/s?__biz=MjM5MDUwNDU2NA==&mid=2658762271&idx=2&sn=faac60974a1c9913d46f7dbeecab3b42&scene=2&srcid=0721CnIzbQD3e3Fgk1udVd7q&from=timeline&isappinstalled=0#wechat_redirect，最后访问日期：2018 年 9 月 19 日。

信科技发展有限公司”，最初只是一家做市场调查和咨询的小公司。通过为元祖月饼进行市场调查，上海复星获得第一桶金，100 万元。

1992 年到 1998 年，是复星的内生生长期。该公司逐步起步后，郭广昌团队迅速转型，开始做起了房产销售，此时汪群斌、范伟、谈剑相继加入，“广信”也变成了“复星”。通过房产销售业务，复星赚到了第一个 1000 万元。

复星创始人中，梁信军、汪群斌和范伟都是复旦遗传学出身，而且汪群斌是名副其实的生物科技专家，这让复星很自然地想在生物制药领域发展，1995 年，复星的几位研发人员在汪群斌和范伟的带领下，经过半年的总结，把一个已经研究了 3 年的课题“种子”转化成了成品，这种方便快捷的药具能够准确检测出乙肝，复星凭借这一产品在 1995 年年底就赚到了一个亿元，而且还在这个过程中建立了一个覆盖全国的药品销售网络；而复星的地产业务也由销售转为了开发，第一个项目是复星花园。

1998 年，复星医药在上海证券交易所上市成功融资 3.5 亿元，复地正式成立。复星集团的第一阶段产业布局，选择了两个具有可持续性的产业：复星医药和复地，到现在也还是复星非常重要的两个产业公司。

第二阶段，上海复星的第二阶段布局，H 股上市。

1999 年到 2007 年，是复兴的并购扩张期。收购豫园商城可以看作复星借用资本链条进行产业扩张的一个典型。复星集团于 2007 年 7 月在香港实现整体上市，净集资额约 111 亿港元。2007 年，复星还大举进行并购扩展，合资拥有中国第一大富铁矿——海南矿业，合资拥有了五麟焦煤。投资了网络游戏前 3 名的“巨人网络”、炊具及小家电行业前 2 名的“爱仕达”、透平机械第一名的“陕鼓动力”、第七大财险公司“永安保险”、前三大的钛白粉生产企业“佰利联”等。

第三阶段，上海复星的第三阶段，海外扩张。

2007 年至今，是复星海外扩张期。复星集团 2009 年年底明确提出国际化。2013 年 12 月，复星集团董事长郭广昌其以 7.25 亿美元（合计约 44 亿元人民币）从摩根大通手中买下了纽约第一大通曼哈顿广场（One Chase Manhattan Plaza）。

上海复星模式的境外投资具有以下三个特点：

（一）中国动力嫁接全球资源的发展策略

境外并购后，服务什么市场？模式一：把买回来的品牌、技术、资源，主要用回到中国市场，这是很传统的模式。联想2005年并购IBM PC用的就是这个模式，吉利收购沃尔沃也是这个模式。模式二：买回来的品牌、技术、资源既用于国内的市场，也同时进行国际市场扩展。柳工并购波兰HSW公司的模式基本上也是这样的模式。模式三：买回来的品牌、技术和资源，主要进行国际拓展，如万达并购AMC。AMC是美国的电影院线，万达并没有把它引入中国，而是让原来在美国不赚钱的院线业务实现盈利。从模式一到模式二再到模式三，对收购方的压力、管理能力的要求递增。

2010年年初，复星集团董事会思考国际化怎么做，要如何走一条能发挥复星特长的国际化。发现很多在国外很好的企业，来开拓中国的市场都失败了。因为中国太大，各方面情况太多变、太复杂。而复星是土生土长的中国企业，在各个地方和多个行业都有一定涉足，所以2009年就提到“中国动力嫁接全球资源”策略——全球好的企业来分享中国的成长动力，我们来帮他开拓中国市场。

中国动力嫁接全球资源的模式逻辑很简单，中国虽然整体上被视为新兴市场，但我们在某些行业（如汽车，奢侈品）已经成为全球第一大市场了，类似的产品会越来越多。这些行业现在或者未来中国是全球的老大。在这个行业里面找领袖型的企业，帮助他发展中国业务，通过中国的高速成长抵消其他市场的衰退，恢复其成长。

复星集团董事长郭广昌，多年来所津津乐道的投资策略就是发掘“中国动力”。郭广昌对“中国动力”的诠释是：1. 巨大人口带来的巨大个人消费市场；2. 跟个人投资需求有关的投资品市场；3. 城市化带来的基建和住房需求；4. 全球产业转移给中国制造带来的机会。从早期的自发，到后来的自觉，复星多年经营所形成的地产、医药、钢铁、矿业、零售等板块无一不与“中国动力”有关。郭广昌认为，中国动力最核心的是中国人本身。这一解读也为复星能够超越国内市场的局限、放眼全球埋下伏笔。复星现在所要做的，就是把海外的优势资源，包括品牌、管理、技术以合适方式与中国人的因素结合，在全世界放大中国成长的红利。

消费中国、制造中国、资本中国。复星认为海外并购应聚焦和中国市场有高度协同效应的行业。例如，医疗大健康，中国有广大的人口，又面临老龄化和二胎政策放开，对高品质医疗服务和产品有巨大需求。但国内研发创新的相对滞后，为海外有技术含量的药品、医疗器械以及高品质的医疗服务创造了巨大的市场。2014 年，我国出境旅游人次首次突破 1 亿人次大关，达 1.07 亿人次。2014 年，中国中产阶级的人数只占全球的 9%，但 6 年后占全球的第一名，现在中国中产阶级消费只占全球消费的 6.1%，6 年后占全球的 13%。显然，要把你的投资、把你的精力时间转移到跟中产阶级生活方式有关的消费行业。此外，在工业 4.0 领域，国内制造业企业正面临巨大的转型带来的机会和挑战，引进国外先进的技术和理念，完成从制造大国向制造强国的转型，将是未来 10 年中国工业的重要主题之一。

（二）从小项目做起，后面再做大的

海外业务的目的是在中国国内的业务打开市场获取先进的技术和工艺，进行小规模的投资和收购。这种做法的特点：一是精细化，花钱不多，投资效果好。二是国外技术和管理与国内嫁接；三是可以继续用被并方的品牌。

复星创富执行总裁张良森 2016 年说："虽然已经考虑了很久，我们刚开始做的时候还是小步走，第一个项目只投了 11% 多的股权，三个多亿。第二个项目也不大，用了一年多的时间，但积累了很多的经验。这两个项目投完以后，因为这两个企业在欧洲还是很有名的企业，所以很多记者报道和媒体采访，很多相关的企业只要来开中国的市场，都会找上门来，所以积累了很多的项目资源。最终，我们把这两个项目得和失的经验都积累在了一个平台上。最近大家有没有关注巴菲特，他花了 372 亿美元收购了一个飞机零部件以及能源生产设备制造商——精密机件公司（Precision Castparts Corp）。他从来不做装备制造业，为什么收购了一家这样的企业呢？他就是看重这个企业强大

的积累平台的能力。这个企业从1990年到现在并购了18次，每并购一次毛利率都会提高，产品都会升级。从1990年12%的毛利率，现在变成了38%，这在美国是非常罕见的。这个企业每收购一个，都把自己的平台能力提高，所以有很大的平台辐射能力。我们也是这样做的，从2009年到现在我们并购了30多个项目，现在平台力量已经积累得很强[①]。”

从投资方式看，少量参股但不控股。与早先中国一些企业大举并购的举动不同，复星的投资更加稳健务实，通过少量持股的方式来分散风险，避免控股所产生的财务压力。2010年6月，复星收购法国地中海俱乐部7.1%的股权，成为该企业最大的战略投资者之一，入资后来自中国的消费者增加。2011年5月，复星连同其关联企业收购希腊奢侈品品牌Folli Follie定向增发的普通股，占稀释后FF集团9.5%的股权。复星希望能帮助FF在中国开店，同时与旗下的黄金、度假等产业实现互动。

复星在国内市场先期积累的大量的行业经验、渠道和人脉，给了郭广昌足够的自信。而在欧美市场持续肆虐的金融危机，则给复星这样的资本猎手难得的出手时机。对中国企业来说，国际化有着这样或那样的诉求，但复星的目标只有一个，“是否能找到创造价值的点”，并且“向下（财务）是安全的、可以承受的”。

除了上述三点，复星集团还有三个准备功不可没：第一，做之前思考得很成熟了，战略规划很成熟了。第二，储备了很多人才，一把手工程。复星集团董事几乎每个国际化项目都参与，随着项目积累越多，有一个全球人才的储备，都集中在这些人之中。第三，交了很多的国际巨头朋友。

（三）“保险+投资”战略，在全球范围内抓住多重套利的机会

作为“保险+投资”战略中最重要的布局行动，2012年以来尤其是进入

---

① 参见微信公众号“晨哨网”2016-04-09：张良森，《复星集团海外并购战略 判断投资价值的5个标准》，来源：本文是复星创富执行总裁张良森所做的关于“国际化投资与并购”的演讲，http://mp.weixin.qq.com/s?__biz=MjM5MjczNjk1NQ==&mid=402711066&idx=2&sn=0caff2599f84278db493ebf4fbbab66e&scene=7#wechat_redirect，最后访问日期：2018年9月19日。

2014年后，郭广昌在海外收购保险公司令人眼花缭乱，在2014年到2015年短短两年的时间内，耗资约277亿元人民币在同一个行业收购布局的情况并不多见。

复星集团2014年1月以10亿欧元获得葡萄牙最大保险公司Caixa Seguros旗下三大全资附属公司各80%股本及投票权；2014年8月以4.6亿美元收购美国特种险公司Ironshore 20%的股权；2014年12月再以4.33亿美元将美国劳工险公司MIG 100%的股权纳入囊中。

复星集团2015年3月宣布以18.4亿美元继续收购Ironshore剩余的80%股权；2015年6月以4.89亿美元追逐以色列保险和金融服务公司Phoenix Holdings，获得其发行之流通股本52.31%；2015年7月通过复星集团旗下的鼎睿再保险公司收购加勒比地区的保险集团NAGICO 50%的股权。

根据上述资料计算，2014~2015年复星集团在海外投资的保险公司，共涉及6笔交易，7家保险公司，总金额约43.5亿美元（约合人民币277亿元人民币，因对NAGICO的收购未公布交易金额，故不包含在内）。加上原有的国内的永安保险（财险）和复星保德信（人寿），以及香港的鼎睿再保险，复星旗下的保险业务已发展为具备一定规模的多险种的跨国保险集团。

在2011年前，复星集团旗下的主营业务是以钢铁、矿产、房地产、零售为主的传统产业，伴随着这些行业进入下行周期，复星面临着资产负债率过高、现金流紧张、资产回报率下降、缺乏核心竞争力等一系列严重且急迫的挑战。在确立了向"专注中国动力的投资集团"转型的目标后，复星集团明确提出打造融资端和投资端的核心竞争力。其中在融资端，复星希望改变过去主要依靠自有资金和借贷资金发展的方式，在不增加杠杆率的情况下，扩大资金来源——使用别人的钱成为最好的投资方式，所以复星将新的融资渠道定位在资产管理和保险浮存金上。在这两种方式中，复星更青睐后者。

根据复星集团原CEO梁信军的说法，资产管理可以培养投资能力，同时打响品牌，但回报率要求高，所以是短期的重点目标；从长期看，复星希望转型为保险集团，利用保险浮存金投资，期限更长、成本更低。这两种融资方式不仅可以提供低成本的资金来源，而且可以缓解当时复星面临的棘手的挑战。

在获得保险浮存金的同时，复星也在抓紧时间复制巴菲特将保险公司打造成投资主体的模式。一方面，复星希望将已收购的保险公司打造成行业整合的平台，通过这些平台收购更多的保险公司，从而获得更多低成本的资金来源。比如，复星通过旗下的鼎睿再保险公司收购加勒比地区的保险集团NAGICO 50%的股权。

另一方面，复星在筹措资金收购这些保险公司的同时，也在积极参与上述公司的投资决策。根据外媒的报道，复星集团在2014年5月15日成功完成对葡萄牙最大保险公司Caixa Seguros的收购后，已经成功匹配并着手开始对14只股票和债券进行投资，其中包括葡萄牙电力公司和一家中国领先的电影分销商等，总投资额接近4.6亿美元。另有报道称，Caixa Seguros旗下的Fidelidade已经投资10亿欧元在复星的债券上，并投资了3.37亿欧元在复星的日本和澳洲房地产项目上。复星计划在未来，进一步模仿巴菲特在伯克希尔的做法，让保险公司专注于保险业务的发展，而将投资决策收归复星集团层面决定。

上述做法的好处是改变过去保险公司依赖债券投资的较单一的投资结构，嫁接到投资集团的投资渠道上，这样不仅降低了投资集团的杠杆率，也提升了保险公司的投资收益，增强了抗风险能力，实现了双赢。

除“打造中国的伯克希尔哈撒韦”这一长期目标外，复星在短短两年时间内急于通过收购建立自己的保险王国，还与全球范围内存在多重套利的机会有关。

第一重套利机会源于欧美、日本等低利率环境下的低成本资金，与人民币、美元的高收益资产间形成“源于全球性的资产错配”。根据雪球财经的报告，2010年以来，欧美日市场利率持续下行。尤其2014年年初以来，欧洲利率加速下行，进入零利率阶段，目前10年期国债收益率仅为0.27%，低于日本的0.40%。美国市场利率下跌幅度相对较小，目前10年期国债收益率为1.94%。虽然中国市场利率也在下行，但目前10年期国债收益率为3.60%，显著高于欧美日。在低利率阶段，尤其是零利率环境下，保险公司大类资产配置陷入困境。由于资产端收益率下行速度快于负债成本下行速度，导致利差大幅收窄，保险公司估值普遍下行。从全球市值500强保险公司的静态PB市净率来看，目前有146家公司估值低于1倍PB，有138家估值位于1~1.5倍PB，低于1.5倍PB的公司占比高达56.8%。

保险公司估值的普遍下行，给复星带来良好的并购良机。2014年1月，复星以10亿欧元收购葡萄牙最大保险公司Caixa Seguros旗下三大全资附属公司各80%股本及投票权，对应的PB约为1倍，2014年12月以4.33亿美元收购MIG，对应的PB也只有0.95倍。相比之下，中国的保险公司平均PB达到2.4倍。此外，欧美和日本的低利率环境也为复星的收购提供了便宜的债务融资，据外媒报道，2015年5月8日，复星国际将3年期子弹式贷款目标规模由原本的5亿美元增加至8亿美元，贷款利率较伦敦银行间拆放款利率（LIBOR）加码270个基点，在4月17日之前承贷可获5个基点优惠费，低于复星集团2014年5.61%的债务融资平均成本。

第二重套利机会在于被收购的保险公司所在地保单实际成本远低于国内，因此保险资金创造的回报率差（调整后投入资本回报率—调整后加权平均资本成本）显著高于国内。

第三重套利机会在于利用对保险公司的收购降低了复星的负债成本，同时提升了杠杆率。2014年，复星集团通过债务融资平均成本为5.61%，而葡萄牙保险现有业务平均负债成本3.0%，新业务平均负债成本2.44%。随着保险资产占比上升，复星调整后加权平均资本成本（WACC）同比下降1.1个百分点。利差益（ROIC-WACC）由2013年的1.60%上升0.6个百分点至2014年的2.20%，利差益上升主要原因是负债成本下降。与此同时，对保险公司的收购提升了复星的财务杠杆率（总资产/净资产）。截至2014年年底，复星保险板块资产1130.9亿元，负债为970.2亿元，净资产160.6亿元。财务杠杆7.04倍。其中葡萄牙保险投资资产为123.4亿欧元，净资产为14.7亿欧元，资产杠杆（投资资产/净资产）为8.4倍。由于保险资产占比上升，公司整体的财务杠杆（总资产/净资产）从2013年的2.99倍上升至4.29倍。梁信军说自己曾算过一笔账，以复星目前的负债率来测算，杠杆率约为2倍。

但如果用保险公司资金去投资上市公司股票，杠杆率能达到2~2.5倍，投房地产开发则有4倍杠杆率，投持续型物业的杠杆率可达5~6倍。

事实上，复星集团在海外频频收购保险公司时，还考虑了其与旗下其他业务的协同效应，如复星集团旗下的星景基金，主要资金来源就是保险浮存金，这是“保险+基金”的混搭；再如复星保德信在养老资产上的投资，构成了“保险+地产”的模式；保险与复星旗下的健康、快乐生活和银行等金融业务还可以形成不同方式的混搭，带来更多的协同效应。此外，中国广阔的保险市场，也是这些海外保险公司可以开拓的潜在市场。

第三节　私募股权投资基金参与境外投资

一、从联想弘毅投资看私募股权投资基金参与境外投资

私募股权投资基金已经在海外并购交易中扮演了举足轻重的作用，并成为交易结构中的常客。并购基金对提升并购效率和成功率起到至关重要的作用。在联想并购IBM PC（美国新桥投资集团等参股）、中联重科收购西班牙的CIFA（弘毅投资参股）、三一重工收购德国的工程机械企业普茨迈斯特（中信产业基金持股10%），都能看见基金或者投资公司的小比例出资影子，其角色亦有异曲同工之妙。

联想集团2005年5月并购IBM PC的交易结构中，交易总额为12.5亿美元。联想将向IBM支付6.5亿美元现金，以及价值6亿美元的联想集团普通股（占联想集团18.9%），锁定期3年。联想集团6.5亿美元现金从何而来？其中3.5亿美元来自联想集团向三个投资者发行优先股及认股权证。2005年3月31日，联想集团与全球三大私人股权投资公司得克萨斯太平洋集团、泛大西洋集团及美国新桥投资集团达成协议，三者向联想集团提供3.5亿美元的战略投资，其中得克萨斯太平洋集团投资2亿美元、泛大西洋集团投资1亿美元、美国新桥投资集团投资5000万美元。这3.5亿美元用于收购IBM全球PC业务，

其中约 1.5 亿美元用做收购资金，余下约 2 亿美元用作日常运营。根据投资协议，联想集团向三者发行优先股及认股权证：发行共 27 万余股非上市 A 类优先股，以及可用作认购 2 亿多股联想股份的非上市认股权证。这些优先股将获得每年 4.5% 的固定累积优先现金股息（每季度支付），并且在交易完成后第 7 年起，联想或优先股持有人可随时赎回。在这种融资方式下，这三家投资者可最终共拥有联想集团约 12.4% 的股权。

这三家投资方在联想与 IBM 达成收购协议之前就开始同联想密切接触，并在促成联想与 IBM PC 的收购中起到了重要作用，同时三家投资方还为联想吸纳了 20 家银行提供的 5 年期 6 亿美元的银行贷款。对于联想而言，引入三家战略投资者既是一个被动的选择，也是“一举三得”的决策。第一，联想集团并没有足够的全球经营经验，只有依靠必要的外来支持才可能度过全球化经营最为艰难的时期；第二，从提供并购融资到成为战略投资者，资本交易的安排保证了双方利益的逐步对接；第三，并购融资可以减少联想自身的资本投入，同时化解财务风险。

相比于企业单独开展并购，私募股权基金投资机构的加入可以降低企业投资成本和现金流支出；私募股权基金机构海外并购经验丰富，可为企业的海外并购保驾护航，减少投资风险。如合作的私募股权基金机构市场信誉良好，可帮助企业迅速建立与目标公司的双向信任，提高交易确定性；私募股权基金投资机构可以为企业提供丰富的投后整合和管理经验。私募股权投资基金（如弘毅基金）往往是大型并购项目跟投者，他们具有丰富的经验，甚至就是某并购项目的财务顾问，一般特点是，他们先行以股权形式入股一家企业，之后为企业发展战略、经营管理和资源整合提供建议，并在行业寻求积极并购，在短时间内迅速扩张，企业价值得到提升的同时，通过上市或转让退出。

私募股权基金投资机构可以通过持有主并方股权进行投资，如联想并购 IBM PC；也可以通过持有所收购标的公司股权完成投资，如中联重科收购意大利 CIFA；此外，还有一种典型投资结构：主并方通过与私募股权基金投资机构共同出资设立特殊目的公司（SPV，主要用于持有目标公司股份），主并方一般选择持有 SPV 中的多数股权以确保对目标公司的控制权。私募股权基金投资机构通常持有少数股权且承诺不会寻求 SPV 的控制权，或认购 SPV 的不享有投票权的优先股。交易阶段，通常由 SPV 与目标公司签署交易合同；之后，企业和私募股权基金投资机构通过向 SPV 增资的形式将资金注入 SPV，完成投资。私募股权基金投资机构为保障其退出渠道，一般会在投资之前与主并方达成协议，如在一定时期内，目标企业未实现整体出售或上市，私募股权基金投资机构可通过向主并方溢价转让其所持 SPV 股权的方式实现投资收益和退出。

自 2001 年起，联想进入风险投资领域后形成了至少五大投资机构，分别是弘毅投资、君联资本[①]、联想之星[②]和乐基金[③]，以及2016年成立的联想创投集团。弘毅投资是联想投资系的“老大”。弘毅投资是以营利为目的的投资公司，而联想创投则是为战略服务，需要通过孵化的方式为创业者提供足够的自主权和空间，另外也为联想全球化的渠道获得支持，并不是财务性的投资，而是战略性的投资。

成立于 2003 年的弘毅投资，早已成为本土标杆性 PE 之一。弘毅早期所投资的超额回报项目中，中国玻璃与中联重科分别由弘毅第一期及第二期美元基金投资，而这两期规模仅为 0.29 亿美元及 0.87 亿美元的基金，基本都由联想控股出资。石药集团与康臣药业则由弘毅第三期美元基金投资，第三期美元基金的 LP 开始出现其他出资人的身影，石药集团项目净赚超 320 亿港元也令众 LP 们获得丰厚回报。因为前三期美元基金的良好示范效应，使得之后的第四、五期美元基金以及 3 只人民币基金募集规模大大提高，LP 的名单也越来越长。

2015 年正好是弘毅投资的第一个本命年，12 年来弘毅投资共募集了 5 只

---

① 君联资本的前身是联想投资，其于 2001 年 4 月诞生，是联想控股旗下独立的专业 VC（风险投资）公司，在联想系中起到承上启下的作用，专注初创期风险投资和扩展期成长投资。

② 联想之星是联想控股旗下的综合性专业投资孵化机构，成立于 2008 年，该公司在国内首创了“创业培训＋天使投资”的双轮驱动模式。

③ 是原来联想云旗下的子公司。与联想之星的广覆盖不同，乐基金只专注于移动互联网的创业，主要投资早期、具有高成长性的 T.M.T 创业公司。

美元基金、3只人民币基金，所管理的资金总规模超过400亿元，投资项目逾80个。弘毅投资在其官网上披露了部分投资项目共计38个。弘毅将这38个项目划分为三类：19个属于国企改制类[①]，14个属于民企成长类，5个属于跨境并购类。如，2010年，弘毅投资了新加坡上市公司柏盛国际；2011年，弘毅又投资了日本东海观光株式会社。

2013年9月底，中国（上海）自贸区挂牌成立。弘毅从2014年2月对外投资1.86亿元人民币（3000万美元）联合苏宁共同收购PPTV，到2014年7月以9亿英镑（折合人民币约95.5亿元）全资收购英国著名休闲餐饮品牌Pizza Express的人民币"出海"，都是借助于弘毅在上海自贸区搭建的跨境投资平台向外投资的。弘毅的操作路径是，在自贸区设立了基金管理公司——弘毅投资（上海）有限公司，然后再在自贸区发起一家基金公司，作为自贸区跨境投资的投资主体；随后，弘毅向自贸区管委会申请跨境投资项目资料的备案，备案内容包括：项目规模、资金需求情况、资金交割时日等情况；在拿到相关备案证件之后，弘毅即向外汇局申请换汇，最后完成资金"出海"。联想控股除了以LP（有限合伙）的身份向弘毅投资的各基金出资，还以GP（普通合伙人）身份在基金管理公司中持股20%。这意味着，联想控股不仅可以以LP的身份分享基金的投资收益，还可以以GP的身份分享基金管理公司股东所收取的基金管理费以及投资收益佣金[②]。

近年来，中国企业加速设立旨在进行境外投资布局的私募股权投资基金。

2014年10月，中青宝互动网络股份有限公司控制的境外企业LeePlay International Ltd. 拟发起设立境外投资基金，基金名称暂定为"ZQ Game Global Opportunity Fund"，该基金预定募集总规模不低于4000万美元，以境外游戏及其相关领域项目为主要投资方向。

2015年4月，注册资金6亿元人民币的诺安瑞得（天津）境外投资基金

---

① 中国玻璃（3300.HK）、中联重科（000157/01157.HK）以及石药集团（01093.HK）可以说是弘毅所投资的三个标志性案例，皆为地方性国企的改制项目。在这三个项目中，弘毅获得了超额的回报。

② 王亚亚：《弘毅投资如何发力跨境并购》，载《中国外汇》2015年第2期

合伙企业（有限合伙）在天津自贸区设立，成为天津第一家进行境外投资的企业，该企业的主要业务为进行境外不动产和矿产资源投资。

2016年年初，新希望集团与浙江省政府、嘉实基金签订战略合作框架协议，相关各方共同推动成立中澳现代产业园（舟山）项目开发公司。同时，新希望集团与浙江省政府、嘉实基金共同投资30亿元设立海外农业发展基金，推动中澳现代产业园（舟山）建设，投资具有战略意义的海外农业资产与产业公司等，以加速海外市场布局，尤其是传统行业、制造业的海外布局。

【专题】 上市公司设立并购基金的四种方式

私募股权投资基金通常包括创业投资基金，并购基金和过桥基金等。

并购基金是私募股权基金的一种，专注于并购企业，获得标的企业控制权，并购企业后，通过重组、改善、提升等方式，实现企业上市或者出售股权，从而获得丰厚的收益。并购基金投资退出的渠道有：IPO、售出、兼并收购、标的公司管理层回购等。

由于缺乏中介机构，不少上市公司在海外并购过程中往往还遭遇“中国溢价”，给海外企业留下的印象是“人傻钱多”。因为缺乏国际化经验，对海外市场、资源、法律、财务及人力等理解不透，尽职调查能力不足，中国企业收购的标的往往会高出行业平均价格。为避免“中国溢价”情况的发生，企业转而开始通过与海外知名的私募机构进行合作，借助成立并购基金的方式，以海外买家身份进行收购资产的运作，以规避被当地企业高估标的资产的情况，且整合进程的速度也会加快，还可以通过成熟基金提供海外市场的各类资源。

并购基金有着积极的金融媒介作用：（1）产业整合与并购重组，势必将增强收购方实力，扩大公司影响；（2）并购基金具有先进的投资技术及专业的资产管理团队，在行业分析、并购标的筛选及价值发现方面经验丰富；基金机构拥有高超的谈判技巧，保证在最佳时机以最合理的价格收购目标企业；上述优势可弥补收购方在并购实施过程中的短板，规避大部分并购风险。

上市公司主要有四种主要形式设立并购基金：（1）“上市公司 +PE”模式，上市公司与 PE 联手设立并购基金。（2）上市公司和券商合作设立并购基金。2013 年 11 月华泰证券通过其子公司华泰紫金设立华泰瑞联基金管理有限公司，2014 年 3 月，华泰瑞联发起设立有限合伙制华泰瑞联并购基金，爱尔眼科、蓝色光标、掌趣科技等上市公司纷纷参与华泰瑞联并购基金。另外，证券公司还通过过桥贷款模式为并购企业的并购提供融资支持，获得贷款利率或者将债权转为股权获得长期投资收益。例如，2013 年 3 月，蓝色光标并购博杰广告，中华泰联合证券作为财务顾问使用过桥贷款方式协助蓝色光标完成并购。（3）上市公司与关联方、PE 机构共同联手设立并购基金。例如，2014 年 7 月，中恒集团股份有限公司（承诺出资 5.8 亿元）与其第一大股东中和事业有限公司（承诺出资 4 亿元）、北京盛世景投资管理有限公司（无承诺出资）共同设立中恒盛世景医药产业并购基金，募集目标规模 20 亿元。（4）上市公司与基金子公司合作设立并购基金。例如，2014 年 6 月，当代东方与华安基金子公司华安未来资产管理公司合作共同发起华安当代文化产业基金，目标规模 50 亿元。

以上最多见的模式为“上市公司 +PE”模式。这种模式下，PE 机构通过两种方式与上市公司合作。第一种是共同成立并购基金，其基本流程为：（1）上市公司（有限合伙人）、投资者（有限合伙人）和私募基金公司（普通合伙人）共同合资成立并购基金；（2）私募基金公司作为普通合伙人负责并购基金的日常运作与投资，并收取 1%~2% 的管理费；（3）以并购基金的名义进行目标公司的并购；（4）并购完成后，并购基金将其对应的资产转让给上市公司，上市公司支付部分上市股权或者现金作为回报，实现成功退出。第二种是 PE 机构募集资金后通过二级市场增持、大股东受让、定向增发等模式入股上市公司，与上市公司签订合作意向书协助其完成并购，并购完成后减持上市公司股票退出。

“上市公司 +PE”模式不以获得控制权为目的设立并购基金，并购基金更倾向于战略合作者或者资金提供者；“上市公司 +PE”模式并没有高杠杆收购；“上市公司 +PE”模式第一种方法通过设立合伙模式，巧妙地避开了上市公司股权转让的限制导致退出困难的问题。

上市公司设立并购基金预示了未来将进行较多的并购活动。需要注意的是，从设立并购基金到上市公司成功完成一次收购，相隔时间较长，且有许多不确定性。例如，设立并购基金后，一般需要时间募集资金，募集资金后投资标的进行培养，培养成熟后再卖给上市公司进行并购。并购基金更像是上市公司下的孵化器。在此期间，存在募集资金失败、孵化失败、并购失败等不确定因素。

二、在境外设立私募股权投资基金（离岸基金）参与境外投资

在境外设立私募股权投资基金，可以选择在离岸司法管辖区（如开曼群岛等）设立，也可以选择在非离岸司法管辖区设立，如为前者，则称离岸基金。

离岸司法管辖区不仅对于基金的监管相对较松，同时当地政府豁免该基金来自非当地收入的税收，此外，有的地方还准许基金成立后可向全球公开发售。

目前在开曼群岛各种类型的基金数量达6000多只。而作为后起之秀的BVI自1998年开放离岸基金市场以来，已注册的受监管的基金数量达到3400多只。目前，百慕大也有1600多只注册的集合投资计划。需要注意的是，以上数字并不包括庞大的依照当地法律可以享受监管豁免的基金数量。可见在离岸群岛注册基金已经成为众多基金的首选之一。

离岸基金的开户。开曼的离岸基金从公司法的角度来看，本质上它仍然是一个开曼的免除型（exempt）的公司，没有任何赋税，区别是它通过章程（备案登记，并符合开曼基金相关的法律和法规）定义了公司与投资者以及其他相关利益角色的关系，而成为一个基金。所以开曼离岸基金的开户，可以在基金成立的任何阶段，只要公司成立就可以进行。一般账户不会开在开曼当地，而是可以优先考虑开在我国香港和新加坡等地。另外在开始运作之后还有现金和投资两种账户，所有的投资在进入投资账户之前，都要进入此现金账户，并经过管理员的核准才能进入投资账户——基金实际运作的时候投入

其他金融机构中的账户。

2014 年 12 月 19 日，三峡集团联合复星国际、易方达基金在开曼发起设立境外清洁能源投资基金—ACE INVESTMENT FUND，专门从事海外清洁能源项目的并购和投资。基金一期规模即达到 10 亿美元，主要投资于新能源政策稳定区域（主要为欧美发达地区）已经成熟运营的项目，并于 12 月 30 日完成了首单澳门电力项目的投资。三峡该基金是国资委批复的首个境外基金。

以香港为基地设立境外并购基金的例子也有。2015 年 6 月 12 日，青岛海立美达股份有限公司（股票代码：002537）控股股东青岛海立控股有限公司与硅谷天堂资产管理集团（香港）有限公司［主要从事资产管理业务，持有香港证监会颁发的资产管理牌照（第九号牌照）］、DC Capital Management Inc［主要从事资产管理业务，在英属维尔京群岛（BVI）注册］拟在香港地区成立海外并购基金，基金主要投资业务方向是全球范围内工业自动化和新能源电动车方向，基金并购的项目，本公司享有优先购买权。基金的主要情况如下：1. 基金注册地和基金结构：基金注册于开曼或 BVI，以有限责任公司的形式注册，海立控股以不可撤销的协议委托硅谷天堂香港、DC 资本作为基金的管理人管理基金。2. 基金规模和期限：基金总规模为 3 亿元人民币（或等值的外币），基金的续存期为 5 年，结算期为 1 年。3. 基金管理人：基金管理由硅谷天堂香港、DC 资本共同管理。4. 基金的投资方向：本基金是为海立控股海外并购而设立的专业基金，基金投资业务方向主要是全球范围内工业自动化和新能源电动车方向，基金并购的项目本公司享有优先收购权。5. 基金的募集：海立控股作为基金的基石投资人，在基金成立时，其最低投资额不低于 1 亿元人民币（或等值的外币），其他资金则由硅谷天堂香港、DC 资本以其渠道募集。

（一）在境外设立私募股权投资基金与境内框架的四点区别

第一，对于设立基金，需要关注东道国的法律监管程度。像开曼和维尔京群岛对基金设立的阶段基本上没有任何的监管。通常把所有文件做好了，开曼的律师能够在两天到一个星期内就把企业在开曼设立起来，可以说是一个非常快捷的过程。在递交了相应的申请资料、董事会决议等之后，这个平台就可以设立起来。

第二，在基金的推介阶段，需要厘清所在国的法律对于基金和发起人如何推销基金有什么样的限制。同样，开曼和维尔京群岛应该说在监管上是没有限制的。在2008年之前，监管方面是处于一个相对宽松的环境，如在中国，基金需要去证券投资基金业协会登记，但是在开曼是不需要去做登记的。在开曼群岛，如果基金业没有美国或者欧盟的投资人，那么，这个基金既不需要在中国境内进行登记，也不需要在开曼进行登记。但在2008年金融危机之后，欧盟和美国相继加强了这方面的监管。比如，如果中国境内发起人到开曼设立的基金里面涉及了美国甚至欧盟的投资人，那么，尽管这个基金是在开曼设立的，也需要基金的管理人到美国的证监会进行申报和登记。虽然有一些可以豁免的事项，但是总体来说监管是在逐步加强的。

第三，税收。一个国家的法律如果做到了很高的透明性和稳定性，就能够确保满足法律规定的基金的税收是透明的、穿透的。开曼对于这一点有成型的规定，所以投资人对于其法律本身有很大的信任，都愿意把基金的载体设立在开曼。相反，如果一个国家的法律不够透明和稳定，设立的法律今天修改明天又修改，或者监管部门给出的解释极为模糊，就很容易给投资人带来投资上的不确定性。如果税收法律突然在基金设立后变更，那么，投资人的回报和发起人的业绩表现都会受到很大影响。

第四，会计政策和分配机制具有契约性。境外有限合伙法允许投资人和发起人通过契约的方式来约定绝大多数基金事务，因此，双方完全是一个契约的机制，包括会计政策和分配机制。境外在市场上，行业中约定俗成的做法并不是法律要求，也给予有限合伙制的当事人很大的自由权利。

（二）境外私募股权投资基金投资人与募集资金主要程序

境外私募股权投资基金投资人主要包括：首先，养老基金是境外基金最大的投资人之一，包括政府设立的养老基金和企业为员工设立的养老基金，甚至在美国、加拿大、澳大利亚，各个州都有自己的养老基金。其次，主权财富基金，中国社保基金等大型的国家主权基金，肩负了对境外进行投资、分散风险的使命，在私募股权投资基金里占有较大比重。另外，家族资金以及在美国十分常见的大学基金也投资到私募股权基金中去。最后，包括投行、投资性公司、财务投资人等对基金进行投资。

募集资金的主要程序有：

第一，资金募集阶段。一些美国的非常成型的发起人，可能已经做到第十几个基金了。有可能投资人是不断地从一期基金、二期基金一直跟到第十几期基金。相反，募资最难的是中国的一批刚刚开始在境外设立美元基金的发起人。有的发起人可以说是发完了第一期基金就不会再有第二期了，原因是第一期基金的业绩不好。在中国国内，如果第一期基金业绩不好，仍可能会在市场上融到第二期、第三期基金。但是在境外，这种竞争是非常激烈的。境外的投资人对于发起人的资质、业绩、流程和投资风险控制管理、投资审核管理和投后管理，都有非常详细和严格的审查过程。所以，第一期美元基金如果没有拿出很成功的业绩，第二期基金资金的募集就会非常困难。在基金最终封闭前一年到两年，很多发起人就开始与不同的投资人接洽，介绍其团队、业绩等。一般来讲，要经过很多次讨论才会进行到下一阶段。

在基金募集过程中，律师要配合客户甚至主导很多工作。律师会在确定基金结构方面给客户提供服务，如在哪里设立基金最优惠，是否需要设立投资管理顾问，是否需要香港联合交易所颁发的相关牌照，以及如何向中国或者美国的投资人进行推介等。另外，律师会根据基金的投资策略对于基金设立的所在地进行更全面、更详细的分析。比如，投资到印度和东南亚的基金，设立在开曼是可行的，但是从税收角度看，设立在新加坡或毛里求斯更有利。很多时候，律师要帮中国客户推荐募集代理。募集代理是市场上专门帮发起人寻找投资人并从中抽成的代理。与此同时，律师要帮助客户起草框架协议，商定有限合伙协议中最重大的条款和起草有限合伙协议，这也是整个基金设立里面最重大的文件之一。

第二，基金推介阶段。境外的成型的基金使用很多的是私募招股书、基金推介招募书，该文件类似于中国的上市招股书，对发起人的背景、投资策略、过去成功的业绩、今后团队的配置等进行介绍。这份文件是纯英文的，所以对于中国境内的发起人而言，准备这样一份文件需要律师的配合。

第三，商定协议。发起人与各方投资人进行谈判，商定最终的有限合伙协议。如果有一批投资人先进入，那么会有首次交割，有些大型基金甚至会有二次和三次交割。进入最后的封闭期，基金就算成立起来了。

（三）关注重大基金商业条款变化

第一，管理费降低机制。通常，基础设施基金或债务类等非股权类投资基金的管理费都在 2% 以下。传统的股权类投资基金的管理费通常在 2%。对于风险投资基金，其管理费通常达到 2.5%。管理费降低的机制指的是，一旦基金到了退出期而不是投资期的阶段时，管理费会降低。如果以 2% 作为通常的管理费收费模式，进入退出期时，47% 的基金保持其 2% 的费率不变，但其收费基数有变化，这个基数是以其最后尚未退出的项目金额计算，而不是以基金的整体规模计算。另外，53% 的基金在退出期的收费基数和费率均有变化，如由原来 2% 下降至 1.75% 或 1.8%。

第二，风险共担机制。普通合伙人注资的标准通常是基金规模的 1%~5%，少于 1% 的情况是很少的。目前，市场上较多的要求是 1%~2%。

第三，境外的共管账户和回补机制。前者是指将基金管理人绩效分成的资金保留一部分到共管账户中，在基金完全退出时再根据基金整体的业绩决定是否给管理人。回补机制要求管理人和管理团队在对基金的收益产生重大责任时把已经得到的资金退回来。这种激励机制后续的回补措施在境外非常普遍。以上两种机制可以单独使用，也可以共同使用。境外基金通常至少使用二者之一，这与中国境内是有一定差异的。

私募股权基金在国际投资项目中，重点对象是已经形成一定规模且产生稳定现金流的标的企业，针对企业的发展期、扩展期、成熟期和 Pre-IPO 不同阶段进行投资。投资对象多为未上市、高成长的企业，投资后，私募股权基金须参与被投资企业的经营管理并提供增值服务。在投资期限上，一般可达 3 年至 5 年，甚至更长，而且多为封闭性投资，在投资期内不能退出，只能通过被投资企业成功上市后才套现退出，或通过并购、回购等方式退出，资产流动性较差。

【专题】平行基金——设立人民币基金同时也设立美元基金

私募股权投资基金，可以分为人民币基金，美元基金和平行基金三种。

设立人民币基金同时也设立美元基金的做法在2008年到2011年盛行。这是一个时代的产物，也是一种非常不好把握的模式。在过去的几年里，这种基金模式逐渐地被破坏。律师对客户的建议是两只基金在各自设立起来后，可以在一定的项目和资源分配上形成合作效应，而不是法律上互相约束限制的机制。主要原因在于以下两点：

首先，中国对于外商投资的不少行业都有限制，对于中国企业尤其是国有企业投资到境外也有一定的法律限制。即便如今中国对于外商投资的程序简便了很多，但是对于投资复杂程度和时间配置而言，仍比内资投资复杂。因此，当人民币基金和美元基金都可以投资到中国企业时，很多时候被投的企业老板不愿接受美元基金的钱，因为在很大程度上会造成上市进程或其他程序的滞后。

其次，平行基金对于基金管理人在如何分配项目，如何协调两个基金的募集时间和规模，以及两个基金之间经济利益的分配和最后的资源配置会造成一定的矛盾和实际操作问题。然而，通常很难通过事先合同约定的方式将这些矛盾清晰地约定下来。因为基金管理人不希望这些约定有太大的法律约束力，而投资人希望其有很大的法律约束力，所以在设定平行基金过程中会产生很多矛盾，导致基金设定的不确定因素增强。

设立联接基金。如果有多个投资人希望投资到境外基金，律师会帮其在境内设立一个人民币基金，并以投资人的身份投资到境外的美元基金。这样做不仅方便了基金的管理，而且从资金出境的角度来讲，减少了审批等程序的工作量，因为减少了资金汇出的次数。但是，中国对于联接基金的设立有一些要求，如到基金协会进行基金登记，投资之前需要经过一些对外投资的程序等。

第四节　中国商业银行的境外投资

一、中国银行业“走出去”大体可以分为三个阶段[①]

第一阶段，从20世纪初到中华人民共和国成立之前。

这一时期以中国银行和交通银行为代表的中国最早现代银行开始“走出去”经营探索。中国银行1917年在香港设立中国银行业在内地地区以外的首家机构，1929年又在伦敦设立中国银行业第一家海外分行，此后，先后在英国、美国、新加坡、日本、澳大利亚、越南、缅甸、印度、巴基斯坦等地设立分支机构，高峰时覆盖的国家和地区超过20个。成立于1908年的交通银行是旧中国早期的四大银行之一和发钞行，创建之初就走出国门，在中国香港、印度、菲律宾和印尼等地设立机构。在这一期间，中国银行业到海外经营主要服务满足当时中国对外经济交往和抗日战争期间金融服务的需要。

第二阶段，从中华人民共和国成立至2005年中国大型银行股改上市之前。

这一时期，从中华人民共和国成立至1978年改革开放，中国银行业主要集中于境内经营；改革开放之后，以服务中华人民共和国经济发展、改革开放和对外贸易为目标，工、农、中、建、交等大型银行陆续“走出去”开展国际化经营的起步和探索。其中，1979年中国银行卢森堡分行开业，成为中华人民共和国成立之后中国银行业在海外设立的第一家分行。随后，中国银行进入美国、澳大利亚、法国、日本等发达国家金融市场，以及赞比亚、匈牙利、巴西、南非等发展中国家市场。工商银行于1992年开始国际化经营，迅速起步，先后进入新加坡、哈萨克斯坦、中国香港、韩国、日本、卢森堡、德国、英国等国家与地区。建设银行1991年在英国伦敦设立第一家境外机构，随后陆续进入日本、韩国、澳大利亚、中国香港等市场。交通银行1989年在美国

---

① 参见网易财经2015-06-16：姜建清，《中国银行业“走出去”的实践与思考》，来源：东方早报（上海），http://money.163.com/15/0616/10/AS7P1GV000253B0H.html，最后访问日期：2019年9月15日。

纽约设立代表处，并开始在中国周边地区拓展。

第三阶段，从 2005 年四大行相继股改上市至今。

中国银行业实力大幅提升，主要中资银行纷纷加快“走出去”。以工商银行、中国银行为代表的大型银行加速发力，通过自主申设和战略收购并举的方式拓展经营网络，迅速进入欧美等发达市场和亚洲、拉美等新兴市场，基本建成全球服务网络。在此期间，工商银行完成对北美洲、南美洲、欧洲、大洋洲、东南亚和中东等区域 31 个国家及地区的布局，并通过战略收购南非标准银行进入非洲市场，全球服务网络基本建成；中国银行深化欧洲市场机构布局，相继在比利时、荷兰、葡萄牙、瑞典、波兰等国家成立分行，在中东和非洲设立机构，并收购新加坡飞机租赁公司；建设银行加快在亚太和欧洲市场拓展，收购美国银行（亚洲）股份有限公司和巴西 BIC 银行；农业银行在新加坡和中国香港设立分行，在美国、日本、英国、德国、澳大利亚等国家设立代表处；交通银行在亚洲和欧洲部分国家增设了机构。以招商银行为代表的中型股份制银行也开始国际化发展，招商、民生、浦发、光大、中信、兴业 6 家银行均在中国香港开设分行，招商银行收购了香港永隆银行、在纽约设立分行，民生银行收购了美国联合银行控股公司，浦发银行设立了伦敦代表处。国家开发银行和中国进出口银行两家政策性银行，主要通过设立海外代表处和工作组等方式跟随中国企业“走出去”步伐，对海外基础设施建设、工程承包、资源采购等业务提供金融支持等。

截至 2013 年年底，18 家中国的银行共在海外 51 个国家和地区开设了 1127 家海外分支机构，总资产达到 1.2 万亿美元。其中，五大银行境外机构在中国银行业中占比超过 90%，工商银行覆盖了 40 个国家和地区，截至 2015 年 3 月底，工商银行和中国银行境外机构直接覆盖国家及地区均分别为 42 个和 41 个。并通过战略持股南非标准银行覆盖非洲 18 个国家和地区，在中国银行业中网络布局最广。

二、中国工商银行的国际化经营实践

工商银行的国际化经营起步虽然不算早，但发展很快，从 1992 年在新加坡设立首家境外机构到目前基本完成全球布局，成长为全球性大型银行，大致经历了以下三个阶段：

第一阶段，2000 年之前的起步阶段。

1992 年邓小平同志“南巡”讲话后，工商银行顺应外向型经济发展的需要，在新加坡开设了第一家境外机构新加坡代表处，并随后相继进入中国香港、韩国、日本、卢森堡、德国等市场。这一阶段主要依靠自主申设的方式拓展海外经营网络。

第二阶段，2000~2006 年的稳步布局阶段。

2001 年中国加入世界贸易组织（WTO），对外开放进程全面加快，工商银行顺应中国经济全球化和企业“走出去”趋势，把握亚洲金融危机之后的有利时机，提出“壮大亚洲、巩固欧洲、突破美洲”的经营战略，国际化发展开始提速，同时逐步开展海外并购。这一时期中国银行业海外并购代表性案例主要由工商银行完成。例如，工商银行先后多次对港资银行和欧资银行进行并购整合，打造了在港的旗舰机构工银亚洲，成为中国银行业境外资本运作第一案。

第三阶段，2006 年至今的快速拓展阶段。

依托股改上市后整体实力的提升，工商银行抓住国际金融危机带来的全球金融市场准入放宽机遇和并购机遇增多的趋势，积极稳妥地实施自主申设和战略并购并举策略，实现海外机构布局和业务发展的大跨越。在此期间，工商银行通过申设进入 25 个国家和地区，完成十余项成功海外并购，引领中国银行业国际化经营。主要包括：收购印尼 Halim 银行成为中国银行业的首次跨国并购，入股南非标准银行成为中国金融业最大的海外并购交易，收购澳门诚兴银行成为当地最大本土银行，收购泰国 ACL 银行成为首次上市银行要约收购，收购东亚银行（加拿大）突破加拿大市场，收购东亚银行（美国）实现中国银行业在美国零售业务的破冰之举，收购阿根廷标准银行成为中国银行业首次收购国外主流商业银行，收购标银公众公司成为首家收购专业交易金融机构的中国银行。

经过 20 多年发展，工商银行的全球服务网络基本建成，境外综合化服务平台日益完善，战略协同效应不断显现，境外机构价值贡献持续提升。截至2014年年末，工商银行在全球41个国家和地区拥有338家境外分支机构，是覆盖国家范围最广的中国的银行。境外总资产规模达到2668亿美元，在全集团占比接近8%，实现净利润近30亿美元，同比增长41%。如果把工商银行的境外机构作为一家独立银行来比照，总资产可以排到全球银行业的第98位，相当于美国的首富银行；利润可以排在第77位，相当于瑞士信贷集团；总体上已经可以进入全球银行业的百强榜单。经过20多年的国际化经营实践，工商银行基本探索出一条具有自身特色的国际化道路，那就是"成熟市场和新兴市场兼顾、自主申设与战略收购并举、内外联动和本地化经营并重、市场分类与一行一策差异化发展"。

在监管严格的金融业，中国银行业到海外经营、开设机构并不是一件容易的事，中间需要付出很多努力，更需要等待合适的时机。例如，工商银行纽约分行从1997年开始递交申请，一直未获批准，直到2008年美国发生金融危机，希望更多有实力的银行加入共同抵御危机之后才获得批准，前后历时11年；工商银行在阿联酋的机构是当地20多年来第一家来自非海湾地区国家的银行；在工商银行进入马来西亚之前，该国十多年都没有向任何一家外资银行发放牌照。当前，经过数年努力，许多国家仍未实现经济完全复苏，加之美国退出量化宽松政策（QE），大量资本从新兴市场撤出，经济增长动力不足，愿意吸引中国的银行和企业进入，帮助其恢复经济增长，这为中国银行业顺势进入更多发达国家和新兴市场提供了宝贵契机。

三、银行通过投贷联动直接参与境外投资的方式

跨境并购往往涉及金额巨大的债务融资。依照《商业银行法》和《公司法》规定，商业银行现阶段不得在境内向非银行金融机构和企业投资。商业银行以变通的方式参与境外投资。在该领域比较活跃的机构都在积极探索顾问、投资和融资相结合的方式。中联重科海外并购融资结构中，进出口银行不但为中联重科提供商业银行融资服务，而且还通过曼达林基金直接参与了投资，

实现了融资、投资联动模式。

商业银行在境外设子公司直接参与中国境内的投资。《商业银行法》第43条要求，商业银行在境内不得从事信托投资和证券经营业务，不得向非自用不动产投资或者向非银行金融机构和企业投资，但对境外投资并未禁止。因此，商业银行通过在境外（如香港）设立境外子公司，直接参与境内外投资，这是目前的法律环境下行之合法、有效的典型业务模式。

例如，（1）工商银行通过其在香港的子公司工银国际控股有限公司，与江西省政府联合成立江西鄱阳湖产业投资管理公司，并以此为基础发起设立鄱阳湖产业投资基金，基金总规模为人民币150亿元；（2）中国银行通过其在香港子公司中银集团投资有限公司，与全国社保基金理事会、国开行、中国人寿等机构共同出资设立渤海产业基金，基金总规模为人民币200亿元；（3）建设银行通过其在香港设立的子公司建银国际（控股）有限公司，与建银国际财富管理有限公司、中国建银投资有限责任公司、中国长江电力股份有限公司、爱康创业投资有限公司、北京兆通置地房地产股份有限公司等出资人，出资设立建银国际医疗产业基金，基金总规模为人民币50亿元；（4）农业银行通过其在香港子公司农银国际（控股）有限公司，与农银无锡投资有限公司、无锡国联金融投资集团有限公司等出资人发起设立农银无锡股权投资基金，基金总规模为人民币150亿元，首期募集人民币50亿元①。

近年来，商业银行的日子越发难过，一方面，经济结构转型、增速下行使得部分企业遭受冲击，银行不良贷款率攀升；利率市场化放开不可避免地会使银行业经历利差收窄、传统存贷业务收入下降的过程，过度依赖利差收入的发展道路迫切需要转变；与此同时，互联网金融的发展令商业银行存款、理财等零售业务也颇受冲击。商业银行传统业务升级转型已是大势所趋，投贷联动将成为银行经营业务的一片蓝海。

---

① 参见搜狐其它2016-07-02：万成文，《资本的力量：跨境投资里中国机构投资者的崛起》，http://www.sohu.com/a/100699123_370016，最后访问日期：2018年9月15日。

投贷联动模式主要是指由商业银行独自或与股权投资机构合作，以“债权 + 股权”的模式为目标企业提供融资，形成银行信贷和股权投资之间的联动融资模式。从国外的实践形式来看，银行通过子公司进行股权投资，或者引入 VC/PE 等合作，银行再跟进贷款。

这类业务最早起源于 20 世纪 90 年代，以美国硅谷银行为典型代表。相比之下，国内的投贷联动业务较早的是 2009 年国开行拿到了股权投资牌照，设立子公司国开金融有限责任公司进行股权投资，同时提供信贷支持。随后，包括招商银行、上海银行、浦发银行、北京银行等十余家商业银行也纷纷试水踏足投贷联动。但是受法律、法规限制，他们更多是采取与 VC/PE 机构或境外的分支机构合作的方式开展此项业务，银行发放贷款的对象很多是已经获得 VC/PE 投资的企业。

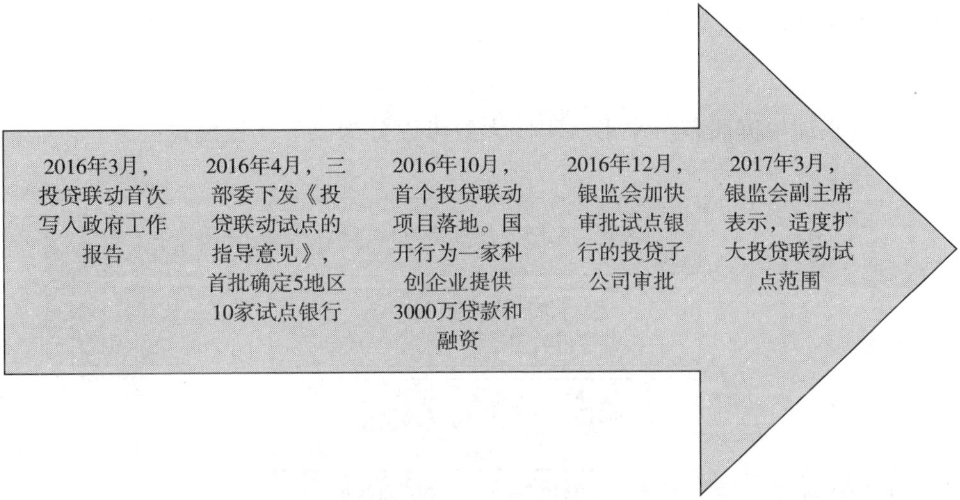

以往商业银行向科创企业提供贷款，只能获得单一的利息收入，且容易产生收益不能覆盖风险的问题。采取投贷联动模式，商业银行可以分享企业高速成长带来的收益，以投资收益抵补银行信贷投放所产生的风险，进而解决科创企业信贷风险和收益不匹配的问题，使金融机构增加向科创企业提供资金支持的力度。投贷联动业务的开展有望成为银行探索混业经营的起点，这也为未来金融业混业经营的放开埋下伏笔。

2016年4月20日，银监会、科技部、人民银行联合印发了《关于支持银行业金融机构加大创新力度开展科创企业投贷联动试点的指导意见》（银监发〔2016〕14号），明确提出“加强多方协作，优化政策环境，整合各方资源，实现市场主导和政府支持相统一，股权投资和银行信贷相结合，引导银行业金融机构有序开展投贷联动试点工作，取得经验后稳步推广”，并公布了第一批试点名单，5个地区10家银行入围投贷联动首批试点。投贷联动由此成为服务国家创新驱动发展战略、支持经济转型升级的创新点和突破口。

5个试点地区是北京中关村国家资助创新示范区、武汉东湖国家资助创新示范区、上海张江国家资助创新示范区、天津滨海国家资助创新示范区、西安国家资助创新示范区。试点银行是国开行、中国银行、恒丰银行、北京银行、天津银行、上海银行、汉口银行、西安银行和上海华瑞银行。

投贷联动根据股权分享形式不同大致可以分为以下几种模式：

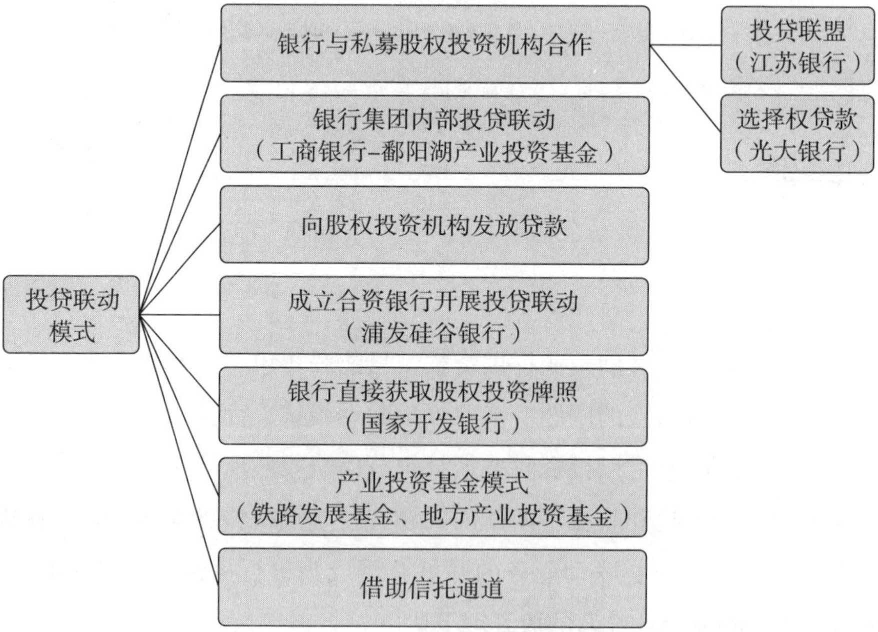

（一）银行与私募股权投资机构合作模式

银行和税务部门拥有大量优质的公司客户，笔者在21世纪初任上市公司资本运营部主任时，就很想通过银行和税务的行业资源，合力寻找特定行业的并购标的，很想联合银行进行项目选择层面的合作，但那时银行还无此动力响应。

今天，商业银行凭借自身广泛的客户资源，为投资机构筛选推荐优质企业，并为投资机构提供包括财务顾问和托管在内的综合服务；另一方面，商业银行通过与投资机构合作，在投资机构对企业已进行评估和投资基础上，以“股权+债权”模式对企业投资，形成股权投资和银行信贷联动；华夏银行、北京银行、上海银行、浦发银行、招商银行等均已经开始探索投贷联动业务。

在股权投资机构对目标企业尽调评估和投资的基础上，商业银行与私募股权投资机构约定股权分享机制，为借款企业提供融资，实现股权与债权的联动。具体又可细分为投贷联盟和期权贷款模式。投贷联盟是银行跟随私募股权投资机构对企业给予一定比例的信贷支持甚至融资解决方案；期权贷款则是银行在与企业签订贷款协议时，约定可以把贷款作价转换为对应比例的股权期权，在客户通过IPO或股权转让等实现股权溢价后，由股权投资机构抛售所持部分股份，按照初始约定比例与银行共享分成。

1. 投贷联盟

投贷联盟就是由商业银行与股权投资机构通过业务上的合作，分享项目资源，以“股权投资+贷款”的联动模式，建立信息共享和风险共担的机制，共同开展投资业务。商业银行通常在股权投资机构进行投资的前提下跟进贷款，同时还为企业提供顾问服务等配套业务。在具体运作上，商业银行向合作机构提供一定授信额度，当风险投资机构所投企业出现融资需求时，商业银行在额度范围内直接向企业提供一定金额的贷款，或跟踪介入相关配套融资支持，实现“股权投资+贷款”的结合。为满足当前我国分业监管要求，商业银行一般是在风险投资之后为投资企业或项目提供杠杆融资，以“跟贷”的形式控制风险。

银行+VC/PE/券商的模式也叫外部投贷联动模式，此模式是目前国内商业银行探索投贷联动的主流模式，该模式又可以分为1.0和2.0两个版本。

1.0版本：银行凭借自身客户优势，为外部的VC/PE提供推荐优质企业，并为其提供财务顾问、资金托管等综合服务；也可对VC/PE已投资进入的企业，银行进行跟贷，给予一定比例的贷款及相关金融产品的支持，并锁定被投资企业包括顾问服务、资金结算及后续配套服务等。

2.0版本：是1.0版本的升级版，它是建立在1.0版本的基础上。即在上述投贷联动的基础上，银行为了分享股权投资背景下债权介入带来的超额回报，与合作的VC/PE机构建立一种优先认股权，即在贷款协议签订时，约定可以把贷款作价转换为对应比例的股权期权，当融资企业通过IPO、股权转让，或者被并购等方式实现股权溢价后，可由合作的VC/PE抛售所持的这部分股权，将收益分给银行，从而实现收益共享和分成。

案例①：招商银行与外部创投机构及境外直投子公司合作设立“千鹰展翼”计划[①]

招商银行在2010年6月推出了“千鹰展翼”计划，该计划为处于创业期和成长期企业提供融资，通过与PE、VC等机构合作，为企业提供债券和股权综合融资服务。

“千鹰展翼”计划中就包含了“投融通”“股权管家服务”等产品，这些产品构成了招商银行与投资机构投贷联动的利益关系，通过合作整合平台，招商银行能够提供给客户的服务已经远远超过了公司信贷业务范围，可以调动各个业务部门之间的合作，如针对一个项目，公司部负责PE等风险投资机构推荐，投行部负责提供融资顾问、财务顾问的角色，国际部负责跨境金融产品设计，私人银行部为企业提供员工激励和财富管理方面的服务等。可以获得募资服务费、托管费等多种业务收入。

案例②：民生银行从“投联贷”到“启明星”

---

① 参见搜狐其他2016-06-29：投贷联动典型案例分析，来源：银通智略报告《小微金融创新实务》（2016年5月），http://www.sohu.com/a/87060788_335953，最后访问日期：2018年9月15日。

民生银行的“投联贷”产品，是指该行对于有合作关系的 VC/PE 投资机构拟投资或已投资的中小企业，在综合考虑投资机构投资管理能力和中小企业未来发展前景等因素的基础上，以信用、股权质押、PE 保证或类保证等方式，为中小企业客户提供的短期融资业务。融资额度最高可达 5000 万元，融资期限不超过 1 年。

“投联贷”金融方案的最大特点就在于减少抵押物及担保公司的担保，更倾向于信用保证、股权质押方式。如信用贷款的基本模式是，中小企业的实际控制人及配偶以个人连带责任进行担保，银行根据 PE 投资的一定比例向企业发放贷款，相比之下，股权质押贷款的可融资额度更高，除了企业的实际控制人及配偶使用个人连带责任作为担保手段外，还可以实际控制人所持有的全部或者部分股权进行质押。

2015 年 11 月 17 日，民生银行宣布启动科技金融“启明星”计划，并牵手西南证券、华融证券探索投贷联动新模式，深度参与新三板业务新模式。此番“启明星”计划主要是针对医疗健康、高端装备制造、节能环保等新兴行业的创新型企业，以股权投资或债权贷款的方式提供全方位的综合融资服务。民生银行要借市场、政策的东风，调整商业银行过去的服务模式，转型到“商行 + 投行”的新型金融服务模式，搭建科技金融合作平台，与交易所、券商、私募股权投资机构、公募基金进行战略合作，共同拓展科技金融市场。民生银行已先后与招商、兴业、华融、西南四家证券公司，天弘、汇添富两家基金公司，以及全国股转系统达成战略合作，将共同拓展科技金融市场。

“银行 +VC/PE”模式的优点在于政策限制相对较少、便于操作、适用性强。商业银行可借鉴股权投资机构的专业知识和投资能力，筛选目标公司，有效控制风险，提高客户服务能力，获得新的业务机会。

2. 选择权贷款

选择权贷款是指商业银行在为科创型企业提供贷款的同时，要求被投资企业与银行指定的股权投资机构建立一定的选择权，约定可以把贷款作价转换为对应比例的股权期权。

“选择权”模式的原理与可转债的期权属性类同。在具体运作上，商业银行向被投资企业授信的同时，与风险投资机构签订选择权，约定可以把贷款作价转换为被投资企业的相应股权。当被投资企业因IPO、并购重组等实现股权溢价时，商业银行可以选择行权，并由风险投资机构抛售代持股权，以实现收益分享。该模式的难点在于商业银行与风险投资机构如何商定选择权比例、代持及退出条款。

然而，由于外部股权投资机构和商业银行在经营理念、业务流程、风险偏好等方面都存在本质差异，难以形成紧密的利益共同体，双方合作普遍较为松散，联动效率较低，协调成本较高。同时对银行而言，难以培育自身直投能力，长期来看不利于自身的经营转型。此外，关于认股权安排目前还没有明确的政策法规，还处于灰色地带，存在一定的法律风险，容易产生利益分配方面的纠纷。

（二）银行集团内部投贷联动模式

即商业银行在为科技型借款企业提供信贷服务时，通过集团内部具有股权投资资格的子公司对其进行股权投资，在集团内部实现投贷联动。

招商银行另一种投贷联动模式是借助境外投资子公司，进行直投业务，并与境内银行各个分支机构进行业务联动。以招商银行与SOLARZOOM光储亿家的战略合作为例，通过SOLARZOOM的资质审核之后，可以获得招商银行五年期的无抵押贷款（单个项目的贷款额度为50万~3000万元）。同时招商银行旗下全资子公司招银国际金融有限公司将获得SOLARZOOM光储亿家一定比例股权，该企业亦可通过上述股权质押再次获得额外贷款。

通过境外股权投资子公司开展投贷联动业务。商业银行为了规避政策限制，绕道境外子公司参与股权投资。例如，工商银行借助在香港地区注册的全资子公司工银国际设立鄱阳湖产业投资基金。当前，该模式既满足境内监管要求，又契合银行混业经营趋势，在一定程度上具有推广性，但如何在境内总行与境外子公司间建立风险隔离与防范机制存在一定的挑战。通过境内股权投资子公司开展投贷联动业务。例如，南京银行依托控股的鑫元基金名下子公司鑫沅股权投资管理公司参与股权投资项目。

“银行 + 子公司”模式即商业银行通过股权投资子公司等，实现在集团内部对科创企业的投贷联动。根据股权投资子公司的性质，又可以分为两种。

银行 + 经境外子公司设立境内股权投资管理公司模式：即商业银行通过境外子公司设立境内股权投资机构后，向该股权投资机构推荐优质客户开展股权投资，银行根据客户不同发展阶段提供相应贷款和其他服务产品支持。该模式适用于已有境外子公司的商业银行。目前，工、农、中、建等大型商业银行均通过境外子公司设立境内投资公司参与投贷联动业务。

银行 + 境内直投子公司模式：由于我国《商业银行法》规定，商业银行不得向非自用不动产投资或者向非银行金融机构和企业投资，但国家另有规定的除外。国开行经特批拥有境内第一个股权直投牌照，设立了境内股权投资子公司。目前，银监会主导的首批投贷联动试点的 10 家商业银行也被准许设立股权投资子公司，其子公司开展股权投资进行投贷联动；另外还要设立科技金融专营机构公司与科创企业股权投资相结合的信贷投放。其中，专营机构可以向科创企业提供包括结算、财务顾问、外汇等在内的一站式、系统化金融服务。

（三）向股权投资机构发放贷款模式

即银行直接向股权投资机构发放专项用于目标客户的贷款，间接实现对科创型企业的融资支持。

这种模式存在银行谨慎经营与股权投资略显激进的文化冲突。它需要商业银行改变传统的、过于依赖抵押担保的信贷理念，从重抵押担保向第一还款来源回归；需要商业银行重塑风险观念，从一味回避风险向识别风险、理解风险、管理风险转变。

（四）成立合资银行开展投贷联动业务

国内商业银行通过与国外专业从事投贷联动业务的银行共同组建公司，与具有合作关系的股权投资机构面向科创型企业开展投贷联动业务。国内最具有代表性的就是浦发硅谷银行，该行由上海浦东发展银行与美国硅谷银行各出资 50% 设立，专注服务于科技型中小企业。

这种方式借鉴国际化经验，在资源、人才、市场等方面发挥互补优势。但采用认股权证方式对商业银行的专业化水平要求高。

（五）银行直接获取股权投资牌照

目前，除国家开发银行获得了国内人民币股权投资牌照，可通过其子公司国开金融或国开证券开展直接股权投资业务外，其他商业银行无人民币股权投资牌照，不能直接进行股权投资。

商业银行私募基金管理人备案已被银保监会叫停。

（六）产业投资基金模式

商业银行通过与股权投资机构合作发起设立产业投资基金。例如铁路发展基金由工商银行、农业银行、建设银行、兴业银行下属公司作为优先股股东，共投资约 82 亿元。此类基金通常采用“优先 + 劣后”的结构化设计，商业银行以优先级有限合伙人的身份加入，通常会有政府补贴作为风险补偿措施。在具体运作上，各级政府成立母基金，商业银行通过各类金融产品募集资金，共同发起设立产业投资基金，向目标企业提供股权融资。在风险控制上，商业银行采用“优先 + 劣后”的结构化融资设计或股权回购方式增信。现有的产业投资基金大多带有政府色彩，一方面，相对于普通的私募股权投资基金来说，风险较低；另一方面，因其产业政策导向，设立的审批要求较高。此外，其多以优先级 LP 的身份入资，收益较低，模式上大多是明股实债。

（七）借助信托通道

借力信托公司通道，作为有限合伙（LP）参与产业投资基金，也成为各商业银行拓展投贷联动业务的重要渠道。在具体运作上，商业银行通过发行 PE 理财产品等高端私人银行业务，募集资金并认购投资项目的优先级股权，以锁定利益、分担风险。该模式一般需约定商业银行退出年限与退出方式，在本质上为承担有限风险的“明股实债”投资。

总体来看，我国商业银行试点投贷联动的业务模式各有优劣。具有股权投资牌照的，投带联动业务开展灵活度最高，风险隔离较好，优势明显，但尚需监管部门的支持与推动；通过集团内或境外子公司联动开展投贷联动业务，能够更好地发挥各业务模块的协同性，相对灵活地开展业务，但同时内部股权投资与债务融资部门之前容易相互影响，需要更加严格的内控措施；与外部股权投资机构合作开展业务，能够以更市场化手段处理股权投资，可以显著提高商业银行业务水平，缺点在于商业银行对项目把控和风险控制有所下降；私募基金管理人牌照目前尚面临较强的政策不确定性。此外，还缺乏针对银行存量贷款的投贷联动业务模式的探索。

后 记

这本书，姗姗来迟。

2010年，我的第一本专著《中国企业对外直接投资进入模式研究》由经济管理出版社出版。这一年6月16日，我四十二岁初为人父；10月26日，参观了上海2010年世界博览会。彼时，我还是某中央企业综合管理部主持工作的副主任，刚刚兼任了上海黄浦区、南浦大桥畔的一家小型企业的董事长。不到一年以后，我卸任了这些管理岗位开始走专家发展之路。也就是这次职业发展转型之后，我逐步萌生了写第二本书的念头。

当上帝为你关上一扇窗的时候，会为你开启另一扇门。

2011年，我开始担任上一级公司（某大型中央企业）高级投资主管，继续兼任上一级公司投资评审委员会委员。我走专家路线，从不甘心到渐入佳境，自己有更多的时间专注于产业投资研究，有更多的精力结合实践总结、积累和思考。同年六月，在中国云南国际经济技术合作公司时任副董事长汪桔的引荐下，我开始担任商务部中国国际经济合作学会学术委员。六年后的2017年，我又加入中国国际工程咨询协会专家委员会。

2012年前后，国资委密集出台了国资委第26号令（中央企业境外国有资产监督管理暂行办法，2011年）、27号令（《中央企业境外国有产权管理暂行办法》，2011年）、28号令（中央企业境外投资监督管理暂行办法，2012年），境外资产监管成为管理重点。我有幸代表公司参与了国务院国资委监事会工作局组织的《中央企业境外国有资产监督检查方法研究》，并在2012年6月参加了在宁夏银川举行的境外资产监督培训，聆听了宝钢集团监事会主席李南山的讲课。停滞了四年后的2016年，我的研究方向也机缘巧合地由境外投资向公司治理延伸，因为全球公司治理也是境外投资中的一部分。我知道，聚焦才能闪耀，成为中国境外投资和公司治理专家成为我未来努力的方向。

人生就是这样，一次不在意的相见，可能在未来带来重大的人生转折；一些不经意的学术和工作经历，串起来就是最终的职业方向——我在1999年答辩的清华大学硕士论文研究的是企业家监督，而2009年答辩的中国人民大学博士论文的主题是境外投资。

受母校的邀请，2013年，我开始担任中国人民大学MBA企业导师、清华大学MBA校友导师，参与了MBA入学考试面试、论文匿名评审、论文答辩等环节，组织自己所带MBA学生进行境外投资主题读书会（包括投资项目选择、公司战略、尽职调查、交易结构设计、融资、税务筹划、谈判签约、并购整合等）。教学相长，这些优秀的、活跃在中国企业国际化各条战线上、普遍正值而立之年的学生丰富了我的“国际化”视野，延伸了我研究的案例。

2016年元旦刚过，我的父亲88岁与世长辞；86天后，86岁的母亲也永远离开了我们兄妹六人，去与她朝夕相伴65年的老伴相聚。这一年，也是我国境外投资最狂热的一年，中国2016年对外直接投资流量1961.5亿美元，规模占全球外国直接投资规模的比重首次超过10%。大连万达王健林说“先定一个小目标，比如挣它一个亿”；海航大手笔频频出手海外并购，2016一年之内完成十多起并购，最大的三笔分别是100亿美元、65亿美元和60亿美元。

狂热带来高负债，带来隐患，带来调整。2017年，中国境外投资在这一年出现少见的管制与政策收紧。这一年，中国境外直接投资流量为1582.9亿美元，成为2002年以来的首次下降。逆不悲观、顺不狂妄，相信未来。

历史的车轮滚滚向前。1998年东亚金融危机，2008年美国次贷危机，蔓延成全球的金融危机。2018年，这个敏感的年份又遭遇中美贸易战……不管怎样，境外投资是规避贸易壁垒的重要手段，国际化和多元化是企业发展永恒的主题。中国企业的跨国并购已经更加娴熟精到，投资专家、中介机构和境外公司职业经理人三支队伍也已经发展起来。经济全球化必将是主旋律、是大势所趋。

我和本书编辑任乐乐的相识也是偶然。2016 年 3 月 5 日、北京中关村老图书城，我应邀参加张伟华的《海外并购交易全程实务指南与案例评析》签售活动，我被组织者点名提了个问题。我提问之后，旁边一位漂亮女孩和我攀谈起来——她就是《海外并购交易全程实务指南与案例评析》的责任编辑任乐乐。那时，我的《跨国并购指引》（当时草定了一个书名）书稿已经敲了近百万字，有一搭、没一搭地往前写着，越写越庞大。而市场上已经陆续有优秀的类似书籍上市。后来，在乐乐编辑的启发下，我将书稿一分为三，其中第一部分，就是本书《资本如何布局——中国企业国际化之路》。2018 年 7 月，任乐乐离开了出版社，据说转型到一个私募投资公司。接手本书的张海洋编辑，朝气蓬勃、细致认真。

2003 年，我第一次出国进行跨国并购时，只能买到一本英译版的并购参考书，实用价值不大。近年来，跨国并购和产业投资的优秀书籍越来越多，如黄兆华 2017 年出版的《柳工出海》。作为主并方，我们不仅需要有法律、财务等“术”的层面知识，更需要投资“道”层面的思想；作为投资者，不仅能充分借法律、财务、审计、设计院等中介机构之力，更需懂得战略指引、懂得投资哲学、布局之策，谈判之道。

我的业余追求很简单：一杯好茶、一个空气清晰的环境、一个可以直击心灵共鸣的对话，或者干脆打开笔记本电脑进入写书的境界。出差、省亲、旅游，笔记本电脑成为行囊中的重要内容。在阿联酋、科威特、刚果金，在他乡、在故乡，在大小城市、在美丽乡村，在北京延庆的香屯村、百里画廊的下湾村，在酒店大堂，在酒店客房书桌前，都有这本书背后的影子。

写作如盖高楼，立意和核心观点是文章的灵魂，篇章结构是文章的筋骨，而论据和案例则是文章的血肉或砖瓦。本书大量参考了前人的案例和成果，这些是这本“图书”大厦中的砖瓦和血肉，我也力求注明出处。在此，对谋面和不曾谋面的原创作者表示感谢。我要感谢我的导师清华大学的吴栋教授、中国人民大学的李平教授，培养了我的文学驾驭能力；我要感谢公司的领导和同事，过往的一线并购让我的研究更接地气。我还要感谢中国国际工程咨询协会副会长王淑敏，她给了我鼓励和支持；感谢北京华诺信诚公司的张敬忠、李晓芳，他们的“找项目网”业内领先、很有特色；感谢“并购菁英汇”的吴柳君、李芬，这两位来自深圳的85后创始人“后生可畏”、值得期待；感谢“东方战略国际智库”的李根富、他们组织的“一带一路”系列活动很有新意；感谢中商经合（北京）国际经贸中心主任温高尚，走出去管理咨询（上海）有限公司陆晓慧……

这本书付梓印刷之后，我将在2018年的最后一天迎来自己的50周岁生日。两年以来，我感觉是自己思想最娴熟的时候，未来十年将是自己专家道路上的黄金十年，应该不忘初心、脚踏实地继续前行，为社会、为公司、为家庭、也为自己所爱的人实现更大的社会价值。

50岁，再出发。

徐登峰

二〇一八年九月二十七日于北京

图书在版编目(CIP)数据

资本如何布局：中国企业国际化之路 / 徐登峰著 .
—北京：中国法制出版社，2018.11

ISBN 978-7-5093-9673-5

Ⅰ . ①资… Ⅱ . ①徐… Ⅲ . ①企业经济—国际化—研究—中国 Ⅳ . ① F279.2

中国版本图书馆 CIP 数据核字（2018）第 184367 号

责任编辑：陈 兴 张海洋 封面设计：杨泽江

资本如何布局——中国企业国际化之路

ZIBEN RUHE BUJU——ZHONGGUO QIYE GUOJIHUA ZHILU

著者 / 徐登峰

经销 / 新华书店

印刷 / 三河市国英印务有限公司

开本 / 710 毫米 ×1000 毫米 16 开 印张 / 30.75 字数 / 447 千

版次 / 2018 年 11 月第 1 版 2018 年 11 月第 1 次印刷

中国法制出版社出版

书号 ISBN 978-7-5093-9673-5 定价：98.00 元

值班电话：010-66026508

北京西单横二条 2 号 邮政编码 100031 传真：010-66031119

网址：http://www.zgfzs.com **编辑部电话：010-66010405**

市场营销部电话：010-66033393 **邮购部电话：010-66033288**

（如有印装质量问题，请与本社印务部联系调换。电话：010-66032926）